作者简介

　　欧阳镇，1965年9月出生于江西省景德镇市，祖籍江西省都昌县。南京大学博士研究生。现为江西省社会科学院研究员、宗教研究所所长、哲学研究所副所长，兼任江西同心智库专家、《东方禅文化》主编等。著有《中国佛教历史与文化》、《东林大佛话净土》（合著）等，译注有《百喻经》（合作）。在海内外发表学术论文九十余篇。

江西佛教研究

欧阳镇 著

江西人民出版社

图书在版编目（CIP）数据

江西佛教研究 / 欧阳镇著.—南昌：江西人民出版社，2017.4

ISBN 978-7-210-09347-3

Ⅰ.①江… Ⅱ.①欧… Ⅲ.①佛教史—研究—江西 Ⅳ.①B949.2

中国版本图书馆CIP数据核字（2017）第072875号

江西佛教研究

欧阳镇　著

责任编辑：李月华
书籍设计：章　雷
封面题字：常　敏
出　　版：江西人民出版社
发　　行：各地新华书店
地　　址：江西省南昌市三经路47号附1号
编辑部电话：0791-86898143
发行部电话：0791-86898815
邮　　编：330006
网　　址：www.jxpph.com
E-mail：270446326@qq.com
2017年4月第1版　2017年4月第1次印刷
开　　本：720毫米×1000毫米　1/16
印　　张：27.25
字　　数：420千字
ISBN 978-7-210-09347-3
赣版权登字—01—2017—296
版权所有　侵权必究
定　　价：80.00元
承 印 厂：南昌市红星印刷有限公司
赣人版图书凡属印刷、装订错误，请随时向承印厂调换

序一

江西佛教文化资源异常丰富。东晋时期的净土宗创始人，是庐山东林寺高僧慧远。唐代禅宗之南宗，自六祖慧能之后分为两大系：一是南岳系，一是青原系。两系下又发展为五宗两派。南岳系由马祖自湖南南岳衡山来江西传法，得到大发展。马祖说法，世称"马祖禅"或"洪州禅"。马祖本人的墓塔在靖安宝峰寺后。高足有怀海大智禅师，住奉新百丈山。其传人希运亦住奉新黄檗山，有高徒义玄往河北创临济宗，宗风遍天下。其下有两派，即杨岐派、黄龙派：一在萍乡杨岐山，一在修水黄龙山。怀海另一高徒灵祐，在湖南大沩山、江西仰山创立沩仰宗。青原系为行思在吉安青原山所创，其三传弟子良价住宜丰洞山，弟子本寂住宜黄曹山，合创曹洞宗。五宗中有三宗在赣西创立，可说是猗猗其盛。还有，唐代李渤与归宗寺智常的交往、宋代欧阳修与圆通寺衲老，苏东坡与云居寺佛印、东林寺常总的交往频繁，其妙语佳话发生的地点都在庐山。明代四大高僧，其中两位即紫柏大师、憨山大师分别住持于庐山归宗寺、五乳寺，且时间相当长。清代江西二百多年的佛教史中也出现了一批高僧，如青原净居寺药地大师、云居真如寺晦山戒显、庐山秀峰寺心壁渊、归宗寺伽陵国师，都有极高的佛学与传统文化修养。清代还出现一批寺志,如《青原寺志》《鹅湖峰顶寺志》《云居山志》《归宗寺志》《秀峰寺志》等,也是佛教文化积累的宝贵资源。现代以来,虚云大师驻锡云居山,培养了一大批门徒高足,诸如一诚、传印、本焕、净慧等,各以深湛的佛学修养在当今佛教界享有盛誉。

江西佛教文化兴盛的原因,应与江西名山胜水的佳境、安定的生活环境、悠久的文化背景有关。他们选择山环水萦之处开山建寺,修养心性,历代僧人又不断维护修复寺院,形成良好的传统。清代江西巡抚郎廷极在《秀峰寺记》中就说过:"东南名胜首匡庐,据江湖之会,屹然为豫章巨镇。崇岩邃壑,蜿蜒五百余里,其中道释之宫棋布星列,而佛庐尤盛。"这是一方净土,也是佛学文化的沃土。

有着一千多年积累沉淀的江西佛教文化资源宝库,有着在当今仍在孳衍发展的佛学研究,是江西学者得天独厚的幸运。可惜在改革开放以前,连守护这些资源也谈不上,更遑论研究。改革开放之后,在20世纪八九十年代,就我印象来说,积极从事江西佛教研究的有两位学者,一是省方志办的编辑何明栋,他与江西不少寺院僧人有交往,因而写了不少有关佛寺兴造与修复的文章以及佛寺规制介绍方面的小书。1995年我主持编辑《江西名山志丛书》时,就邀约他点校《云居山志》;还有一位是韩溥,写过《江西佛教史》,据此书可以了解江西佛教与禅宗的发展概况。但若从佛学研究角度来说,仍有大量待开拓的领域,因为这两位学者注重的是佛教的外在形式,而对高僧的内省修养功夫以及高深的学说较少涉猎,或可以说是少了进一步的研究。跨入新世纪以来,由于我院郭树森研究员的努力争取,省社科院成立了宗教研究所,引进人才,有了专职研究者与一批志同道合者,积极开展了不少工作,近些年来,收获不少成果。这其中,欧阳镇博士成就尤为显著,脱颖而出,成为江西佛教研究的拔尖人才。

欧阳镇博士起初在省宗教局工作,对江西佛教早有相当的了解,但着重点是当代宗教管理工作。后来锐志治学，考取了南京大学宗教学的博士研究生。毕业后进入江西省社科院宗教所工作。从此潜心著述，如鱼得水，一发而不可收，在国家级、省级刊物以及佛学刊物发表不少论文。他多次外出参加宗教方面的研讨会，作主旨发言。他的研究领域在佛学，近年以丰厚的前期成果为基础，取得的一项国家课题"印顺中观思想与人间佛教建构"，但他的主要研究方向还是在江西佛教。

欧阳镇博士这一部论文集，收入近些年来他在这一方面的40多篇论文，即是力求在江西佛学思想、宗派研究方面有所创获。分为三大部分，即人物述评、思想探究、宗派论析。第一部分"人物述评"，论述的对象是当代与江西有关或在江西居住过的名僧，不少是他曾拜谒的法师，有亲历受教的因缘，获过开示或有饫闻而有感悟，进一步研究其人其思想，则真实而倍觉亲切，不至于雾里看花，隔靴搔痒。第二部分"思想探究"，则是选择历代数位江西高僧的佛学思想作为研究对象，诸如对慧远的佛学思想、戒律观以及护教的理论依据，都有深入的探讨与辨析；从马祖禅法看其和谐理念，还有近代虚云有关道风建设、劳作家风、禅修实践、巧用佛法于世法等方面的探讨，都能独辟蹊径，不落窠臼，度人以金针。关于藏传佛教在江西的传播发展、宗教元素在陶瓷文化中的价值，这样的课题过去很少有人涉猎，他都能有所关注而能写出有价值的理论文章。第三部分"宗派论析"，追踪佛学诸家特别是禅宗诸派的发展及其各自特征，于是有了华严学、净土宗、临济宗、法眼宗与江西这块土地相关的一系列论文，涉及义玄、文益、南泉、虚云诸位高僧大德的禅法与贡献。

除上述三大部分之外，还有四大板块。第一板块"逸闻汇集"，记述了古今高僧与江西佛教的关系与重要活动。第二板块"佛学杂论"还叙述了一代伟人毛泽东在江西期间与佛道有关的言行。或从庐山历代名人高僧所遗存的石刻看佛教文化，或论禅文化的纪念封与风景戳，都有一些新的观察角度与思考。第三板块"调研报告",显示出作者关注当下,关注如何挖掘、利用、提升宗教文化资源的努力。若说前面三大部分为"体",则此为注重现实之"用"。这一方面,作者真是一位行家里手,他曾在行政部门工作过,对调研报告这一文体非常得心应手,而对全省宗教工作有何优势与不足又了然于心。但最重要的是,他注重"古为今用",注重"理论与实际"的结合,虽说这两点是老生常谈,但运用之妙,存乎一心,能够将宗教文化的价值在当今得到体现,所以他的调研报告多次获省领导的批示,并非偶然。最后一个板块是"学术动态"。我前面说过,欧阳镇博士多次应邀参加一些重要的佛学文化研讨会,能掌握当前佛学研究动态、全国诸省研究工作进展,所谓学术前沿之谓也。但这里仅是综述有关江西的佛教或禅文化研讨会,写来也是要言不烦,眉目清楚。

欧阳镇博士与我交往甚多,他的为人与个性:淳朴实在,不事张扬,我都比较了解,我们还曾合作撰写过《东林大佛话净土》一书。这次他请我作序,我愧不敢当,因为我的研究领域毕竟不在宗教方面,虽然也上阵鼓捣过几次,究非当行本色。然而言者恳切再三,辞之不恭,得以先睹为快,作以管窥豹之尝试。好在江西佛教文化还有很多可供拓展之余地,欧阳镇博士也必有更多论著出现,前途无量,再谋高手为序不迟也。

胡迎建
写于南昌青山湖畔泊如斋
时在乙未岁杪

序二

欧阳镇先生在江西工作,一直潜心从事本地区的宗教研究,这部论文集里收录的近50篇文章,就是他多年以来辛勤耕耘的成果。本书即将出版,作为同行朋友,首先向他表示衷心的祝贺!

本书的最大特点是着眼于江西这一特定的地域,作为佛教研究的论文集,这样的成果并不多见。这些年来,我国的地域性文化研究已经有了相当的发展,然而地域性的佛教研究明显滞后,地方上的学者往往对自己所在地区的佛教研究不够重视,而是盲目跟随学术圈的"主流"声音作无用功夫。相比之下,欧阳镇先生能够脚踏实地,默默无闻地专心研究自己所在地区的佛教,这样的研究值得赞赏。欧阳镇先生嘱我作序,其实我对江西佛教没有特别的研究,但是由于对他的研究视角深表赞同,所以不妨结合自己的经验为他帮腔,权作续貂而已。

我生长在北京,本来是江西的局外人。在我的记忆中,最早得到的江西印象大概就是井冈山了。那还是"文革"最热闹的时期,到处都有毛泽东的画像,其中也有毛泽东在井冈山闹革命的场面。当时年纪还小,根本不清楚井冈山是在哪里,只知道它在很远的山里,可是连真正的大山也没去过。后来慢慢有了一点地理常识,才

开始把井冈山和江西联想到一起,知道毛泽东最早建立的根据地就在江西。小学阶段,课本里有很多毛泽东的作品,其中一首诗叫作《送瘟神》,起首两句是"绿水青山枉自多,华佗无奈小虫何"。"瘟神"是指血吸虫,据说这种虫子寄生在田螺里,人吃了田螺,血吸虫也跟着进到人肚子里,然后肚子就会变大。毛泽东得知江西某个地方消灭了血吸虫,心里特别高兴,于是写下这首诗篇。通过这首诗,才知道江西是"绿水青山"的好地方,不过那里闹过"瘟神",特别可怕,后来一吃田螺,便会想到血吸虫,又进而想到江西。

这就是我少时的江西印象。在那个交通和资讯都不发达的年代,恐怕除了江西本地人以外,大多数人都是这样了解江西的吧。人们之所以会注意到江西,是因为那里和毛泽东有关,它是革命圣地,红色政权的摇篮。

多年以后,我才有机会踏上江西的红土地,那是由于佛教的因缘。最初是在1994年秋冬之际。当时在湖北黄梅的小池召开了一个关于禅宗的学术会议,会议之后,与方立天、王树人等几位先生一同取道南昌返回北京,途中先到庐山的秀峰和东林寺,晚上赶到南昌的佑民寺,第二天早上参观滕王阁,然后匆匆离去。恰好江西省地方志办公室的何明栋先生与我们同行,一路上听他滔滔不绝地介绍江西佛教的景点、人物、故事,以及他在江西各地调查的经历,给我留下了深刻的印象。当时觉得他对本地的佛教了如指掌,可是自己只了解禅宗的一些思想学说,除了对他的介绍感到新鲜和钦佩之外,不能做出实质性的回应。现在回想起来,那次经历让我第一次感到自己对地方佛教还很无知。

2006年春季,我第二次到江西,目的是调查马祖道一禅师的遗迹。从那以后,每年大约两三次回国调查佛教的历史文化遗迹,至今已经跑过不少地方,其中江西是跑得较多的地区之一,除了南昌以外,还有靖安的宝峰山,宜黄的曹山和石巩山,赣州的马祖岩和龚公山,庐

山的牯岭（大林寺遗址）和马祖山，鹰潭的马祖岩，宜春地区的洞山、百丈山、黄檗山、仰山，吉安的青原山，大庾岭的梅关，等等，这些地方大多和禅宗的历史有关。通过这样东跑西颠，不仅可以发现当地的遗迹和史料，而且还能了解当地相关的历史文化，有时还会遇到感人的人和事，获得书本上学不到的知识。

古人说："读万卷书，行万里路。"不往各地跑，怎能了解各地的精彩？佛教史的研究也是一样，历史文献的记载总是有限的，单凭这些史料，往往不足以解决问题，在这种情况下，遗迹调查的方法就更是必要，由于相关的遗迹散在各地，因此佛教史的研究也需要学者们走出书斋，到各个地方进行扎扎实实的现场调查。毛泽东有句名言："没有调查就没有发言权。"地方佛教的研究也是一样，不管什么人，如果不到当地做深入细致的调查，那就只能装模作样地放空炮，结果是充当了万金油的角色。

记得十几年前，我曾提出禅宗的地方性问题，不过当时对这个问题的理解还不是很透彻。后来为了从事佛教历史文化遗迹的调查，不得不经常到各地跑，于是无意之中也对所到地区的佛教多少有了了解，并且越来越感到地方佛教的研究非常重要。特别是有的地方还保存有相当多的佛教遗迹，它们本身就有重要的史料价值，有的地方尽管已经没有遗迹保存，但是那个地方在历史上曾是佛教的重要舞台，还有的地方曾经有过佛教的辉煌，或者出现过与佛教相关的动人事迹，通过身临其境的现场考察，可以了解到文献史料记载以外的情况，即使对于文献史料中已经记载的事项，也能得到立体式的理解。然而遗憾的是，这些散在各地的佛教历史舞台，以及相关的佛教文化遗迹，总的来说还未受到应有的重视，质量上乘、深入细致的相关研究成果也不多见。之所以如此，其中一个主要的原因，恐怕就是人们对于地方佛教的重要性还缺乏足够的认识。就我自己的经验来说，有时候千里迢迢跑到某个地区作调查，由于人地两生，所以特别希望得到当地人的介绍和指教，但是结果往往令人失望，因为当地的人们往往是只关心那些空洞无物的所谓"重大理论问题"，要么就是把某些所谓"名家"的作品当作权威资料，而对自己家门口的宝贝不作深入的研究，甚至不大了解，这样的情况，正如禅宗所说："自家宝藏不顾，抛家散走作什么？"既然连当地人都不肯重视本地区的"自家宝藏"，那又怎么可能指望外部的所谓"大腕""权威"来做深入的调查研究？

我们国家幅员辽阔，佛教分布在各个地区，不同地区的佛教也有不同的登场角色、因缘环境，以及特定时空的历史经纬，所谓中国佛教，并不是抽象的、清一色的板块，而是由不同地区和不同时代、各具特色的图案组成的丰富多彩的万花筒，因此，只有重视地域性的佛教研究，弄清各个地方的佛教的具体情况，才能更完整地把握中国佛教的本来面目。最近在襄阳召开的第三届"道安文化论坛"上，黄心川先生呼吁学术界加强地方佛教的研究，这个呼声代表了老一代佛学者的高瞻远瞩、语重心长，应当引起大家的高度重视。

具体说到江西，这里自古以来就是中国佛教的重镇，至今依然是佛教大省，对于地域性的佛教研究来说，江西佛教是绝对不容忽略的考察对象。那么江西佛教有什么特色呢？对于这个问题，当然见仁见智，人们可以从不同的角度做出回答。就我个人的管见而言，江西佛教有一个非常显著的特点，那就是禅宗的祖庭特别集中，禅宗的大部分派系都发源在这里。说到禅宗的祖庭，其他省区也有，但是恐怕没有哪个地方比江西更多吧？历史上，各个系统的禅宗僧团曾在这些祖庭所在的地区长期生存，于是江西也成为禅宗最主要的根据地。说到佛教的根据地，当然不限于江西，其他地方也有，有的集中在某座大都市，成为都市佛教的中心（例如长安），有的集中在某处山区，成为佛教名山（例如五台山），相比之下，江西的禅宗据点大多分布在"绿水青山"之地，既远离都市，又不像佛教名山那样因寺庙过于集中反而吸引了大量的俗人，这样的地方特别适合清修，于是江西成为山林佛教的大本营。顺便一提，尽管佛教需要弘法利生、接洽世俗，然而清修更是僧人和僧团特有的专业性本职，而山林佛教恰恰是清修的最好依托，所以长期以来，江西作为山林佛教的大本营，也为维持中国佛教的慧命发挥着重要的作用。正是因为这样，直到现代，中国佛教的领军人物或是出身于江西的禅林，或是与江西佛教有过密切的关系，其中的奥妙就在这里。可以这么说，假如没有江西佛教，那就无法想象中国佛教会是什么样子。

江西这片红土地，为中国的历史文化孕育了两个圣地，一个是中国革命的圣地——井冈山，另一个是中国禅宗的圣地，只是后者不限于一山一地。这两类圣地的形成，有着共同的特点：一个是他们都选在"绿水青山"之地，富不至于腐败，穷不至于饿死，在古代是山高皇帝远，适合僧团的生存，在近代是"白色统治薄弱"，适合红色政权扎根；二是他们的发展壮大有着类似的经历，那就是"农村包围城市"，即最初以几处远离政治文化中心的边远地区作为根据地，然后逐渐扩展蔓延，最终成为全国的主流势力。而且由于他们依托于草根，尽管缺少表面的辉煌，但是具有特别顽强的生命力。这个草根就是江西人民，他们既有宗教心，又有革命心，他们对中国的贡献，功莫大焉！

江西如此精彩，江西的佛教在中国佛教中如此重要，难道不该有更多的人来关注和研究吗？衷心祝愿欧阳镇先生写出更多更好的作品，也希望有更多的人关注江西，这里是革命老区，也是佛教圣地，真个是"物华天宝，人杰地灵"。

邢东风
2016年11月15日于日本松山

目录

001 序一
005 序二

人物述评

002 一诚禅师与江西佛教
013 本焕长老与百丈寺
017 净慧长老与虚云老和尚
029 我印象中的传开法师
033 心道法师在南昌时期的活动
038 当代宁都佛教的学问僧——印慈法师
042 禅修成就的肉身菩萨——弥光法师
051 爱国爱教的楷模——证通法师
056 宁静淡泊的人生
　　——记法常法师学佛因缘
061 一生追求佛法的居士
　　——记黄辉邦学佛事迹

思想探究

- 070 慧远大师佛学思想略论
- 077 慧远大师护教论辩探析
- 083 慧远大师戒律观刍议
- 089 马祖道一禅法的和谐理念
- 100 虚云老和尚道风建设思想
- 109 虚云老和尚与藏传佛教
- 119 虚云老和尚禅修实践法门综探
- 134 论虚云老和尚人间佛教实践的基本内容
- 148 虚云老和尚和尚善巧用佛法于世法的智慧
- 159 八指头陀大乘菩萨思想

宗派论析

- 170 华严学与江西禅宗
- 184 华严学与江西净土宗
- 192 临济义玄与洪州禅
- 210 文益禅师在江西
- 222 南泉普愿与洪州禅
- 233 虚云老和尚中兴临济宗及其他
- 260 本焕长老与临济宗
- 271 万杉禅寺与庐山禅宗文化
- 281 江西藏传佛教传播发展述论

逸闻汇集

- 294 慧远大师在庐山
- 306 慧远大师与道安的法缘
- 313 鉴真东渡与庐山东林寺

315　虚云老和尚对外友好交往活动略述

336　虚云老和尚与李济深

341　海灯法师在云居山

佛学杂论

350　毛泽东与江西佛道教

354　庐山佛教文化的魅力
　　　——读《庐山历代石刻》有感

358　漫谈宜丰禅文化

361　《东方禅文化》卷首语

363　一本了解江西佛教活动场所的工具书
　　　——《江西佛道教活动场所分布图册》

365　简述青莲古刹史

调研报告

374　江西佛教文化资源的地位、影响及保护

381　江西宗教文化旅游提升：路在何方

388　加强宗教事务管理　维护社会和谐稳定
　　　——以九江灭门疑犯徐心联隐藏寺庙17年为例

393　关于挖掘宗教文化资源　构建文明和谐南昌的建议

399　宗教元素在陶瓷创意文化中大有可为

学术会议

408　云居山禅宗文化研讨会纪要

413　首届虚云大师佛学思想国际研讨会观点综述

419　赣县宝华禅寺举行马祖禅文化节暨马祖禅文化高端论坛

421　后记

人物述评

一诚禅师与江西佛教

一诚禅师（1927— ），法号一诚，字悟园。湖南望城人，1949年6月8日于湖南长沙县（今望城县）黄金乡洗心寺礼上明下心大师剃度出家。1956年，到江西云居山真如禅寺常住协助虚云老和尚建设真如禅寺，同年11月，在广东省南华寺受戒后返回云居山。1957年，于性福大和尚座下承嗣沩仰法派为第十世传人，法名衍心。旋得虚云老和尚代传观本明一和尚法派为临济宗第四十五世传人，法名常妙。1985年升任真如禅寺方丈。1993年11月推选为中国佛教协会副会长，1994年6月荣任江西省佛教协会会长，1999年担任靖安宝峰寺方丈，2000年兼任江西省佛学院院长，2002年9月当选为中国佛教协会会长。现任全国政协常委、中国佛教协会名誉会长、江西省佛教协会名誉会长、云居山真如禅寺退居方丈。一诚禅师一生在江西度过了四十多年，为江西佛教事业的发展做出了杰出的贡献。

主持修复祖师道场

云居山真如禅寺自唐元和初年（806年）道容禅师肇基以来，法灯长燃，时逾千载，乃历代祖师之最胜道场，为海内外著名古刹。然而历经沧桑，云居山真如禅寺荒废破败，20世纪50年代虚云老和尚住持复建，因一诚禅师能打石，遂用以建造殿堂。今日云居山之"赵州关"石匾，即出一诚禅师之手。当时一诚禅师打石的情景，有一首《打石》诗写道："铁锤不惮巨石坚，斫方凿圆总随缘。宝殿巍巍根基稳，山门屹立赵州关。"① 在真如禅寺的修复重建工程中，一诚禅师负责图纸的规划设计与施工指挥，甚得虚云老和尚和性福禅师的赏识。

---

① 《和为尚》编写组：《和为尚》上卷，人民出版社2012年版，第55页。

20世纪70年代，一诚禅师主持修建云居山上山公路。当时设备简陋，加之山路崎岖险峻，施工难度大，他不辞辛劳，亲自勘察、设计、施工，一应筹划。因一诚禅师擅长建筑，当时群众都尊称他为"周工程师"。修路的经过，有一首《修路》诗这样叙述："搬石运土旧生涯，量曲取直筹划佳。无愧众呼'工程师'，路通山外千万家。"①1980年公路建成通车，造福一方，功德圆满，在百姓中传为佳话。

1980年，一诚禅师与真如禅寺僧众联名上书省有关部门，请求恢复真如禅寺。1981年4月18日，一诚禅师与悟源和尚等十余人回到真如禅寺，恢复佛教活动和丛林生活，任真如禅寺知客，并负责修复藏经楼。中国佛教协会会刊《法音》发表专文对真如禅寺开展的佛教活动给予了高度评价。

1985年9月，一诚禅师被推选为真如禅寺方丈，全寺僧众在他的率领下，加紧了工程建设，修复和新建了大殿、西禅堂、祖堂、虚云老和尚纪念堂、方丈寮、赵州关、罗汉墙等殿堂建筑，划定山界、疏浚明月湖、铺设从赵州关至山门之条石路，面积达10990余平方米，塑造并安装了大小佛像230余尊，修整历代祖师塔37座。同时，对寺中庭院、道路也进行了整修，全寺面貌焕然一新。

继承虚云老和尚夙愿，中兴马祖道场宝峰禅寺，也是一诚禅师肩负之责。江西宝峰禅寺，江右名刹，唐代禅宗祖庭，水潦和尚开山于唐天宝年间（742—755年），南天八祖马祖道一大寂禅师灵骨舍利安葬宝所，名曰九龙荟萃之圣地。1953年，虚云老和尚至宝峰寺，就发誓要修复此祖庭，然因缘不契，未能如愿。1992年，一诚大师受靖安县政府之请，驻锡石门，发愿完成虚云老和尚的未竟事业，恢复马祖道场宝峰禅寺。

1992年10月，一诚禅师参拜宝峰寺，当时见马祖塔已被破坏，不禁当场落泪，随后到宝峰乡政府商谈修复宝峰禅寺事宜，就落实政策方面向政府提了三点要求：一把历史上属于宝峰寺的山林土地交给寺庙管理使用；二把寄于寺内的中学妥善搬迁出去；三把马祖塔内的文物归还寺里。当时有关领导都答应了，于是便在当月迎进玉佛，住进僧人，开始了修复工作。在修复过程中，一

---

① 《和为尚》编写组：《和为尚》上卷，人民出版社2012年版，第83页。

诚禅师虽身居要职，日理万机，每栋殿堂皆亲自构图设计，并随时来寺解决具体问题，可谓励精图治，苦心经营，从而使一座座殿堂楼阁拔地而起。相继修建了大雄宝殿、法堂、天王殿、客堂、云水堂、禅堂、虚怀楼、云海楼、虚云老和尚纪念堂、山门及诸厢房等。尤其是江西佛学院教学大楼，占地2200平方米，三栋三层，共计4600平方米，具有古建雄风。至1999年，各处殿堂及诸圣像完工，历时六年整，全寺落成。如今修复后的宝峰禅寺拥有祖塔、殿宇、经堂、僧舍等组成的一套完整的建筑群，规模宏伟，布局严谨，工艺精湛，寺内古柏参天，树木成荫，花圃星罗棋布，建成了一座园林式的寺庙。一诚禅师如愿以偿，遂于是年秋季举行开光落成典礼，全堂佛像开光，宝峰寺法灯复明，一诚禅师升座荣任方丈。

马祖道场宝峰禅寺重修落成受到各界人士的好评，廖宇阳以诗致贺："前瞻祖塔数年前，一片空山尚寂然；今日巍峨楼殿起，佛音梵呗普诸天。"①1999年9月12日，靖安县县长黄百文先生在宝峰寺全寺落成佛像开光方丈升座庆典法会上的致辞中说："如今宝峰禅寺历时六载重建落成，……是一诚方丈率领僧众精心筹划劳心劳力的结果。"② 2001年5月3日，广东云门大觉禅寺佛源长老在江西佛学院教学大楼奠基法会上的致辞中讲道："像我们的一诚大和尚，他是一个很了不起的实干家，他能够白手起家，脚踏实地步步向上，天天向上，所以继承祖师的家业，你看建了这样大的一个寺庙，又管理得这样好，不容易啊。"③

除了修复真如禅寺和宝峰禅寺，一诚禅师也为江西佛教振兴其他祖师道场奔走忙碌。他相继受聘兼任宜丰县洞山普利寺、广丰县博山能仁禅寺、铅山县葛仙山慈济寺等寺的名誉方丈，为这些曹洞宗祖庭的修复重建出谋献策，从规划图纸到指挥施工，无不倾注心血。1992年3月，他与中佛协的工作人员一起去庐山诺那塔院参加了验收工程，并作有诗："庐山今日喜重游，诺那塔院

---

① 一诚老和尚主修：《宝峰山志》，中华佛教出版社2004年版，第336页。
② 一诚老和尚主修：《宝峰山志》，中华佛教出版社2004年版，第419页。
③ 一诚老和尚主修：《宝峰山志》，中华佛教出版社2004年版，第433页。

又加修；圆融宗风传世外，显密光辉照神州"①，以表达他的兴奋之情。他自始至终把祖师道场的修复作为自己的神圣使命。2004年11月18日，他在仰山祖师塔落成典礼上就说过："做为一个佛教徒，心怀祖庭，支持祖庭是我们的责任。"②对于庐山东林寺建设大佛工程，他慎重地指出："希望东林僧众继承和发扬果公的遗志，圆成大佛工程，加强道风和信仰建设，完善组织管理，发挥东林寺有着深厚文化底蕴的历史地位的优势，立足中国面向世界，使东林寺真正成为与其历史地位相应的净土宗祖庭。庶可无愧于先贤，而垂范于来者。"③

倡导实行农禅并重

云居山真如禅寺作为中国佛教著名的禅宗道场，历来重视佛教传统的农禅并重。所谓农禅并重，就是劳动和参禅两不耽误，在劳动中参禅，在劳动之余禅修。一诚禅师在江西的几十年，始终坚持和实践着农禅家风。他认为，21世纪的合格僧人，必须坚持爱国爱教的优良传统，必须实践百丈清规，发扬农禅并重之佛门家风，促进道风建设，续佛慧命，广利群生。因此他经常埋首园田，要求僧众辛勤劳作，这从他所写的诗作中随处可见，在上性下福大和尚像赞中有："……领众熏修，重振宗风；为人为法，亦禅亦农。爱国爱教，愈老愈红；瞻之仰之，赞莫能穷。"④和本智禅师原韵有："容祖开山定梵宫，云公宝塔振欧峰；老人示寂常光照，继续农禅旧家风。"⑤在石城如日山普照寺开省佛协生产工作会议，该寺要求一诚禅师题字留念："特来学农禅，方知此山美；钟声落人间，楼台真雄伟。"⑥

云居山僧众，在一诚禅师的带领下，衣粮唯靠自给，常住日以农作为事。僧众从事的农禅主要有三种形式：一是种田。一诚禅师在《回忆一九五九年春》

---

① 一诚和尚著：《一诚老和尚诗文集选》，宗教文化出版社2009年版，第182页。
② 一诚和尚著：《一诚老和尚诗文集选》，宗教文化出版社2009年版，第138页。
③ 《果一老和尚往生十周年纪念册》序。
④ 一诚和尚著：《一诚老和尚诗文集选》，宗教文化出版社2009年版，第192页。
⑤ 一诚和尚著：《一诚老和尚诗文集选》，宗教文化出版社2009年版，第176页。
⑥ 一诚老和尚主修：《宝峰山志》，中华佛教出版社2004年版，第151页。

中作："今来真如寺，农田学稼通；心中无所碍，高卧乱云峰。"①他在《云居山学稼》有感："学稼真如寺，犁云万仞峰；禅心随朗月，高卧彩霞中。"②还有他写的《作务》："千年农禅继芳规，打田搏饭供爨炊。肩挑双百力强健，如来家业许荷担。"③《埋首劳作》："密密打地田土平，锄草灌禾意从容。归来倦卧白云里，不闻山外起雷声。"④另外，传印法师赴北京赠一诚禅师云："居共榻已多年，暮鼓晨钟养性虔；佛印桥头贪揽月，莲花城里苦营田；弘扬净业昭功德，丕振宗风结梵缘；一雁分飞天宇远，神灵庇护到幽燕。"⑤这些诗作都反映出僧众种田的情形。二是采茶。云居山产茶，攒林茶最为著名（今之云居山茶）。一诚禅师与大众摘茶炒茶，自得其乐。他曾作有《云居山采茶有感》诗云："三万新芽叶，称量只半斤；但知香透腑，莫忘孰辛勤。"⑥另有《采茶》："一味圆悟主云居，三字赵州参膺祖。横林香透三千界，一芽一叶浸辛苦。"⑦三是砍柴。一诚禅师还提倡砍柴，日为薪爨之给。他作有《砍柴》："岭南樵夫赚袈裟，禅道许共野人达。斤斧不避稠林密，性火还随薪火发。"⑧

"文化大革命"爆发时，红卫兵冲击寺院，常住星散，唯余一诚禅师与朗耀、自性、慧通四人，仍以牧牛、种田为务，人称"云山四僧"。一诚禅师虽然被赶出寺门，强行安排在云居山垦殖场，却仍然从事破竹子、放牛等工作。由于他勤奋劳动，宽厚坚忍，擅长建筑工程，便被留在山上充作农工，并担任原真如寺僧伽农场的生产队队长，与众一起进行劳作。

1978年底，国家落实宗教政策，僧人重返寺庙，恢复宗教生活。一诚禅师与体光禅师等道友率先回到云居山，恢复云居山僧团。他们先是割茅草砍竹子，搭盖茅棚，举行佛事活动，恢复出家人生活。1985年以后，真如禅寺僧

---

① 一诚和尚著：《一诚老和尚诗文集选》，宗教文化出版社2009年版，第158页。
② 一诚和尚著：《一诚老和尚诗文集选》，宗教文化出版社2009年版，第166页。
③ 《和为尚》编写组：《和为尚》上卷，人民出版社2012年版，第49页。
④ 《和为尚》编写组：《和为尚》上卷，人民出版社2012年版，第69页。
⑤ 一诚和尚著：《一诚老和尚诗文集选》，宗教文化出版社2009年版，第162页。
⑥ 一诚和尚著：《一诚老和尚诗文集选》，宗教文化出版社2009年版，第158页。
⑦ 《和为尚》编写组：《和为尚》上卷，人民出版社2012年版，第51页。
⑧ 《和为尚》编写组：《和为尚》上卷，人民出版社2012年版，第53页。

伽林场借鉴世俗社会"联产承包责任制",加强管理,以产定奖,进一步加强经营管理,调动僧众的生产积极性,提高单位面积产量。

一诚禅师依然非常重视禅宗的农禅传统,亲自带领僧众进行农耕,实践百丈祖师遗训。1987年即恢复真如禅寺僧伽农场。当年2月在中国佛教协会第五次全国代表大会上发言时,一诚禅师曾具体地说到云居山真如禅寺农禅并重的情形:"僧众们不仅每天上早、晚殿和日间出坡劳动,还坚持每日过堂,早、中、晚坐香四支,坚持'一日不作,一日不食,动静如一'的百丈道风。同时,利用三余之功,精进修持,年年冬天打禅七。"①强调劳动和参禅不是截然分开的,而是一体相成。在劳动中参禅,在劳动之余禅修,也因此进一步发明了"三余之功"这一概念。所谓"三余之功",就是"闲者忙之余,雨者晴之余,雪者冬之余"。意思是忙完闲暇的时候、下雨的时候、冬天下雪的时候也不浪费时光,精进一心,用于禅修。仅1987年这一年,真如禅寺稻谷收获7万多斤,红小豆、茶叶、马铃薯等都获得丰收,全年寺中生产总收入达7万余元,粮食、蔬菜等都达到了自给有余。而后,真如禅寺僧伽林场的农林生产进一步得到发展,1988年农林及副业收入总计8万余元,收割稻谷8万多斤,全寺僧人人均产值千余元。在省佛协召开的江西省寺庙生产工作会议上,真如禅寺被评为先进集体,并受到表彰。

1989年,真如禅寺因"农禅好、道风严、规矩正",中国人民政治协商会议全国委员会副主席、中国佛教协会会长赵朴初居士在上海召开居士座谈会时,讲话中把云居山真如禅寺同福建莆田广化寺、四川成都昭觉寺,列为"都是道风好的道场,可以树立为样板"。1991年,中国佛教协会派出教务部释妙青、释妙华到云居山真如禅寺,就常住"农禅并重"传统的恢复与落实情况,进行调查研究,写出专题调研报告,报送中央统战部和国务院宗教局领导,并在《法音》刊出,供全国佛教界学习。到1992年,真如禅寺僧伽林场在耕作制度与技术、经营管理、责任制的落实诸多方面加大改革力度,农业、林业、副业生产又获大丰收,年产10万余元。同时粮食和蔬菜等自给有余,真正做到了自力更生,

---

① 《爱国爱教　亦禅亦农》,一诚禅师在中国佛教协会第五次全国代表大会上的发言稿。

以寺养寺。

云居山真如禅寺作为样板禅林，遐迩共仰。当记者问道："农禅并重"一直是禅宗所提倡的，但此风似乎早已殆尽，为什么唯有您一直在您的云居山道场中坚持这样做？一诚禅师解释实行农禅并重的好处时说道："百丈禅师早有'一日不作，一日不食'的遗训，讲究禅法就在日食日耕中。我在云居寺带领大家实践这种自给自足的生活和参学方式，一方面是要把寺院的开销建立在自食其力的基础上，通过僧人们自耕自作，自种自收来维持生活，而且我们还常常把多余的粮、茶、菜送给附近山里的贫困居民，直到现在每年仍有十余万斤的粮食分给周围的穷困群众；……"①他在宝峰禅寺也大力倡导"农禅并重"的道风，所拟大殿（宝峰寺）联一组中就有"真参实究明心见性为宗旨，道古奉戒农禅并重为家风"②。

一诚禅师一贯要求僧众奉守"一日不作，一日不食"之祖训，坚持出坡劳动，精耕细作，勤奋不息的"农禅并重"道风，受到海内外高僧大德一致认同。现任中国佛教协会会长传印法师说："由于一诚长老道行昭著，1985 年被两序大众推举为云居山真如寺方丈。自是以后，几十年如一日，领众熏修，以身作则，精进不懈，使虚老之后的云居山农禅并重的精神继续发扬光大，著名于海内外。"③美国万佛城法界大学僧伽在家训练课总务恒持禅师与该校副校长恒道禅师等都称赞真如禅寺为世界上"第一流的寺院"。

办学培养合格僧才

为了绍隆佛种，续燃传灯，发展佛教的教育事业，早在 20 世纪 90 年代初，一诚禅师就着手开始弘法度僧，1992 年，亲自为青年僧人妙华等人传授正法眼藏，为沩仰宗续添传人。同时也广泛聘请大德高僧，1994 年 9 月，他亲赴天台山请传印法师，并作有诗："车尘旋转绕山川，公北吾南各一边；披星戴

---

① 一诚和尚著：《一诚老和尚诗文集选》，宗教文化出版社 2009 年版，第 321—322 页。
② 一诚和尚著：《一诚老和尚诗文集选》，宗教文化出版社 2009 年版，第 201 页。
③ 一诚禅师著：《无杂相》序，宗教文化出版 2009 年版。

月因何事？天台山上请高贤。"①

　　尽快把年轻僧众培养成有知识、有修养、有道德的佛教接班人，已成为江西佛教发展的头等大事。一诚禅师对此非常重视，1989年他在《赴美弘法传戒感想》中就谈道："今后，我们还想办一所佛学院，这大概也是近一二年的事了。"② 由于因缘不具，直到2000年，他才在靖安宝峰寺恢复了停办数年的江西佛学院，并亲自担任佛学院院长。江西佛学院，最初是由果一禅师1993年开办于东林寺，招收两届学员以后，由于果一法师圆寂及师生不稳定等原因，学院工作逐步滑坡，直至1997年停办。佛学院迁址宝峰寺后，于当年秋季正式开始招收新生。为了培养具足僧格和更高素质的僧才，一诚禅师不遗余力，鞠躬尽瘁，倾注了大量的心血，制定了一系列的发展规划：一是培养目标。要培养和造就一批爱国爱教，信仰虔诚、德才兼备，具有正知正见和较高佛学水平，能够从事佛教教育、讲经说法、寺院管理、慈善事业、国际交流等工作的青年僧才。二是办学方针。要以"学修一体化，学院丛林化"为教学指导方针，制定"以戒为本，定慧等持，三学圆明，体用如如"的院训。明确修行理路，注重启发学生学修并进、解行相应、福慧双修，明因识果的自觉性；强调培养学生无我利他，积极进取的人生观和诸恶莫做、众善奉行的道德观。并及时吸收现代科技成果和社会教学管理经验，促进教学管理规范化。三是教学理念。要提高学僧的悲智双运、福慧双修、解行相应、明因识果的佛学水平，使他们自觉维护僧团的"六和敬"，自觉保持"独身、素食、僧装"的优良传统。坚持半月诵戒、冬参夏学、早晚上殿、过堂吃饭、坐香出坡等丛林规矩，毕业后可以成为荷担如来家业、弘法利生、净化社会的合格僧才。

　　一诚禅师根据学僧不同文化水平而设置不同的班级。江西佛学院设有三个班，即预科班、正科班、研究班各一，另外，2004年与南传佛教携手，增设一个西双版纳专科班，学僧皆来自云南。现共设有四个班，在校学僧140人，常住授课禅师20人。为了充实师资力量，一诚禅师礼聘传印大和尚、圣辉大

---

① 一诚和尚著：《一诚老和尚诗文集选》，宗教文化出版社2009年版，第162页。
② 释一诚主修：《云居山新志》，中国文史出版社1992年版，第250页。

和尚担任名誉院长，聘请了中国佛学院、闽南佛学院、福建佛学院、北京大学、西南师大、南昌大学等院校的禅师、老师、毕业生担任教师，礼请诸山长老、大德禅师、专家学者作兼职授课和讲座。在课程设置上，根据江西佛教禅宗资源丰富的实际情况，佛学院侧重于宗门，突出禅宗特色，兼顾其他各宗，宗与教并举，还设有文化、政治等基础课，外语以英语为主。在学僧生活丛林化方面，除上殿、过堂、诵戒等照常外，每天还须进禅堂坐香一至二支，把学院丛林化、丛林学院化的要求落到实处。边学边修，边修边学，学修一体。江西佛学院各项工作均已有序展开，基本按照学院章程、管理方法、图书馆管理员制度、读者须知、车库班岗位责任制、教师岗位责任制、办公室管理方法、课堂管理方法、消防管理方法、印章管理方法、财会人员岗位责任制、学僧守则等各项规定有条不紊地进行。

2004年随着新教学大楼的落成，江西佛学院校舍及教学设备又上一个新台阶。江西佛学院自2000年迁至宝峰寺复办以来，规模倍甚于前，气势宏伟的教学大楼拔地而起，教学条件大为改善，另外学院配备有图书馆，藏书万余册，皆经律论、古今注疏等典籍，供师生借阅。医务室有专人负责，便于师生看病。学院的面貌大为改观。一诚禅师对办学的前景充满着信心，他在江西佛学院教学大楼奠基主法法语中讲道："选佛场开遵古佛，未来世界出贤良。祖道重兴宏教育，戒根定树慧花隆。"[①]江西佛学院经过十余年的努力，共毕业八届学生397人，取得了令人瞩目的成绩。一诚禅师对即将奔赴各自岗位的学僧寄予殷切的期望，他在江西省佛学院学僧毕业典礼上这样说道："真正树立爱国爱教、行解相应、深广圆融的知见。切实做到把'维护法律尊严、维护人民利益、维护民族团结、维护祖国统一'，和佛教悲智平等、契理契机的教法圆满统一起来。进而以高度的责任感和使命感担负起大乘佛教'庄严国土、利乐有情'的重任。"[②]

近年来，江西佛学院取得的可喜成绩，受到海内外各界人士的高度赞叹。

---

① 一诚和尚著：《一诚老和尚诗文集选》，宗教文化出版社2009年版，第63页。
② 《和为尚》编写组：《和为尚》下卷，人民出版社2012年版，第17页。

木鱼的《赞一诚和尚》云:"深入禅宗泰斗门,诚公道范众人尊,继承祖业光先德,造就僧材启后昆,梵刹庄严功绩著,丛林华美古风存,亚东北美俱弘法,正是如来好子孙。"① 台湾中台禅寺见灯禅师的致辞中说:"一诚大和尚是身系禅宗的法脉来弘扬教法,经常开坛传授三坛大戒,绍隆佛种,提携后学,他是佛教界所共尊共仰的尊宿。现在又开办佛学院来培育僧才,续佛慧命,这实在是一件很大的功德,值得我们大众来学习和赞叹。"② 江西省宗教局罗峻雄副局长在江西佛学院毕业生典礼上的致辞中指出:"(江西佛学院)在一诚大和尚的亲自主持下,……自复办以来,始终不渝地坚持宗教院校正确的办学方针,以培养和造就一支热爱祖国接受党和政府领导,坚持走社会主义道路,维护祖国统一和民族团结,有佛教学识,立志从事佛教事业,并能联系信教群众的佛教教职人员的宗旨,在办学中,积极引导学僧继承和发扬中国佛教农禅并重、学术研究、国际交往的优良传统,使年青一代僧人的精神面貌有所改观,整体文化素养有所提高。"③

此外,一诚禅师作为江西省佛教协会会长还面临着江西佛教的两个"老大难"问题:一是建设江西省佛教协会会址;二是修建一条佛光大道。这两个问题都是多年来无法解决的难题,在一诚禅师的亲自筹办下,得以顺利解决。关于江西省佛教协会的会址问题,一诚禅师亲自写信向中国佛教协会会长赵朴初求助,得到了中国佛教协会的大力支持,其中包括经济上的援助。修建一条佛光大道,是因为早年在江西永修和靖安之间曾经有过一条路,后来由于山石滑坡把路给冲垮了,两县之间的往来便中断了很多年,沿途几十公里的居民要想出行就需要绕很远的路,交通极为不便。为解决这个问题,一诚禅师亲自给省政协写提案建议立项,在缺少资金的情况下,一诚禅师带领寺院僧众踊跃捐款,并号召一些企业界的佛门信众慷慨解囊,很快便筹集到了资金,在多方的共同努力以及江西省政府、江西省交通厅的大力协助和支持下,这条路终于在

---

① 一诚老和尚主修:《宝峰山志》,中华佛教出版社2004年版,第361页。
② 一诚老和尚主修:《宝峰山志》,中华佛教出版社2004年版,第433—434页。
③ 一诚老和尚主修:《宝峰山志》,中华佛教出版社2004年版,第435页。

2000年建成通车了。通车那天,沿途的百姓几乎是倾巢而出,欢呼雀跃,后来大家一致赞同将此路命名为"佛光大道",以感念佛法的伟大和慈悲。

一诚禅师所作所为都是从大局着想,这是一种"无我"的精神。他为江西佛教所做的贡献是不可磨灭的,值得后人效仿和学习。中国佛教协会现任会长传印法师曾"殷切地期待我们佛门后学,要以(一诚)和尚为榜样,荷担如来家业,住持如来法;上报四恩,下济三有"[1]。

---

[1] 一诚禅师著:《无杂相》序,宗教文化出版2009年版。

本焕长老与百丈寺

本焕长老（1907—2012年），湖北武汉新洲人，1929年披剃出家，后承嗣禅门巨匠虚云老和尚，为临济宗第四十四代传人，生前曾为中国佛教协会咨议委员会主席、奉新县百丈寺方丈。本焕长老一生为弘法利生而不断精进，他将"不为自己求安乐，但愿众生得离苦"的禅门宝训，亲自书写成条幅，挂在方丈室墙壁上，作为自己修行的准则，度化众生的格言。本焕长老前半生，志在苦行、坐禅闭关、参研经律、跪拜五台、刺血写经、燃臂孝母、领众守戒，发扬禅门宗风，实行百丈清规，倡导人间佛教；后半生，奔走中外、行化四方、广结善缘、披心沥胆、建寺安僧。近三十年来，本焕长老先后修复、重建丹霞山别传寺、广州光孝寺、湖北黄梅四祖正觉禅寺、广东南雄莲开禅寺、南雄大雄禅寺、江西奉新百丈寺等十余座寺院。已故中国佛教协会会长赵朴初曾赋诗赞扬本焕长老恢复别传寺的功绩。诗云："群峰罗立似儿孙，高生丹霞一寺尊，定力能经沧海唤，丛林尚有典型存；一炉柏子参禅味，七碗松涛觉梦痕，未得编堂行集看，愿将半偈镇山门。"原中国佛教协会会长一诚法师在本焕长老百岁嵩寿贺信中也高度评价本焕长老"接引众生无数，重兴寺院十余座，为我国的佛教复兴作出了重大的贡献，是佛教界爱国爱教的典范"[①]。

尤为值得一提的是，百丈寺的修复是本焕长老极为重视的一件大事。他于2006年在深圳弘法寺的开示中说："我还有很多事情要做，要建百丈寺。百丈怀海禅师是位很了不起的大祖师，马祖建的丛林，百丈立的清规，到现在为止，我们丛林大的规矩还是依照百丈清规。我们是佛的后代，也是禅师的后代，所

---

① 《百丈山志》卷八，第263页。

以要把百丈寺修起来，这是一件急待要做的大事情。"① 百丈寺是佛教百丈清规的诞生地，在中国佛教史上具有重要的地位。该寺始建于唐德宗贞元十年（794年），至今已有1200余年的历史，开山祖师乃著名高僧怀海禅师。怀海禅师（720—814年），福州长乐人，南岳怀让三世法嗣，唐马祖道一大寂禅师的高足，师徒于洪州创丛林立清规。丛林的创建，从根本上改变了禅徒多居律寺的现状；清规的制定，实行农禅并重的普请劳作，不仅强化了丛林组织形式，而且奠定了禅门的经济基础，这在日后唐武宗灭佛时，佛教其他佛教宗派走向衰弱的情况下，挽救了禅宗的颓势。时至今日，各大禅寺的管理体制依然参照百丈清规制定的内容执行。怀海禅师在百丈寺弘扬佛法二十余年，以其精湛的佛教义理和独特的禅宗心法接引学人，使百丈山成为培养高僧的摇篮。许多僧人得怀海禅师的点化，先后各自成为国内诸名山之主，以及创宗立派的祖师。其法嗣沩山灵祐与弟子仰山慧寂创沩仰宗，黄檗希运之弟子义玄创临济宗，远传至朝鲜、日本、越南等国，从此，百丈寺成为国内外著名禅寺。

世事沧桑，百丈寺屡嬗兴废，每况愈下。时至20世纪末，佛像尽毁，殿宇破败，仅存一进殿堂和两间厢房，摇摇欲坠，僧人星散，香火中断，寺殿民占，暮鼓晨钟俱息，早已失去了唐宋时期的繁盛气象。

在新的世纪里，百丈寺又迎来了新气象。2002年4月，奉新县颁发关于加强修复百丈寺的通知，随即成立了修复百丈寺协调工作领导小组。县委县政府主要领导于2002至2003年多次南下广州、深圳，礼聘当代佛门泰斗本焕长老担任百丈寺住持。2004年，本焕长老虽年届百龄，仍以修寺弘法为本分，在奉新县政府聘请下，担任百丈寺住持，并发愿筹资重建百丈寺。2004年初，本焕长老委任顿雄法师为百丈寺首座，具体负责修建事宜，并嘱咐顿雄首座："百丈山是天下大丛林，祖师道场。怀海禅师是了不起的大祖师。顿雄，你要把百丈寺修好，成就更多人修行，要把用功了生死放在第一位。"② 当年5月，本焕长老派印顺、顿雄两位法师亲临百丈山考察。8月，顿雄法师代表本焕长

---

① 《百丈山志》图片部分。
② 《百丈山志》图片部分。

老与奉新县政府签署重建百丈寺协议。得到当地政府大力支持，划拨土地山林1164亩用之建寺，提供水电路方便利其发展。建设工程上先由深圳弘法寺赞助启动资金人民币500万元，随后聘请专家设计规划。10月30日，百丈寺隆重举行大雄宝殿、天王殿奠基仪式，百丈寺修复工程正式启动。在百丈寺修复过程中，本焕长老的众弟子纷纷慷慨解囊，乐为布施，共襄盛举。杨钊居士（香港旭日集团董事长）自2005年始，先后捐款4300余万元支援重建百丈寺；李亚鹤居士（深圳金光华实业集团有限公司董事长）2007年12月捐资410万元支持百丈寺重建工作；高佩璇居士（香港著名女企业家）2004年秋捐资100万元和别克商务车一辆；陈家强居士（广州市雅江光电设备有限公司董事长）2005年9月捐资60万元人民币以助百丈寺重建；无相法师2005年4月捐款人民币50万元修建百丈祖塔等。在大家的共同努力下，历时六年，共费资金12000万元，建起了一座占地面积达16.4万平方米的璀璨辉煌的禅宇，百丈寺的面貌从此焕然一新。新建的天王殿、虚怀楼、云海楼、大雄宝殿、怀海祖师楼、法堂、禅堂、方丈室、东西厢房、钟楼、鼓楼、观音殿、地藏殿、药师殿、三圣殿、斋堂、香积厨、贵宾楼、居士楼、藏经楼、牌楼、山门、放生池、海会塔等百有余楹。崇楼杰阁，宝殿庄严，新塑大小佛像百余尊，百丈禅风，再振丛林。奉新县人民政府原县长、诗人、书法家陈世柳在《百丈寺重建告竣喜赋》中赞叹道："大雄梵刹美名扬，怀海禅师古道场，百丈清规垂万世，千年香火兆千祥。巍巍佛殿重重起，朵朵莲花处处香，朝觐观光来乐土，深情落笔感沧桑。"

2007年，百丈寺被江西省民族宗教事务局授为江西省重点寺院。2010年，百丈寺重建工程全面竣工。2011年8月，百丈寺隆重举办百丈清规文化节、本焕长老晋院升座以及寺院落成全堂佛像开光庆典。在百丈清规文化节上，江西省民族宗教事务局局长谢秀琦对百丈寺的文化内涵给予高度评价："百丈禅寺是中国禅宗祖庭之一，百丈清规文化延绵千年，是一幅书写百丈山仙源灵境的瑰丽画卷，是一部镌刻中国禅宗发展变化的浩瀚史诗，是一首展示中华传统文化的千古绝唱，其不朽的生命、丰富的内涵、独特的魅力在新时代仍焕发着勃勃生机，发挥着积极作用。"为纪念本焕长老晋院升座和寺院落成全堂佛像开光庆典，国家邮政局发行个性化邮票一版、邮资纪念封一枚和邮资明信片一枚。个性化版票由四个图案组成：一是本焕长老德像；二是唐柳公权书"天下清规"石刻，字为楷体，骨力遒劲，结构严谨，刻面高1.2米，宽1米。在"天下清规"石刻右上角，篆刻"碧云"二字，刻面高1.2米，宽0.5米。三是大雄宝殿正面图案；四是放生池照片。邮资纪念封写有"开光纪念"四字，图案为唐柳公权书"天下清规"石刻，连体邮戳由放生池图案和百丈寺（临）邮戳组成。邮资明信片连体邮戳图案与邮资纪念封上的相同，另有一枚百丈寺放生池邮戳。

净慧长老与虚云老和尚

净慧长老（1933—2013年），俗姓黄，法号妙宗，湖北新洲人，僧腊67载，戒腊63夏。1951年，赴广东乳源云门山大觉禅寺，于虚云老和尚座下受具足戒，成为近代禅门泰斗虚云老和尚得法弟子之一。1952年，承虚老之殷勤咐嘱，以一身而兼承禅宗五宗法脉。1953年，虚云老和尚迁江西云居，修复真如禅寺，净慧长老奉虚云老和尚之命，留任云门寺监院。1955年，净慧长老前往云居山任虚云老和尚侍者，并协助当年冬天的云居传戒法会。在两度亲侍虚云老和尚数年间，净慧长老得以朝夕亲承虚云老和尚耳提面命，获益良多，并深得虚云老和尚的赏识和器重。净慧长老没有辜负虚云老和尚的期望，他继承和发扬虚云老和尚的精神，恢复祖庭、弘扬禅法以及创立生活禅，"其功其德可与昔年二祖邺城行化相呼应而与虚公悬记互印证"[1]。

追随虚云老和尚，接受传统禅法

净慧长老深知虚云老和尚的传统禅法。在《虚云老和尚的禅风》一文中，他把虚云大师的禅学思想概括为："1. 基本保存了明、清以来佛教丛林里的一套规矩。2. 兼容并蓄长老大德接引学人的方式方法，灵活应用。3. 禅戒结合，恢复与坚持以戒律为主、清规为辅的体制。4. 对传统佛教中一切有利于摄受大众的法事活动如水陆法会等，也有选择地继承下来。5. 常年坚持打禅七。打七的时候，每晚进堂讲开示。6. 以参'念佛的是谁'话头为主，甚为猛烈锐利。7. 在自力的基础上，以弥勒净土的他力，补晚年力衰的不足。"[2] 并且认为"虚老是

---

[1]《第三届河北禅宗文化论坛论文集（上）》，2013年，第122页。
[2]《第三届河北禅宗文化论坛论文集（上）》，2013年，第175页。

以保持传统为己任的一代宗师"①。净慧长老对虚云老和尚传统禅法的高度概括得到学界充分肯定："俗话说，'知父莫若子'，净慧法师对虚云老和尚禅风的这一概括自然是很准确的。"② 这种精练的概括与净慧长老追随虚云老和尚，并接受其传统佛教思想熏陶是分不开的。

净慧长老早年亲近虚云老和尚并接受其传统禅法。净慧长老曾说过："我从十八岁开始亲近虚云老和尚，应该说是一个接受传统禅法的人。但是由于所处的时代，实际来说，没有真正能够很好地在修行上扎实地用功夫。虽然我亲近虚云老和尚前后将近有十年左右的时间，但是那时我们天天搬柴运水、打地抛砖、种田搏饭，大概有五年左右的时间是这样过来的。"③ 净慧长老亲近虚云老和尚近十年左右，直到虚云老和尚圆寂。净慧长老后来无奈地说道："到了1959 年老和尚离开了我们，我们就再也没有办法亲近他老人家。"④

净慧长老在虚云老和尚门下为徒受戒。净慧长老非常盼望能得到虚云老和尚受戒，有一段文字记叙净慧长老当时的心情："一九五一年初，听说虚云老和尚驻锡的广东云门山大觉寺要开坛授比丘戒，净慧兴奋不已。虚老是近代禅门巨匠，年已过百，能在他门下为徒受戒，该是多么荣幸啊！怀着无限憧憬，十八岁的净慧不远千里前去投奔。"⑤ 可是虚云老和尚并没有马上答应净慧受戒之事，而是给了他一把锄头、六斤花生种子和一亩荒地，让他先去干活儿。经过一段时间，虚云老和尚看净慧长老是个好苗子，才答应他在云门寺受比丘戒。一年后，净慧长老成为虚云老和尚法嗣，虚云老和尚为他起名"妙宗"。 虚云老和尚教导他："人生在世，无论士农工商，欲求不虚生浪死、作一有用人物，首要立志高尚。盖志高则趋向上，人格自高；志卑则趋向下，人格自卑。"在虚云老和尚的着意栽培下，净慧长老先后担任了侍者、副寺、监院等职。因净慧长老敏慧过人，深受虚云老和尚的赏识和器重，受戒时即被选为沙弥尾，戒

---

① 净慧主编：《虚云和尚全集》第 7 册，《追思录》，中州古籍出版社 2009 年版，第 204 页。
② 《第三届河北禅宗文化论坛论文集（上）》，2013 年，第 41 页。
③ 净慧著：《生活禅钥》，生活·读书·新知三联书店 2011 年版，第 170 页。
④ 净慧著：《生活禅钥》，生活·读书·新知三联书店 2011 年版，第 171 页。
⑤ 净慧主编：《虚云和尚全集》第 7 册，《追思录》，中州古籍出版社 2009 年版，第 468 页。

期圆满后被留作侍者，继续跟随虚云老和尚学禅。1955年11月，江西云居山真如寺举行新中国成立以来的首次三坛大戒法会，虚云老和尚亲自担任传戒和尚，净慧长老为第三引礼师。

净慧长老得虚云老和尚传授法卷，成为其嗣法弟子，一身兼承禅宗五家法脉，成为继承五家衣钵的唯一一人。净慧长老承接了虚云老和尚的五家法脉，有虚云老和尚传法偈可以说明。虚云老和尚传法偈的具体内容为："临济宗 第一世临济义玄禅师至四十三世虚云性彻禅师——四十四世净慧本宗禅师。虚公示表信偈曰：当年二祖为心宗，求法忘躯立雪中。子志若能继先德，芳名千载自流通。曹洞宗 第一世洞山良价禅师至四十七世虚云古岩禅师——四十八世净慧复性禅师。虚公示表信偈曰：一枝秀迪云门峰，岂比寻常草本同。自是大觉志坚固，森森永荫法门荣。沩仰宗 第一世沩山灵祐禅师至八世虚云德清禅师——九世净慧宣道禅师。虚公示表信偈曰：大法迥然绝古今，毫端独露本来真。风行草偃寻常事，普泽人天作雨霖。云门宗 第一世云门文偃禅师至十二世虚云演彻禅师——十三世净慧妙宗禅师。虚公示表信偈曰：妙宗开化佛悲怀，道济苍生法界宽。净戒严持崇圣德，慧命相传般若灯。法眼宗 第一世法眼文益禅师至八世德清虚云禅师——九世净慧本性禅师。虚公示表信偈曰：摩醯顶上眼重开，方许吾宗大将才。法门幸有能承继，立志须从勇猛来。"[1] 净慧长老十分珍惜这种法脉的传承。后来"在纪念老人圆寂三十年之际，适值临济宗祖庭——河北正定临济寺法乳堂落成，特将禅宗、临济宗传法世系刻碑嵌于堂之两壁，使佛祖源流一目了然。虚老为临济宗第四十三代祖，其名亦列入临济宗源流，用志法流永续，灯传无尽。"[2] 此外，在法脉传承上，虚云老和尚虽接了很多其他宗派的法，但首先传的就是云门宗，因此净慧长老遵循虚云老和尚的传承方法，使其徒弟接受云门宗的法脉，成为明字辈。

---

[1] 《天心月圆　真照无边——净慧长老追思特刊》，《禅》编辑部《黄梅禅》编辑部联合出版，第63页。
[2] 净慧编辑：《虚云和尚法汇续编》，河北省佛教协会印行，1990年，第17页。

虚云老和尚通过不同方式鼓励净慧长老要精进学业。一是写诗。虚云老和尚为净慧长老作有《示净慧禅人五首》："当年二祖为心宗,求法忘躯立雪中。子志若能继先德,芳名千载自流通。一枝秀迪云门峰,岂比寻常草木同。自是大觉志坚固,森森永荫法门荣。大法迥然绝古今,毫端独露本来真。风行草偃寻常事,普泽人天作雨霖。摩醯顶上眼重开,方许吾宗大匠才。法门幸有能承继,立志须从勇猛来。妙宗开化佛悲怀,道济苍生法界宽,净戒严持崇圣德,慧命相传般若灯。"[1]二是书信。1958年7月25日,虚云老和尚写《与净慧书》："望汝苦心向学,严持净戒,朝暮礼诵亦不可废。三学相资,方堪任持大法,模范人天也。"[2]1958年11月,虚云老和尚致信给就读于北京中国佛学院的净慧长老："至希仁等,跨步向前,认真学习,积极劳动,须念青春不再,时过难追,切勿辜负国家培育,及众生期望。"三是推荐。1956年9月,中国佛学院在北京成立,虚云老和尚鼓励净慧报考,使他成为第一批学僧。净慧长老没有辜负虚云老和尚的苦心,他在给虚云老和尚的回信中说："当努力修学,不负师恩。"[3]净慧长老在中国佛学院就读期间,普通班毕业后,又继续向上,成为佛学院第一批研究生。

净慧长老在继承虚云老和尚的传统禅法的基础上,也发扬虚云老和尚"择善而从"的做法。对于传统禅法,净慧长老有三点突出的表现:一是具有担当精神。"其(指净慧长老)为教之忧患意识,其老当益壮、为法忘躯之承担精神,大有其先师虚云老和尚之遗风。"[4]二是具有振兴理念。"(净慧)长老自幼出家,亲承虚云老和尚之教诲,对虚云和尚'四根(佛教这棵大树赖以生存和发展的四条大根——修证之根、戒律之根、经教之根、现实之根)一本(以禅宗为振兴中国佛教之根本)一枢纽(巩固古老的传统大丛林之枢纽地位,充分发挥它们的表率、辐射和引领功能)'的佛教振兴理念心有领会,……佛学根底甚为

---

[1] 净慧编辑:《虚云和尚法汇续编》,河北省佛教协会印行,1990年,第67—68页。
[2] 净慧编辑:《虚云和尚法汇续编》,河北省佛教协会印行,1990年,第32页。
[3] 净慧编辑:《虚云和尚法汇续编》,河北省佛教协会印行,1990年,第32页。
[4] 《天心月圆　真照无边——净慧长老追思特刊》,《禅》编辑部《黄梅禅》编辑部联合出版,第7页。

扎实，对佛教典章制度非常熟悉。"①三是强调道风建设。在道风建设方面，净慧长老结合现代社会的特点，强调继承传统，完善道场各种管理规约，坚持早晚课诵、二时斋供、坐香、初一十五诵戒、夏安居、冬禅七。对于"择善而从"，净慧长老对虚云老和尚的做法是持肯定态度的。净慧长老曾说过："当时的佛教界面临着如何迎接现实挑战的大问题。在这个问题面前，当时有两种倾向：一种是所谓的激进派，一种是所谓的保守派。激进派最初以仁山法师为代表，后来才是太虚大师。保守派以印光法师等为代表。虚云老和尚在这个挑战面前，似乎倾向于保守派，但对激进派也有所妥协。他是择善而从。激进派对佛教有利的，他也能接受。他是以传统为主，同时也接受了激进派的某些做法。"②以后净慧长老还将这一做法发扬光大，这一点我们从净慧长老的弟子那里得到佐证。河北柏林禅寺住持明海法师说："两位高僧（虚云老和尚与太虚大师）正是在佛法上对师父（指净慧长老）影响至深至大者。"③

为了更好总结净慧长老传承传统禅法的丰功伟业，这里我们采用两位中国佛教协会副会长赠送净慧长老的挽联以作结语。一位是刀述仁的挽联："佛门领袖肩挑五脉净乾坤，华首传禅承法迦叶慧人心。"另一位是明生的挽联："承虚公咐嘱犹瞻祖师风范常忆座下谒法乳，衍五派传承还见大德行懿唯愿光中鉴生悲。"

赞叹和纪念虚云老和尚

净慧长老在《虚云和尚行业记》中高度总结虚云老和尚一生的贡献。他说："综观虚老一生的业绩，可谓功追往圣，德迈时贤。举其荦荦大端者可以概括为八点：一曰建寺安僧，二曰振兴禅宗，三曰提倡戒律，四曰兴学育僧，五曰

---

① 《天心月圆 真照无边——净慧长老追思特刊》，《禅》编辑部《黄梅禅》编辑部联合出版，第7页。
② 净慧法师著：《中国佛教与生活禅》，宗教文化出版社2005年版，第387页。
③ 《天心月圆 真照无边——净慧长老追思特刊》，《禅》编辑部《黄梅禅》编辑部联合出版，第122页。

农禅并重，六曰重视史文，七曰爱国爱教，八曰福利社会。"[1]虚云老和尚所作出的巨大贡献与他的禅风、人格以及行持等方面具有密切的关联。在禅风上，赞叹"他老人家的禅风可以说是高深莫测"[2]，甚至公认"虚云和尚名满天下，望重宗门，海内外谈禅者莫不仰为泰斗"[3]；在人格上，赞扬"他真是一个具有大无畏精神的大丈夫"[4]，而且"他的高风亮节，光耀照人，堪称千秋典范，百代楷模"[5]；在行持上，认为"虚老的一生，是孜孜不倦，寸阴是竞的一生"[6]。净慧长老还认为虚云老和尚自开悟后，就"出世弘法，将自己的生命与佛法的兴衰紧紧地联系在一起，百年如一日，直到生命的最后一刻，他始终没有停止过为佛法奔劳奉献的脚步"[7]。净慧长老进一步指出虚云老和尚的行持是履行菩萨（憨山祖师的转世）的精神。对此，净慧长老举了一个生动的事例来说明这一点，他说："虚云老和尚1934年到广东南华寺去当住持的时候，进院升座的那一天，要在多个堂口拈香，那么他到憨山祖师的肉身像前拈香时就说了这么几句话：'今德清，古德清，今古相逢换了形，佛法兴衰听时节，入林入草不曾停。'由此可以看得出两位老人的这种因缘。实际上这话说得非常清楚，虚云老和尚就是憨山大师转世。因为'今德清，古德清，今古相逢换了形'，只是形体换了而已。'佛法兴衰听时节'，佛法兴衰是不能勉强的，是有时节因缘的，但是作为一个修菩萨道、行菩萨行的人，就好像一头牛一样，到林中、到草里，"入林入草不曾停"，从来没有停止过他的菩萨行。"[8]

虚云老和尚弘法利生，兴复祖庭，摄化有缘，利济群生，功德卓著。然

---

[1] 净慧编辑：《虚云和尚法汇续编·虚云和尚行业记》，河北省佛教协会印行，1990年，第16页。
[2] 净慧主编：《虚云和尚全集》第7册《追思录》，中州古籍出版社2009年版，第202页。
[3] 净慧编辑：《虚云和尚法汇续编》，河北省佛教协会印行，1990年，第4页。
[4] 净慧主编：《虚云和尚全集》第7册《追思录》，中州古籍出版社2009年版，第201—202页。
[5] 净慧编辑：《虚云和尚法汇续编》，河北省佛教协会印行，1990年，第17页。
[6] 净慧编辑：《虚云和尚法汇续编》前言，河北省佛教协会印行，1990年。
[7] 净慧编辑：《虚云和尚法汇续编》前言，河北省佛教协会印行，1990年。
[8] 河北佛协《禅》编辑部编辑：《生活禅（第三届生活禅夏令营专辑）》，第166页。

而，值得一提的是，净慧长老说："他老人家一生照相没有露过笑容，为法而忧，为众生而忧。"[①]虚云老和尚的这种担当精神，净慧长老用孔子的名言作了明确的论述。他指出："孔子有言：'人能宏道，非道宏人。'吾师虚云老和尚现寿者相，挺生季世，住世百二十年，在社会急遽变化，法门极度衰落之际，以艰苦卓绝，难行能行，难忍能忍，坚忍不拔的大无畏精神，远绍如来，近光遗法，广建法幢，普度众生。虚老一生的辉煌德业，证明孔氏之言确为千古不易之谈。"[②]

为纪念和报答虚云老和尚法乳之恩，净慧长老一直致力于有关虚云老和尚的文字资料的整理及相关机构的设立。在文字资料方面，净慧长老"对于老人言教事迹，向所留心"[③]。1959年，正当净慧埋头学业之时，传来了虚云老和尚甩袖西归的消息，净慧大恸。痛悼之余，他开始着手整理虚云老和尚法汇。1962年虚云老和尚圆寂三周年之际，利用课余时间，乃将自己平时搜集到的一些资料，如平日所藏老人遗著及有关文字共百数十则，略事编排，分订二卷，上刊遗著，下载附录，编成《虚云和尚法汇续编》，并在粤汉少数同门的赞助下油印百本结缘，藉酬师恩，用飨同好。由于这件事，净慧长老曾受到不公正的处分，但是他并没有因此而后悔，反而表现出对虚云老和尚更加敬重和思念之情。他曾动情地说道："照现在的眼光看，这不但不是一件坏事，而且是一件保存佛教史料、发扬虚老爱国爱教精神的大好事。可是，当时的形势不同，看法不同，得出的结论也截然不同。由于这件事，我在中国佛学院受到'划为右派、开除学籍、监督劳动'的错误处分。由于这件事，一顶右派帽子戴了十五年。也由于这件事，使我在'文革'十年中除了劳动上、生活上的种种艰苦历程之外，而政治方面则基本上平安无事，没有受到大的冲击。塞翁失马，因祸得福。这也许是虚老在常寂光中冥垂加护所致吧。"[④]1989年9月，海内外佛教界掀起了纪念虚老诞辰一百五十周年的盛举，各地都举行了一系列极有

---

① 净慧法师著：《柏林禅话》，虚云印经功德藏倡印行，第165页。
② 净慧编辑：《虚云和尚法汇续编》前言，河北省佛教协会印行，1990年。
③ 净慧编辑：《虚云和尚法汇续编》，河北省佛教协会印行，1990年，第4页。
④ 净慧编辑：《虚云和尚法汇续编》前言，河北省佛教协会印行，1990年。

意义的活动,极一时之盛。河北佛协在临济祖庭举行传供法会,净慧长老在《禅》刊发表了《纪念虚老,学习虚老》的社论,并将18年前仓促辑成的《虚云和尚法汇续编》(这是在故纸堆中找到的幸存的一本)加以整理,还选编了一本《虚云和尚开示录》,一并由河北佛协印送结缘。以后,净慧长老还在百忙之中,抽出时间,亲自组织、整理、编辑出版了《中国禅宗灯录大全》《虚云和尚全集》等重要著作,以传承虚云大师之法脉,弘传大师之思想。2010年,净慧长老主编了最全面与最新版的《虚云和尚全集》。"这套'全集'不仅更正了以往出版的虚云和尚资料集的讹误,还增补了相当一批原来没有收入的新资料,对佛教界全面了解虚云老和尚提供了最完整的资料,光大了虚云禅宗一系的历史。"[①] 在机构设立方面,为纪念虚云老和尚诞辰一百五十周年,净慧长老特成立"虚云印经功德藏",募集净资,印赠佛经,弘扬正法,净化人心,发展佛教文化事业。因虚云印经功德藏是为纪念虚云老和尚而成立的,所以第一批印赠的佛书即为《虚云和尚法汇续编》《虚云和尚开示录》两种,每种各印1万册,在海内外结缘。此后净慧长老还组织、整理、编辑出版了《中国禅宗灯录大全》《虚云和尚全集》等重要著作和上百种佛教典籍。此外,净慧长老在高校设立了"怀云奖学金""虚云讲堂",举办学术研讨会,为纪念虚云老和尚,弘扬佛教文化搭建平台。

创立与弘扬生活禅

净慧长老一生秉持佛教知恩报恩思想,忍辱负重,致力于恢复祖庭,为生活禅的创立准备了硬件设施。这是因为"净慧长老继承了太虚大师和虚云老和尚的探索和努力。他发现,弘扬佛教的重要载体寺庙的恢复,是佛教存在和发展的重要基础。"[②] 的缘故。作为当代禅门巨匠,净慧长老继承了虚云老和尚的遗志,起衰继绝,荷担宗门,以建寺安僧为己任,在25年间先后恢复、重建赵州古佛道场——柏林禅寺、光大禅宗四祖道信禅师祖庭——黄梅四祖寺、禅

[①] 《第三届河北禅宗文化论坛论文集(上)》,2013年,第4页。
[②] 《中国民族报》,2013年5月21日。

宗五祖弘忍禅师祖庭——黄梅五祖寺、天台智者大师祖庭——当阳玉泉寺、禅宗北宗神秀禅师道场——当阳度门寺，以及北方曹洞宗祖庭——邢台大开元寺等十几座，下院不胜枚举。他所建的寺院都是过去历史上的著名祖师庙，曾经在历史上有过赫赫功绩，地位崇高，影响深广。这不仅为延续禅宗的命脉起到了重要的作用，而且也为生活禅的创立预备了重要的物质条件。

净慧长老创立的生活禅禅风注重恢复祖庭，这是由于受到虚云老和尚续佛慧命的思想影响。因为"净慧法师的生活禅禅风主要继承了虚云和尚尽力延续佛教慧命的理念。这在净慧法师将很大精力放在恢复临济禅寺、柏林禅寺、四祖寺、老祖寺道场上也有充分体现。"[1] 不仅如此，而且生活禅在禅学思想和禅风禅法等方面都是承续于虚云老和尚。在禅学思想上，生活禅思想就源于虚云老和尚。"净慧法师师从虚云和尚学习禅法十载，其禅学思想许多方面直承虚云和尚。因此，阐述生活禅的思想渊源，不能不论及虚云和尚的禅学思想。"[2] 生活禅思想与虚云老和尚禅学思想的关联是显而易见的。虚云老和尚禅学思想是生活禅思想的重要思想理论基础，这一点在学术界得到一致认可。"净慧法师是虚云门下最能顺应时代潮流的弟子之一。……这些（即虚云老和尚的禅学思想），为净慧法师创立'生活禅'模式奠定了基石。"[3] 在禅风禅法上，生活禅在以下两个方面继承虚云老和尚的传统。一是上面说过的续佛慧命的思想。"净慧法师作为虚云老和尚的得法弟子，其生活禅的禅风更多地继承了虚云尽力延续佛教慧命的思想。"[4] 二是丛林传统的行持。方立天教授就说过："我认为（净慧）法师继承了两个传统：一是虚云老和尚禅法的传统，可以说是丛林

---

[1] 黄夏年主编：《生活禅研究（首届河北赵州禅、临济禅、生活禅学术论坛论文集）》，中州古籍出版社2011年版，第112页。
[2] 黄夏年主编：《生活禅研究（首届河北赵州禅、临济禅、生活禅学术论坛论文集）》，中州古籍出版社2011年版，第102页。
[3] 《第三届河北禅宗文化论坛论文集（上）》，2013年，第175页。
[4] 黄夏年主编：《生活禅研究（第二届河北禅宗文化论坛论文集）》，大象出版社2012年版，第131页。

的传统；……"① 具体来说，就是"净慧法师在倡导弘阐生活禅过程中，也自觉继承了虚云和尚禅风禅法的这些方面，如对戒律的强调、对禅净关系的态度、经常举办禅七，等等"②。

生活禅虽然在禅学思想和禅风禅法等方面都是承续于虚云老和尚，但是它不是一种简单原封不动的照搬，而是结合时代特征和社会现实有所改变、有所完善。因此，"在此意义上说，'生活禅'的提出，是继虚云长老之后当代中国宗门禅僧对禅法境遇的一个自觉选择"③。生活禅具有三个明显的特性：一是时代性。"'生活禅'既全面继承了虚云大师的思想与方法，也带有很强的时代性。"④ 二是社会性。生活禅，"这种禅的理念，可以说是虚云和尚的禅法思想在现代社会的一种表达，也是把禅的修行融入现代社会生活的一个典范"⑤。反过来，也可以说"虚云和尚的这种禅修思想，为生活禅所继承和发展，成为佛教与现代社会相融合的典范。……正因为如此，净慧老和尚才提出要'将修行落实于当下'"⑥。三是完善性。我们知道，"净慧法师出自禅门，又深得虚云老和尚的法要，再加上对之将近二十年的不断完善，所以他已经比较完整地构架了生活禅的思想体系"⑦。

上面我们说过，净慧长老主张发扬虚云老和尚"择善而从"的做法，"故而他倡导的生活禅，也是立足传统，择善而从：承传虚云，嗣法禅门，此为立

---

① 黄夏年主编，《生活禅研究（首届河北赵州禅、临济禅、生活禅学术论坛论文集）》，中州古籍出版社2011年版，第4页。
② 黄夏年主编：《生活禅研究（首届河北赵州禅、临济禅、生活禅学术论坛论文集）》，中州古籍出版社2011年版，第105页。
③ 《第三届河北禅宗文化论坛论文集（上）》，2013年，第147页。
④ 《第三届河北禅宗文化论坛论文集（上）》，2013年，第177页。
⑤ 黄夏年主编：《生活禅研究（第二届河北禅宗文化论坛论文集）》，大象出版社2012年版，第75—76页。
⑥ 黄夏年主编：《生活禅研究（第二届河北禅宗文化论坛论文集）》，大象出版社2012年版，第75页。
⑦ 黄夏年主编：《生活禅研究（第二届河北禅宗文化论坛论文集）》，大象出版社2012年版，第119页。

足传统;推尊太虚,弘扬人间佛教,此为择善而从"[1]。生活禅在一定意义上说,是融汇近现代两大高僧(即虚云老和尚与太虚大师)的思想精华而成就的。也可以说,净慧长老"在他的努力和探索中,既有虚云和尚对传统的挖掘和保有,也有太虚大师对时代挑战的回应与革新,这两者在他身上完美统一起来,集中体现于他所倡导的生活禅"[2]。由此,邓子美教授也得出结论说净慧长老"继承了虚云法脉,又接受了人间佛教思想;'生活禅'理念的提出,就是两者的结合"[3]。

为了弘扬传统禅法和生活禅,净慧长老大力开展海外传法。2009年10月23日,赵州柏林禅寺隆重举行"临济宗法脉西行传承大典",净慧长老在问禅寮将临济宗法脉第四十五代法卷传给德国本笃禅修中心(该中心是当前欧洲最大的禅修中心)导师威里吉斯·雅各尔先生(Willigis Jager),为其取法名"常真",表信偈曰:"禅本无方位,天心月一轮。庭前柏树子,不改四时春。"柏林禅寺由是成为德国本笃禅修中心的中国祖庭。净慧长老将临济法脉传给威里吉斯·雅各尔先生,宗门法脉西传,表明中国佛教正式走向世界,并融入了西方世界。2010年,净慧长老将临济法脉传与加拿大佛教会的常祕圣光法师,常祕圣光法师成为临济四十五代传人,从此生活禅的法水,越过太平洋,跨过洛基山,注入加拿大佛教的血脉中,给加拿大信众带来一片崭新的天空。2011年6月26日晚至6月30日下午,净慧长老带领的"中国河北省禅文化代表团"为本笃禅修中心的雅各布尔先生所开创之"虚云宗"主持了一次禅修。净慧长老以"祖意西来万法融,人天交感启禅风。熔新铸旧朝东海,本笃虚云又一宗"为起七法语,在解七法语中吩咐与会同修:"心即是道,道即是佛;佛即是心,心即是佛;佛即大智慧,智慧即光,佛即大慈悲,慈悲即盐。智悲双运,作光作盐。佛耶同体,理事圆融。禅通四海,东西交融。山川异域,法乳同宗。真如法界,有即是空。种平怀,万古清风"。这些说法超越传统与现代的界限,

---

[1] 《第三届河北禅宗文化论坛论文集(上)》,2013年,第41页。
[2] 《天心月圆 真照无边——净慧长老追思特刊》,《禅》编辑部、《黄梅禅》编辑部联合出版,第122页。
[3] 香港中文大学,《人间佛教研究》,2012年,第3期,第53页。

打通中西文化差异，标志着古老的禅风在文明的对话中更见精彩，彰显净慧老和尚的深厚功力。

　　从上面的论述中我们可以看到，净慧长老不仅尊重和继承传统，而且注重和探索创新，为佛教文化事业的发展做出了不可磨灭的贡献。正如"昔年虚老为净慧长老传临济法脉时，曾示表信偈曰：'当年二祖为心宗，求法忘躯立雪中。子志若能继先德，芳名千载自流通。'或许虚老早就料见长老必将法化三河而与二祖慧可大师邺都传灯遥相呼应"[①]。

[①] 《第三届河北禅宗文化论坛论文集（上）》，2013年，第121页。

我印象中的传开法师

我在 1995 年就听说过传开法师,知道他是武宁县弥陀寺的住持,当代禅宗泰斗虚云老和尚的法曾孙。因承接了广东南华寺惟因和尚的法嗣,而成为禅宗洞云宗第五十一代传人。因工作关系,我与传开法师有过几次接触,并在一起进行过长谈,总的来说,传开法师给我的印象很好,是一位真正的修行人。我对传开法师的第一印象,与张罗先生在《传开大师行化剪影》中所描述的"第一次相处,我对他的印象是:衣着简朴整洁,态度慈祥可亲,谈吐轻言细语,论事言简意(原文误为言)赅,蔼然仁者之风,令人肃然起敬"极为相似。随着以后与传开法师的交往深入,从他的言谈举止中我深有感触,传开法师不是一位普通的修行人,而是一位通达人情世故、圆融佛法世法和重兴祖师道场的当代高僧。

拜师求法

传开法师曾与我谈起过他当时出家的情况。在 1949 年春节后,他经江西大庾丫山灵岩寺当家本慧法师写信推荐,本想到广东南华寺虚云老和尚处出家。他当时身无分文,要拜见虚云老和尚以何作供养呢?为了表示对虚云老和尚的诚挚敬意,他精心包裹好一包上等茶叶,和一封推荐信,起程往南华寺拜见虚云老和尚。他到达南华寺后,在客堂呈上推荐信和茶叶,并说明自己的来意,然而寺里的知客师却说,虚云老和尚不在南华寺,到广东云门寺去了,让他先登记住下等虚云老和尚回来。他当时出家求戒心切,听寺里寮元师说出家拜师不一定非指定某法师,也可随缘拜师。听如此说,他没有执着一定要等虚云老和尚回来,也许是因缘际会,他当即礼南华寺当家兼知客的惟因法师为师,披剃落发,赐法号传开,字见同。他将随身所带的推荐信和茶叶悉数交与惟因师父。

后虚云老和尚来南华寺最后一次传戒,他如愿得受具足戒,戒期圆满,不胜欢喜。他出家受戒后,亲聆虚云老和尚数年教导,亲闻恩师惟因法师多年教诲,以及亲身苦修三十余年,深得禅法之精髓。1988年,身为南华寺住持的惟因法师特召他前去接法,承嗣禅宗洞云宗第五十一世传人。他之所以能成为禅宗洞云宗传人,这与他的修行成就和高尚道德固然有着密切的关系,我觉得更为重要的是与他通达人情世故相关。他当初拜师虽然礼物很轻,但是诚意很深;他坚持学无定师,选择能者为师;他既聆听师父教育,又认真努力修学。故而他在惟因法师的不计其数的弟子中脱颖而出被选为衣钵传人。

说法开示

传开法师曾说过佛法与世法不是分为两截的,而是可以圆融的。他在说法开示中就将深奥的佛法与世法的道理结合起来,达到了通俗易懂的目的。他非常善于运用比喻的手法,借助世间法的事例,把佛法的含义轻松自如地表达出来。对信众谈到皈依受戒,他解释"皈",是回转的意思,如水归海,如客归家;"依"是依靠的意思,如子依母,如渡依舟。他将"皈依"的意思打了一个比喻:"学生到这所学校读书,首先必须办理入学注册的各种手续。否则的话,校中不会有他的学籍,即使勉强旁听,也不会得到学历的文凭。"[1]他说:"受了戒,就好像愚痴的学生得到了老师的教育一样;受戒之后,好比家中的房子建造了一座围墙、城市建了一道护城墙、公路树了一道栏杆。"[2]谈到人身难得,他引用了佛教经典中的三个比喻:盲龟值木、须弥穿针和壁上撒豆等。为了让信众深信因果,他举出史籍中所载的事例:如白起坑卒,而久沦地狱受苦;曹操躬行篡逆,一生负人,累世变猪;郗夫人以瞋妒而堕于蟒;等等。关于瞋心,他还举了一个例子:"过去有一位禅师,临命终时,口流澹水,苍蝇飞来争食,这位禅师也起了瞋恨心,即投生为蟒蛇。"[3]他告诫信众:"世间有大成就的人,

---

[1] 舒实波主编:《传开大师行化剪影》,中华佛教出版社2006年版,第62页。
[2] 舒实波主编:《传开大师行化剪影》,中华佛教出版社2006年版,第66页。
[3] 舒实波主编:《传开大师行化剪影》,中华佛教出版社2006年版,第120页。

其忍辱功夫都是很不错的。《幼学》云：'韩信受胯下之辱,张良有敬履之谦。'"①他要求信众要珍惜福报,他说:"修福如灯添油,越添越亮。"如果享用得越多,福报就折消得越多。他说:"这好比银行存款,越取越少,直至为零；好比油灯燃油,越燃越竭,终至熄灭。"②传开法师这种通俗化的讲解,极容易让信众接受佛法的道理,这样既使佛法与世法相统一,又达到弘法利生的目的。

兴建殿堂

传开法师早年来到西瓜寺（后改名为弥陀寺），就发愿要重兴这一祖师道场。为了兴建弥陀寺大殿,传开法师多次到香港、深圳、广东等地做引进外资的宣传工作,争取海内外同胞、信士的支持。他以自己的诚心赢得了信众踊跃捐款捐物,帮助大殿的建设工程起动。然而,在1995年12月,负责建筑的原弥陀寺监院法辉却卷走了大殿建设资金潜逃外地,大殿工程被迫中断。这个消息给传开法师身心带来重大创伤,一方面他深感痛心疾首,悔恨用人之误,另一方面对这种损害常住利益的出家徒弟,他明智地把佛教的戒律和世间法的处理方法结合起来,采取了行之有效的措施。1996年2月,传开法师当机立断向党政部门、政法部门及海内外四众施主、诸山大德发表了与其徒法辉脱离师徒关系,取消法辉教内各种职务,公开弥陀寺对法辉永不留单的郑重声明。与此同时,传开法师不惧法辉暗中威胁谋害,声讨其罪状,散发揭露其离佛叛师的控诉书。传开法师并没有从此消极放弃兴建大殿的计划。他心系济世度人,自利利他的佛教事业的今后发展前途。为大殿建设工程早日开始运转,他不顾年迈身躯仍四处奔波,其诚心再次感动了广州黄传照,香港关惠明、潘艳芳等大德居士,他们毫不犹豫地伸出援助之手,迅速成立了大殿筹建委员会,重新起动筹款工作。通过大家的共同努力,建设资金很快到位。在传开法师的亲自料理下,整个寺院建设工程进展顺利,到2000年春,寺院所有建设工程全部竣工,弥陀寺规模达到了前所未有的庄严壮观。

---

① 舒实波主编:《传开大师行化剪影》,中华佛教出版社2006年版,第121页。
② 舒实波主编:《传开大师行化剪影》,中华佛教出版社2006年版,第136页。

传开法师如今虽然已圆寂一年了，但是他的音容笑貌依然历历在目，他给我的印象将永远铭刻在我的记忆中。尽管佛教对世间的一切视为虚幻的、无相的，然而佛法的空中妙有之真谛却存在于宇宙之中是不会消失的。

心道法师在南昌时期的活动

心道法师（1905—1968年），俗姓李，名安祥，湖北省松滋县人。1922年在岱辅庙礼灵空和尚座下剃度出家，赐法名源福，法号心道。同年在江陵章华寺礼净月老和尚座下受具足戒。心道法师显密兼通。在显宗方面，曾就读于太虚、芝峰创办的闽南佛学院，依止于谛闲、宝静、印光、弘一、兴慈等法师，广参博览，彻法究学，深入研究佛教大小乘经典，在佛学理论上具有很高的造诣。在密宗方面，心道法师曾由九世班禅、恩久活佛和阿嘉活佛亲施灌顶并授记，赐名丹巴增贝堪布佛，获堪布之位和班智达尊称（此乃藏传佛教寺院中汉僧修学密宗之最高称谓）。他遵佛祖"建法幢，震法雷"之旨，创建了以破邪显正、显密并弘、禅净双修为宗旨的"法幢宗"。该宗在藏区一度声誉很高，其第二世达曼活佛"地位与达赖、班禅等齐"。[1] 心道法师与江西因缘很深。1923年，他就拜谒过庐山东林寺和般若台精舍。在这里，我们主要叙述他新中国成立后在南昌时期（1948—1968年）的活动。

一

1948年，心道法师迁锡南昌，曾住过永福庵、圆通寺、南海行宫和佑民寺等寺院。他在这些寺院开展了一些正常的宗教活动，并先后多次到南昌佑民寺、普贤寺、观音阁、南海行宫等处讲经说法。在当时的社会背景下，开展弘法利生的佛教事业，必须面对佛教自身的困境和社会的种种压力。鉴于此，心道法师一方面组织僧众从事生产劳动以达到自养，另一方面号召僧众积极支援抗美援朝，协助政府取缔反动会道门。

---

[1] 王运天编著：《心道法师年谱》，甘肃民族出版社2006年版，第193页。

心道法师在寺内组织僧众兴办饮食服务、创办手工作坊和参加土法炼铁，以达到自食其力和维持道场。在兴办饮食服务上，心道法师动员僧众紧缩寮房，利用闲置僧舍开办了恰达旅社和恰圆旅社，增加了寺院的收入，解决了生活上的经济困难。在创办手工作坊上，心道法师发挥佛教农禅并重的优良传统。1952年冬，心道法师在南海行宫创办南昌市劳荣纸料拖胶加工厂（该厂在1958年合作化中并入南昌市印刷三厂），以后在佑民寺又创建新民麻制厂和劳新腐竹厂，其产品价廉物美，一度占领市场，深受大众欢迎。1958年，心道法师在佑民寺还创办草菇场，其中有一棵草菇，生长出七个头，重达近400斤，《南昌日报》登文嘉勉此事。在土法炼铁上，心道法师在大炼钢铁运动中积极响应政府号召，带领四众弟子参加土法炼铁，在炼铁劳动中他曾赋打油诗一首：

我本佛教一衲子，最厌世界动刀枪。
可恨美帝侵台湾，横行霸道把民殃。
我们为了保国防，收复台湾归故乡。
多炼钢铁造枪炮，要把美帝一扫光。

心道法师在新中国成立初期，不仅面临经济的困难，而且还受到当地同善社、志善社等多种外道，以及打着佛教旗号的个别寺院的长老、法师的诽谤及围攻。经济的困难，通过生产劳动得以基本解决。针对诽谤及围攻，心道法师没有退缩，他带领住寺僧众，拥护人民政府的各项政策法令，积极配合政府治理社会秩序，以雄辩有力的言论予以驳斥、论理和训诫，弘扬了佛教破邪显正的教义宗旨。在镇反运动中，协助政府取缔了反动会道门组织，如一贯道、孔孟道、诚一圣道、真理无畏道、同善社、同联社、志善社、先觉祠等，同时拥护政府镇压隐藏在佛教内的反革命分子圣念和学忠，使正信的佛教得以保护和发展。

为了响应人民政府号召，支援抗美援朝，心道法师广泛联络四众弟子，积极倡导爱国爱教。1952年4月，心道法师发动佛教四众弟子，参加保卫世界和平签名运动，并动员僧众献物捐款，支援抗美援朝前线。

二

心道法师在南昌期间，不仅主持过一些重大的法事活动，而且曾担任过南昌市佛教界、江西省政协、中国佛教协会的重要职务。

在南昌市佛教界，1951年3月5日，成立南昌市各宗教团体反美爱国运动委员会，选举心道法师为主任委员，韩守松道长、蔡智传牧师、周济世主教为副主任委员。1951年3月8日，在南海行宫成立南昌市佛教徒反美爱国运动委员会，选举心道法师为主任委员，圆机法师为副主任委员，委员15人。1951年3月11日，在南海行宫举行祝愿世界持久和平大法会，心道法师主法拈香，千余名四众弟子与会随喜。1951年9月14日，南昌市佛教徒联合会筹备委员会在南海行宫成立，选举心道法师为主任委员，济广法师为副主任委员。1952年，原南海行宫、圆通寺僧人迁住佑民寺，心道法师应请出任佑民寺住持。同年，南昌市佛教四众弟子经协商成立南昌市佛教界联合会筹备委员会，佑民寺住持心道法师为主任委员，南海行宫住持释济广为副主任委员。1955年1月17日，心道法师出席南昌江西省政协第一届委员会议，按会议要求，就国家社会主义建设、宗教政策落实等方面建言献策，参政议政，其发言稿分发与会代表。同时参加会议的还有高光、济广、慈藏、性福、月庵、郎照、戒成等。1957年5月，南昌市佛教协会第一届代表会议在佑民寺举行，宣告南昌市佛教协会成立，选举心道法师为会长，释济广、蔡惠居士为副会长。当年，心道法师当选为南昌市人民代表大会代表和省市政协代表，同时还当选为政协江西省和南昌市委员会常务委员。1962年7月，南昌市佛协第二届代表大会在佑民寺举行，南昌市佛教协会进行换届选举，选举心道法师为会长，释净如为副会长。1966年"文化大革命"开始，南昌市佛教协会停止活动。

心道法师曾出席中国佛教协会第一、二、三届全国代表大会。1953年3月，心道法师赴北京参加中国佛教协会发起人召开的筹备会议。1953年4月，心道法师和佛教缁素大德释济广、释妙空、曾非软、章怀白等代表江西省佛教徒致电中国佛教协会筹备处，对其成立表示拥护，强调广大佛教徒要真正做到报国土恩、报众生恩、分清邪恶，维护佛教的纯洁，坚决响应人民政府的号召，爱国爱教，参加生产劳动，持戒精进。1953年5月，心道法师和释济广、释高光等作为中南区代表出席中国佛教协会第一届全国代表大会，参加这次大会的很多代表都是熟悉的尊师、同修和弟子，如慈舟、应慈、持松、苇舫、慈云、妙阔、郎照、亦幻、济广、大悲、月庵、戒成、韩大载、姚雨平、路禾父、方子藩、黄忏华等。在《现代佛学》当年六月号上，刊登有心道法师等代表的发言摘要。1957年3月，心道法师赴北京参加中国佛教协会第二届全国代表大会，当选为理事。1962年2月，心道法师赴北京参加中国佛教协会第三届全国代表大会，再次当选为理事。

三

心道法师是南昌佛教界具有爱国爱教情怀的一位重要代表人士，他也以实际行动诠释了其爱国爱教的真实情感。他处处着眼于大局，表现出高超的远见卓识。一是关心佛教未来发展。1957年3月，赴北京参加中国佛教协会第二届全国代表大会，向大会提了两条具有现实意义的建议：第一条是中国佛学院开设五明系，即语言学的声明、工艺学的（技术、历算）工巧明、医药学的（药石、针灸、医疗）医方明、伦理学（思辨、逻辑）的因明、宗教和内学的内明。第二条是对传戒、传法、收徒及挂单要有明文规定和制度，不能无秩序进行。这两条建议会议以书面发言形式印发出来供大家研究和参考。二是拥护政府肃反运动。1958年秋，心道法师坚决拥护政府关于肃清宗教人员中的反革命分子，彻底改造宗教人员思想的安排，率先在寺院中开展插红旗拔白旗运动。三是维护国家统一稳定。1959年4月，西藏少数上层反动分子发动叛乱，心道法师以其丹巴增贝堪布和班智达堪布的名义发表声明，谴责叛逃分子分裂祖国的罪行，拥护中央政府为维护祖国统一和民族团结而制定的平叛措施。同年，为了庆祝伟大的新中国成立十周年，心道法师带领佑民寺的信众将佛像沐浴更衣，悬幡挂彩，粉刷全寺墙壁，培植花木，使得人也欢喜，佛也欢喜。他在《感谢党和毛主席》一文中号召南昌市的佛教徒异口同声地说出："我们在党的宗教政策光辉照耀下，要使我们宗教思想更纯洁、寺庙更庄严、宗教生活过得更圆满，我们要用庄严佛土的精神，来响应党的八届八中全会为提前三年完成第二个五年计划的主要指标的伟大号召，贡献出我们一切的实际力量来庆祝伟大的国庆十周年,来加速建设伟大祖国的社会主义!"[1]四是发展佛教友好交往。1960年10月22日,全国人大常务委员会副委员长班禅额尔德尼·确吉坚赞(即十世班禅)偕母亲、姑母及经师恩久活佛访问江西,在中央统战部部长李维汉、国家民委主任汪锋和江西省人民政府副省长潘震亚等人陪同下,专程参观佑民寺,心道法师率僧众给予热情接待。心道法师在方丈室内与恩久活佛(法名洛桑曲培)、十世班禅晤谈佛法达两小时之久,最后大家相互嘉勉。

新中国成立后,佑民寺成了南昌市佛教协会所在地,并得到人民政府的支持拨款修理,其面貌焕然一新。心道法师倍加珍惜这来之不易的成果,他精心照料寺院的一草一木,保护寺院的古迹文物。1957年7月1日,佑民寺成为省人民政府宣布的第一批省级重点文物保护单位。1959年9月,在举国欢庆新中国成立十周年之际,心道法师在佑民寺举办讲经法会,他对四众开示:"南昌市佛教协会所在地的佑民寺,是梁代的胜迹,大雄宝殿的三尊铜佛及文殊普贤和十八罗汉像都非常庄严,在艺术价值上说,也有它一定的评价,尤其是殿后的丈六全身铜佛,据说有三万六千斤重,在全国铜铸佛像中也是稀有的。"[2]此外,佑民寺遗留下的两部《藏经》,因过去保管不善,虫蚀堪虞,心道法师新制经橱,将其很好地供奉起来。

心道法师热心于弘法利生,他将自己的弘法经历进行了全面回顾。在1963年至1964年两年时间里,他撰写了《心道在西北弘法纪实》。为了使书中的内容准确地反映当时的实际情形,他发信函和青海、宁夏、甘肃、新疆等地的缁素联系,请健在的知情僧俗,回忆核对他在当地的弘法详情。

心道法师爱国爱教的满腔热情却在"文化大革命"中受到极大的打击。"文化大革命"开始后,佑民寺惨遭破坏,殿堂建筑及诸殿佛、菩萨像和法器等毁坏殆尽,僧人被驱出山门,3万斤大铜佛像遭锯毁,除头部外,悉被熔化。心道法师被关押在佑民寺墙外八一湖畔的牛棚里,接受红卫兵小将和造反派的审查批判。1968年5月,心道法师在革命造反派的揪斗中,受到残酷折磨,最后解脱往生。

---

[1] 王运天编著:《心道法师年谱》,甘肃民族出版社2006年版,第228页。
[2] 王运天编著:《心道法师年谱》,甘肃民族出版社2006年版,第227页。

当代宁都佛教的学问僧——印慈法师

印慈法师（1908—1993年），俗名王家祥，宁都县蔡江乡小砾村人。幼时入读私塾，1927年在青塘祇园寺拜师出家。1930年在赣州光孝寺受戒。1956年入中国佛教学院学习两年半，结业后回宁都，先后任宁都青莲寺、海莲寺等寺住持。生前曾担任过中国佛教协会常务理事、江西省佛教协会副会长、宁都县佛教协会会长、省政协委员等职。在他的学佛生涯中，曾广参实修，研究宁都佛教的历史和现状，并揭示宁都佛教的形成规律、特点和奥秘。他在佛学上的修养和行持，真可谓是当代宁都佛教的学问僧。

广参实修

关于印慈法师广参实修的具体经过，在《释印慈六十年佛门生涯》（即《自传》）有较详细的叙述。为了更加明晰印慈法师在广参和实修两方面的情况，我们不妨根据其《自传》资料作一梳理。

印慈法师广泛参学，概括起来，大致有这么三个方面：一是朝拜名寺。印慈法师从1930年开始行脚朝拜名寺。他一路步行到过江西的宁都峰子岭、宁都长江桥石奉寺、兴国千僧寺、宁都莲花山、宁都海莲寺、石城老塔下宝福寺、赣州光孝寺、樟树通慧寺、南昌南海行宫、南昌承恩寺、九江能仁寺；安徽的莲花山、九华山；江浙的上海留云寺、杭州松木场弥陀寺念佛堂、木杭湖墅香积寺、西湖玛瑙寺、宁波观宗寺、宁波天童寺、镇江金山寺、武进天宁寺、杭州弥陀寺念佛堂、上海法租界伽勒路法藏讲寺、天台国清寺、杭州西湖招贤寺等。此外，1983年后，朝礼过我国普陀、九华、峨眉、五台四大佛教名山寺庙。二是挂单请职。印慈法师在樟树通慧寺、南昌南海行宫、九江能仁寺、杭州松木场弥陀寺念佛堂等寺庙挂过单。印慈法师也在众多的寺庙请过职，在木杭湖驻香积寺当了半年库头、杭州里西湖招贤寺任管金钱、宁都莲花山代管库房。尤其值得一提的是,印慈法师在南昌承恩寺、赣州寿量寺、宁都祇园寺、兴国千僧寺、石城宝福寺、杭州菖蒲寺等寺庙担任过住持。三是亲近高僧。印慈法师亲近过的高僧主要有南昌南海行宫的定恒法师、宁波观宗寺的谛闲法师和宝静法师、天童寺的圆瑛法师和应慈法师、上海法租界伽勒路法藏讲寺的兴慈法师、天台国清寺的静权法师、杭州里西湖招贤寺的宝去法师等。

谈到实修,印慈法师回忆他在全国禅宗最严格的镇江金山寺的情形时说:在镇江金山寺真是艰辛备尝,每天行香坐香,晚上只有三四小时的休息时间,一般人简直是经受不了的,每天行香跑香时,有执事四五十人手执香板,初到的人每天挨三五百下香板是很平常的事,坐下就不能乱动一下,最少一两个小时,连晚餐茶水都得盘腿坐着饮食。有时屁股底下臭虫咬得要死也不能动,更有那滨江芦苇里所长的蚊子特别大,咬得实在难熬,也不敢动弹一下。对于他镇江金山寺的实修,他最后得出的结论是:总之,这里(指镇江金山寺)的苦法是难以形容的。

总结宁都佛教的特点

关于宁都佛教,印慈法师撰写了一篇《释印慈谈宁都佛教》的文章。在这篇文章里面,他对宁都佛教的源流和特点作了清晰的论述。

印慈法师在《释印慈谈宁都佛教》开篇就肯定了宁都佛教传入的时间和所建的最早寺庙。他指出,西晋泰始二年(266年),僧青莲开始将佛教传入宁都,在宁都莲花山创建青莲寺,后改名青莲禅寺、青莲古刹。这一论断与《宁都直隶州志》《宁都县志》以及最近发现的宁都莲花山明清碑记完全吻合。清道光《宁都直隶州志·寺观志》记载:"青莲寺,仁义乡莲花山。西晋时建,明万历二十五年(1597年),僧道正重建。"1982年,唐小峰主修的《宁都县志》第二章第一节载有:"西晋二年(266年),僧青莲(河南人)始将佛教传入宁都,并于莲花山创建宁都第一所寺庙'青莲寺'(后改名青莲古刹),迄今有1749年的历史。"最近因青莲禅寺扩建改造,施工中发现的宁都莲花山明清碑记如《心宗禅师墓塔铭》《重修莲花山青莲祖师碑记文》等也有明确的记载。印慈法师还考证青莲寺的原址，他认为（青莲）古刹大殿原建于大窝内，即今宁都电视差转台停车场，后因此处水少，乃移建今址。由此我们可以初步断定，宁都青莲寺是目前江西发现的现存最早的寺庙。

印慈法师对宁都佛教在清朝和民国时期的特点也作了明确的论述。他认为，宁都佛教在清朝和民国十年（1921年）至三十（1941年）年间，曾是一个兴旺时期。在这期间，宁都佛教形成了所谓二派四家。他还进一步具体地解释了二派四家的情况。二派就是曹洞派与临济派，四家为青龙岩、迴龙寺、大乘寺和祇园寺（在青莲寺山背）。青龙岩在翠微峰附近，原从赣州通天岩传来，一时非常兴旺，高僧辈出。有大洲、道贤、斯见、斯如、斯松、德森、彰荣、海云等法师。青龙岩所传为曹洞派。迴龙寺在长胜街背，亦盛极一时，出了不少僧才。如弘捷、惟球、惟凤、惟德、传松、法妙、法亮等。大乘寺在宁都湛田，距圩三华里，也出过不少高僧。有圣智、果方、果分、果谟、月净、普莲、了然等。祇园寺又名峰紫岭，在青塘坎田，当地的法霖大师开山。僧才有法性、法演、法俊、法音、法本、妙方、印耀、印宗、印果、印智、印海、印慈、证柱、证聪、证藏、证性、证修等。以上迴龙寺、大乘寺、祇园寺均为临济派。

印慈法师对宁都佛教发展存在的问题认识透彻，他一针见血地指出：今不少出家之人对佛说经典很少研习，只流于形式，把念经拜忏作为谋求生活的一种职业，真正研究教典，照佛说修行，了脱生死者甚少，这充分表现了印慈法师对宁都佛教的发展前途的关注。

揭开宁都海莲寺之谜

宁都海莲寺，始建于元朝元贞二年丙申（1296年），具有悠久的历史，而且素有"九曲桥下碧波涌，七宝池中夏莲香"之美称，现已被列为江西省重点佛教寺庙和中国佛教百大名寺之一。海莲寺原名为"海莲庵"，其寺名的更改，以及其寺名题写署有戴传贤之名，有一段鲜为人知的故事。这个秘密就是由印慈法师揭开的。

廖洪铭在他撰写的《海莲寺的来历》一文中讲述了印慈法师揭秘的内容。1990年，廖洪铭调入宁都县委统战部工作，有幸接触了印慈法师。在多次座谈中，听印慈法师谈到海莲庵改名海莲寺，并请戴传贤先生书写"海莲寺"寺名的详细经过。戴传贤（又名戴季陶）(1881—1949年)，曾留学日本，是孙中山先生的忠实追随者，也是蒋介石早年的拜把之交。1934年，国民政府三权立法，成立考试院，戴传贤担任第一任考试院院长，该考试院的地址，正好位于南京市同泰寺院内。同泰寺钟鼓之声，朝夕相闻，戴传贤处理政务后，经常入寺打坐诵经，和当时寺内的大德高僧、住持法师、和尚僧侣来往密切，异常熟悉。当时寺中有一位和尚，名叫觉参，是宁都小布人，也是印慈法师的同乡，加上两人是师兄弟，故而印慈法师从觉参和尚处得知此细节。1936年至1937年冬春之交，时任宁都海莲庵住持的月净法师，去游学江浙，曾去普陀山、扬州、南京一带，化缘济斋，拜佛访友，到南京后，即住在同乡师友觉参和尚所在的同泰寺内。一日，月净法师和觉参和尚谈起要维修宁都家乡海莲庵和成立宁都佛教协会之事，想请高僧名师书法世家书写海莲庵的寺名匾牌之事，恰好戴传贤来到同泰寺，当时戴传贤兴致极高，欣然同意，浓墨挥笔，写下了"海莲寺"三个大字，并题上"戴传贤民国二十六年元月"的落款。这就是"海莲寺"三个字的来历。

海莲寺苍劲有力的寺名门匾，至今仍悬挂在庙门正中上方，端庄肃穆，匾上的寺名正是民国时期中央考试院院长戴传贤于1937年1月书写的。其原匾仍珍藏寺内，已成为海莲寺的镇寺之宝。

禅修成就的肉身菩萨——弥光法师

弥光法师（1912—2008年），俗名王兴远，法名昌金，湖南衡阳人，著名禅修家。1946年，父母等亲人相继遭遇无常离世，痛感人生苦短，勇发道心，遂投奔衡阳市南岳狮子岩镜明老和尚座下剃度出家，后追随当代高僧虚云老和尚修禅。2008年5月26日，圆寂于江西云居山真如禅寺，并成为中国大陆21世纪两位成就金刚不坏之身的菩萨之一。这一成就与弥光法师长期以来刻苦学修、精湛见地等具有密不可分的关系。

刻苦学修

弥光法师在家时，学佛就很认真。1936年，他于衡阳市南岳狮子岩皈依有道高僧镜明老和尚，做在家居士，平日就以参禅念佛为功课。1944年，因亲属肺病亡故，继而又生母病危，遂日夜持念大悲咒。1946年，守孝期间，他寸步不离坟冢，茹素念佛，日夜以持诵佛号为功课，参禅念佛功夫获得相应，深感法喜。

弥光法师出家后，追随虚云老和尚，并成为虚云老和尚的法子之一。1950年，弥光法师离开广东南华寺往云门寺，亲近虚云老和尚学修禅法。1951年农历六月初八日，在广东省乳源县云门山大觉禅寺虚云老和尚座下受沙弥戒、比丘戒和菩萨戒。圆满受持三坛大戒后，获赐戒牒。当时正式受戒只有十二人，男众十人，女众两人（其中一名陀光尼师，是弥光法师的俗妹）。受戒人数如此之少，这说明虚云老和尚对前来求戒的僧人要求异常严格。弥光法师是经过考验得戒后才接法的。1952年，虚云老和尚进京，弥光法师留在云门寺，常年一件衲袄，四季赤脚，不知冬夏。在苦行单上为众伏劳，任劳任怨，少言寡语，深心参禅，定功猛进。1953年，虚云老和尚上云居山重建真如禅寺，弥光法师于下半年赶到云居山，当时真如寺总共只有四名僧人。弥光法师全力护持道场，在出坡劳作中几乎到了忘我的程度。他整天担负塘泥，天晚收坡，还以为刚刚出门，每问道友："怎么刚出来就回去？"道友皆云："担了一整天，还以为刚出来，弥光疯了。"甚至在严寒冬天，他不忌虚寒，破冰下水，肩担背扛，整日劳作，如同转瞬。为了学道，弥光法师已将一切置身度外，这种奉献精神真不愧为虚云老和尚座下中坚弟子。1955年，弥光法师因在云居山种水田而风湿病日趋严重，双脚肌肉严重萎缩，于是按虚云老和尚的吩咐，下山治病。因得良医用针灸精心治疗，风湿病痊愈。

由于治病的因缘，弥光法师曾到扬州高旻寺住禅堂参禅，深受来果老和尚器重，① 从此禅功大有长进，道心也更为坚固。弥光法师后来虽然受到种种磨难，但从不退失道念。在"肃反""破四旧""大跃进""文革"等政治运动的种种磨难中，很多出家僧人被强令还俗，弥光法师却毫无退心，经受住艰难考验。1966年，弥光法师被下放到农村，勒令还俗而坚持不肯。十三年放牛为业，日出日没，遥望大河对岸禅门祖庭，苦心励志，坚守宗门，始终谨遵虚云老和尚教诲，舍命护法，绝不脱下僧装。即便在"文革"高压之下，也丝毫不退道心，磨难越大，道念越坚。他曾自豪地对弟子们说："'文化大革命'十年内乱，我放牛时，经常有人骂我，为什么不快点去死，我想，咱们才不死呢！我还要等佛教恢复。'文革'期间，我没有脱过一天僧衣！"

改革开放后，弥光法师更加精进禅修。1976年，为祈求唤醒佛教信仰复苏，弥光法师就舍命开始三步一拜，礼九华、普陀等佛教名山，并沿途燃香供佛。弥光法师在大丛林坚持苦行，由于在大寮任火头、菜头或行堂，长时间不上早殿，功课生疏，为众人议论。某日在禅境中，忽然福至心田，身心洞彻，捧起功课

---

① 弥光法师与来果老和尚有一段公案，一直不为大家所知，其内容是：1953年11月21日，来果老和尚自高旻寺前往上海，弥光法师一路随行。到达上海静七茅棚的次日，来果老和尚当时慨叹付法难得人，弥光法师劝道："如你觉付法无人，可先由我代转。"来果老和尚即付法卷，并示表信偈曰："莲生东土，根本西方；出水香洁，花开见佛。"弥光法师生前曾嘱弟子，如坐缸出来，成就色身不坏，待金身装护圆满，即可将此事转告弟子明贤，法卷已无下传因缘。

本翻阅二十分钟左右，便向大众报喜，云："由戒生定，从定发慧，佛语真实不虚！"在大众面前持诵《楞严神咒》五会，一字都无缺错。1983年，宗教政策落实已成必然，弥光法师开始苦修。自年中第一次高旻寺闭关亭内入关起，前后累计二十余载，常在关中，以悟道了生死为毕生追求。闭关期间，所有供养均委诸弟子印经刻碑，与众生结菩提缘。

弥光法师是精严持戒的典范，堪作人天师。他平时说话，极为讲究。每遇弟子请他讲开示，他总是端肃静定地指导学佛修行的人，无论是出家、在家，都要遵守戒律。要求他们在平时的行持中，要做到目不斜视，走路不要东张西望，只看目前三尺地，要密护六根门。即使对五戒居士的持戒，也严格要求远离违戒的绮语、掉举等行为。在持戒上，弥光法师不是仅停留于口头上，而是以身作则，率先垂范。弥光法师生前曾有一遗嘱，全文如下：

老朽世缘无多，生涯已尽，唯有一事挂怀。吾募集诸弟子善款125万元人民币，印《大方广佛华严经》未遂，此生不能如愿了，现将此款所有权，全权交我身边出家弟子明贤、明证、明悟、明月、明宣所有，愿我徒尊我所嘱，建账公正将《华严经》印出，使出资人满愿，以慰我灵。此前有人贪妄此款，因果事大，贪者自害，任何人不得错用此款一分钱，因果分明，迷错自咎。

惭愧沉浮一生，未能报恩师虚公（云）大恩于点滴，真是惭愧。佛法难闻，修行不易，劝汝后人莫当儿戏。吾一生护持佛法，不惜生命，为的后人有贤才出，佛法才有希望。

释弥光

二〇〇八年四月二十七日下午四时

从这一遗嘱可见，弥光法师对于印经款，绝不随意动用。这是其遵守戒律，深明因果的客观体现。受弥光法师的影响，当时在江苏、上海、浙江一带等地很多居士发心出家持净戒。

精湛见地

弥光法师生前曾担任过扬州高旻寺首座和云居山真如禅寺西堂,这是他在寺院里具有德高望重地位的表现,也是他学修所获得的成果。弥光法师对佛理深有体悟。一次,他大病在床七日七夜,但心却在定中,病愈起身,自觉刚过数秒钟而已。此后书偈曰:

> 六道轮回苦无边,改头换面如风旋。
> 背尘合觉寻归路,学佛出尘了有期!
> 百年光阴快如梭,仰射虚空箭还堕。
> 中途有舍不投宿,夕阳西坠悔后迟!

其实,这也是他长期学修所获得的高深境界。为了让信众分享其学修的成果,弥光法师当时在扬州高旻禅寺向大家开示道:

> 本来亿劫牟尼宝,虚空黄金买不到。
> 百年光阴快如梭,箭射虚空力尽坠。
> 龙脱金锁凤出笼,插翅飞腾太虚空。
> 笼鸡有食汤锅近,野鹤无粮天地宽。
> 六道轮回苦无边,改头换面如风旋。
> 背尘兮觉寻归路,学佛世出了有期。
> 歇心去兮观自在,行住坐卧随身跑。

如上开示,清晰地表达出弥光法师朴实真切的禅门受用见地。

弥光法师认为修行要在实行,不是口说就能起作用的。他根据《楞严经》提倡的修行方法,开示信众:"此事无形无相,佛在《楞严经》上说的'见、得、了、证',指亲见、亲得、亲了、亲证,是无相实相,不能开口,开口即错,动念即乖。"可见,弥光法师强调佛法的禅修关键在于亲自去见、得、了、证,别人是无法代替的。与此同时,弥光法师还告诫诸善知识,求大道圆成,要自力更生,不需向外驰求;要降伏其心,才能一切成就。

对于修行人,弥光法师认为"在八万四千法门之中专用一门深入,不可杂用"①。按照其生前所倡导的修持法门,主要有两个法门:一是参禅;二是念佛。对于这两个法门,实际上,弥光法师更加重视参禅法门。他曾说过:"选定一门深入,最上法门唯有参禅,是教外别传无相法门,万法归宗,用'念佛是谁'四字,为八万四千法门之首。"②从这里可以看到,这种参禅法门中就含有念佛法门的因素。不过,弥光法师参禅法门的具体内容主要是禅修,要以三见,来阐明破"三关"。一是见识神,又名破难关,难关不破,不住山。识神是我们投胎受生的东西,受罪、打妄想的也是他,修行进步还要靠他。如《楞严经》上说:"打死魔王成道",就是打死"识神",用功用到身心清净,日无妄想,夜无梦境,心空及第归。二是见心,又名破重关。重关不破,不闭关。见心,小如微尘,大如虚空,心包太虚,量周沙界,才算进了道门,也是成罗汉的因。三是见性,又名破牢关,见性,就是见千百亿化身释迦牟尼佛,与无量佛同体。就此修行节节进步,才能圆满菩提。关于如何修持参禅法门,弥光法师有两段具体的论述:一是要"用心参'念佛是谁',昼夜思维,如猫捕鼠,要用到三心尽了(即过去心不可得,现在心不可得,未来心不可得),四相皆空(即无我相、无人相、无众生相、无寿者相),无心无相。再用到心包太虚,量周沙界,可算修行在此生有了进步"③。二是"只要二六时参究思维,自问'念佛是谁',是什么人念的?参得久而久之,就会发起疑情。时刻不断,如能参得人法双忘,大疑大悟,小疑小悟"④。从这些论述可知,弥光法师对于参禅法门是有切身体会的。对于这一法门的修持,弥光法师要求同参善知识,发长远心,不断地再学再参,定可得真实妙用。

---

① 《扬州高旻寺弥光大师开示》。
② 《扬州高旻寺弥光大师开示》。
③ 《弥光师——讲于江西云居山真如禅寺》。
④ 《扬州高旻寺弥光大师开示》。

弥光法师倡导的另一法门是念佛法门。他认为，如果不能修参禅法门，那么就选择念佛法门。他是这样说的："如不会参禅，就可学用念佛法门。"① 可以看到，对于选择修持法门，弥光法师希望大家应先选参禅法门，如果不行，就再选念佛法门。这与他推崇参禅法门的思想有关。关于念佛法门的实际修持，弥光法师也有具体论述。这里分为两种情况：一是在一般的正常状态下，他提出："念'南无阿弥陀佛'六字圣号。在念时，起初要念出声音，不慢不快，耳内六字听得清清楚楚。太快则生火伤气，太慢要生出妄念杂乱。"② 二是在杂乱妄想的状态下，他指出："初在杂乱妄想之中念佛。有心、粗心、时常断灭。在断灭中时刻提起，不落断灭。从有心、粗心念至有心、细心；从有心、细心念至无心、细心；从无心、细心念至无心、微细心；从无心、微细心之中发出不念而自念。念念相继日夜不断，日无妄想，夜无梦想。行、住、坐、卧、静中、动中、病中、梦中皆能做主。久而久之，定能得到念佛三昧。临终之时，自知时至，身无病痛，来去自由。往生极乐，九品莲华，随愿往生，自利利他，广度众生，满菩提愿。"③ 可以看到，弥光法师对于念佛法门也是深有感触的。

弥光法师虽然对以上两个修持法门有所偏重，但是对于二者可能出现的共同问题却都给予针砭。他慎重地指出："但用任何法门，不要落阴境。见佛、见花、见光及一切种种善境、恶境皆是虚妄，不要用心睬他，自然就可离各种阴境，身心清净。只要参得人法双忘，心空及第归，打破疑情，明心见性，自利利他。"④ 关于这一点，修持参禅和念佛法门的人应予高度重视。

此外，弥光法师认为符咒有一定的社会正能量，并积极提倡印发流通。我们从他写给知客师父的信件中可见一斑。信的全文是：

知客师父慈鉴：

朽衲耳闻近年来各地自然灾害太重，实感痛心哀悯。忖思奈幸我佛慈

---

① 《扬州高旻寺弥光大师开示》。
② 《扬州高旻寺弥光大师开示》。
③ 《扬州高旻寺弥光大师开示》。
④ 《扬州高旻寺弥光大师开示》。

悲，早在《楞严经》中说有悉怛多般怛罗咒①，并告阿难："在在处处，国土众生，随有此咒，天龙欢喜，风雨顺时，五谷丰殷，兆庶安乐。亦复能镇一切恶星，随方变怪。灾障不起。人无横夭。杻械枷锁，不著其身。昼夜安眠，常无噩梦……"咒力威神难思，众生幸有依怙。故今朽衲特恭印此符，寄于各大寺院，望能令一切众生逢迎斯咒，礼拜恭敬，一心供养，各各安所住宅前后门头上各一张。一切灾厄，悉能消灭。若数量不够，可否发起居士助印结缘，福荫无量。山僧已老朽，难报佛恩，惟祈我公大德皆能尽此之力，共挽厄难于末运。幸矣！幸矣！

恭叩慈安！

愧衲弥光顶礼
古历二〇〇二年八月十六日于云居山安勤息堂

我们暂不谈其中符咒的迷信成分，可以看到弥光法师提倡符咒，用意是好的。其内容充分体现了佛教"庄严国土、利乐有情"的精神。其实，持咒也是禅修的一种得力方法，这可能是弥光法师倡导符咒的深层原因。

道成肉身

弥光法师生活方式极为简单。他基本上继承虚云老和尚的传统生活方式。虚云老和尚无论到哪里，都是随身担一笠、一蒲团、一拂、一铲、一藤架，负之以行。而弥光法师一件百衲衣穿一辈子，所得到的供养都拿来印经书、刻经文。他曾发广大菩提心，请工匠们在云居山真如禅寺的朝山路边巨石上雕刻大小不一的佛菩萨圣号，诸如"南无多宝如来，南无阿弥陀佛……"等佛菩萨的圣号。这些沿途随处可见的醒目圣号，不仅给云居山带来特别清净与庄严的氛围，而且起到了潜移默化地普度摄受众生的作用。这种教化方式，给人感受到一种强大的加持力，极易感化信众。在他身上，体现出慈悲和包容。他行难行

---

① 咒语如下：悉怛多般怛罗跢侄他唵阿那隶毗舍提鞞罗跋阇罗陀唎盘陀盘陀你跋阇罗谤尼泮虎都嚧雍泮莎婆诃唵嘛呢叭弥吽。

苦行，一生行诸多苦行，慈悲为怀，平等对待所有众生；他无世俗名利，一生梵行清净，不受任何职事，不当住持。也正是这种看似简单的生活方式却成就了他道成肉身。

　　天有不测风云，人有旦夕祸福。2008年，弥光法师97岁。他客居深圳期间，因路滑跌断大腿骨，只能卧床医治。经医治无效，5月23日至24日，弥光法师遍辞云居全山大小执事僧，自言即将圆寂，以后不再共住。这时，弥光法师的弟子们一再请求其住世。然而，人生无常，弥光法师自己非常清楚，他却一再坚决地重复一句话："这不是儿戏，我一定会走！"他交代信众，圆寂后，躯体要求装缸，不要火化。凡有新侍者到来他身边，弥光法师再三反复叮咛："人生无常，我圆寂后一定要坐缸！"并嘱托弟子道："以后在供奉我的地方，要立这样的对联：'弥云普现大千世界，光明济照万类有情'。"这副对联的每句第一个字合起来，正好是"弥光"两字。这预示着他希望圆寂后弟子们能继承他的弘法事业，并将佛法发扬光大。2008年5月25日晚22时30分，弥光法师将身体调整为右侧吉祥狮子卧（因腿骨有伤，无力转呈狮子卧式），安详圆寂。此后8小时至44小时之间，头顶部位一直温暖，这是一种佛教所谓的往生瑞相。

　　2008年5月27日午夜22时30分，由于坐缸需要，弥光法师遗体转离云居山，至武汉石观音寺进行特殊安置。5月29日晚22时30分，弥光法师坐缸过程全部结束，无任何遗漏，干净洒脱。在近144小时酷暑及颠簸的恶劣条件下，弥光法师法体全无异样，入缸状态好于圆寂前。弥光法师法体结弥陀定印，神态安详，呈入定状。法体光鲜洁净，肌肤如同婴孩，全无异味，略有香气。对于弥光法师法体，所有接触到的出家男众弟子，都深感稀有难逢，得未曾有。之后，弥光法师法体在湖北省武汉市黄陂区六指镇石观音寺坐缸三年有余，其比丘弟子为之守孝，从始至终打理一切。

　　2011年10月16日晚上，坐缸三年多的弥光法师法体在武汉市黄陂区六指街石观音寺进行开缸。弥光法师法体在石观音寺开启时，坐缸现场奇妙异香阵阵扑鼻。开缸后，发现弥光法师法体非常完好，而且皮肤摸上去感觉还有弹性。当初装缸时的头发、指甲现已长得更长，且多呈金黄色；眉毛、胡须亦有生长并变黑。尤为奇特的是，入缸时双手交叉所结的弥陀定印，如今变成了右手覆于右膝、手指拄地的降魔印，较装缸手印大为不同。生前摔断的大腿骨，也全无伤痕显露，跏趺而坐，法相庄严胜于圆寂前。众弟子此时都认为，恩师生前伤病，可能是为调教弟子而作示现。请来开缸和护理法体的九华山工人也感叹，这是他们见到过的最为圆满的法体。2011 年 10 月 16 日晚，对于弥光法师法体的检视获得了结论，已获圆满成就，并举行盛大的开缸法会。

纵观弥光法师的一生，他之所以成为一位禅修成就的肉身菩萨，不是偶然的，或一蹴而就的，而是经过长年累月精进禅修的结果。这也印证了佛教极力宣扬的"种瓜得瓜，种豆得豆"永不更改的因果定律真实不虚。

爱国爱教的楷模——证通法师

证通法师（1959—　），法号寂妙，字智达，俗名黄家金，江西省于都县葛坳乡人。14岁初小毕业后便托迹佛门，1977年随兴国县千僧寺印慈法师剃度，1984年在永修县云居山真如禅寺授三坛大戒，1997年在云居山真如禅寺接一诚大和尚临济正脉为四十六代传人。现任宁都县永宁寺、莲花山青莲古刹以及赣县宝华寺等寺院住持，并从事多项佛教界的事务工作，业已担任中国佛教协会理事，江西省佛教协会副会长，赣州市人大常委会委员，赣州市佛教协会会长、宁都县佛教协会会长等职。证通法师爱国爱教，慈悲喜舍，秉持祖训，绍隆佛种，扶贫助学，利益众生，接引后学，不畏艰辛，深得海内外四众的拥戴，2010年12月，证通法师被中央统战部、国家宗教局评为"首届全国创建和谐寺观教堂先进个人"。

恢复兴建禅宗道场

建寺安僧是荷担如来事业的物质基础。为了弘法利生，证通法师担起了恢复禅宗道场的重大责任和义务。由他主持恢复兴建的禅宗道场主要有宁都县永宁寺、青莲寺和赣县宝华寺等，这些寺院都是自古以来在海内外具有一定影响的名胜古迹，其建筑风格既要保留古代的风貌，又要表现现代的特征，证通法师因地制宜，进行了有计划、有步骤的规划建设。

永宁寺是宁都县城的一所重要寺院，"文革"期间被毁。改革开放后，宗教信仰自由政策得到落实，信众在寺院过正常宗教活动的愿望日益强烈。1988年，原江西省佛教协会副会长印慈老和尚复寺心切，荐弟子证通法师担负修复永宁寺的重任。证通法师不负恩师厚望，同年9月11日（农历八月初一）移锡永宁寺，受宁都县政府及佛教信众礼请为永宁寺住持，全面负责修复道场事宜。为筹措资金，证通法师背上行囊，云游四海，行程万里，广结善缘，踏遍千山万水，寻访省内外大小寺庙上千所。精诚所至，金石为开。证通法师的虔诚与笃信深深感动了各地高僧和信众，并得到他们的大力支持和鼎力相助，各地诸山长老大德高僧、护法居士、十方信众先后施舍捐献上亿元用于建设永宁寺。1988年正式动工兴建大雄宝殿（以后又重建了大雄宝殿）。1990—1993年兴建了厢房、客堂、寮房、接待室，并塑佛像。1993年印慈老和尚圆寂，1994年证通法师在永宁古寺建灵塔以慰恩师觉灵。1995年在寺南填坑拓基新建600多平方米、面阔五开间的大雄宝殿，大殿建造风格为重檐歇山顶，钢混结构，琉璃瓦盖顶，仿古造型，肃穆庄严，殿内塑起全堂佛像，清静庄严，栩栩如生，引人入胜，大殿于1997年竣工。1999年举行了大雄宝殿落成及开光法会，时任中国佛教协会会长一诚大和尚亲临，法喜充盈，气氛热烈。同年又在大雄宝殿两侧建起东西厢房，建有地藏殿、祖师殿、寮房、延生堂等，永宁寺彻底改变了因地势环境所限无从拓展的格局。2000年平整殿前10多丈深沟壑，立柱建起了500多平方米的念佛堂和两边24间客房，占地面积达1000多平方米。2001年于大殿左右建起客堂、图书馆、电脑室、功德堂、讲堂。2002年建钟鼓楼，2004年建法堂、万佛堂、藏经楼，面积达1000多平方米。2005年兴建天王殿，两边客房。2006年兴建1000多平方米的大斋堂，移山填坑建山门、平安钟、鼓楼以及100多米长的碑廊，天王殿至山门大坪空间约有5000平方米。证通法师历18个春秋的艰辛磨砺，积十方信众之锱铢，使永宁寺由最初仅有住两三名僧人的几间低矮土房，逐渐发展到如今拥有3万多平方米的地域，2万多平方米的殿宇，60多名常住僧人的道场，故有诗赞道："十八春秋结硕果，翘瞻今日永宁寺"。如今的永宁寺，可以说是宁都有史以来最大的禅宗道场，也是名副其实的"赣南第一丛林"。2007年末，永宁寺被评为省重点寺院。永宁寺的建成，既为宁都的佛教添彩，也为宁都的旅游发展增色。因为它不但是四方僧侣居士云集登宿之地，而且为前来宁都观光的海内外游客的必往之处，给宁都古城增添了一道靓丽的风景。对此，永宁寺有一副对联生动地反映了这一事实：永健江山，护国佑民，乃本慈尊愿；宁郡溪水，养精蓄锐，为百姓植福。一诚禅师第二次到永宁寺视察后，大为感慨，乃题寺名"永宁古寺"，并寄语"永远兴隆"。

2007年，证通法师担任宁都县青莲寺住持后，全面启动了该寺改建工作，目前已建成的主体建筑有观音殿、大雄宝殿、钟鼓楼。在中轴线的右边建有三圣殿、斋堂，左边建有观音殿、韦驮殿、祖师堂、伽蓝殿。特别引人注目的是，大雄宝殿庄严肃穆，高悬在殿门和殿堂上方的"大雄宝殿""佛日增辉"两块楷书大匾额，分别是复制清朝翰林、书法家谢远涵和清朝书法家惟修当时为寺院所题写的字迹，这也充分反映了青莲寺在历史上的崇高声誉和重要地位。

证通法师深得一诚禅师的器重，引荐出任赣县马祖道场宝华寺住持。宝华寺是海内外赫赫有名的古刹，唐代马祖道一开基肇建，西堂智藏在此弘扬洪州宗风，声名远播，远至海外。证通法师主持宝华寺工作后，寺院建设也取得了实质性的进展。

执行党的宗教政策

证通法师具有正知正见，长期以来坚持"清净庄严、文明守法、道风纯正"的办教原则，他一再告诫佛门弟子：爱国爱教、团结进步、服务社会是佛教的优良传统，只有把这一传统发扬光大，才能真正体现"自觉觉他、自度度人"的佛教宗旨。证通法师以身作则，以自己的实际行动诠释了这一宗旨。

证通法师按照"宗教与社会主义社会相适应"的原则要求，把寺内宗教活动与社会主义精神文明相结合，深入开展创"五好"和"双和谐"活动。要求寺内全体教职人员自觉接受当地党政的领导和宗教爱国组织的管理，遵纪守法，维护社会稳定，在信教群众中树立了较高威望和良好形象。为提高办教水平，证通法师团结寺内班子成员，健全寺内管理组织，建立了学习、议事、财务、安全管理等一系列制度，并严格要求按制度办事、实行民主议事、民主管理和民主理财。值得一提的是，为整合资源，打造旅游品牌，推动塔山景区建设，2008年，宁都县政府将水口塔划归永宁寺代管和建设，寺院实施了"塔寺一体化"管理。在加强寺院管理的同时，证通法师还引导信众坚定正信，护持正法，操守教规教义、清规戒律，不为物欲所惑，苦心修行，继承佛教优良传统，长守出家本分，始终坚持"一日不作，一日不食"的清规，过晨钟暮鼓的净修生活。由于寺院管理上成绩突出，永宁寺多次荣获省、市、县"五好"宗教活动场所。2001年在全市创"五好"宗教活动场所评选活动中得到表彰，2002年被评为全省"五好宗教活动场所"和省级十佳道场之一，2009年度被评为"赣州市和谐寺观教堂"及"宁都县宗教文化建设十佳单位"，2010年荣获"首届全国和谐寺观教堂先进集体"。

随着寺院规模的扩大，寺内僧众的增多，为了团结广大信众，树立正确的佛教理念，证通法师开展了一系列卓有成效的工作。一是采用正面宣传和反面批判相结合的方式。以讲经讲道为契机，让信众正确地区分正常宗教活动与非法宗教活动、宗教正信与封建迷信、宗教与邪教的界限，还经常通过召开座谈会、公开发表言论等多种形式进行广泛宣传，他的一言一行在佛教界引起强烈的反响，使更多的信教群众纷纷参与到"宗教反邪"的活动中来，极大地促进了佛教界的健康发展与进步。二是举办僧伽培训班。近年来，证通法师先后从省内外请来大德高僧和佛教研究专家来寺讲经授课，一方面是培训僧才和提高广大信众的思想认识，另一方面也扩大了佛教文化在社会上的影响。此外，近几年来，证通法师注意培养佛教后备僧才，仅永宁古寺就送了7名僧众入省佛学院深造，现已有3名毕业僧人出任名寺当家。三是设立图书馆、工艺室，布置内容丰富、式样精美的宣传长廊。充分利用板报宣传、文艺演出、书画展览等诸多形式，把佛教文化与精神文明建设有机结合，发挥佛教在促进社会和谐方面的积极作用。

加强对外友好交往

证通法师积极发展佛教对外友好交流，既利用参学机会走出去参加国内外的重大佛教活动，同时又通过举办佛教大型活动吸引来求法的广大外地信众，使得佛教文化在社会上得到了广泛传播，特别是证通法师积极倡办社会公益慈善事业，为佛教树立了良好的形象。

证通法师多次出国或出境参学，开展佛教学术文化交流。1993年8月证通法师出席中国贵宾代表团赴泰国、香港考察，1996年11月以中国佛教代表团成员的名义赴尼泊尔、巴基斯坦、泰国、香港参加阿育王石柱一百周年纪念和中华寺奠基仪式，2002年出席中国佛教协会佛指舍利赴台地区迎归团，前往台湾考察访问，结交了圣一法师、明星法师等一大批著名高僧和海内外宗教界知名人士。

证通法师在学习吸收外地经验的基础上，成功举办了多次具有重大意义的佛教活动。一是传戒法会。2007年5月，经中国佛教协会、江西省民族宗教事务局批准，在永宁寺举办了规模宏大的传授三坛大戒法会和证通法师荣膺方丈盛典，现场热闹非凡，高僧如云、信众似海，梵音婉转、法喜充盈，法会和盛典获得了圆满成功。二是水陆法会。近几年，永宁寺举行过多次水陆法会，吸引广州、香港、南昌、赣州等地的众多居士来寺朝拜礼佛。三是佛教论坛。在第二届"翠微之春"文化艺术节期间，在永宁寺成功举办了佛教文化暨文化产业论坛，国内外50多名相关领导、社科专家，文化界、企业界及佛教界知名人士光临论坛。与会的政界、教界和学界领导以及专家学者从各自不同的角度阐述精深的佛教理论，畅谈实现佛陀慈悲关怀的真实感悟和宗教文化建设的建议，彰显了"文乡诗国"特色，展示了佛教文化内涵，促进了宗教理论与现实社会的结合，推动佛教文化的创新与发展，营造了和谐的社会发展环境。

"莫为自己求安乐，多为佛教作贡献。"近年来，证通法师密切配合当地党政有关部门，充分发挥佛教界的积极因素，举办多种形式的社会公益慈善事业。他组织佛教界人士开展捐资助学、捐助赈灾、修桥铺路、扶贫济困、扶助孤寡等慈善公益活动，取得了明显成效。在捐资助学上，永宁寺出资修建希望小学一所，救助20余名失学儿童重返校园，同时大力发挥佛教界对外联系广泛的优势，引进资金扶贫助学，其中资助大、中、小学生近十名。在捐助赈灾上，1997年，宁都"6·9"洪灾，1998年长江洪水及2002年宁都"6·15"洪灾，证通法师动员大家多次解囊救助。特别是汶川、玉树地震发生后，证通法师组织全县宗教界向灾区捐款6万多元，救助失学儿童和孤寡老人近百人。在修桥铺路上，证通法师为新农村建设及修桥铺路捐助资金合计400多万元，新近募集资金千万元修筑莲花山青莲古刹石阶观音路。在扶贫济困上，证通法师每年都深入基层访贫问苦，献爱心，奉财物，温暖了民众的心。证通法师组织开展社会公益活动和慈善事业，是一种回报社会，造福人民的善举，受到社会各界人士的一致好评。目前，证通法师正着手兴办赣南佛学院，这将会进一步扩大佛教文化对外交流与发展。

宁静淡泊的人生
——记法常法师学佛因缘

法常法师（1923—2015 年），女，俗姓刘，名爱娇，江西上饶广丰县五都镇人。她一生与佛学有缘，从小生长在佛教家庭，耳濡目染佛法，14 岁去龙华庵学经出家，28 岁到西山寺拜师学禅，32 岁从虚云老和尚受戒。受戒后，住锡云居山瑶田寺修行弘法。她在弘法中，不仅引导四众弟子如法如律地开展佛教活动，而且圆满完成了瑶田寺的修复重建工作，为佛教文化事业的发展做出了应有的贡献。为了较详细地介绍法常法师学佛经历，笔者拟分以下几点作一叙述。

从小生长在佛教家庭

法常法师的母亲是一位虔诚的佛教徒。法常法师的母亲名叫吕素彩，原嫁给一户俞姓人家，生有一女，后因俞某病故，吕素彩携女儿改嫁给刘大生（也就是法常法师的父亲）。吕素彩以后生有六个子女，在兄弟姐妹中，法常法师排行老六，上有两个姐姐和三个哥哥，下有一个妹妹。刘家是一个大家庭，生活来源主要靠法常法师的父亲做竹木材生意。吕素彩管理家务，在家中安有佛堂，早晚都要烧香诵经，而且一年四季吃素，还经常到寺庙去礼佛拜菩萨。吕素彩有一颗菩萨心肠，非常乐于助人，邻里街坊遇到难处，就会主动伸出援助之手，慷慨解囊，鼎力相助。吕素彩的行为举止，在法常法师幼小的心里播下了善良的种子，并成为她以后立志学佛做一个好人的示范。

法常法师七岁那年，父母送她到五都镇学堂读书，该学堂是当时镇上最大、最好的学堂。法常法师小学毕业后，为了减轻家里的经济压力，主动放弃了上中学学习，回到家里帮助父亲打理一些竹木材生意。干活之余，法常法师也隔三岔五跟随母亲吕素彩去附近的寺庙烧香拜佛，不觉几年下来，法常法师几乎走遍了周边所有的寺庙，并结识了许多寺庙的僧尼和居士，与佛教结下了不解之缘。也许是受家庭影响，法常法师从小的饮食习惯就是喜素食厌荤腥，平时只要稍吃一点带荤腥的食物，便会全身不适，甚至还会肚痛不已。这一饮食习惯，从佛教的角度来说，可能是有与佛有缘的福分。

在龙华庵学经出家

法常法师在日本侵略中国时经历了一场战争所带来的灾难，这也为她到龙华庵学佛提供了一个契机。当时日军打到法常法师的家乡五都镇时，镇上的百姓都远走逃难，法常法师也随父亲逃到乡下亲戚家躲避。一年后，日军撤离，法常法师又回到五都镇。镇上的景象已面目全非，一个好端端的热闹繁华的集镇，被战火无情地毁灭，狼藉不堪。到处是断壁残垣，房屋和店铺被洗劫一空，遍地是烧焦的碎石瓦片，法常法师家的房屋也被烧成为一片废墟。面对灾难，法常法师十分难受，她也同情大家所受的痛苦。为了求得菩萨保佑平安，街坊邻居拼凑了一些钱，在镇里修建了一座同贤堂，供奉观音菩萨和弥勒佛。法常法师经常来这里烧香拜佛，并与当地的居士一起探讨佛法的真谛。若要从佛法上来求解现实中所遭遇的问题，法常法师还有许多疑问，于是便同好友结伴前往一座离家较远的古庙龙华庵求法学经。

龙华庵位于广丰县的龙华山主峰的西侧，始建于唐末。这里有四位常住老尼僧，她们平日诵经拜佛，苦行禅修，还实行农禅并重，耕种了十几亩稻田和菜地。从五都镇到龙华庵有八十余里，而且一路上都是些高低不平、弯弯曲曲的山间小道，行走速度快也要十多个小时才能到达。由于法常法师求法心切，她不畏路途艰难和遥远，经常顶风冒雨、忍饥挨饿往返于两地之间。法常法师每次到龙华庵，都虚心向老尼僧学习佛经，同时还帮助常住添油上香，打扫庭院，劈柴担水，斋堂帮厨，开荒垦地，样样活都抢着干，法常法师的所作所为深受这里的老尼僧赞叹。

法常法师经过一段时间的学习，不仅对佛法产生了浓厚的兴趣，而且与这里的老尼僧建立了深厚的感情。法常法师回到家后，终于把深藏在内心多年想出家削发为尼的愿望告诉了父母，母亲听后当即表示赞同，父亲起初有点犹豫，但最后还是尊重法常法师的个人选择。法常法师收拾好自己的随身用品，临别时父亲深情地对她说："爱娇呀，出家人生活很清苦的，你要有吃苦的思想准备，进了寺庙就要刻苦钻研佛法，将来为百姓多做好事，多做善事。你走后，我会努力做生意，赚了钱为你添置一些田地财产，让你在寺庙免受些劳累。"

到西山寺拜师学禅

法常法师从龙华庵到西山寺来拜师学禅，其间又经过了一段曲折的经历。法常法师在龙华庵出家后，每天坚持打坐参禅，诵经礼佛，学业日有长进。然而天有不测风云，此时正是新中国成立前夕，时局动荡，社会混乱，经常出现土匪打家劫舍、强奸民女的现象。龙华庵地处偏远的山区，这里也常有土匪出没。为了躲避土匪的袭扰，老尼僧安排护送法常法师下山。法常法师又回到离别多年的五都镇，家里已空无一人，父母相继去世，兄弟姐妹有的嫁人，有的背井离乡。这年法常法师28岁，她孤身一人，只能自食其力。此时正巧镇上有一家杂货铺的老板娘想找一位帮手，经人介绍，法常法师就与老板娘结识，老板娘见了她很满意，于是二人合伙做杂货生意。法常法师白天忙碌生意，可晚上还是坚持诵经参禅。

无巧不成书。有一天，镇上来了一位名叫愿超的尼姑。愿超是法常法师从小结拜的佛门师兄，已多年不见，她打听到法常法师从龙华庵下山后在五都镇一家杂货铺做事，便特意前来寻找。愿超师兄的到来，给法常法师一个意外的惊喜，两人见面谈经说法非常投缘，法常法师盼望重归佛门的心念被重新点燃。第二天，法常法师收拾行装，辞去杂货铺工作，义无反顾地去了愿超所在的寺庙太阳庵。

法常法师求法之心深切，她不满足在太阳庵的诵经拜佛，又开始拜师学禅。她求拜的第一位师傅就是广丰县西山寺的国泰大和尚。当时国泰大和尚七十多岁，系广丰县下溪镇人，少年出家，一生勤劳俭朴，戒行精严，道风高尚，名声远播。他在西山潜修几十年，后入主博山能仁禅寺。法常法师对国泰大和尚仰慕已久，决定与愿超师兄一道前往西山寺拜师。西山寺位于西山之巅，从山

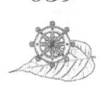

脚至西山寺，沿途危崖壁立，山路层层台阶犹如天梯。经过两个多小时的攀登，法常法师来到西山寺，拜见国泰大和尚后说明来意，国泰大和尚很高兴地接纳法常法师为弟子，并赐名。后随国泰大和尚学禅，功夫大有长进。

从虚云老和尚受戒，并发愿修复尼众道场

法常法师求法的愿望是无止境的。当她得知虚云老和尚在云居山开戒，就连夜动身赶赴云居山求戒。虚云老和尚是近代著名百岁高僧，佛教禅宗泰斗，1953年当选为中国佛教协会名誉会长。他晚年移锡江西永修县云居山主持真如禅寺的重建工作。云居山真如禅寺是虚云老和尚修建的最后一座寺庙。真如禅寺修好后，1955年农历十月，虚云老和尚在这里举行隆重的传戒仪式。法常法师就是专程赶来参加这次传戒的。她跪拜虚云老和尚为师后，农历十月初一进堂受戒，农历十一月戒期圆满，虚云老和尚赐法名宽竟。之后，虚云老和尚派大弟子性福安排法常法师到庆云庵打坐参禅。庆云庵距真如寺约二十华里，法常法师在这里居住了一年多时间，也许是水土不服，经常生病，身体日渐消瘦，虚云老和尚得知后令大弟子性福下山，重新安排法常法师住瑶田上保村的瑶田寺。

瑶田寺，旧名为保定寺，坐落在云居山脚下，创建于唐朝元和年间，距今已有1200多年的历史。据清康熙版《云居山志》记载，道荣禅师登云居山开创真如禅寺之前，先是在瑶田寺结茅修行。因此，瑶田寺比真如禅寺的历史还要早几年。历史上的瑶田寺，山水林地数十亩，地盘范围宽广，当地曾流传有骑马关山门之说。瑶田寺经过长期的兴衰演变，到法常法师来到这里时，寺内仅剩下两间破旧不堪又小又矮的土瓦屋，一间稍大的，屋内安放了一尊观音菩萨，另一间小的是临时搭建的茅草棚，供尼僧居住，屋宇周边是用黄泥巴糊的土砖墙体，屋顶盖的是灰黑色的土瓦片。由于风吹雨打，加之长年无钱失修，房屋四周上下布满了蜘蛛网和厚厚的灰尘，墙体开裂透风，屋顶漏雨。法常法师在这样艰苦的环境中依然坚持修行参禅，从不懈怠。

十一届三中全会后，随着宗教政策的贯彻落实，瑶田寺也迎来了前所未有的发展机遇。在当地政府有关部门领导的支持下，法常法师经过交涉，落实归

还瑶田寺水田七亩、旱地三亩，以作为寺庙生产自养之用。在此基础上，法常法师率领全寺尼众不仅开展农禅并重的修行方式，而且发愿重兴千年尼众道场。

法常法师要求四众弟子必须发扬佛教的优良传统,秉承百丈家风,实行"一日不作,一日不食"祖训，坚持"农禅并重、禅净双修"的修持方式，既提倡吃苦耐劳的生活作风，又倡导如法如律的共修原则。寺庙的面貌从此焕然一新。如今这里的常住尼众有十多人，她们每天都严格按照丛林规制修行。坚持晨钟暮鼓，早晚课诵，朔望习律，二时过堂，日间劳作，夜间修学，夏令安居，冬季打七。迄今为止，瑶田寺已举办过多次尼众佛学培训班，并传授过四次二部三坛大戒，在海内外具有一定的影响。

法常法师在四众弟子的扶助下，特别是在当家师释印定的协助下，修复建设瑶田寺尼众道场取得了很大的进展。自1994年以来，瑶田寺恢复重建殿堂众多，占地面积达一万多平方米。以寺庙围墙为界可分为两部分，围墙以内有：大雄宝殿、天王殿、法堂、藏经楼、念佛堂、韦驮殿、钟鼓楼、祖师殿、客堂、斋堂、功德堂、报恩堂、西归堂、大寮厨房等，尤其值得一提的是，这些大殿里的佛像和菩萨像都是用缅甸进口的玉石雕刻而成，每尊供像都显得面容慈祥，姿态庄严。可以说，目前在一个寺院里有如此众多的玉石雕刻的供像是很罕见的。围墙以外有山门牌坊、海会塔、化身窑、虚云老和尚塔亭和纪念塔等。在虚云老和尚纪念塔安放了瑶田寺多年珍藏的真身舍利，一方面是纪念虚云老和尚的神圣业绩，另一方面也是方便善男信女朝拜。

从以上叙述可知，法常法师的一生都是与学佛相伴随的。她学佛的经历是很淡泊的，但是她修复重建尼众道场瑶田寺的功绩是很出色的。如果从瑶田寺的整个历史演变过程来看，法常法师如今修复的瑶田寺是最壮观的、最辉煌的，那么由此可以说，法常法师是瑶田寺的一代中兴之师。

一生追求佛法的居士
——记黄辉邦学佛事迹

黄辉邦（1905—2000年），江西清江县（今樟树市）人，出生于一个乐善好施的富商家庭。7岁上私塾，16岁由父母安排娶妻成家，20岁生长子黄掉昭，同年随叔父黄英赴日本求学。在求学期间接触佛教，从此也开始他一生追求佛法和学佛的经历。

艰难求法

在日本求学期间，黄辉邦就开始思考人生的问题。在他就读日本名古屋第八高等学校时，"黄老对人生的根本大事有了进一步的思考。……而到这时黄老想得更多的却是即使国治好了，天下也太平了，但岁月如流，一切都会如流水一般逝去，人生到底怎样才是一个永恒的东西呢。特别是人，终归要死亡，不知生从何来，死又向何处去。这一疑问，久久困惑着当年的黄老。于是他到图书馆，自己也买了不少哲学、伦理学乃至宗教学的书籍来读。从古希腊的亚里士多德、苏格拉底等，直到近代的康德、黑格尔等；从天主教、基督教到伊斯兰教、佛教都广泛涉猎，认真探究，对哲学特别是人生哲学十分感兴趣"[1]。这也正是他求法的最初动机。此后，黄辉邦开始艰难求法的历程。

1930年3月，黄辉邦在日本第八高等学校毕业后，旋即考入东京帝国大学。报考时，他第一次违背父母让他学经济法律专业的嘱咐，毅然选择了哲学专业，就读于文学部中国哲学系。在这里，黄辉邦接触和了解了佛教，"一读'缘起论'、'三法印'等，黄老倍感亲切与投入，感到这些正是解决自己对人生大事

---

[1] 《丛林》2001年，第三、四期合刊。

疑问的良方佳药。越学越投入，更加感到佛教的伟大，是自己人生的皈依。……黄老觉得人生的意义更加充实，学佛的信愿更为坚定，禅宗、净土宗、天台宗等广泛涉猎。"①

1932年，黄辉邦得知印光老法师弘扬净土法门很有建树，就写信去求教，并利用东京帝国大学第三学年前暑假回家探亲的时间，专程前往苏州报国寺亲近印光老法师。当时由德森法师引领，得到正在闭关的印光老法师破例接待。印光老法师在关房里打开窗户进行了开示，办理了皈依，赐法名慧辉。临别时，印光老法师又赠许多佛书，并嘱好好念佛。自此，黄辉邦学佛信念更加强烈，立志以净土为归，发愿往生西方净土极乐世界。

1933年，黄辉邦大学本科毕业，获文学学士学位。本来按当时的学业管理规定，黄辉邦可进入欧美的大学深造，但考虑到日本的大学哲学科目很齐备，这里开设有天台宗、真言宗、净土宗等课程，于是决定留在日本学习。为了便于攻读和修学佛法，黄辉邦特地报考专门的佛教大学——东京大正大学，他被录取为该校研修院研修生。在这里，黄辉邦主要学习了日本的东密（即日本空海大师入唐向慧果阿阇梨所习唐密，带回日本东大寺弘扬的法门）和台密（即日本修天台宗的僧人到中国学密宗，回国后与天台宗合并的密宗）。为了完整系统地学习密宗，黄辉邦在大正大学研修院特地延长了一年学习时间。他在日本东密和台密寺院进行了实修，得到了东密、台密两方面的灌顶传承，为其回国后学习藏密打下了坚实的基础。

1937年秋，云南密宗大德圣露上师在南京毗卢寺启坛传授破瓦法，黄辉邦闻讯后立即赶去赴会。经七天修法后，黄辉邦与蒋维乔等全部都功德圆满，开了顶门，并插入吉祥草，以示印证。同年冬，藏密贡噶呼图克图到成都弘法，黄辉邦得知后立即前去座下皈依，礼为上师，并时时亲近。

1947年7月，黄辉邦应聘到国立昆明师范学校任教授，期间恰逢贡噶活佛来此弘法，他即前去亲近。黄辉邦在贡噶活佛的指导下，开始修加行，叩完十万大头（即行拜十万拜），诵念六皈依和金刚萨埵百字明十万遍，以及修不

---

② 《丛林》2001年，第三、四期合刊。

同的施身法、供曼达和习上师相应法等。与此同时，黄辉邦还发起请贡噶活佛传授大圆满特别加行。这次亲近贡噶活佛后，黄辉邦在佛法修持上也更加精进了。

1956年9月，黄辉邦与母亲和夫人专程步行上云居山真如禅寺，礼拜虚云老和尚，受三皈五戒，虚云老和尚为黄辉邦赐法名宽邦。另为其母亲和夫人也受三皈，三人跪请虚云老和尚打香板消业障。而后，黄辉邦还多次前往拜见虚云老和尚，参加寺院的禅七活动，聆听虚云老和尚所讲的各种开示。

黄辉邦晚年依然外出求法。1989年，他以84岁高龄赴藏区参访，亲近了登宁玛活佛和来藏区弘法的不丹国师谛可钦尊仁波切法王，并接受他们的灌顶。1991年冬，黄辉邦再次前往藏区求法。他克服了冬天的严寒和旅途的艰辛，成就了圆满功德。在藏区，黄辉邦亲近了晋美彭措法王，得到了文殊大圆满灌顶。归途路过成都时，黄辉邦又得到了羊戎大师的特别灌顶，同时还亲近了清定上师，得以饱承法乳。

刻苦学法

黄辉邦学习佛法相当刻苦，不仅深入钻研佛学理论，而且认真行持佛法实修。可以说，黄辉邦是一位真正将佛学理论与佛法实修相结合的典范。

在佛学理论上，黄辉邦曾撰写过文章探讨佛法的宗旨、佛法的修持以及佛教与儒学的关系等问题。他在《复性返本之观照般若》一文中首先提出修法的目的就在于要做到"我人时时观心，就是要安住在灵明空寂之中。佛的般若思想讲得透彻，因其觉悟了宇宙的实相。空寂是实相般若，是体；灵明是观照般若，是用。空寂不碍灵明，灵明不碍空寂；即体即用，体用不二"[①]。其次，他根据佛法的宗旨阐述了佛法的修持应做到："我人用功，要安住在真空实相里，时时灵明空寂，不分别而破妄想，时时观照，破六、七识。转第六识为妙观察智；第七识亦转为平等性智；自然第八识转为大圆镜智；前五识转为成所作智。这时整个的光明就是诸佛三世的光明，具足乐觉受的明空三昧，乐、明、空三无差别，诸法皆实相。"接着他还进一步论述道："我辈用功，要寂寂惺惺、惺惺

[①]《丛林》1999年，第3期。

寂寂。习气来时，正是生死关头，时时站稳脚跟，方能与道相应。待证到法身无我，真心独照时，方能任运自在。"对于佛教与儒学的关系，黄辉邦在1981年撰写有《佛教与克己复礼》一文，他在文中以佛教的缘起论等基本观点与克己复礼的契合加以探析，论证了佛教与儒学的互融性，对于佛教的进一步弘法，尤其是人生佛教在当下的推进，阐述了不少新见。同年，黄辉邦以此文参加日本东京大学哲学年会，得到中日两国学者和佛教界的一致好评。

黄辉邦由于在佛学理论上有很高的造诣，这也导致他对佛教书籍的保护极为重视。他曾慨叹过一生有过两次失掉佛教书籍的痛惜。一次是在1945年，黄辉邦在南昌协助接受日本投降，他帮助策划和拟稿日本总投降仪式后，因惦记着在南京的那些从日本带来的佛教书籍，就急匆匆赶往南京，可到南京才发现，所有的佛教书籍都化为乌有，当时他深感痛哉！另一次是在1966年"文革"初，黄辉邦家中的所有佛教书籍和佛像都被抄光。当时他不禁大声痛哭流涕，其悲惨如丧考妣。家人劝解再三，他说："法本被抢，断我慧命，怎能不痛哭流泪？"

在佛法实修上，黄辉邦切实履行这么两点：一是发菩提心；二是躬行修持。关于发菩提心，他不仅自己要发菩提心，而且经常劝告所接触的居士。我记得，他曾自己花钱印刷省庵大师的《劝发菩提心文》免费赠送给大家结缘。由于他发心广大，因此他认为信佛、学佛是光明正大的事。他公开自己的信佛立场，不管遇到什么运动，从不隐瞒。

对于躬行修持，黄辉邦数十年如一日，从未间断过。就拿吃长斋来说，黄辉邦从29岁开始，一直坚持到往生，即便是"文化大革命"十年浩劫也未间断。据他自己说，他发愿吃长斋时有一个故事。当初，他阅读许止净老居士的著作，里面介绍往生传记时，讲到往生西方极乐世界的人多是吃长斋念佛的人，因此他为求稳当生净土起见，也发愿吃长斋念佛，并在阿弥陀佛像前请示，以两张纸条为签，一张纸条写上吃长斋，另一张纸条写一否字，均放入笔筒内，然后用筷子拈，并默想如果佛赞成我吃长斋就连拈五钩。第一次拈出吃长斋，再顶礼并照前观想，结果连拈五钩，所以深信佛菩萨灵验。他从此就把吃长斋定下来了。"文革"期间，他在福建师范学院和农村都待过，也未放弃吃长斋。在福建师范学院任教时，一次在公共食堂吃斋被领导看到，炊事员怕他挨批评以讲卫生为之掩饰，然而他却坦然承认自己是佛教徒，并说吃斋是修持之需。在下放农村劳动时，吃大锅饭，荤素一锅，别人以为这次他总得开斋了，事情并未如人们想象得那样，他在这种不得已的情况下学习六祖慧能大师只吃肉边菜，仍不吃荤。后来有人问起此事，他说当时他是这样想的："三军可夺帅也，匹夫不可夺志也。"从此可看出他吃长斋的决心之大。

佛教法事也是黄辉邦躬行修持的重要内容。为了弘法利生，黄辉邦也开展一些佛教法事活动。他既重视超亡放生，又注重传道释疑。对于超亡，他认为最初七七四十九天对亡人最要紧。1941年，黄辉邦在成都接到电报，获悉父亲在家乡去世的噩耗后，由于当时战事甚急，道路不通，来不及回江西奔丧，又恐耽误七七四十九天的佛事，他遂决定遵佛门规制来到成都几个寺庙为父亲做超度佛事，并在新都宝光寺长住四十九天，天天诵经回向，直到超度法事结束才返回江西老家。对于放生，他经常捐出净资，参加放生。1980年以后，黄辉邦每月都要从微薄的退休工资中拿出一大部分用于放生。这一善举，深受南昌信众赞叹，这也表现出佛教的慈悲为怀和善待生命的崇高思想境界。如果说超亡放生只是对即将失去的生命的一种挽救，那么传道释疑才是一种让生命永存的最好方式。在传道释疑方面，黄辉邦也做出了表率。他对于前来求学请教的人，总是满腔热情，谆谆教导。直到生命的最后一刻，还在病床上不断地为求教者解疑释难。

执着护法

黄辉邦信仰虔诚，修持认真，因而在佛教界具有一定的声望，这为其执着护法奠定了重要基础。他的执着护法主要表现在维护佛教道场的合法权益。

抗战胜利后，为了振兴和发展江西佛教文化教育事业，黄辉邦主动联络曹浩森居士等组织成立江西省佛教协会（后更名为中国佛教协会江西省分会），会址设在当时南昌最大的寺庙圆通寺内，同时在南昌的绳金塔寺和佑民寺设立办事处。后得众推举，黄辉邦当选为江西省佛教协会副会长。受命之后，他提出要"维护和保护好南昌的寺庙"。这些寺庙主要是指当时还保存完好的道场，诸如南海行宫（又名圆通寺）、佑民寺、水观音亭、普贤寺等。同时，他又着手准备修复遭战争破坏的各地寺庙，亲自徒步跋涉，先后多次上云居山，到宝峰禅寺等礼拜祖庭，探究恢复重振之策。后因种种困难和障碍，此举未能实现。到晚年，黄辉邦一直为此深感不安。

1985年，江西省佛教协会得以恢复。1986年元月，黄辉邦又一次当选为江西省佛教协会副会长。受命之后，他尽心尽力，为佛法的弘扬、祖庭的恢复重振，多方联络，广募善缘。"文革"期间，云居山真如禅寺成为云居山垦殖场的范围。为了恢复云居山真如禅寺这个著名祖师道场，黄辉邦坚持上山找寺庙的住持婺源和尚商量对策，探讨如何使云居山垦殖场退还寺庙所有的一切设施。后经多方努力，此事终于得以较好地解决。

1989年前后，为了南昌水观音亭的落实政策，黄辉邦自费到省、市图书馆、档案馆收集复印资料，整理后分送中央、省、市有关领导，多次上门向有关领导进言。这里，特别值得一提的是，黄辉邦专门写了一份《呈请保护建自唐代的千余年来名胜古寺南昌湖心观音亭》的报告。在这份报告里，黄辉邦明确列出三个理由：一是除《重修南昌湖心观音亭志》外，尚有《江西省志》《南昌府志》等，均载明南昌湖心观音亭（即水观音亭）为建自唐代的千余年来的名胜古寺，而为稀有国宝，且为江西省会诸名胜中之历史最久者。志中略云："据南昌府志内载，该寺在东湖中洲渚上，自唐创建，旧立有碑。至清乾隆五十三年，由沙门僧果传重行修葺。水环四面，形似姑山。前亭供祀观音，后殿满载佛像。虽其间治乱靡常，而庙貌巍巍，香烟缭绕，历千年而无间。……民国初建，庙址畿圮。绅等爰遵内务部咨行各省保存古物暂行办法，凡古代楼观祠宇台榭亭塔，其有关地方名胜者，应由地方官或公共团体筹资修葺之类，会同该寺住持，依就故址，重创兴工。计自民国五年经始，七年落成；共费大洋一万五千余元，并议提取募创余赀，于庙后隙地建立民屋数间，以岁入租款，津贴本庙僧徒承奉香火。而庙内房屋永不租借，以免摧残庙宇，污蔑名迹。况此次重建古刹，颇费多金；对本省名胜，略壮观瞻。为缔造之艰难，宜保持于永久。除呈请督军省长照章保护外，呈请赏准立案。""民国八年三月四日奉江西省长戚批：呈图均悉。查省城内湖观音亭古迹，著名洪都之纪，自始李唐之朝，绵力千年，回环一水。……该绅等暨住持僧得缘，力扶倒影，誓发大心。……宜与保存，同维义举。矧弥名迹，允迪前光。自应准如所请立案。"以上证明南昌湖心观音亭为自唐代以来千余年来的名胜古寺，中经清乾隆时沙门僧果传重修，民国时又经该寺住持僧得缘和佛教四众弟子集资重建，并已经江西省长正式立案，昭示永久保持。铁证如山，永宜为国家政府重点保护的名胜古刹。故请政府特别保护此千年来的名胜古刹水观音亭，永护此国宝，为四化争光也。二是保护修建名胜古寺，是国家兴盛之表现，功德无量。倘不保护而反废之者，则过错极大；故应当机立断，知过即改，见义勇为也。三是从作为旅游参观之胜地，亦更应保存久闻胜名的'湖心观音亭'这一遐迩皆知的名胜古寺和名称，方能吸引更多的中外旅游客，而可帮助国家增进旅游事业，多收外汇也。因南昌'湖心观音亭'，系与杭州灵隐寺、苏州寒山寺同样，同属中外驰名的名胜古刹；倘若废除湖心观音亭这名胜，而用'杏花楼'这很少有人知的名称，则犹如废除'灵隐寺'、'寒山寺'这名胜，而换用其他名称，则决定不能那样吸引中外旅游者来参观朝圣也。——何况这全部地址（包括最近拆掉了的寺后隙地民屋数间，志中有记载）都是水观音亭的范围，而不是杏花楼的地址，更不是画院的地址。欲建杏花楼与画院，应在另处建立，三者应当各不相妨碍也。"最后，黄辉邦在这个报告结尾总结道："总之，无论从落实政策，保护名胜古寺，促进四化建设着想，或从作为旅游参观地着想，都应保护创自唐代的千余年名胜古刹湖心观音亭，保护此稀有国宝也。功过在于一念之差，故望当机立断，见义勇为，切莫毁废名胜古寺，致贻后悔；四化幸甚，国家幸甚，众生幸甚！"不知是何原因，黄辉邦在这个报告末尾又作了一个补充说明，他说："再者：承蒙政府，为国为民，决定修复佑民寺，人天欢喜，众等赞德。但不可因复兴一寺而废除另一寺，况南昌市是江西省会，佑民寺与湖心观音亭都是名胜古寺，两寺并存，并不为多。且这两名胜古寺相隔不远，既便于佛事活动，更便于吸引旅游者来参观。为社会主义的物质和精神两种文明建设增光，好极好极。人民更将歌颂政府功德无量也！"从这段文字来看，想必这其中另有隐情。黄辉邦在上交这份报告时，还附有《重修南昌湖心观音亭志》复印件。此举虽然没有得到最后结果，但他这种护法精神却一直得到教内外有识之士的赞誉。

从黄辉邦一生追求佛法来看，信仰的力量是巨大的。由于黄辉邦有了坚定的佛教信仰，在他的一生中就出现了艰难求法、刻苦学法、执着护法等事迹，因此造成他的一生行为发生极大变化，最后也导致他的人生轨迹的改变。也可以说，信仰的力量就像是人生的一个轴心，人的其他一切行为基本上会围绕这个轴心运行，由此人的命运也将随之发生改变。

思想探究

慧远大师佛学思想略论

慧远大师（334—416年），俗姓贾，出生于雁门楼烦（今山西省原平市崞阳镇东菇山村），家庭是"世为冠族"的仕宦，而且世代书香。由于受家庭影响，慧远从小就喜欢读书。6岁，授业于家师，"勤而好学，天资聪颖，珪璋秀发"。13岁随舅父游学许昌、洛阳，从此开始求学生涯。

首先是学习儒家经典。经过系统地学习经学，对儒家经典已达到"博综六经"（六经又称六艺，是指儒家六部经书，由于《乐经》汉以来失传，所以又可称五经，即《诗》《书》《礼》《易》《春秋》。其内容包罗万象，既有古代的典章制度，也有民间的诗歌；既有人们的交往礼仪，也有编年史，甚至于还有古代的占卜书等。两汉时期，六经是读书人诵习的主要经典。）的地步。其次是阅读道家著作。史传载其"尤善老庄"，这意味着慧远早期对道家思想的理解已超过儒家经典。慧远从《老子》《庄子》中悟出名教是"应变之虚谈"。应变就是指儒家思想长于治世。其虚谈在于忽略哲理性的深入探讨，诸如宇宙的本体是什么，人与自然究竟是什么关系，对这些问题却避而不谈。而《老子》《庄子》长于思辨，富有理趣，尤其是对自然之理有十分深刻的论述，正好弥补了儒家思想的缺陷。最后是信仰佛教义理。他跟随道安参学，对佛教义理豁然而解悟，深情地感叹道："儒道九流，皆糠秕耳。"他的学问虽兼及儒道，但最终是以佛理为先的。以后慧远不仅在佛教理论上注重经典的翻译和义理的探讨，而且在佛教实践上率众结社及创立净土念佛法门，并成为最具有中国佛教特色的一大宗派——净土宗。

一

慧远提倡的弥陀净土信仰，其思想前提是必须承认神不灭论和因果报应论。神不灭论和因果报应论是慧远佛学思想的核心，也是慧远佛学思想中最具有代表性和最有影响的部分，体现了慧远在佛学思想理论上的主要贡献。

关于神不灭论，慧远在所著的《沙门不敬王者论》的大题目之内，特别辟了一节即第五篇，针对当时神灭与神不灭的辩论，专论"形尽神不灭"，以表达自己的独特见解。在这篇中国佛教史上最重要的神不灭著作中，慧远提出了以下几个观点：

一是阐述形灭而神不灭的看法。慧远认为神与形（指能够消灭或消失的东西）不同，它不是物质，也不是一般的情识，是"精极而为灵者"。神，因为是"精极"，即使具有上智的人，也不能确定它的形状，穷尽它的幽致；又因为是"灵者"，所以"有冥移之功"，"物化而不灭"，"数尽而不穷"的独特意义。慧远对此援引"薪火之喻"来说明，神之传于异形，犹火之传乎异薪，薪异而火一，形异而神同。也就是说，火在薪柴之间传递，如同神在形体之间的传递一样。此薪柴烧灭了，另一薪柴可以将火传递下去，如同精神传递到另一个不同的形体上一样，前后的薪柴或形体本质上是不同类，然而精神可以在不同质的形体上传递下去。因此薪柴的烧灭只意味着形会灭，火的继续传递就说明神是不会灭的。

二是论证形神是相离相异的观点。慧远认为神与无知觉的地、水、火、风四大截然不同，四大构成人之形体，作为神识的居宅，终究会归于灭绝的。而神则精妙不变，不会随形体之死亡而断灭，它们两者之间只会发生相离或相异的结果。慧远还从社会现象论证形神相离相异。如果按照形神都是气所构成，形神相即、形具神生的话，那么人死时形神俱化，初生时再重新禀受的是神还是形呢？人有智愚不同，是神还是形决定的呢？如果是形决定的，神从形生，那么凡是形体相同的，就应该有同等的智愚；如果是神决定的，以神传神，那么就不应该有帝尧与丹朱这样的圣父与恶子两代人了。慧远认为这两种说法都不符合事实，因此人的形神不是俱生俱灭的，而是相离或相异的。

三是提出神是万物本体的论点。慧远认为神是微妙的认识和行为主体，它的特性表现为"神也者，圆应无生，妙尽无名，感物而动，假数而行。感物而非物，故物化而不灭；假数而非数，故数尽而不穷"①。神，或者说精神、灵魂，能够感应世上所发生的一切，而自身却是不变的，既无生，也不灭，永恒无穷。也同样可以说明，神在人并不因形体的消灭而灭绝，这个形体灭尽后，神又转到别的形体中继续存在，这与形尽神不灭的看法具有异曲同工之妙。慧远论证形尽神不灭的思路基本上是本土化、玄学化的思维，与印度佛教中道缘起的轮回观思路有所不同。印度佛教主张诸法无我，一切皆空，从根本上否定了法相万物的实有和永存。而在中国，自古以来就有人死变鬼、灵魂不死及鬼神报应的观念。屈原在《楚辞》中写道："身既死兮神以灵，子魂魄兮为鬼雄"。东汉的王充在《论衡》中也说过："人死为鬼，有知，能害人。"②慧远在承续印度佛教的业报轮回说以及印度部派佛教犊子部主张有我的观点基础上，又吸取中国传统的鬼神观、报应说及儒家的德性思想，以法性（实质上就是神或灵魂）不变说去发挥神不灭论，巧妙地回答了人死后怎样轮回转世、超脱果报的主体问题，为三世因果报应论提供了理论基础。

二

慧远是怎样根据神不灭论思想来论证三世因果报应论呢？这个问题的答案在慧远所撰写的《明报应论》和《三报论》中有详尽的阐述，其表达方式都是针对外界提出的质疑而给予的辩论。

一是当时桓玄对因果报应论提出质疑。桓玄（369—404年），东晋谯国龙亢（今安徽怀远西）人，字敬道，一名灵宝，是东晋重臣桓温末子，七岁袭父爵为南郡公，清谈能手。历任都督交广二州、建威将军、平越中郎将、广州刺史等职，后官至丞相。桓玄在质疑中认为人的形体是由地、水、火、风四大结合而成，作为精神的住宅，消灭形体就和破坏地、水、火、风一样，不等于犯

---

① 《庐山慧远法师文钞》，庐山东林寺印行，1989年，第8—9页。
② 《庐山慧远法师文钞》，庐山东林寺印行，1989年，第13页。

了杀生之罪，因此也就不可能进地狱，受报应。为了解答这个从形神关系上提出的质难，慧远作了详尽的辩说。他指出，人由于愚痴无知，就不能有正确的认识，认识不对，就会使自己的思想情感对外界事物发生凝滞执着。对外界事物贪爱的本性不断流淌，就使地、水、火、风四大结成人的形体，人有了形体，彼此就有界限；情感凝滞于外物，就有了善恶果报的主体。这样人在形体上分别了彼此，对于自己的身体和生命也就特别偏爱；在善恶果报上有了主体，人们就贪恋生命不断轮回流转。一个人所受的报应，完全是自身情感活动招致的，并没有一个外来的主宰者。慧远就这样在人的精神活动和精神不灭的基础上论证了因果报应的根源和作因受果的主体，从而建立了因果报应论。

二是当时戴逵对因果报应不相应提出的怀疑。戴逵，生卒年不详，字安道，是当时负有盛名的雕刻家、书画家。他品行高洁，不愿入仕。孝武帝时，郡县催逼不已，竟逃至吴地。戴逵常与名僧交往，也常到佛寺听讲佛法，可是他却不相信佛教的因果报应论。他为了驳斥佛教因果报应论，写了《释疑论》和《答周居士难释疑论》送给慧远，他援引历史上著名人物的客观事实来说明因果报应不相应。例如，尧舜是古代圣王，却生了不肖之子朱丹和商均；舜的父亲瞽叟很愚蠢，却生了舜这个大孝子。颜回是大贤，却短命早死；楚太子商臣弑君自立，却多福多寿。张汤是汉代酷吏，七代子孙都做大官；比干忠直，却受到纣王的杀戮。认为人生命运来自命定，要想通过积善修行是无法改变的，佛教所谓的积善积恶，因果报应，只是劝人为善的说教罢了。戴逵的看法虽有宿命论的色彩，但对佛教的因果报应论是持怀疑态度的。慧远在《三报论》中特别回答了这个问题。认为戴逵的质疑在于着眼于人的一生行为和结果之间不存在对应关系，怀疑善恶无现验，根本原因是不明三世轮回。慧远指出，佛教以为因果在时间上有过去、现在、未来三世，人的业报就存在于三世，如影随形，如环相扣，无始无终。如果说人有三业，那么业就有三报，"三业体殊，自同有定报"。"业"指身、口、意三业，包括人的一切活动。人的业有三种性质：善、恶和无记。无记指不善不恶的行为。善业指符合佛教要求具有功德的活动。反之，就是恶业。"经说业有三报：一曰现报，二曰生报，三曰后报。现报者，善恶终于此身，即此身受。生报者，来生便受。后报者，或经二生，三生，百生，千生，然后乃受。"①也就是说，今世作的业，若今世不报，必来世报；来世不报，千世万世报，迟速有不同，但终归要报。由于人要受报应，人死后就要依据生时所做的善恶业转生于六道中，六道也叫六趣，是指天、人、阿修罗、畜生、饿鬼、地狱。将三世因果报应与六道轮回相结合，形成的三世因果报应论就更具有震撼人心的影响力。这种三世因果报应论是超越于视听之外的，正可补充中国传统文化中所主张的一世报应说的局限。中国传统文化中早就提倡善恶报应思想，《周易·坤·文言》说："积善之家，必有余庆，积不善之家，必有余殃。"施行报应的主体是天，王充《论衡·福虚篇》说："世论行善者福至，为恶者祸来，祸福之应皆天也。"人们普遍相信是冥冥中的天，根据人的善恶所造的业力赐以福或遭以祸。慧远在吸收印度佛教的业报说的基础上，结合中国传统文化中的善恶报应思想而创立了他的三世因果报应论。根据这一理论的内容来说，戴逵的问题就能得以解决。因为它解答了因果报应不相应的结症，像善人受祸，恶人得福，应是他们前世行为所得到的报应，今世行为所受的报应还没有显现出来。慧远的三世因果报应论，将人的生命扩大到今生、来世、后世的多世轮回之中，肯定了无论善恶必有果报，报应的方式有现报、生报、后报三种，用前生和来世解释现世中善恶无现验的现象。比如，你今生虽作善业，但由于前世造了恶业，故而今世仍会遭厄运，这等于是偿还前世的债。今世恶人无恶不作，却享尽荣华富贵，这是因为他前世作善业，故而今世享受福果。你今生穷困潦倒，万般不如意，但只要一心向善，来世定得好报，如此一来，现世的一切皆被论证为合理。这种阐释既避免了常人只注重现世报应的俗见，又消除了人们今世因善恶庆殃的相左而对佛教三世因果论产生的质疑，从而使得三世因果报应论更具说服力和影响力。

三世因果报应论虽然是一种佛教的观念，但是它的积极意义也是不言而喻的。这一教义，强调个体的命运取决于自己的身、语、意三业，即取决于自己的思想和言行，因而主张人世际遇的好坏，取决于个体的个业与大家的共业，

---

① 释果一主修：《庐山东·西林寺通志》，庐山东·西林寺通志编纂委员会印行，1993年，第29页。

而非上帝的主宰或天命的安排。人的命运可由自己掌握，人应该对自己的行为和命运负责，这就从根本上确立了人的主体性地位。

三

慧远作为东晋的佛学大师，在中国佛教史上，第一次从中印文化视域融合的角度，将中国传统的灵魂不死说、报应说以及儒家的伦理思想等，融进了佛教的果报论，创立了三世因果报应论，并使之成为一种新型的人生哲学，为佛教理论的丰富和发展奠定了坚实的基础。慧远不仅传播佛教不遗余力，而且还对前来"考寻文义"者讲授儒家经学，如"远讲《丧服经》，雷次宗、宗炳等并执卷承旨"[①]。因此从儒学史上来看，慧远亦功不可没。牟润孙指出"南朝首讲儒家经典而撰为义疏者，似非儒生，而为慧远和尚"[②]。这不仅体现慧远知识渊博，而且表现其胸襟开阔。在佛教与传统文化之间的矛盾日益显著，引起社会上一些人士强烈攻难的情况下，慧远厉然不群，以其超脱世俗的姿态，并以其善巧智慧，撰著论理，来达到调和佛教与传统文化的冲突，维护了佛教的独特地位，为佛教在东晋以后的继续流行与兴隆发挥重要作用。由于慧远在佛学理论上的建树，庐山东林寺逐渐发展成为南方佛学理论创新的中心、南北佛教文化交流的中心、中印佛学交汇的中心、儒释道三家文化相互碰撞和融合的中心，一言以蔽之，东林寺已名副其实成为南方最为重要的佛教文化交流与传播的中心。清潘耒在《游庐山记》中赞曰："城中之山，自五岳外，匡庐最著名。……东林寺于山最古，慧远于僧最高。东晋以前无言庐山者，自莲社盛开，高贤胜疏，时时萃止。庐山之胜，始闻天下，而山亦遂为释子所有，迄于今梵宫禅宇，弥漫山谷，望东林皆鼻祖也。"自慧远后，庐山佛教迎来了新纪元，从此庐山不仅以自然景观闻名，更以佛教文化著称于世。

被尊为江南佛教领袖、东林寺开山祖师的慧远也引起后人的高度赞叹。慧远被后人誉为"如星伴月"，并把佛图澄、道安及祖师三人，称为宇宙中之

[①] 《论儒释两家之讲经与义疏》，《注史斋丛稿》，中华书局1987年版，第281页。
[②] 释果一主修：《庐山东·西林寺通志》，庐山东·西林寺通志编纂委员会印行，1993年，第124页。

"日""月""星"。声誉之高，可想而知。唐代李演对慧远评价为："天之高也，日月拱其耀；地之厚也，山岳镇其维。人资三才之灵，推五行之秀，粤有迈德宏域，融神慧境，焯迦罗之绝照，挹甘露之元津。配五岳而永崇，晞扶桑而不息，则慧远法师其人也。"[①] 唐代文学家李邕在《东林寺碑》中将慧远与东林寺的关系比作孔子与尼丘、鹫岭与佛陀、衡山与慧思、天台山与智凯的关系。宋祖琇曾这样说明慧远对佛教的功绩："盖尝谓远有大功于释氏，犹孔门之孟子焉。"用孟子对孔门的贡献来比拟慧远对佛教的贡献，颇有意味。南宋宗晓的《乐邦文类》卷三中将慧远的传说冠以"东晋莲社始祖庐山远法师传"之题，传中记述："……然而使方之人知有念佛三昧者，应以远公法师为始祖焉。"从此慧远作为莲宗始祖的地位就明确化了。另外，宋志磐《佛祖统纪》卷二十六也推尊慧远为净土宗初祖。慧远圆寂之际获得当世名笔为之刺碑作铭，《高僧传》说："谢灵运为造碑文，铭其遗德；南阳宗炳又立碑寺门。"这是其深受道俗景仰的一个表征。可以说，慧远乃当之无愧之高僧也。

---

① 曹虹著：《慧远评传》，南京大学出版社2002年版，第348页。

慧远大师护教论辩探析

慧远大师13岁随舅父游学许昌、洛阳,首先是学习儒家经典,其次是阅读道家著作,最后是信仰佛教义理。他总摄佛教的纲维,以弘扬大法为己任,成为当时高僧道安弟子中最杰出者。道安对慧远立志弘法济世的理想给予很高评价:"使道流东国,其在远乎?"晋哀帝兴宁三年(365年),慧远和法汰在荆州对道恒"心无义"的论战,使道恒一派终于屈服。据说,"心无义"从此在荆州绝迹。这充分表明慧远佛教造诣精深,而且具有护持佛教畛域的精神。

随着佛教在中国的传播和发展,外来佛教与传统文化在磨合中也不断出现矛盾,突出表现在与中国传统文化中的孝道、君道、沙汰、礼制等方面,这些矛盾引起了社会上一些人士日益强烈的攻难。在这种情况下,慧远高居庐山,厉然不群,以其超脱世俗的独特姿态,努力为佛教的存在和发展谋求合法与更高的地位。他以高超的智慧,针对佛教与孝道、君道、沙汰、礼制的矛盾,从理论上进行了强有力的申辩,基本达到了调和外来佛教与传统文化之间矛盾的目的。

辩解与孝道的冲突

辩解与孝道的冲突发生在庐山,桓玄与慧远的一次邂逅。桓玄(369—404年),东晋谯国龙亢(今安徽怀远西)人,字敬道,一名灵宝,是东晋重臣桓温末子,7岁袭父爵为南郡公,清谈能手。历任都督交广二州、建威将军、平越中郎将、广州刺史等职,后官至丞相。桓玄在庐山拜见慧远,起初桓玄傲气十足,不肯向慧远敬礼,哪知一见慧远的严肃神韵,不觉自然而然地致敬起来。他们在交谈的过程中,桓玄曾质问道:"不敢毁伤,何以剪削?"意思是说僧人剃发,有违中国传统文化所谓的孝道。因为桓玄在思想上受传统儒道思想的影响很深,对佛教具有排斥的倾向。大概慧远与桓玄曾经谈到过《孝经》,桓玄的问难是基于《孝经》中"身体发肤,受之父母,不敢毁伤"。如果依《孝经》的说法,那么僧人出家削发,就有违孝道了。桓玄就是想以此经文非难慧远剪削(指剃度)为僧的行为,从而置慧远于不孝。面对桓玄提出的责难,慧远也以《孝经》中的:"立身行道,扬名于后世,孝之终也"的原话,即出家立身行道是符合孝道的理由来回敬桓玄。这一回答干脆利索,言简意深,铿锵有力。这充分说明了僧人出家为了弘法行道,割舍妻子,不辞艰辛,根本就不在乎削发这样的小事。慧远不容辩驳的语言以及表现出来的坚定意志,使桓玄听后称善不已,十分佩服。桓玄另外早已准备的问题,也闭口不提了。经过这一番较量,慧远学问的广博精深、言辞的机智敏捷和品质的超世绝俗,给桓玄留下了深刻的印象,他刚出虎溪,就对左右随从说:"像慧远这样的高僧,实在是生平所未见过的。"

化解与君道的冲突

作为早期中国佛教的特点,"中国僧人阶层却注定要和士大夫阶层,即和帝国的官僚阶层、政府本身发生冲突"①。实际上,僧侣集团与世俗政权之间的矛盾是佛教在中国传播过程中无法回避的。这是因为在古代中国,"普天之下,莫非王土"的观念不仅在王权拥有者的意识里早已是天经地义的真理,而且在一般民众的头脑中,也已经是不言而喻的道理。王者秉天命来教化天下,是应运而生的,王者以他的德行治理天下,为百姓提供安身立命之所,天下依赖王者而生。沙门也没有跳出三界之外、不在五行之中,还是在王者的恩惠下生活,那怎么可以"受其德而遗其礼,沾其惠而废其敬哉"?②又怎么能够不礼敬王者呢?东晋时,一些官僚和名士屡次议论沙门不敬王者(皇帝)是蔑弃忠孝,遗礼废敬,伤治害政,由此引发了关于沙门敬王问题的激烈争论。这场关于沙门不敬王者的争论,是僧侣集团与世俗政权(即君道)之间的第一次大规模的正面冲突,反映出中国传统文化对外来佛教文化的排斥。东晋成帝咸康六

---

① (荷兰)许理和著,李四龙等译:《佛教征服中国》,江苏人民出版社1998年版,第433页。
② 《弘明集》卷十二,《与八座论沙门敬事书》。

年（340年），成帝时尚幼冲，庾冰辅政。庾冰从儒家的尊王观念出发，认为域内沙门"皆晋民也"，主张沙门应当遵守儒家名教致敬王者，向皇帝行跪拜礼，否则就有违儒家的礼仪制度即世俗的人伦秩序，但这一主张遭到尚书令何充等人的强烈反对而失败。六十年后，也就是慧远在庐山时期，桓玄诛灭殷仲堪后，任荆州刺史，并兼任江州刺史，在长江中游扩大势力范围，形成了对朝廷的威慑。接着他又攻入京师建康，篡夺了东晋政府的实权，改年号为大亨，自称太尉，震主之威已趋于登峰造极。在元兴元年（402年），他再次挑起了沙门应敬王者的争论，把沙门与君道的冲突引向纵深化。由桓玄所发起的沙门礼敬王者之争，不仅含有政治权力上的实际图谋，而且表现为理论思维的较量。桓玄在政治上为了显示自己的权威，抬高和夸大王侯的治国安民的作用，极力宣扬敬君的封建道德，要求僧人跪拜致敬王侯，从而取得僧人的崇敬，达到维持王权的绝对尊严。在思想上不仅坚持儒家思想确立起来的王化秩序以及中国传统的尊王思想，而且引入道家的自然生成学说以提升王化秩序的哲学意味，认为王者可尊是顺乎自然之理的，要求沙门亦应成为顺化之民。桓玄先与手下"八座"（指吏部、祠部、五兵、左民、度支、五尚书、二仆射、一会）讨论沙门致敬王者的问题，并将与"八座"辩论的内容致书慧远，请求慧远出面答辩。慧远痛彻地感到"若一旦行此，佛教长沦，如来大法，于兹泯灭"，认为佛教到了生灭存亡的严重关头。慧远当即作《答桓太尉书》对"礼敬说"予以辩驳，送交桓玄后，仍未释其所疑，于是慧远又写了《沙门不敬王者论》[①]。现综合慧远的这两篇文章，来看慧远是怎样系统地阐述沙门不敬王者的理由。

在慧远看来，沙门不敬王者主要有两个方面的理由：一方面是君道只能行于世内，不能行于世外。慧远认为佛教的教化对象分为在家处俗的居士和出家修道的僧人两类，二者处世的态度也有所不同。在家处俗的居士，就必须适应世俗社会的要求，遵守君道礼法，敬拜王者，讲求忠孝之道，为顺化之民，并"与王制同命，有若符契"，这与君道的要求毫无二致。然而出家修道的僧人，为了求其志、达其道，竟舍弃亲情，背离习俗，脱离尘世，隐居寺院，就与世俗

---

① 《弘明集》卷五。

的教化生养无关，成为"方外之宾"，既不需要"存身以息患"作为生存的条件，也不要求"顺化以求宗"，出家僧人以修行为志业，其社会地位应高于一般的世俗大众，因此对沙门就不应以世俗之礼规范其敬王者。慧远根据这种"道与俗反"的道理，从佛教教义和礼仪精神来说，沙门不敬白衣的戒条没有必要遭到废除，并声称："袈裟非朝宗之服，钵盂非廊庙之器，沙门尘外之人，不应敬王者"，力争僧格的尊严与独立，进而坚持要求桓玄"存其礼"，即尊重佛教的仪轨，沙门可以不敬王者。另一方面是佛教与君道并行不悖，而且"潜相影响"，甚至于有助于君道。慧远认为尽管出家僧人可以不敬王者，却不意味着佛教与君道之间存在根本的对立。相反，出家僧人救度众生与王者教化百姓在本质上是一致的。如慧远所说："如令一夫全德，则道洽六亲，泽流天下，虽不处王侯之位，固已协契皇极，大庇生民矣。"[①] 意思是说，如果一个出家僧人信奉佛教成就德行，那么他的道行业绩就可遍及六亲，以至于全天下，这样，他虽然没有处于君王之位，但是实际作用却是协助了君王对人民的治理，是有利于辅助君道的。这也正如当代学者所指出的："佛教以方外之宾身份，不干预政治也不屈从于政治，对社会运作起一种宣泄和解毒机制，实为保持社会稳定之最佳方式。"[②] 所以表面上出家僧人背离了父母子女的天然关系，实际上并"不违其孝"；同样，形式上不对君王行跪拜礼，实际上也并"不失其敬"。佛法与君道只是理论形式和实践方法有所不同，二者根本上是相通的，"虽曰道殊，所归一也"[③]。慧远还进一步指出，君王的功业是所有世功的顶峰，但这种功业大有局限，而佛教的成就恰是一般的世功所难以企及的，佛教的神功高于世俗功业，因此，佛教"抗礼万乘"，不敬王者也就是理所当然的。慧远与桓玄经过书信往返的辩论，桓玄最后被迫发布了《许沙门不致礼诏》。慧远也因其直面君王之尊位，刚直不阿而获得佛教护法的崇高美誉。

---

① 《答桓玄书》，《弘明集》卷十二。
② 王雷泉：《慧远建设庐山教团的理论与实践》，《佛学研究》1995年，第1期。
③ 《沙门不敬王者论》。

释解与沙汰的冲突

一波未平，一波又起。桓玄要求沙门礼敬王者未达目的，于同年又下令沙汰沙门。他正式发布了《与僚属沙汰沙门教》。在这篇告示中，桓玄指责僧人主要存在的问题：一是大肆挥霍，奢华无度，背离了佛教无为与绝欲之道；二是不事生产，逃避徭役、租赋，劳动力减少，财政收入萎缩，损害了国家经济；三是四处托钵乞食，也给户籍管理带来了困难，形成所谓"邑聚游食之群，境积不羁之众"的现象等一系列政治和社会问题。在这个禁令下，当时桓玄权力所及的范围内，大批佛寺被拆毁，大量僧人被迫还俗，佛教因而在南方受到了一次较为沉重的打击。但是桓玄在这个禁令的末尾处，却有"唯庐山道德所居，不在搜简之列"[1]，表现了桓玄对庐山僧人的特别优待。慧远为此致书桓玄，一面承认佛门秽杂日久，问题严重，一面又强调要尊重僧人本人的愿望，要积极保护持有各种不同信佛方法的虔诚僧人。慧远提出对佛门已发生的问题，不应满门抄斩，桓玄从其说。关于今后佛教的管理，慧远认为关键是要建立条制，依法治理，为此，他拟定了若干节度僧尼的规定，如《法社节度序》《外寺僧节度序》《节度序》《比丘尼节度序》等。通过这一整顿，取得了桓玄的谅解，从而使佛教较快地度过了危机，为佛教以后的发展创造了较好的条件。

消解与礼制的冲突

随着外来佛教向社会生活的渗透，尤其是东晋以来僧人与社会上层人士的交往增多，僧人章服仪轨与传统礼制的差异作为一个文化问题提到了议事日程上来。晋宋之际，出现关于僧人袒服的质疑就是一个代表性标志。405年，刘裕与何无忌等诛杀桓玄后，何无忌亲临庐山慰问慧远。他根据传统文化和道德观念，向慧远提出沙门袒服不合礼制的疑问。服制这一问题，对于僧人来说具有重要的意义，僧人归皈佛门的终身信仰就是通过变服来体现的。唐代义净说过："凡是衣服之仪，斯乃出家纲要。"[2] 由此可见服制对僧人的重要意义。何

---

[1] （梁）僧祐撰：《弘明集》，《大正藏》本。
[2] （唐）义净撰：《南海寄归内法传》卷二，衣食所需条，《大正藏》本。

无忌的质疑是："沙门袒服,出自佛教,是礼与?"这一质疑代表了当时政界对沙门服制的诋毁之声,含有以礼仪之邦扬内抑外之情,甚至还带有"或欲革之"的倾向,很可能会直接危及僧人的信仰。为此,慧远深感忧虑,在这种情形下,毫无疑问他要与指责沙门袒服的世俗礼制展开争辩。为了回答何无忌的问难,慧远作《沙门袒服论》。在此论中,慧远从天竺(即印度)习俗与中国礼制的差异和佛教僧人便于修持的角度论证沙门右袒是合乎礼制的。在礼制上,慧远认为中国虽无袒服,而天竺早已有之,其对所尊神明表示尽敬,或神明表示虔诚,都得袒服,这就是早期佛教的礼制。佛陀立教,为了表明履行正道,故而也采用右袒服饰。在修持上,慧远以为人的行动能力大多在右边,也就是说右袒便于行动,而且人之形体的左右与道理的邪正是相互为用的,因此,右袒能使"形随事感,理悟其心"。从这两方面可以看到,沙门袒服是"如来劝诱之外因,敛粗之妙迹"[①]。何无忌读了慧远的《沙门袒服论》后,作《难袒服论》,提出《老》《礼》等诸典中,均明"右"为凶、丧之义,而沙门以右袒"寄至顺""表吉祥",有悖于中土之名教礼制。于是慧远又作《答何镇南难袒服论》予以解释。慧远说明沙门之所以右袒,是从形象上方便将沙门与俗人相区别,并有利于沙门脱离世俗名教礼制的限制而安心出家修道。从外相上来说,佛教与儒家名教是有差别的,但最终目的二者是一致的,所以佛教与儒家的礼制表面上虽然不同,但是"内外之道可合"。这一理论将儒家名教的政治理论、佛教的济世思想以及道家的出世学说作了相互协调,有利于当时朝野接纳佛教的袒服论,为来自异域的佛教更好地在中土大地上生根发芽及茁壮成长,奠定了良好的理论基础。

这些冲突反映了外来佛教与传统文化之间的不协调,佛教经常遭到传统文化的攻击。面对这一现实,慧远站在中外文化冲突的最前沿,如迎战高手般鲜明地表达了独立不羁的佛教立场。他坚持佛教信仰,巧妙地将儒佛关系融合起来,一次又一次维护了佛教的宗旨、教义和教规,保住了佛教的传统,维护了沙门的僧格,为后世佛教树立了杰出的榜样,因此,"我们有充足的理由认为慧远是早期中国佛教史上最伟大的护教者"[②]。

---

① 《弘明集》卷五。
② (荷兰)许理和著,李四龙等译:《佛教征服中国》,江苏人民出版社1998年版,第436页。

慧远大师戒律观刍议

慧远大师皈依当时的佛门高僧道安后,"常欲总摄纲维,以大法为己任。"①他怀着宣扬佛教的宏愿,钻研佛理,精思经义,讽诵不辍,夜以继日地专注于经典,从不懈怠。他高居庐山三十余年,潜遁丛林,迹不入俗,影不出山,道风严谨,"神韵严肃,容止方棱,凡预瞻睹,莫不心形战栗"②。在慧远的感召下,前来庐山求法的信众不断增多,当时出现了"从者百余,皆端整有风序"的局面,最终形成了一个以慧远为核心的庐山僧团,使庐山成为南方佛教的中心。由于庐山道风纯正,东晋桓玄下教令沙汰沙门,却在教令最后特别指出"唯庐山道德所居,不在搜简之例"③。为此,清人潘耒曾在《游庐山记》中赞道:"东林寺于山为最古,慧远于僧为最高。"④

一

慧远在庐山时期,常感于"禅法无闻,律藏残阙"⑤。这是由于这一时期僧团的扩大,僧团内部就必需一定的规章制度和戒律来规范僧人的行动,保护僧团的利益。道安在襄阳时,就深感戒律传来之不全,对于数百僧人的僧团的管理带来了许多麻烦。为此,道安根据当时佛教的现实情况自创僧尼规范,有这么三例:"一曰行香定座上经上座之法,二曰常日六时行道饮食唱时法,三

---

① 《高僧传·慧远传》。
② 转引自张国宏著:《宗教与庐山》,江西人民出版社1993年版,第23页。
③ (梁)僧祐撰:《弘明集》卷十二,《大正藏》本。
④ 王锡祺辑:《小方壶舆地丛钞》第四帙,上海著易堂排印本1987年版。
⑤ 吴宗慈:《庐山志》上册,江西人民出版社1996年版,第549页。

曰布萨差使悔过等法。"于是"天下寺舍,遂则而从之"①。慧远继承其师遗志,也极为重视戒律。在安居庐山东林寺后,常慨南地经律未备,特遣弟子法领、法净等西逾流沙,遍寻经律。每逢西域来到江南的高僧,辄恳恻咨访。②如对罽宾高僧僧伽提婆和佛驮跋陀罗等就是如此。其他如从龟兹鸠摩罗什的阿含学老师佛图舌弥处得到《比丘尼戒本》的僧人,后来亦从长安到庐山,就受到慧远的热情接待,并寻问《比丘尼戒本》的内容和翻译情况。慧远在庐山,还非常关心鸠摩罗什与弗若多罗对《十诵律》的翻译。后秦姚兴弘始六年(404年),弗若多罗不幸去世,《十诵律》的翻译不得不暂时停下来,这时精于律藏的昙摩流支来华,慧远便致书于他,劝请他帮助鸠摩罗什将此律补译完成,由是《十诵律》才得有完备的译本。

慧远如此重视戒律,是有其深刻的社会原因的。佛教在中国发展到东晋末年,已普及江南各地,帝王公卿、文人学士奉佛者日多,仅建业一地,寺院就有数十所。特别是在孝武帝时(372—396年在位),琅琊王司马道子窃弄权柄,"媟姆尼僧,发为亲近,""僧尼乳母,竞进亲党";③又受贿赂,辄临官领众言:"晋祚自此倾矣"。④安帝时(397—418年),佛教徒秽染的情况更为严重,他们"或垦殖田圃,与农夫齐流,或商旅博易,与众人竞利;或奉持医道,轻作寒暑;或机巧异端,以济生业,或占相孤虚,妄论吉凶;或诡道假权,要射时意;或聚畜委积,颐养有余;或指掌空谈,坐食百姓。斯皆德不称服,行多违法,虽暂有一善,亦何足以标高胜之美哉,是执法者之所深疾,有国者之所大患"⑤。针对这种情况,慧远一方面大声疾呼沙门不敬王者,号召佛教徒脱离政治,从干预政治和政治斗争中解脱出来,保证佛教的独立弘法,要求僧人依法寻道,另一方面,他广泛地搜求戒律,完善佛教的戒本和律藏,使僧人的行为规范具有可靠的理论依据。

---

① 汤用彤:《汉魏两晋南北朝佛教史》,上海书店1991年版。
② 《高僧传·慧远传》。
③ 房玄龄等撰:《晋书·简文之子传》,中华书局排印本1974年。
④ 房玄龄等撰:《晋书·孝武帝本纪》,中华书局排印本1974年。
⑤ (梁)僧祐撰:《弘明集》卷六,《大正藏》本。

二

戒律是规范和调节僧人行为的准则，当然也施行于僧人与外界的交往中。慧远虽然曾以"方外之宾"的身份自恃，时人称为"山中素王"，但这并不意味着他生活在真空中能逃避一切的人际交往。事实上，慧远与政治人物的交往面很广，既有帝王，如晋安帝、北方姚秦君主；又有王朝大臣，如辅国将军何无忌、太尉桓玄、刺史殷仲堪等。在这些交往中，慧远注重佛教戒律在世俗生活中善巧运用，以超然于世俗礼节的姿态，保持着佛教独特性的中立态度，泰然地应接教内外人士，尤其是当时统治阶层中具有一定政治色彩的人物。在政治性的交往中，慧远针对不同情境和对象，分别做出灵活应对，巧妙周旋，基本达到了游刃有余的境地。慧远与政治人物交往的立场和原则大致有三条：

一是不分官职大小。在政治人物中，具有严格的上下等级的划分，然而慧远对此却超脱世俗的限制，惟道是从，保持着崇高的僧格形象。有两个事例可以说明这一点。其一，晋义熙元年（405年），晋安帝自江陵返回建康，路过江州时，遣使劳问过慧远。辅国将军何无忌曾劝慧远出山到江边迎接，慧远却称疾不行，并在东林寺"上书谢病"。晋安帝接书后，不特不以此为忤，反而来信安慰慧远，谓"知所患未佳，甚情耿……法师既养素山林，又得患未痊，邈无复因，增其叹恨"，并再次"下诏慰答"。虽然庐山去江州近在咫尺，慧远也没有去江州迎接"圣驾"。其二，桓玄征讨殷仲堪，行军经过庐山，便派人邀请慧远出虎溪一见，慧远亦称疾不堪以行，绝不破例出虎溪去见桓玄。桓玄因当时在军事上占有绝对的优势，精神焕发，自视清高，慧远面对这样一位大人物也是采取不理睬的态度，桓玄也只得自己入山去拜见慧远。

二是不谈政治问题。政治问题是非常敏感的，慧远对此是采取避而不谈的态度。当时桓玄与殷仲堪正处于相互冲突之中，势若水火，随时有爆发战争的可能。在这期间，桓玄和殷仲堪先后都曾来到庐山拜访过慧远，要接纳这种互存敌意的政要人物，若是世俗中人，则将可能陷入派系仇忌之中而难于洗刷，慧远对他们却采取不谈政治问题的态度，使两人都满意而归。桓玄拜见慧远后，曾试探慧远对于征讨殷仲堪的看法，因为慧远清楚这是一个现实和敏感的政治问题，开始缄口不答，后桓玄发问："何以见愿？"慧远才回答："愿檀越安稳，使彼此亦无他。"这实在是很机智的回答，祝愿桓玄和殷仲堪敌对的双方都安安稳稳，初看颇似圆滑的态度，实质是遵守了不杀生的佛教教义，更重要的是表明了不谈政治问题的超脱立场。殷仲堪到来后，慧远与其谈论儒家《易》理，根本不涉及政治问题。太元十七年（392），殷仲堪于赴任途中，经浔阳上庐山拜谒慧远。殷仲堪与慧远交谈非比寻常，两人谈得既深又玄，因而流传着"泉边论《易》"的一段佳话。传说慧远与殷仲堪行至山脚，见东林寺北面泉边的千年古松，苍劲挺拔，泉水潺潺，二人便坐在巨石上，听泉谈《易》。《易》学在汉代就已成为专门之学，魏晋学者更将《易》作为三玄之一。殷仲堪与慧远谈到了《易》的本体问题，对他们所论的具体内容，在《世说新语·文学篇》中有所记载:殷荆州曾问远公，"《易》以何为体？"远公答曰："《易》以感为体。"殷荆州又问："铜山西崩，灵钟东应，便是《易》耶？"远公笑而不答。从这里所保存的对话内容看，他们关心的不是某一卦爻的枝节问题，而是构成《易》的意义系统之枢纽。慧远十分简要地以一个"感"字作回答，就点出了宇宙万象交互感应的原理。殷仲堪认为慧远学识渊博，见解深刻，学问风度浩如烟海，常人心胸难以度量，感慨万端地说道："师智深明，实难度几！"慧远对殷仲堪博学多才，能言善辩，语出珠玑，也十分钦佩，于是指泉赞道："将军之辩，如此泉涌，君侯聪明，若此泉矣！"此泉因此得名"聪明泉"。唐太宗为此泉曾手书"聪明泉"三字。晚唐著名诗人皮日休有诗云："一勺如琼液，将愚拟圣贤。欲知心不变，还似饮贪泉。"后人均刻碑留念。直到现在，许多到东林寺览胜的游客都要饮一勺"聪明泉"水，以寄托人们追求智慧的美好愿望。

三是不贪名利富贵。为了利用慧远在上层政治人物中的影响，晋元兴元年，独断专权的桓玄居然致书慧远，"苦相延致，乃贻书聘说"，劝其罢道。桓玄在书信中以中国传统文化为批评的依据，指责沙门割舍亲情，牺牲今世的人生享受，永远乖离世务，而去习求缅邈幽深的至道，这好比学步邯郸，一生困苦形神，却去追求冥冥黄泉下福，这是未体大化。最后要慧远迷而知返，罢道返俗，采纳他的至言。慧远得到桓玄劝其罢道返俗的信后，当即复信，针锋相对予以坚决回绝，表示绝不罢道的坚定意志。《高僧传》记载，桓玄劝远公登仕，"远答词坚正，确乎不拔，志逾金石，终莫能回"。在强权政治面前，慧远坚持他的人生选择，坚持对佛法的忠诚，实在是令人肃然起敬。慧远在回信中，针对桓玄指责今世沙门虽外毁仪容，而心过俗人的过错，他借卞和的故事，讽刺桓玄分不清带索枕石之人，究竟是真得道，还是假离俗。对桓玄批评沙门求来世之福为"管见"，"未体大化"，慧远则以为世俗的荣华富贵短促如雷电，批驳贪恋者为"浅见之徒"。慧远这种不贪名利富贵的态度，使得桓玄的计划只得落空了。

三

由于慧远"内通佛理，外善群书"，他在佛教界内部的来往中运用戒律也表现出极为严格的规范性。在慧远的感召和影响下，一个以文人士大夫为主体的居士群聚集在东林寺，参加慧远所倡导的结社念佛，发誓立愿共同往生西方阿弥陀佛极乐世界。因此，他们与慧远的来往是纯宗教性的。其来往的内容有两个方面：一是学习佛教知识；二是护持佛法道场。学习佛教知识是作为一个居士的日常功课，必不可少的。十八高贤中的几位居士竟弃官随慧远学习佛教知识，就是比较典型的现象。如彭城刘遗民、雁门周续之，以及新蔡毕颖元等人皆"弃世遗荣，依远游止"，张铨弃散骑常侍不做，入山"依远公研穷释典"，《豫章记》作者雷次宗、著名画家宗炳也"执卷承旨"，聆听慧远讲解《丧服经》等经典。护持佛法道场也是居士应尽的义务。据说，谢灵运就是一位大护法。据说，一向"负才傲俗"的谢灵运也对慧远"肃然心服"。他多次往见慧远，客居东林，谈禅写经，与慧远结为忘年之交，曾出资为东林寺穿凿流池之所，种植莲花，美化寺景。他在东林寺留下的胜迹除莲池外，最有名的是译经台，传说谢灵运因懂梵文，曾在此帮助译经。他还为东林寺所立石佛影作佛影铭即《万佛影铭》。慧远死后，谢灵运悲痛不已，远致祭礼，为慧远撰写《远公祖师塔铭》，极力赞扬慧远为佛教所做的巨大贡献。

戒律于佛门的重要，不仅在于协调僧人与社会、僧人与寺院的关系，更在于僧人自身的言行。慧远本人就是一位严持佛教戒律的高僧，他身体力行，率先垂范，为建设清净的僧团树立了模范形象。对待弟子，注意言传身教。他常以实际行动勉励和激发弟子。据《世说新语》载"弟子中或有惰者,远公曰:'桑榆之光,理无远照,但愿朝阳之辉,与时并明耳'。执经登座,讽诵朗畅,词色甚苦。高足之徒,皆肃然增敬"。在这种严谨道风的影响下,造就了一批独当一面、学识俱佳的高足弟子,"从者百余,皆端整有风序"。道昞,"骏通经典",为豫章太守王虔"入山谒,敬请为山中主";昙诜,自小从慧远出家,"勤修净业",五十年如一日,息影山林,弘法不倦。若此之徒,难以殚述。他们或长居庐山,收徒创寺,研经弘法,或学成出山,住持一方,张扬净业,为东晋南朝时期庐山佛教事业的发展做出了很大贡献。对待沙汰,认为诚属必要。由桓玄发动的对沙汰僧众的事件,是佛教在其历史长河中所经历的一次惊涛骇浪。虽然当时庐山不在搜简之列,慧远作为江南佛教的代表人物,曾致书桓玄,表示自己对"佛教陵迟,秽杂日久"的现象,愤慨盈怀,日夕叹惧,寝食难安。他认为桓玄沙汰僧人的作法"实应其本心",亦属必要。但是为了佛教今后的良性发展,在沙汰僧人后,他为佛教制定了一系列节度僧尼的规定,如《法社节度序》《外寺僧节度序》《节度序》《比丘尼节度序》等,时人称为"远规"。这些戒规,对于规范僧尼的行为和维护僧团的纪律,曾起过积极的作用。他自己也是以死捍卫戒律。东晋义熙十二年(416年),慧远示疾,耆德长老都劝他喝豉酒以治病,因有违戒律坚持不喝;后又请他喝米汤,因日已过午也不肯喝;最后大家献蜜水请他喝,慧远恐犯戒律遂命律师查寻律典可否开许,卷未半,慧远就溘然长辞了。慧远直到生命的最后一刻,仍谨守律规,贯彻了高尚其迹的理性追求。慧远一生精严持戒的高尚僧格,得到僧俗两界的一致崇敬。

慧远与政治人物的交往,无论是政治性的交往,还是宗教性的来往,都坚持自己的立场和原则,始终保持不偏不倚的态度,贯彻佛教的情不取舍的姿态。慧远与政治人物的种种交往中所体现的这种一贯态度,正如许理和所指出的:"确实可称为是中立的,不介入世俗事端的"[1]。

---

[1] (荷兰)许理和著,李四龙等译:《佛教征服中国》,江苏人民出版社1998年版,第216页。

马祖道一禅法的和谐理念

和谐是古往今来人类向往的美好境界，是人类文明趋向成熟的基本要求和最高准则，是一切事物真善美的集中体现，也是社会文明进步的重要标志，更是时代的主旋律和世界的最强音。和谐是一个非常庞大的系统工程，需要社会的政治、经济、文化等各方面的协调配合，而佛教作为中国文化的重要组成部分，对中国文化以及中国人的文化心理结构有着深厚的影响，其丰富的思想内容不仅可以净化人的心灵、提升人的精神境界，而且也是和谐思想的重要资源之一。中国佛教禅宗第八代祖师马祖道一倡导的禅法就是最有代表性的典型，故而他也被誉为"唐代最伟大的禅师"和"新佛教的开山祖师"。

马祖道一（709—788年），俗姓马，时人尊称为马祖，汉州什邡（今四川省什邡市）人，他幼年时就在资州（今四川省资中市北）的唐和尚座下出家，这个唐和尚即资州处寂，为剑南净众宗一系的禅僧。开元（713—741年）年中，马祖道一离开四川入湖南，参访在南岳修道的怀让禅师，后来马祖道一到过福建建阳的佛迹岭，又迁到江西临川县，再到江西南康的龚公山弘法，收授徒众。大历（766—779年）年中，移住钟陵（今江西省南昌）开元寺，自此以后一直在此弘法，直至去世。关于马祖道一在怀让禅师门下受法的情景，《祖堂集》卷三、《景德传灯录》卷五的〈怀让传〉记载了一个很有趣味的故事：说马祖道一在般若寺的传法院经常坐禅，怀让为了启示他懂得觉悟不一定要坐禅，关键是能否体悟自性的道理，便在他面前天天磨砖，当马祖道一问他为什么要磨砖时，怀让告诉他是为"磨砖成镜"，在马祖道一提出"磨砖岂得成镜"的疑问时，便对他说："磨砖尚不成镜，坐禅岂得成佛也？"马祖道一由此大悟，从此专心修持"心地法门"。马祖道一"心地法门"的禅法主要体现为："即心即佛""非心非佛""平常心是道"的思想，这些思想中包含有丰富的切合人心和实际的和谐思想。

"即心即佛"与"止小儿啼"

历来禅者和禅学研究者都把"即心即佛"这一禅法看作是马祖道一独有的思想命题。马祖道一所宣说的"即心即佛",是指人人都有与佛一样的本性,这也充分体现了马祖道一禅法重视人心,关爱人心的宗旨。马祖道一把这一宗旨形象生动地比喻为"止小儿啼"。因为他认为"小儿啼"就类似于一般禅者习惯于向外求道,以为佛在心外,而不知心地法门才是真正的入道之处。他以"即心即佛"之语开示禅者,使其回转于自心,停止向外求佛的喧闹,以求得内心的和谐与清净,并由此识心见性,安住于自心中的清净佛性,从而体悟"即心即佛"之意,止住小儿之啼。这种防止"向外驰求"的权宜方便,不仅仅是哄哄小孩子,让他不要哭而已的随意把戏,而是有佛教经典依据的。《祖堂集》卷十六中记载,南泉普愿禅师为此解释道:"江西和尚(马祖)说'即心即佛',且是一时间语是止向外驰求,空拳黄叶止啼之词"。"空拳"一语,《大宝积经》卷九十载有:"若以空拳诱小儿,亦言有物令欢喜,开手空拳无所见,小儿于此复号啼。"[①] "黄叶"一语,《大般涅槃经》卷二十有:"如彼婴儿啼哭之时,父母即以杨树黄叶而语之玄,莫啼莫啼,我与汝金,婴儿见已,生真金想,便止不啼,然此黄叶实非金也。"[②]

马祖道一之所以用"止小儿啼"来譬喻"即心即佛",其意在于要求修行人有个正确的见地,即在知见上将"自心是佛""心外无佛"确定下来,打消心佛二分的观念,《景德传灯录》卷六《马祖传》载有一段上堂开示语:"一日,马祖上堂云:汝等诸人,各信自心是佛,此心即是佛心。"[③] 这段法语就充分说明了这一点。马祖道一的禅法强调以心为宗要,就必须截断外求之路,令识自家宝藏,"即心即佛"因此成了马祖道一禅法的基础和出发点。它指出了众生心中本来包含与佛心无异的价值,强调众生心中本来就具有佛性,完备俱足,

---

① 《大正藏》卷十一。
② 《大正藏》卷十二。
③ 《大正藏》卷五十一。

毫无欠缺。众生心中的不和谐和不清净，是因贪欲而生起种种烦恼污染，遮住了自心本有的佛性，犹如乌云挡住明月，一旦烦恼去尽，佛性自然顿现，为同乌云遇风吹散，皓月顿时大放光明。其决定因素在于各人自心上下功夫，因为迷悟在众生自心，如果迷则不能成佛。要成就佛性，应该在自心中体悟。因此"即心即佛"一方面承认众生本心与佛心的价值是平等的，另一方面又将众生能否实现佛心佛性的原因归结为每个人自己。可以说，这种禅法既注重发挥众生的主体能动性，又强调众生自身的内在自觉性。

对于"即心即佛"的"心"，马祖道一提出了独特的色心观。他认为凡所见色，皆是见心，心不自心，因色故有。汝但随时言说，即事即理，都无所碍，菩提道果，亦复如是。于心所生，即名为色，知色空故生即不生。由此可见，世界万法，皆由心起，若离此心，更无万法。心的作用，可以显现为无量无边的法相，由此，世俗三界，由心所变现，法界、真如、理、事等，由心之回转。所以，世界万法，是"一法（心）之印"。"故三界唯心，森罗万象，一法之印。凡所见色，皆是见心，心不自心，因色故有。"[①]这样就把真理的世界与现实的存在之间的鸿沟弥合起来了，从而顺理成章得出："万法皆从心生，心为万法之根本。……种种成立皆由一心也。建立亦得，扫荡亦得，尽是妙用，妙用尽是自家。非离真而有立处，立处即真。"[②]邱环先生在其博士论文《马祖道一禅法思想研究》中将这一段话概括为三层含义：一是认为心是万法之本。二是心是入道之门，是众生修行成佛的根本。既然万法皆从心起，轮回解脱皆由心生，不在心外，那么禅者求道也应从自心入手，悟达本心，不假外求。三是强调心的活动即是佛性的作用。一切事物的现象，都是自心（真如）的妙用，并是离开自心之外而另有现象，众生的行住坐卧、担柴运水的日用也是出自真如，为自心不可思议的妙用。由此就显示了马祖道一禅法的修行理路：若要达到内心的和谐与清净，首先要求学者观照色法的虚妄性，以消除他们对外物（色法）的驰求，见色法虚妄不实后，便要立即返观心法的虚妄不实，进一步消除对内心

---

① 《大正藏》卷五十一。
② 《大正藏》卷五十一。

执持的概念（心法）。外驰内执一起破斥干净后，便能达到"生即不生"的境界，即可顿见其清净自性。到达此一境界以后，"乃可随时著衣吃饭，长养圣胎，任运过时，更有何事！"①

马祖道一的"即心即佛"的见地，运用于修行实践中，成为接引学人的主要宗旨和教导方法。马祖道一的许多弟子，都是在这一见地的接引下顿悟心中的和谐与清净，这种和谐与清净决定于自己的内心，而不是外在之心。如《景德传灯录》卷六载大珠慧海禅师初参马祖道一时："马祖问：'来此拟须何事？'慧海答：'来求佛法'。祖曰：'自家宝藏不顾。抛家散走作什么。我这里一物也无。求什么佛。'师遂礼拜。问曰：'阿那个是慧海自家宝藏。'祖曰：'即今问我者是汝宝藏。一切具足。更无欠少。使用自在。何假向外求觅。'师于言下自识本心不由知觉，踊跃礼谢。"②慧海来求佛法，以为佛法在马祖道一处，马祖道一以"即心即佛"的见地来开示慧海，指出佛法（自家宝藏）在慧海自身心中，马祖道一那里没有慧海需要的佛法，要求慧海回转自本心中，并进一步指出问话的语言动作就是慧海的自家宝藏；慧海每自心中本来一切俱足了，若还往外觅东觅西，这就无异于颠倒人了。有关百丈怀海禅师的著名的"野鸭"公案，马祖道一也是以这样的语句来接引。师（百丈）经三年，一日随侍马祖路行次，闻野鸭声，马祖云："什么声？"师云："野鸭声？"良久，马祖云："适来声向什么处去？"师云："飞过去。"马祖回头将师鼻便搊，师作痛声。马祖云："又道飞过去！"师于言下有省。③百丈闻野鸭声，而逐境外随，不知声由心起的道理，马祖道一以扭百丈鼻头的动作，并喝道：又道飞过去也！暗示百丈回归自心。在此惊喝与被扭鼻产生的痛楚中，百丈对"即心即佛"的道理恍然有省。这都说明马祖道一禅法很注意在日常的待人接物中，发明禅理，启迪后学，避免长篇说教，空泛论议，实用性很强。特别值得一提的是，为了解除罪恶感的精神负担，马祖道一禅法指出："达罪性空，念念不可得。"他曾于

---

① 《大正藏》卷五十一。
② 《大正藏》卷五十一。
③ 苏渊雷点校：《五灯会元》卷三，中华书局1984年版，第131页。

地上作一画，表示"不得道长，不得道短"，用以回答那些乐于说长道短的人，这表明，马祖道一禅的功用，在于超越善恶是非。马祖道一的"即心即佛"思想，在禅的思想理论和修行方法上强调了众生自身的内在自觉性，并以日常生活的一切身心活动作为悟道的机缘，从而为禅宗的进一步发展奠定了思想基础。

"即心即佛"表现出自贵其心，从而树立起人人都具有的至尊"佛性"的坚定信仰。在人格的成长与完善、身心的和谐与健康、智慧的开发与提升等方面形成了独特的经验和优势。这一特征，可以为个人提供安身立命之处，以求得内心的心理平衡，并进而提升人的精神境界，为维护社会安定和精神生态平衡提供一种解毒的良方。

"非心非佛"与"祛除我执"

"非心非佛"是马祖道一"孤明先发"。《五灯会元》卷三"马祖道一"章载曰：僧问和尚（指马祖道一）："为什么说即心即佛？"师曰："为止小儿啼。"曰"啼止时如何？"师曰："非心非佛。"① 马祖道一以"小儿啼"比喻向外求佛之人，不知道自己生来具有与佛一样的本性，到处求法求道，对于这样的人，马祖道一说"即心即佛"，引导他们产生自信，佛就在你心中，你自己即是佛，只要自修自悟，不必向外去求佛；而一旦你以"即心即佛"而开悟（即"啼止"），马祖道一又"老婆心切"地恐怕你执着于"即心即佛"，遂以"非心非佛"破之。马祖道一提出"非心非佛"是为了防止人们执着于"即心即佛"，人们只有不执着于"即心即佛"，"即心即佛"才是真正的"即心即佛"。马祖道一"即心即佛"的真实含义，从其公案中我们可以探究到。马祖道一的弟子自在禅师，一日替马祖道一送信给南阳慧忠，慧忠问马祖道一对门徒教示什么，他回答："即心即佛。"对此，慧忠不表示认可，又问还教什么，他说："非心非佛，或云不是心，不是佛，不是物。"慧忠说："犹较些子。"意为还差不多。马祖道一另一个弟子法常（752—839年），离开马祖道一后到明州大梅山修行传法，有僧问他马祖道一如何教示，他答："即心即佛"，此僧告诉他马祖道一近日又

---

① 《续藏经》卷一三八。

讲"非心非佛"。他对此不以为然，说："这老汉惑乱人，未有了日。任汝非心非佛，我只管即心即佛。"此僧将此事告诉马祖道一，马祖道一说了一句双关语："梅子熟也。"意为对法常已经成熟和不随波逐流的表现示以赞许。① 不过，当人们一旦停止向外驰求佛性而反观内心时，马祖道一说这时就应该"非心非佛"。

"非心非佛"是啼止后之语，马祖道一之所以要强调这一点，是因为众生根本习气难除，总是习惯于执着。即使体悟"即心即佛"后，还会出现执心为佛的现象，如果执着心是佛，执着有境可得，便是情计，业力由之聚集而生，哪里能从轮回中解脱？由此，马祖道一只好以"非心非佛"之语来扫荡对心的执着。因此，可以说，"非心非佛"是对"即心即佛"执着的遣除。对此，马祖道一也作过解释，他曾对门人道："即心即佛是无病求病句，非心非佛是药病对治句。""无病求病句"是说人们自心本来具足佛之性德，圆满无缺，然众生不了知，向外求心觅佛，如同无病找病，骑驴觅驴。所以针对这种无病求病之人，必须开示"即心即佛"之药，让他回归自心。然对于习惯执着的众生来说，虽然不再向外驰求了，但又开始对"即心即佛"产生执着，所以称为药病，执药成病，又需要以"非心非佛"作为"药病对治句"，达到遣除此执着。另外，有一段公案也可以说明这个问题。如《景德传灯录》卷八《襄州居士庞蕴》记载了他用暗示的方法接引庞居士的公案："后之江西，参问马祖云：'不与万法为侣者是什么人？'祖云：'待汝一口吸尽西江水，即向汝道。'居士言下顿领玄要，乃留驻参承，经涉二载。"庞蕴在马祖道一门下，是居士中的佼佼者。马祖道一以"一口吸尽西江水"这种不合逻辑的语言形式，破除庞蕴的情见执着，喻示"佛"是不可言说的，促其猛醒。这一明快直截的话头，后来成为脍炙人口的名言，被许多文人写到诗歌中。如苏轼《马祖庞公真赞》云："南岳坐下一马，四蹄踏杀天下。马后复一老庞，一口吸尽西江。天下是老师脚，西江即渠侬口。不知谁踏谁杀，何缘自吸自受。"② 黄庭坚《见翰林苏公马祖庞翁赞戏书》

---

① 《大正藏》卷五十一。
② 苏东坡：《东坡全集》卷九十五，燕山出版社2009年版。

云:"一口吸尽西江水,磨却马师三尺嘴。"① 等等。

　　由对"非心非佛"的体认,就可以打破人们心中人与外境的界限,拆除自他隔绝的藩篱,淡化甚或泯绝我执,对任何人乃至任何生命现象油然而生亲切感,慈悲利他之心自然增长,利乐助人之善自然增长。这种对世界与人类身心"无我"的如实知见是佛教独到的智慧,此智慧之药可以疗治各种心理和社会疾病的病根——人类中心主义和个人中心主义等。祛除了我执,则人自身的内心,人与人之间的关系以及人与自然的关系自然和谐,生态的良性平衡自然形成,由此社会的和谐发展也自然可期。马祖道一的"即心即佛"早已确定了人的本心本性,天然具足,圆满无缺,从此可以推断崇高的境界决定于内心的宁静与和谐。我们所说的心理上的和谐,具体来说,是指无论什么样的事情发生在自己身上,心中都能够保持安详,没有很大的心理波动;在一件事情最终没有成功时,心中并没有太大的执着,能够保持开朗的心情,心中没有痛苦;见到别人的富裕、幸福、名望、学识等而产生由衷的高兴;尊重别人,没有非常强烈的爱憎分明;就算自己的学识渊博,也都能保持平和安详的心境;等等,总之心中要长存助人之心。但由于"无明",从而产生了各种欲望,欲望的迷执产生内心的失衡,人生也就失去了原本的幸福与宁静。佛教超凡入圣、去染成净的修行过程,这也是马祖道一所说的"非心非佛"的破除执着,其过程就是使内心重新回到安宁与和谐。只有众生内心的平和与安定,才有外在社会的和谐与安宁。内心有种种不和的心因,外在就有种种不和的事缘,内外之间相互影响,推波助澜,才会形成种种冲突、暴力乃至战争。正如法鼓山圣严法师所说:"心安则平安"。因此,保护好我们人类的心灵空间,则能带给我们自身乃至整个世界以和平安宁。当今时代,科技的加速发展带来了社会面貌的极大变化,人们的物质生活日益丰富,享受着令人炫目的繁荣,但不加约束地向外索求导致了人与自然关系的紧张,人类的生存环境前所未有地严重恶化。同时,社会生态亦严重失衡,战争和恐怖行为频仍,盗窃和贪污盛行,人与人之间缺乏应有的诚信等。依佛教理论看,究其病根,关键是人的"我执"心理作祟。"我

---

① 黄庭坚:《山谷集》卷十四,吉林出版集团有限公司 2005 年版。

执"是人内心深处对自我身心的执着,妄计物质现象有实在体性并执为"我之所有","我执"因而成为一切祸害的根源。在社会交往中,个人中心主义的"我执"使人习惯于以私我为中心,将自己与他人、社会割裂为二,一切思想言行皆围绕自我的轴心旋转,执着我所有的东西,从而造成人与人之间关系失调,致使人心低劣、道德衰微,乃至引发斗讼残杀、劫掠偷盗。在与自然的交往中,人类中心主义的"我执"使人自视为万物之灵,将人与自然界割裂为二,视其他一切生物为征服的对象,从而造成人与自然的对立,导致严重的生态失衡,危及人类自身的生存和发展。如果袪除了我执,就会认识到"自我"亦是待缘而起,"自我"实际上是"假我",自我与他人、自我与社会相待而生,避免产生以自我为中心的自私自利主义,抑制自己的欲望,以慈悲心对待他人,以奉献心对待社会,自觉维护他人的合法利益和社会的公共利益,合理的保护自然界,维护生态平衡,从而让我们远离灾难,远离饥荒,构建人人幸福的和谐社会。

"平常心是道"与"人间佛教"

"人间佛教"是当今佛教的一个伟大的理想,也是当今佛教一切活动的行动指南。"人间佛教"已成为近、现代世界佛教发展的一股强大的思想潮流。"人间佛教"不仅为中国,而且为印度、东南亚、日本乃至全世界的佛教界所提倡和弘扬,已经成为佛教发展的一个具有世界性的大趋势。那么,我们很自然会问道:谁最早提出了人间佛教呢?其主要思想理念是什么呢?素全法师认为"人间佛教"的源头就是赣州形成的马祖道一的禅法思想。她说:"他(指马祖道一)是最早提出人间佛教思想的,就是平常心是道。至今我们人间佛教思想的核心内容就是平常心是道,就是在我们的平常生活中,在我们生命与平常历程去参悟真理,去感悟生命。"[①] 后来智灯相续以至于今,民国时期太虚大师提倡"人间佛教""人生佛教",延续到今天的台湾法鼓山的"心灵环保"等理念都是与之一脉相承的。素全法师还特别指出:"我们朴老倡导的人间佛教思想和马祖禅宗思想实际上是异曲同工的,只是各自的角度不一样,人间佛教的提出就是

---

① 胡加龙主编:《禅影千年·马祖与赣州》,三秦出版社2011年版,第31—32页。

受到马祖道一的影响。"① 对于素全法师的观点，笔者不是完全赞同。其实佛教自创立之初，已具备了人间性的特点，其宗旨是为解脱现实中人的问题。随着时代的发展，佛教的思想理论内容和具体实践方式也发生不断的变化，每个时期佛教的人间性的特征都不是完全相同的。因此，马祖道一当时提出的"平常心是道"与其他任何时代佛教的人间性特征是不相同，那毫无疑问与当代人间佛教的特征是有区别的。

素全法师指出："一般来看，马祖禅法最明显的特色在于'平常心是道'，它与'即心即佛'、'非心非佛'的禅趣浑然一体，显现出理性与灵性的完美结合，生活与修炼的完全统一，现实主义与理想主义的合一，平淡朴拙与浑厚美丽共熔一炉。"② 简言之，马祖道一提出的"平常心是道"，就是主张修行不脱离日常生活，在行住坐卧的日用（佛性之妙用）中体悟而见性，从而使佛教更加的人性化、生活化。这种将佛教纳入日用常行之中，是为了打破世间与出世间的隔阂，把现实人心的一切运作视为佛性的全体显现，从而使长期以来修行远离世间、诵经拜佛、独自坐禅的方式转回到现实，从自身的日常活动中去实践禅，进一步缩短了人与佛、世间与出世间之间的距离。当时马祖道一所讲的"平常心是道"，"就是赵州禅师在一言之下开悟时那种心态。……日常生活中，我们的心都是随外境生起种种情绪的波动、思想的判断，随外境所转，被外境所统治、所主宰。这就叫'认贼作父'，又叫'宾看主'。本来我们的心是主人，是一轮明月，能照亮万物，现在却成了客人，被种种的外境牵着鼻子走了。我们日常生活中的心态经常就是这样。我们的心就像大海里的水，一有劲风，就起伏不停，不能恒常地保持无风时的平静。平常心是在任何境遇下都如是，一直如是。好如是，坏也如是（当然从平常心本身来说，它不会起好坏的分别和执着）；成功如是，失败如是；祸如是，福也如是；生如是，死亦如是。这就是平常心"③，对于这种平常心，古代的著名禅师多有发挥，有一段公案就形象生动地说明了

---

① 胡加龙主编：《禅影千年·马祖与赣州》，三秦出版社2011年版，第73页。
② 胡加龙主编：《禅影千年·马祖与赣州》，三秦出版社2011年版，第98页。
③ 明海：《入佛"三知"》，《正觉》，2004年，第2期，第37页。

这一问题。有一次，大珠慧海禅师在回答源律师"如何用功"时，也说道："饥来吃饭，困来即眠。"曰："一切人总如是，同师用功否？"师曰："不同。"曰："何故不同？"师曰："他吃饭时不肯吃饭，百种须索；睡时不肯睡，千般计较。所以不同也。"①"饥来吃饭""困来即眠"是一般人们的日常生活，但凡夫因俗世生活的牵绊、功名利禄的追逐、人际关系的交涉，所以总有百种思虑，千般计较，常常被贪、嗔、痴等烦恼折磨得寝食不安，不得解脱。而已获智慧的禅者，却能够空去对外在的攀缘与追逐，解脱内在妄念与烦恼的系缚，安著于自然平易的生活，在平常心之中悟达生命的真实，由此获得自由无碍的解脱。在此基础上，素全法师提出了更具积极意义的诠释。她认为："马祖道一大寂禅师所提出的'平常心'，并不是每个人与生俱来的，它是经历磨难挫折后的一种心灵回归，一种精神的升华，是不受任何纷杂事物干扰的宁静空间。平常心的获得，必须经过时间的历练，通过我们在生活中不断的修行提高，从而达到顺其自然，一切随缘。豁达而不失节制，淡泊而不失奉献。用一颗平常心看待这个世界，从容地面对周围的人和事。所以守住了平常心，你就守住了自己心灵的家园，同时守住了快乐幸福，守住了心灵的朗朗晴天。"②她还进一步指出："(马祖道一)提出的平常心是道，就是希望我们不要去向身外攀求，攀求的越多痛苦就越深。我们努力地去工作，学习付出，自然就会有收获。"③她结合自己的修行实践，认为马祖道一所倡导的"平常心是道"，是我们迷茫时通往家的正确途径，它包含了人生之道、修行之道、解脱之道。她说："马祖道一的平常心是道，也就是教我们怎样做一个人，怎样在这个纷繁复杂的世界中找准自己的位置、实现自己的理想、充实自己的人生。"④"马祖道一的思想，平常心是道，这五个字就包涵禅宗的深刻精髓。能将这五个字运用到我们的生活当中，我们就是一个很好的佛教徒，是一个优秀的佛门弟子，这也是我们做好一个人的基本。以前我是学密宗的，在接触禅宗以后让我最有感触的还是马祖道一。正是

---

① （宋）道原撰：《景德传灯录》卷六，《越州大珠慧海禅师传》。
② 胡加龙主编：《禅影千年·马祖与赣州》，三秦出版社2011年版，第80页。
③ 胡加龙主编：《禅影千年·马祖与赣州》，三秦出版社2011年版，第47页。
④ 胡加龙主编：《禅影千年·马祖与赣州》，三秦出版社2011年版，第60—61页。

这样一句很朴实的话,让我们回归到天真自然浪漫和谐的世界里面。"①最后她将马祖道一的平常心是道的特点归纳为:"马祖的平常心,既带有明显的平民化、生活化等特点,也带有明显的简易化、淳朴化的风格,既体现了平实人世的精神品质,也体现了圣洁超越的思想境界,既有深刻的理论内涵,也有现实的应用价值,还有沁人心脾的诗意化的美学价值。"②

马祖道一禅法的和谐理念是非常明显的,这种和谐理念在当代社会依然具有其积极意义。因为人的精神和谐、心灵和谐是整个社会和谐的必不可少的因素,是和谐社会的基础。季羡林先生在他95周岁生日时对看望他的温家宝说:"有个问题我考虑很久,我们讲和谐,不仅要人与人和谐,人与自然和谐,还要人内心和谐。一个人内心的和谐正是一切和谐的基础,是根本中的根本。"这充分说明内心和谐具有极为重要的力量。为了维护世界和平,联合国教科文组织宪章在导言中这样说:"因为战争始于人心,所以平和的防线也必须于人心中构建。"③因此,我们完全可以把佛教的和谐思想智慧,运用到社会主义和谐社会建设的各个方面。当然,我们在吸取某些有价值的思想时,要对其进行科学分析,"弃去蹄毛,留其精华",最大限度地增加和谐因素,从而产生有效而又积极影响。像中国佛教协会和中华宗教文化交流协会联合主办首届世界佛教论坛,其主题确定为"和谐世界 从心开始",这对我们探讨佛教对当今和谐社会的道德价值取向及其功能,就有着极其重要的启示作用。

---

① 胡加龙主编:《禅影千年·马祖与赣州》,三秦出版社2011年版,第73页。
② 胡加龙主编:《禅影千年·马祖与赣州》,三秦出版社2011年版,第99页。
③ 《联合国防大学1946—1947年度报告》。

虚云老和尚道风建设思想

中国近现代的著名高僧虚云老和尚(1840—1959),俗姓萧,名古岩,字德清,湖南湘乡人。他十九岁至福州鼓山涌泉寺,礼常开老人披剃。二十岁,依鼓山妙莲和尚,圆受具戒。为了振兴禅宗,他一身肩挑禅宗五脉,承临济第四十三代法嗣,曹洞宗第四十七代法嗣,沩仰宗第八代法嗣,法眼宗第八代法嗣,云门宗第十二代法嗣,致使禅宗法系一脉相承,一枝五叶重发茂盛之新芽。虚云和尚作为禅门的一代宗师,他生前整顿教风,除弊革新,不惟余力,对中国近现代佛教的发展产生了重大影响。

坚决改变寺院不如法的教风

在缺少全国性组织统一协调的情况下,容易导致丛林中本山子孙对外来僧人的排斥和世袭制的延续,加上寺院机构庞杂无用,加重了僧团管理的不力,从而无法有效控制腐败的蔓延。当时的云南鸡足山道场和福州鼓山涌泉寺就是比较典型的例子。为了寺院能够弘法利生,虚云老和尚在那种兵荒马乱、风云瞬变的年代,以地藏菩萨的入地狱救度众生的精神大张旗鼓地整顿教风。经过他不遗余力的努力,重振了一个又一个古道场的禅风。

1903年,虚云老和尚初来云南朝鸡足山,礼大迦叶尊者,见到全山不仅寺院所剩无几,毁坏殆尽,更可悲的是,那时的鸡足山就是一个典型的子孙丛林,寺不像寺,全山寺庙都被当地的子孙把持着,寺中僧人与俗人无异,他们不闻戒律,不懂寺规,全无僧人仪表,不着僧装,不吃素食,不上早晚殿,还将十方丛林占为己有,各据产业,非本山子孙,还不允许在山中留宿、挂单。当时那里的有些不法僧徒,虽然身穿僧衣,但娶妻生子,饮酒吃肉,抽烟喝酒,"更甚者则出入于青楼酒肆之中，或是招摇行骗在乡村集镇里"[1]，"令人难于目睹"[2]而造成极坏影响。虚云老和尚看到迦叶道场竟被破坏到如此境地，痛心之极，他决定重振鸡足山道场。他在鸡足山大力提倡教育青年僧侣，革除陋习，恢复寺庙的"十方丛林"传统，开单接众。在他的不懈努力下，鸡足山全山寺院的风气也渐渐有了改观。山中僧众戒荤茹素，恪守戒律，重振了鸡足山道风，再现当年迦叶尊者道场风貌。

1929年，虚云老和尚在福州涌泉寺任住持时，当时寺院沦为子孙庙，规矩扫地，道风颓败。因寺院地处福州风景秀丽之处，香火较盛，一般闻利而趋之徒蜂拥，出钱买寺中首座、知客之类僧职，然后把持诸堂，坐收俸钱。当时寺僧六七百人，首座多达百余人，知客八九十人，当家师十多人，都是用钱向常住买的，他们是生活在寺院的贵族，他们有私人寮房，不受常住限制，不做早晚课，不到斋堂吃饭，不进禅堂坐香，堂内仅有一两个僧人看管门户，此外别无事故，禅堂有名无实。虚云老和尚见教风衰落，决心革除这种陋习。他首先将那些用钱买来的首座、当家师、知客等职务一概取消，改革寺中旧习，将违法僧众均行革除，当家、知客，重新选择，其他僧职，无不量才录用，取消空名闲职。落选者为清众，各归寮口，除老弱病残者外，每日参加农禅修持，这些举措体现了虚云老和尚一身正气，重震教风的决心。其次，整肃风纪，上殿过堂，出坡参禅，悉遵规制。如有违反，按祖师规约处置。整顿禅堂规矩，恢复旧有"十二枝香"的坐禅制度，逢冬加香打七，于是远近闻风来归者日多，常住僧众达到三百余人，早晚上殿，不分炎夏严冬，从不间断。此外，改变非法寄戒现象。鼓山以前传戒只八天，只有比丘优婆塞进堂，没有女众。各处远近寄一圆与传戒师，给牒。在家人搭七衣，称比丘、比丘尼，名为"寄戒"。虚云老和尚到鼓山把传戒改为五十三天，寄戒不剃发搭衣等非法风气都改了。经数年整顿，终使鼓山道风重见天日。

虚云老和尚整肃教风，绝非一帆风顺。为了改变云南朝鸡足山教风，虚云

---

[1] 何明栋：《虚云和尚传》，宗教文化出版社2002年版，第47页。
[2] 何明栋：《虚云和尚传》，宗教文化出版社2002年版，第40页。

老和尚做了许多耐心细致的工作。对此，他回忆道："慢慢地劝，他们也就渐渐和我来往，渐知要结缘，要开单接众，要穿大领衣服，要搭袈裟，要上殿念经，不要吃烟酒荤腥，学正见，行为逐渐改变；我藉传戒，把云南佛法衰败现象扭转过来。"①至此山中诸寺，渐渐改革，着僧衣、吃素菜，且早晚上殿，允许十方衲子挂单留宿，鸡足山道风因而为之一振。虚云和尚在整理鼓山事务的过程中，遇到了罕见的阻力。虚云老和尚晋院之初，数批外来僧人寻衅扬言，要将虚云老和尚赶出涌泉寺，让他们做住持。稍后整顿寺中职事时，又有劣僧胡搅蛮缠，恶意中伤，甚至构设陷阱陷害。期间虚云老和尚一度离开鼓山去云南，有人去信威胁，说再回鼓山将置其于死地。虚云老和尚回鼓山后，有人竟唆使疯僧拿刀去方丈室当面威胁，尤其是先前那些通过出钱买得知客之职的僧人们，反对尤为激烈，其中竟有人暗中在厨房内纵火，以示对抗。但是虚云老和尚铁肩担正义，毫不退缩，将个人安危置之度外，忘身护法，始终恪守佛门宗旨，晓之以理，规之以戒，高风懿行，慈悲感化，终于使鼓山的道风为之一新。虚云老和尚以实际行动整肃鸡足山和鼓山的教风，堪为佛教界楷模。

坚守戒律

戒律，就个人而言，是修行解脱的根本；就道场而言，是维系道场清净的前提。虚云老和尚借用佛教经典对戒的含义作过较形象的解释，他在《新戒堂看单便语略》中对新戒们开示说："夫戒者，梵语，波罗提木叉，此云戒，为一切之师。何也？过去诸佛因之成道，现在菩萨以之度生，未来行人由之解脱。故经云：'戒如平地，万善从生；戒如良医，能疗众疾；戒如明珠，能破昏暗；戒如宝筏，能渡苦海；戒如璎珞，庄严法身。……'种种譬喻赞叹，莫能尽说。"②虚云和尚在《重兴曹溪南华寺记》自述云："戒如明日月，能消长夜暗。"③并且一再强调戒律的重要性。他说："戒为德本，能生慧行，成就万行。""修学者，

---

① 岑学吕：《虚云法师年谱》，第222—223页。
② 净慧主编：《虚云和尚全集》第六分册《规约》，河北禅学研究所印行，2008年，第53—54页。
③ 净慧主编：《虚云和尚全集》第四分册《文记》，河北禅学研究所印行，2008年，第180页。

必须依佛戒，戒为无上菩萨根本。"①他认为修学者必须精严持戒。他在"办道的先决条件"一文中指出："用功办道，首要持戒，戒是无上菩提之本。因戒才可以生定，因定才可以发慧。若不持戒而修行，无有是处。"②而且强调持戒为佛法之本，守戒为修行之基。甚至把严持戒律列为修行的首要。他在《教习学生规约》中就开示云："戒为持身之本。成佛之基。单精于持戒，不修余门，可以成佛。若修余门，不持戒律，则事倍而功半。所以五戒不持，人天路绝。为释子者，守戒为先，切要切要。"③同时他也指出不能持戒的负面作用。因为不持戒不仅个人不能解脱，而且导致佛法衰败。修学者"不能如戒持行，则盗佛形仪，妄称释子"④。"佛法之败，败于传戒不如法，若僧尼严守戒律，则佛教不致如今日之衰败。"⑤

虚云老和尚认为，无论禅、净、密、教，无论哪一宗，均要以持戒为其根本。如不持戒，不论修学何宗，终落邪魔外道而无疑。他说："学佛不论修何法门，总以持戒为本，如不持戒，纵有多智，皆为魔事。"⑥又如他在香港东莲觉苑讲演中说："修学者，必须依佛戒，戒为无上菩提本，如依佛戒，则不论参禅、念佛、讲经，无一不是佛法；若离佛戒，纵参禅、念佛、讲经，亦与佛法相违，入于外道。"⑦在这里，虚云老和尚明确地指出奉守戒律是修学佛法的根本条件，不论修习何种法门，必须遵守戒律。所以，无论是参禅、念佛、讲经者皆须持戒，若不能坚持戒行，纵有再高的智慧，皆为外道魔事。他还特别针对当时佛教界的情况，指出"现在的佛法，比较盛行的，是净土与禅宗。但一般僧众，都忽略了戒律，这是不合理的"⑧。这应是契理契机之言。

虚云老和尚一生注重戒律，严净毗尼，修头陀行而著称。他在求戒、传戒、

---

① 岑学吕编：《虚云和尚年谱法汇》，台湾大乘精舍印经会1986年版，第609页。
② 丹明汇编：《虚云大师说禅》，甘肃文化出版社2005年版，第46页。
③ 虚云著、余晋等点校：《虚云老和尚法汇》，黄山书社2006年版，第300—301页。
④ 岑学吕编：《虚云和尚年谱法汇》，台湾大乘精舍印经会1986年版，第394页。
⑤ 岑学吕编：《虚云和尚年谱法汇》，台湾大乘精舍印经会1986年版，第330页。
⑥ 净慧主编：《虚云和尚全集》第二分册《开示》，河北禅学研究所印行，2008年，第18页。
⑦ 净慧主编：《虚云和尚全集》第二分册《开示》，河北禅学研究所印行，2008年，第27页。
⑧ 《虚云和尚年谱、法汇增订本》，基隆十方大觉寺印行，1987年，第448页。

受戒、诵戒、持戒、守戒等方面都提出了自己的看法和主张，并且身体力行。

在求戒上，他在《新戒堂看单便语略》中对新戒们开示说："如今你们众位，既发心求戒，必须要熟读戒相，专精律仪，方能严护威仪，坚守净戒。"[1] 在这里，他对于发心求戒的修学者，要求必须要熟读戒相。同时要求"你们众位，既然发心求戒，必须要发广大心、菩提心、精进心、不退心，具此四种心，方得戒法成就"[2]。

在传戒上，虚云老和尚认为"佛法之败，败于传戒不如法。若传戒如法，僧尼又能严守戒律，则佛教不致如今日之衰败"[3]。因此他一生致力于戒法的弘传，从修复祝圣寺开始，一直到他圆寂，每年春天都依例开坛传戒，几乎没有间断过（除在云居山期间因受政治气候的影响不能年年坚持传戒外）。他认为禅宗之所以衰落，就是由于滥传法嗣的结果，因而他对于禅宗的传法非常严格。经常有人来请求虚云老和尚传法，有时甚至长跪于地，请求传法，如果不是根器者，他从不答应。

在受戒上，传授戒法是绍隆佛种，续佛慧命的大事。无论在家、出家学佛者，都须受戒。经虚云老和尚剃度、得法、受戒、受皈的弟子达百万之众。为了达到受戒之目的，他鼓励受戒的修学者"但愿众位，受戒后，总为人天师范"[4]。同时也提出殷切的期望，"受佛戒，是难得稀有之事，所以受戒后，要谨慎护戒，宁可有戒而死，不可无戒而生"[5]。

在学戒上，为了帮助僧众更好地体会戒律的精神，虚云老和尚还经常组织年轻的僧人学习戒律，有时候是自己讲，有时候聘请其他大德来讲。如1933年鼓山春戒期间，虚云老和尚特地邀请应慈老法师前来开讲《梵网经》。1943

---

[1] 净慧主编：《虚云和尚全集》第六分册《规约》，河北禅学研究所印行，2008年，第53—54页。
[2] 净慧主编：《虚云和尚全集》第六分册《规约》，河北禅学研究所印行，2008年，第53—56页。
[3] 《虚云和尚方便开示》，福建莆田广化寺印，1993年，第53页。
[4] 净慧主编：《虚云和尚全集》第六分册《规约》，河北禅学研究所印行，2008年，第53—54页。
[5] 《虚云和尚法汇年谱集》，中台山佛教基金印行，1999年，第344页。

年6月,虚云老和尚在南华寺专门开设了戒律学院以教育青年僧众。

在诵戒上,虚云老和尚以身作则,凡他所主持的寺院务必年年讲戒,月月诵戒,从不稍懈。为此,虚云和尚开示道:"戒律条文多少,怕你忘记,所以每月二戒都要诵二次。"[①]他在《云栖寺万年簿记》中规定:"朔望诵戒,自住持以及清众,须齐到听诵。有要事须先陈明,如无故任意不到者,议罚。"[②]在《鼓山涌泉寺安单规则》亦规定:"议律为道本,不容忽略。诸佛半月自诵,凡小何能废置。今为调众方便,宽展时期。十四、三十诵《梵网经》,初八、廿三诵《四分律》。无论何人,不得擅停。违者摈。"[③]到现在为止,虚云和尚手下几位大弟子的道场,如云门寺、云居山、柏林寺等,仍然保持着每月初一和十五诵戒、宣读常住规约、民主检讨常住管理事务之传统。

在持戒上,在很多场合开示时,虚云老和尚都勉励后学要精严持戒,用功办道。如他所说,"持戒这事,如头上顶一碗油似的,稍一不慎,油便漏落,戒就犯了","戒律虽有大小性遮之分,皆要丝毫不犯,持戒清净如满月,实不容易,不可不小心"[④]。

在守戒上,虚云老和尚终身穿百衲衣,日中一食、过午不食、头陀行、托钵乞食,严格遵守佛制戒律。他直到生命的最后时刻,仍感于"非守戒不能弘法",不忘嘱咐身边侍者,要使佛教保持兴旺,"只有一个字,曰'戒'"。[⑤]虚云和尚认为,佛教今后若想继续生存和发展,也必须守住几千年来形成的戒律清规,他说:"我近十年来,含辛茹苦,日在危疑震撼中,受谤受屈,我都甘心。只想为国内保存佛祖道场,为寺院守祖德清规,为一般出家人保存此一领大衣,即此一领大衣,我是拼命争回的。你各人今日皆为我入室弟子,是知道经过的。你们此后如有把茅盖头,或应住四方,须坚持保守此一领大衣。但如何能够永

---

① 净慧主编:《虚云和尚全集》第2册,中州古籍出版社2009年版,第229页。
② 净慧主编:《虚云和尚全集》第六分册《规约》,河北禅学研究所印行,2008年,第3页。
③ 净慧主编:《虚云和尚全集》第六分册《规约》,河北禅学研究所印行,2008年,第46页。
④ 净慧主编:《虚云和尚全集》第2册,中州古籍出版社2009年版,第229页。
⑤ 岑学吕编:《虚云和尚年谱法汇》,台湾大乘精舍印经会1986年版,第448页。

久保守呢？只有一字，曰'戒'"①。20世纪50年代有些僧人提出，要学日本佛教那样，废除戒律，僧娶尼嫁，穿着俗装，饮酒食肉。虚云老和尚挺身而出，极力反对，在各种场合痛斥邪说，并向有关方面积极呼吁，坚持严守戒律。

灵活运用戒律，创新适应现实的法规

虚云老和尚非常重视戒律，他"恒持戒律，严守毗尼，却并不墨守成规"②。他认为："佛弟子的日常生活、衣食住等，有可以权变的；惟三学思想，即戒定慧等理论，不能改动。中国千余年来，佛弟子衣食住等制度久与印度大不相同，既然时间、地点，条件都变了，则佛教中的若干生活习惯，自也应因时制宜。"③他强调的是戒律的本质，而非文字条目。他曾明确地指出："关于戒律有一件很重要的事情，要向诸位说明的。……我们对于受持遮戒，贵在遵循如来制该戒之本意，不在于死守条文。若得佛意，虽与条文相违，亦名持戒；若不得佛意，虽遵守条文，亦成犯戒。但亦切不能以此藉口，而将如来所制戒律，一概抹杀。各宜深入律藏，神而会之。"④表明虚云老和尚对于戒律抓主枢而放枝蔓，重精神而轻条文的本质。他态度鲜明地提出戒律绝对不是"一味专制呆板的，乃是最适应社会环境"⑤的观点，因为社会制度和风俗习惯，各处不同，必须因地因事因时以制宜，绝不能墨守绳法。他曾开示道："先圣建丛林，立清规，定次序，安职位，如国家立法一般，非常周密。"然"立法不是死的，要根据实际情况加以运用"⑥。这极大地推进了佛教戒律的本土化和近代化。

虚云老和尚在灵活运用戒律方面有两大突破。一是开耕、织二戒。要开此二戒，必须回答田间耕作是否合乎佛制戒律的问题。对此，虚云老和尚曾有开示云："我们现在耕田织布，是不是犯戒呢？佛所制戒，有性戒和遮戒两种。……

---

① 《虚云和尚年谱法汇增订本》，基隆十方大觉寺印行，1987年，第448页。
② 吴立民主编：《禅宗宗派源流》，中国社会科学出版社1998年版，第588页。
③ 《云居管见》，《现代佛学》，1955年，第9期。
④ 《虚云和尚法汇年谱集》，中台山佛教基金会印行，1999年，第404—405页。
⑤ 虚云：《佛教律学入门》，上海法藏寺印行，1953年。
⑥ 净慧编：《虚云和尚开示录》，北京图书馆出版社1992年版，第200页。

遮戒者，佛未制前造作无罪，自制以后，若作方成犯，如掘地纺织等。佛所以制遮戒，有各种原因，都是因地制宜，因事制宜，或者因时制宜的。如掘地纺织等戒，都因避世讥嫌而制。……但社会制度和风俗习惯各处不同，……佛如降生此时此地，决不会制掘地纺织等戒的。所以我们耕田纺织，并不是犯戒的事情，望诸位于修持中，切不可废劳动；于劳动中，也不可忘修持，两者是可以兼行并进的。"[1]在此基础上开耕、织二戒，在情理上既不违背戒律的根本精神，也合乎百丈"农产并重"的遗风，从而使寺院走上了发展生产，自食其力的道路。二是开自誓受戒之方便。这是鉴于当时局势的不安、舟车的不便、道路的阻碍等条件限制的情况下，出自迫不得已灵活变通的举措，也是老人的格外慈悲、亲切为人的体现。

虚云老和尚对传统的丛林规矩并不拘泥固守，而是根据实际情况善加运用，并创新适应现实的法规。这些法规主要有三种：一是堂口规约。虚云老和尚根据戒律与诸种古清规，并参考后来金山、高旻等寺规制，针对寺院各个堂口的具体情况，先后制定了大约十余种规约，如《云栖寺万年簿记》《常住规约》《教习学生规约》《重整鼓山规约》《客堂规约》《云水堂规约》《禅堂规约》《戒堂规约》《爱道堂共住规约》《衣钵寮规约》《库房规约》《大寮规约》《浴室规则》《农场组织简章》《学戒堂规约》等。这些规约，对不同的僧职人员提出了不同的要求，一方面适应了时代的变化和发展，另一方面也保障了严持僧戒、防护讥嫌、维护僧团六和。不仅是当时，也是以后管理寺院、安居僧众的重要参照规章。二是法事仪规。虚云老和尚针对当地出家人不懂法事仪规之现实，对丛林中各种法务活动的仪规进行了系统的整理，用于指导大众的修行，这些仪规包括《钟板堂当值规约》《引礼寮仪式》《告香仪规》《初坛戒范》《禅堂法器规矩（坐香规约）》《传戒仪规》《戒期启谏榜式》等。这些法事仪规得到了当时僧界的普遍认同。三是其他规定。虚云和尚还制定了一套完整讲经、做佛事、租米征收、寺院开支、财产保管等制度，使各寺庙都走上了正轨，如法如律。

---

[1] 净慧主编：《虚云和尚全集》第二分册《开示》，河北禅学研究所印行，2008年，第292—293页。

虚云老和尚所创新并留下来的丛林规则，是当今佛教丛林中非常宝贵的文化资源，值得传承和发扬光大。

在当今商品经济大潮中，佛教界也存在拜金主义、享乐主义，少数僧人信仰淡化，戒律松弛，道风不正，甚至为名利地位结党营私，贪污腐化，行贿受贿，这极大地损害佛教僧团的和谐与纯洁。为使我国佛教健康发展，更好地为和谐社会贡献力量，实现"庄严国土，利乐有情"的愿景，我们必须重新学习虚云和尚教风建设思想，把工作重点转移到加强佛教僧团建设上来。

虚云老和尚与藏传佛教

中国近现代的著名高僧虚云和尚四处行脚，参访名山，拜师问道，足迹遍及四川、西康、西藏乃至印度、锡兰、缅甸等地。在他的参访中，尤为值得一提的是，在藏传佛教的两个最重要的场所的经历。虚云老和尚于光绪十年（1884年）七月初十拜谢文殊菩萨下山，途经陕西、甘肃、四川进入西藏，到达拉萨朝拜了布达拉宫和扎什伦布寺等西藏佛教圣地。当时"西北布达拉山，有高达十三层布达拉宫，殿宇庄严，金碧辉煌，即达赖活佛坐床处所，住有喇嘛僧二万余人。又西行经贡噶、江孜，至日喀则。西有扎什伦布，建筑宏丽，广及数里，系后藏政教领袖班禅活佛坐床处所，住有喇嘛僧约五千人"[①]。虚云和尚在西藏首府拉萨逗留过较长一段时间，依胜音《虚云老和尚访问记》记载："据他（虚云）自己说，他曾于光绪十四年去西藏拉萨，在拉萨住两个月；……"[②]虚云老和尚对西藏的深入了解，为形成他的藏传佛教观、加强汉藏文化友好交往，以及他日后担任云南佛教会及滇藏佛教分会会长处理西藏与内地的关系等方面奠定了重要的基础。

倡导密宗与汉传佛教各宗派的相互平等

虚云老和尚为当代禅宗巨擘，这是海内外佛教同人所一致公认的，但他毫无门户之见。他禅学思想的一个重要特点，就是各宗平等，尤其是密宗与汉传佛教各宗派平等。他曾说："法无高下，贵在契机。"他积极主张各宗派在佛法

---

① 净慧主编：《虚云和尚全集》第九分册《传记资料》，河北禅学研究所印行，2008年，第375页。
② 净慧主编：《虚云和尚全集》第十分册《追思录》，河北禅学研究所印行，2008年，第257页。

中都处于平等地位。如1947年9月27日他在"广州联义社演说"中云："复次，佛门略开十宗，四十余派。而以禅、净、律、密四宗，摄机较广。善知识：佛境如王都，各宗如通都大路，任何一路，皆能觐王。众生散处四方，由于出发之点，各个不同，然而到达王所，却是一样有效。"①在这里，他指出禅密等各种法门平等无二，都是通佛阶梯。"云公老人，乘愿再来，降生娑婆，应迹中国，数十余年，或禅或净，或显或密，种种施设，随机逗教，咸跻净域。"②虚云老和尚在具体的佛事活动中，也将密宗与其他各宗派放在同等的位置看待。释戒尘在《我与虚云上座》一文中就记有一个例子："且法门虽多，而中土学者，略分禅、教、律、净、密五宗。即严净佛堂，忏悔三日，用纸写禅、教、律、净、密五阄，请虚兄为证盟，跪在佛前三拈，皆是净阄。"③

虚云老和尚认为修禅并不排斥密宗，"至于密宗，是由不空尊者、金刚智等传入中国，经一行禅师等努力，才发扬光大的。但这些都是佛法，应当互相扬化，不得分别庭户，自相摧残。若彼此角立互攻，便不体解佛祖的心意了"④。而且认为诵咒的人一心持咒，到达一心不乱的境界与参禅和念佛功夫到家也没有区别。甚至当他需要请人来做寺庙的住持时，有人推荐学习密宗的清定法师，他也诚心邀请。对此，朱镜宙在《我所知道的虚云老和尚》中就有较详细地记载：其尤难能可贵者，南华重建工程落成，求一继任住持，久不可得，言下时以才难为叹！予曰："有清定师，黄埔军校毕业，随军入川，始行剃度，从能海大师学密，为入室弟子。现方弘法上海，戒行均可。"老和尚急曰："汝可约之来。"予曰："恐定师不能舍其所学。"答曰："无妨！南华偏殿甚多，只要不在主殿作密法即可。"予曰："不得能大师许可，清师仍不能来。"嗣得清师复函，

---

① 净慧主编：《虚云和尚全集》第1册，中州古籍出版社2009年版，第154—155页。
② 净慧主编：《虚云和尚全集》第十二分册《杂录》，河北禅学研究所印行，2008年，第155页。
③ 净慧主编：《虚云和尚全集》第十分册《追思录》，河北禅学研究所印行，2008年，第215页。
④ 净慧主编：《虚云和尚全集》第八分册《传记资料》，河北禅学研究所印行，2008年，第120页。

固以未得海大师命，未有结果。①虚云老和尚提出的唯一条件，就是只要在配殿修密法就可以，这种摒弃佛教界内部门户之见，包容的胸怀和圆融的见地十分令人赞叹。从这件事来看，虚云和尚确实是"虚怀若谷，只要与弘法利生有益，绝无世人门户之见，其人格伟大处类如是！"②

　　虚云老和尚认为不仅各宗派要兼通，而且佛教各语系也要融合。各宗派兼通要避免相互攻击，"虚云虽身传禅宗法脉，但也绝不排斥净土、律、天台、华严和密等其他宗派，十分强调各宗不能角力互攻，不得自相摧残，提倡互相扬化，圆融兼通。"③而应诸宗兼容并蓄。他在1947年广州联义社讲演时就说："禅宗的行人，便应以禅宗法门为主，余宗教理为伴；净土宗的行人，便应以净土法门为主，余宗教理为伴；律宗、密宗亦复如是，方免韩卢逐块之弊。"④在虚云老和尚看来，每一个门派的教理和修行方法都有其优点和长处，各派信徒应以本门派的方法为主，也应学习其他门派的教理和方法，作为补充；门派之间只有相互学习，取长补短，才能使佛教兴旺发达。佛教各语系融合不仅要兼收并蓄，"阐发各宗精义，以明佛法真相，藏传密乘及南传上座部亦应兼收并蓄。"⑤而且同时也要同步发展，"虚云不仅提倡禅宗内部各派的融合，也提倡禅宗与净土等其他宗派的融合，还主张汉传佛教、藏传佛教、南传上座部佛教同步发展，为佛教不同派别协调关系，达到共同发展之目的指明了方向。"⑥

　　虚云老和尚也深刻地指出各宗派应引起高度重视的问题，就是"无论禅、净、密、教，各个法门均要以持戒为根本。如不持戒，不论修学什么，都是外道；不论如何修法，都不能成佛。"⑦在这里，虚云老和尚特别强调持戒是各宗

---

① 净慧主编：《虚云和尚全集》第十册《追思录》，河北禅学研究所印行，2008年，第122页。
② 净慧主编：《虚云和尚全集》第十册《追思录》，河北禅学研究所印行，2008年，第122页。
③ 净慧主编：《虚云和尚全集》第一册《法语》，河北禅学研究所印行，2008年，第22页。
④ 丹明汇编：《虚云大师说禅》，甘肃文化出版社2005年版，第29页。
⑤ 净慧主编：《虚云和尚全集》第四册《文记》，河北禅学研究所印行，2008年，第26页。
⑥ 净慧主编：《虚云和尚全集》第一册《法语》，河北禅学研究所印行，2008年，第26页。
⑦ 净慧主编：《虚云和尚全集》第十一册《追思录》，河北禅学研究所印行，2008年，第630页。

派修学获得成就的最根本条件。与此相关的是，虚云老和尚也慎重地警告大家注意密宗神通的害处。他说："如西藏喇嘛在中原弘法者，近来甚多，而政府特别加以崇敬，其意甚远，是否政府特别信仰，不得而知。惟对于中原青衣僧徒，则时加种种压迫，毁庙逐僧，不一而足。本来青黄二教，均佛弟子。后人以居华东者，在日本为东密；居华西者，在西藏为藏密。近年密教，在中国风行一时，以为特长处，能发种种神通变化，可是闲时不烧香，急时抱佛脚，是不成的。"①为了让大家加深印象，有一次在说法的最后，虚云老和尚讲了一段故事给大家听，他生动形象地讲道："清代康熙帝时，元通和尚主持西域寺。一日有黄衣僧来，帝甚崇之，命师招待。师云：彼非僧亦非人，是一青蛙精，但神通广大。时适久旱，帝乃命其求雨，雨果降。帝敬之愈甚。元通和尚曰：可将雨水取来，是青蛙尿耳。试之果然。邪正乃分。故《楞严经》五十种阴魔，均须识取；不然被其所转，走入魔道了。请大众留心。"②关于这一点，大家不能不引起高度警惕啊！

发展中国佛教显密僧人之间的友好交往

前面我们说过，虚云老和尚曾亲自到过西藏，并有深刻的体验。那么，当时他是怎样入藏？在藏地他感受如何？以及以后他又是怎样与密宗僧人交往呢？下面我们将针对这些问题一一做出解答。

虚云老和尚是由川入藏，行及一年，经打箭炉、里塘（即理化）、巴塘（即巴安），北至察木多（即昌都），西至硕督，经阿兰多，以及拉里（即加黎）。途中他跋山涉水，每数日不遇一人。但虚云老和尚对这里的充满魅力的美景感触良多。为此他作过二首诗，一首是《西藏大雪山》，其内容为："何物横天际？晴空入望中。这般银世界，无异玉珑玲。已拂尘氛远，仍疑碧落通。清凉无热恼，应胜水晶宫。"③另一首是《登西藏大雪山纪胜》，其内容为："路入西天更有天，雪峰高矗万峰巅。乾坤阖辟非人世，法界氤氲集古仙。四面山川收足下，一帘

---

① 净慧主编：《虚云和尚全集》第二分册《开示》，河北禅学研究所印行，2008年，第15页。
② 净慧主编：《虚云和尚全集》第二分册《开示》，河北禅学研究所印行，2008年，第16页。
③ 净慧主编：《虚云和尚全集》第五分册《诗偈》，河北禅学研究所印行，2008年，第16页。

星斗挂窗前。云霞雾霭堪消受,却胜乘槎泛月边。"①虚云老和尚感到这里鸟兽异于中原,风俗堪称殊异。其间地广人稀,汉、藏、蕃、蒙、夷及瑶僮等种族,语言复杂,能通汉语者百之一二耳。虽然在语言交流方面有困难,但他对藏传佛教很感兴趣,他"经维西、中甸、阿敦子,至西藏,参观喇嘛十三大寺"②。他在参拜喇嘛寺时,目睹"僧伽不守戒律,多食牛羊。道服划分红黄,各立门户"③。针对眼前的情景,他"忆及祇园会时,不知涕之何从也"。这也就成为以后放弃学习藏传佛教的重要原因。当初"他离开终南山,参礼四川峨眉山普贤道场之后,经康边入西藏,原意要参学西藏喇嘛。因西藏喇嘛僧不严戒律,才折回云南鸡足山,参拜迦叶道场"④。尽管虚云老和尚放弃学习藏传佛教,但并没有断绝与藏传佛教人士的交往。

　　虚云老和尚与藏传佛教上层人士交往频繁。早在1937年,虚云老和尚"应邀赴穗讲经,其时西藏堪布活佛罗格更桑等十多人,专程前来听讲、皈依"⑤。抗战时期,虚云还邀赴重庆,主持护国息灾大法会。在这次法会的《己丑度亡利生息灾法会请法师函》的开头称呼语中是这样安排的:辅教广觉禅师贡噶呼图克图(请主坛大白伞盖道场)、督噶呼图克图(请主坛大黑天道场)、虚云法师(请主坛水陆道场)、能海法师(请主坛大威德道场)。护国息灾大法会举办地点是在重庆南岸狮子山慈云寺。法会共有显教与密教两坛。上午显坛是虚云老和尚主持,下午密坛由贡噶呼图克图主持,两坛盛况空前。"正如俗言,人山人海,万头攒动者。如欲皈依显密两大师而得觌面亲授,犹比面见如来而亲得教诲者尤难。"⑥1953年9月23日,"贡师二人(贡噶活佛及侍者昂旺洛布)

---

① 净慧主编:《虚云和尚全集》第五分册《诗偈》,河北禅学研究所印行,2008年,第73页。
② 净慧主编:《虚云和尚全集》第十二分册《杂录》,河北禅学研究所印行,2008年,第309页。
③ 净慧主编:《虚云和尚全集》第七分册《年谱》,河北禅学研究所印行,2008年,第28—29页。
④ 净慧主编:《虚云和尚全集》第十一分册《追思录》,河北禅学研究所印行,2008年,第532页。
⑤ 净慧主编:《虚云和尚全集》第九分册《传记资料》,河北禅学研究所印行,2008年,第293页。
⑥ 净慧主编:《虚云和尚全集》第一分册《法语》,河北禅学研究所印行,2008年,第4页。

抵达汉口，驻锡东湖宾馆。适逢虚云老和尚也在汉口。……两位大德在汉口相逢，格外高兴，都是久仰圣名，而未曾见面（按理说，贡嘎活佛是重庆护国息灾法会的密宗主持，两人应该在那时见过面）。于是虚云老和尚邀请贡嘎上师共同进餐叙话，浏览东湖，就佛学显密二宗之甚深教理进行了交流和探讨，达成了共识，最后在东湖依依话别。"① 以后虚云老和尚在上海"下榻玉佛寺，便与圆瑛、应慈、静权、持松（密宗僧人）、妙真、大悲、如山、守培、清定（密宗僧人）、苇舫等十大法师共主水陆道场，皈依者前后四万余人，法会之胜，从未所有"②。

　　虚云老和尚积极提倡显密宗僧人要合作共事。1912年，虚云老和尚又与西藏活佛喇嘛等参加中华佛教成立大会的僧侣商议举办佛教学校、布道团、办医院等利民之事。1913年《佛教月报》第三期《中华佛教总会云南支部一览表》记云："云南支部正会长为德清。副会长为实有、东宝。"③ 这里的"德清就是虚云和尚""东宝就是密宗僧人"，他们两人分别为正副会长，是显密宗合作的典范。1952年国庆节，虚云老和尚与圆瑛法师同在北京广济寺，分别领导喇嘛、僧尼，诵藏文经及发愿文，祝愿和平。在同一年，虚云和尚提议："如藏、蒙、傣族的佛教徒，和我们汉族的佛教徒，从来没有在一起开会，但是由于毛主席正确的政策，今年的佛教协会是要不分区域和种族的联合起来，在北京成立中国佛教协会，使佛教界存在着的各种困难，都可得到解决。"④ 在合作中，虚云老和尚对密宗僧人为佛法做出贡献之士也非常赞叹，他曾说："佛教中幸有能海法师等诸大德主持及公等之大力匡护，必能光焕佛教之优良传统，开展当来之新猷，云谨拭目乐观厥成。"⑤

---

① 净慧主编：《虚云和尚全集》第十二分册《杂录》，河北禅学研究所印行，2008年，第299页。
② 净慧主编：《虚云和尚全集》第九分册《传记资料》，河北禅学研究所印行，2008年，第381页。
③ 净慧主编：《虚云和尚全集》第七分册《年谱》，河北禅学研究所印行，2008年，第80页。
④ 净慧主编：《虚云和尚全集》第八分册《传记资料》，河北禅学研究所印行，2008年，第127页。
⑤ 净慧主编：《虚云和尚全集》第三分册《书信》，河北禅学研究所印行，2008年，第101—102页。

由于虚云老和尚为显密宗僧人合作共事做出了表率,从而赢得了广大佛教徒的尊重和信任。虚云老和尚生前,著名居士南怀瑾先生就认为:"狮子山慈云寺之护国息灾法会,主持显、密两坛之虚老与贡嘎呼图克图,皆为吾师。"① 虚云老和尚圆寂后,台湾佛教界举办法会追思虚云老和尚,法会由华严莲社智光老法师主持。中国佛教会甘珠尔瓦活佛、内政部社会司长刘修如、四众佛徒代表及归依弟子代表、大专学生代表等,均上香顶礼膜拜。同时还有西藏抗暴军副总司令嘉玛桑佩,于法会结束后,闻讯率领其夫人及三位女公子,驱车抵达善导寺,代表西藏佛教界,向虚云老和尚像上香、三顶礼,随后并至中国佛教会拜访甘珠活佛。以后虚云老和尚的弟子一如既往地保持着虚云和尚倡导与藏传佛教交往的优良传统,并不断发扬光大。2010年3月,由本焕、顿雄主修的《百丈山志》中记载:"2007年10月19日,藏传佛教十七世东宝仲巴呼图克图活佛率藏教八位活佛及三位金刚上师专程到深圳弘法寺皈依师(指虚云和尚的弟子本焕长老)之座下,师为其传法,成为临济宗第四十五世传人。接法仪式有汉藏两地学僧逾千人参加,赞颂汉藏佛教法缘盛事,声闻天下丛林。九位活佛是:仲巴呼图克图活佛、却尼活佛(白教)、吉称活佛(白教)、公桑旺堆活佛(白教)、罗桑松丁活佛(白教)、确伍择仁活佛、巴登活佛(红教)、罗绒吉村活佛(黑教)、恩扎宁波活佛(黑教),三位金刚上师是:阿秋金刚上师、格理金刚上师、桑青金刚上师。东宝仲巴呼图克图活佛乃十二世司徒活佛和大圆满持有者霞扎活佛两位大师之心子,已成为大手印和大圆满教法之承传持有者。……故不远万里登门求法,乃汉藏民族团结友谊光辉榜样。"② 在《本焕老和尚功德碑文》中也写道:"晚年在深圳弘法寺接纳滇东宝仲巴呼图克图活佛等藏传九位活佛暨四位金刚上师为门下弟子,树立汉藏佛教融合之光辉典范,饮誉西疆。"③

---

① 净慧主编:《虚云和尚全集》第十分册《追思录》,河北禅学研究所印行,2008年,第39页。
② 《百丈山志》,第110页。
③ 《百丈山志》,第143页。

发挥藏传佛教人士服务社会的积极作用

"庶百花齐放，不止一花五叶，佛教的大一统，可现于今。于辅翼国策和保障和平，均有裨益。"[①] 佛教如果要达到"辅翼国策和保障和平"的目的，就离不开发挥佛教界人士的积极作用，这对藏传佛教来说也不例外。我们就拿虚云老和尚举荐东保以解决当时民国政府征讨西藏的事来说吧，这件事在虚云老和尚的《传记资料》《年谱》《追思录》等中均有记载，而且达九次之多。因为这件事不是仅仅涉及佛教本身的事，而是关系到国家社会的大事。

事情发生的背景是，1912年中华民国成立后，方议五族共和，而西藏王公活佛，因素戴清恩，恃险远，西藏地方政府不肯加入归顺民国政府。当时的民国政府中央命滇省出兵二师讨之，云南都督蔡锷派殷叔恒总司令率领部队前锋已达宾川，西藏当局也把军队开到边境，并请了外国人当军事顾问，战事一触即发。在这千钧一发之时，虚云老和尚听到消息，焦急万分，以为边衅一启，战火一开，祸无宁日，生灵涂炭。为了避免战祸杀戮，虚云老和尚以"出世不离世间法"的救苦救难的慈悲之心，不顾个人安危，想方设法捍卫祖国的统一，增强民族团结，为救滇藏人民脱离战火，他不顾70多岁的高龄，下山拜访前锋队长，偕队长到大理见总司令，劝说军队以武力解决问题不是上策，应顺应民心，化干戈为玉帛，可以通过谈判解决，否则数百万百姓生命财产将遭到践踏。虚云老和尚一方面向殷叔恒分析征讨西藏不利的因素，他说："藏中云尝亲历其地，苦寒多险，言语不通，且藏民习苦耐劳，随地可伏，军往恐难必胜。"[②] 另一方面劝殷叔恒不要对西藏动刀戈，向其献计曰："藏人素崇信佛法，盍遣一明佛法者说之？"[③] 即可令之归服，殷叔恒接受虚云老和尚的提议。殷叔恒想请虚云老和尚为宣慰法师，虚云老和尚认为不妥，建议他派丽川喇嘛东宝前

[①] 净慧主编：《虚云和尚全集》第四分册《文记》，河北禅学研究所印行，2008年，第227页。

[②] 净慧主编：《虚云和尚全集》第八分册《传记资料》，河北禅学研究所印行，2008年，第16页。

[③] 净慧主编：《虚云和尚全集》第八分册《传记资料》，河北禅学研究所印行，2008年，第16页。

去西藏游说，并提出举荐东宝的意见。他说："某汉人也，往恐无功。此去丽川，有喇嘛东宝者，腊高有德，藏人敬礼之，曾授为四宝法王。若肯往，必有成。"[①]东宝始以衰老辞，虚云老和尚遂将其中的利害关系告诉东宝，最后终于说服东宝。虚云老和尚当时是这样说的："雍乾用兵之祸，藏人至今心寒。公宁惜三寸之舌，而不为藏中数万人生命财产计乎？"[②]东宝去后要约而还，西藏归顺，滇省罢兵，最终平息战争之危机。

虚云老和尚和解滇藏关系的意义是重大的，他使民国政府以怀柔的政策，成功地化解了汉藏之间的民族争端，捍卫了祖国的统一、民族的团结，为维护社会和谐稳定做出了巨大贡献。他的行动正是他对众生的慈悲之情的表现，从此结束了"频岁康藏间互相龃龉，苦战不休，经此沟通，三十年相安无事"[③]。"频岁以来，康藏苦战不休，而滇藏迄今二十年无恶感。仁人之言，其利百世，不图于佛门见之！"[④]后人对虚云老和尚此举给以很高的评价，"西藏归顺，滇省罢兵。在虚云的一生活动中，这件事是对国家最有裨益的事"[⑤]。余慧光在《虚云和尚赞》中赞道："神州反正，康藏靖绥。屡谒元首，聆澄慈悲。说服疆吏，奠安滇池。"[⑥]

从以上分析可以看到，虚云老和尚虽然是一位禅宗高僧，但是却无门户之见，对藏传佛教密宗与汉传佛教各宗派是平等看待的，而且认为各宗派应兼容并蓄、相互融合。我们从虚云老和尚对《楞严经》（一般认为该经属于密教经典，因为经中所说基于密教的"即事而真"，"即身成佛"的原则，自与显教的理论

---

① 净慧主编：《虚云和尚全集》第八分册《传记资料》，河北禅学研究所印行，2008年，第17页。
② 净慧主编：《虚云和尚全集》第八分册《传记资料》，河北禅学研究所印行，2008年，第91页。
③ 净慧主编：《虚云和尚全集》第七分册《年谱》，河北禅学研究所印行，2008年，第76页。
④ 净慧主编：《虚云和尚全集》第八分册《传记资料》，河北禅学研究所印行，2008年，第17页。
⑤ 净慧主编：《虚云和尚全集》第十一分册《追思录》，河北禅学研究所印行，2008年，第539—540页。
⑥ 净慧主编：《虚云和尚全集》第五分册《诗偈》，河北禅学研究所印行，2008年，第295页。

有所不同。其所立名相自难以中观或瑜伽宗的学说来衡量）的提倡就可以窥见，他曾以此经为禅法之印心教典，如他在"云居山方便开示录"中说："以我的愚见，最好能专读一部《楞严经》。只要熟读正文，不必看注解，读到能背，便能以前文解后文，以后文解前文。此经由凡夫直到成佛，由无情到有情，山河大地，四圣六凡，修证迷悟，理事因果戒律，都详详细细地说尽了，所以熟读《楞严经》很有利益。"[①] 可见并不是像外界所说，虚云老和尚"不承认西藏密宗是佛教的一支"的看法，不过他也慎重地警告大家要注意密宗神通的害处，并强调持戒的重要。虚云老和尚积极倡导与藏传佛教友好交往，他曾亲历过西藏，对藏传佛教具有深厚的感情。他一直保持着与藏传佛教上层人士的频繁交往，大力倡导显密宗僧人要合作共事，赢得了广大佛教徒的尊重和信任。虚云和尚还用铁的事实证明，发挥藏传佛教人士的作用，将有助于社会和谐稳定。总之，虚云老和尚对藏传佛教是持肯定态度的。

---

① 净慧主编：《虚云和尚全集》第七分册《年谱》，河北禅学研究所印行，2008年，第282页。

虚云老和尚禅修实践法门综探

虚云老和尚是当代著名的佛教高僧，也是中国禅宗最杰出的代表人物，被誉为"禅学泰斗"。虚云老和尚作为一代禅宗大德，一生"坐阅五帝四朝""受尽九磨十难"，这可以说是对他整个人生的真实和生动的写照。虚云老和尚的行迹，在僧俗两界都受到充分肯定和高度赞叹。一诚法师在《在纪念虚云老和尚圆寂40周年座谈会上的讲话》中赞扬虚云老和尚："一生志大气刚，悲深行苦，解行并进，严净毗尼。"[1] 黄心川教授在《虚云老和尚的佛教领袖作用》一文中指出："虚云老和尚只是重新发扬了历代祖师的事业，一步一脚印地踏实去做，给佛弟子树立了以身作则的榜样，于是他得到了佛门的认同，成就了一番事业。"[2] 虚云老和尚一人兼承禅宗五宗（嗣临济、曹洞二宗，远承断嗣沩仰、法眼、云门三宗），而且在禅宗的修持上达到了炉火纯青的境地。毋庸置疑，虚云老和尚的禅修实践法门示范堪称为修禅者的模范，对当代提倡赵州禅、临济禅和生活禅等文化具有重要的现实意义。为了具体展示虚云老和尚在当代佛教禅修之风范，我们将主要依据《虚云和尚全集》等有关资料，对虚云老和尚禅修实践作一深入的探讨。

愿行相应

在虚云老和尚十九岁时所作的《皮袋歌》中有这样的叙述："……不恋妻，不恋子，投入空门受佛戒。"[3] 这充分说明虚云老和尚的出家是自己发心的。正

---

[1] 净慧主编：《虚云和尚全集》第十一分册《追思录》，河北禅学研究所印行，2008年，第624页。
[2] 释纯闻主编：《虚云老和尚佛学思想研究论文集》，云居山佛学研究苑印行，2009年。
[3] 净慧主编：《虚云和尚全集》第五分册《诗偈》，河北禅学研究所印行，2008年，第1—2页。

是由于他是发心出家，所以他在以后的所作所行中表现出愿行相应。

首先，从他舍家求法来看，他出家经历了三年礼忏、四年为常住任职作务、三年"不食烟火"的生活。他19岁离家至鼓山出家，为避俗缘，隐岩洞苦行礼忏三年，待父告老返乡始回鼓山。在其《年谱》中是这样说的："予隐山后岩洞，礼万佛忏，不敢露面。时遇虎狼，亦不畏惧。"① 回鼓山后任职三冬四夏，主要是效法沩山曾为典座、雪峰曾当饭头之苦行。虚云在鼓山涌泉寺里做各种苦行，先后担任了水头（司掌汲水、烧热水供大众盥洗之职称）、园头（司掌栽培耕作菜园之职称）、行堂（每日用斋时，为大众添饭菜、渗茶水的工作，也称行堂师和碗头）、典座（料理饮食杂役等，通常推举志行高洁之僧任之）等职。《年谱》上说："所当职务，自水头、园头、行堂、典座，皆苦行事，中间曾派无事，弗为也。即寺中常住，时有单钱，亦不领受。每日仅粥一盂，而体力强健。"② 鼓山常住任职四年满，又至后山岩洞过不食烟火的头陀生涯，前后共三年之久。他这样做的理由，正如《年谱》所说"时，山中有古国禅师，为众中苦行第一。时与深谈，既而自思，任职多年，修持不免少碍。又思昔日玄奘法师，欲求经西竺，于十年前，先习方言，日行万里，复试绝粒，先由一日起以至若干日，以防沙漠荒碛，绝水草也。古德苦行，有如此者，我何人斯敢弗效法！乃辞去职事，尽散衣物。仅一衲、一裤、一履、一蓑衣、一蒲团。复向后山中，作岩洞生活"③。这次的头陀生涯，其苦犹释迦当年之在雪山。其生活情形，如他自述云："此三年中，居则岩穴，食则松毛，及青草叶，渴则饮涧水。日久，裤履俱敝，仅一衲蔽体；头上束金刚圈，须发长盈尺。双目炯然，人望见之以为魅、怖而走，予亦不与人言谈。"④ 在此后的十八载春秋里，也就是自光绪二年（1876年）至光绪二十一年（1895年），虚云老和尚开始了震慑古今的行脚历程，过上了四海为家的云水生涯，跋山涉水，遍参丛林知识。先在阿育王寺拜舍利二藏，一藏八万四千拜，约莫一年时间。自宁波游往杭州三

---

① 净慧主编：《虚云和尚全集》第七分册《年谱》，河北禅学研究所印行，2008年，第8页。
② 净慧主编：《虚云和尚全集》第七分册《年谱》，河北禅学研究所印行，2008年，第10页。
③ 净慧主编：《虚云和尚全集》第七分册《年谱》，河北禅学研究所印行，2008年，第10页。
④ 净慧主编：《虚云和尚全集》第七分册《年谱》，河北禅学研究所印行，2008年，第10页。

天竺、灵隐、五天目之圣境。尔后自普陀山起香，发愿三步一拜朝礼五台，前后三年。途次遍参江浙诸名刹，如金山、焦山、赤山、高旻寺等，所谒当时著名禅师有观心、大定、大水、朗辉、法忍等。参学游历中的感悟，如《年谱》载："（朝五台）此三年中，除为疾病所困，风雪所阻，不能拜香外，一心正念；礼拜途中，历尽艰难，心生欢喜。每每'藉境验心，愈辛苦处愈觉心安'。"① 又云："（游历印度）此两年间，身行万里，除渡海须航外，余皆步行，水驿山程，霜风雪雨，碛砂峻岭，岛屿椰椰，境风日变，心月孤悬，体力增强，步履轻捷。不特不觉行旅之苦，反思昔日放逸之非。古人谓'读万卷书，须行万里路'，良有以也！"② 这里充分彰显了他的禅家风范，说明修禅者并非一定要于静中枯守空寂，还须于动中"藉境验心"，以消磨习气，达到转苦成乐的境界。

其次，从他礼佛报恩来看，为报父母养育之恩，他发愿朝拜普陀山观音道场和山西五台山文殊道场等。于光绪八年（1882年）七月初一日，由普陀山法华庵起香，三步一拜，直至五台山为止。于光绪十年（1884年）五月底至五台山显通寺，前后长达三年时间，途经浙江、江苏、河南、山西等省，杭州、苏州、南京、郑州、洛阳、太原等重要城市，跨越长江、黄河，步行一千多公里，经历了日晒雨淋、冰冻寒冷、露宿野外和病苦饥饿等重重苦难，始终愿行不改，最终到达山西五台山文殊菩萨道场。《虚云和尚传》记载："光绪八年壬午，自普陀山法华庵起香，三步一拜。一路上饥寒雪掩，痢疾腹泻，口流鲜血，三次大病，奄奄待死，感文殊菩萨化身文吉俗人两次相救，备尝艰辛，历时三载，始抵五台山显通寺。"于光绪十年七月初十拜谢文殊菩萨下山，途经陕西、甘肃、四川进入西藏，到达拉萨朝拜了布达拉宫和扎什伦布寺等西藏佛教圣地。于光绪十五年（1889年）由西藏前往印度朝拜佛陀圣地，经不丹国、越葱岭、翻雪山进入印度。在印度朝拜了佛陀圣迹后，经孟加拉、缅甸进入中国云南，朝拜迦叶尊者道场鸡足山。他这种不辞艰辛、跋涉万里，走遍大江南北，远赴印度和南洋，朝拜圣迹、探求佛教真谛，为现代禅修者寻求佛法做出了榜样。

---

① 净慧主编：《虚云和尚全集》第七分册《年谱》，河北禅学研究所印行，2008年，第24页。
② 净慧主编：《虚云和尚全集》第七分册《年谱》，河北禅学研究所印行，2008年，第33页。

为报父母深恩，虚云老和尚不仅圆满朝拜了五台山，而且发愿燃指供佛。光绪二十三年（1897年），虚云老和尚至宁波阿育王寺拜舍利，并发愿燃指以报母恩。虚云老和尚誓愿以死为休，坚持按择定日燃指供佛，当时的情况是这样的："十七日早，宗亮请他师弟宗信帮燃，数人轮流扶上大殿礼佛，经种种仪节礼诵，及大众念《忏悔文》，予一心念佛，超度慈母。初尚觉痛苦，继而心渐清定，终而智觉朗然。念至'法界藏身阿弥陀佛'，予全身八万四千毛孔，一齐竖起。指已燃毕，予自起立礼佛，不用人扶。此时不知自己之有病也。于是步行酬谢大众，回寮。咸叹稀有。即日迁出如意寮。翌日入盐水泡一天，亦未流血，不数日肤肉完复，渐渐恢复礼拜。"① 虚云老和尚为报父母养育之恩，作出朝山燃指的举动，说明他信仰坚定，励志勤勇，具有大丈夫的勇猛，能战胜一切精神上的艰难险阻。

再次，从他重兴祖庭来看，虚云老和尚在政局动荡、庙产败落与佛学不振等重重困境的情况下，不忍佛教道场荒废，佛法衰落，一生奋力兴建十方丛林无有休歇，实为"挑雪填井无休歇，龟毛作柱建丛林"②。他一生重建大小寺院庵堂80余处，先后住持禅宗道场15座，但他不住现成寺院，即使是他修复的寺院，也绝不据为己有，每当修好一处寺院，他就交给别人管理，自己又是一笠、一拂、一铲、一背架，行脚海内外。这与他重兴祖庭的志愿具有密切的关系。怀西在《师尊对我一生的影响——为纪念虚云老人上生内院百日而作》写道："老人亦常谈及自己一生志愿：一不做现成的住持；二不创建新寺；三不住城市闹镇；四不修自己子孙小庙；五不重兴没历史名胜古迹及祖师道场；六不私蓄储钱财，凡信徒供养果仪，全归常住公用；七不接受任何一个施主供养及建寺功德。这是老人自己毕生的志愿。"③ 他发愿重兴祖庭由于时值抗战及国共战争期间，兴建之辛苦倍于平常，虚云老和尚集僧众力，用少数工人，爆石、烧砖瓦、伐木、建造、开垦、种植等，皆亲为之。1912年，他受鸡足山大觉寺道成长

---

① 净慧主编：《虚云和尚全集》第七分册《年谱》，河北禅学研究所印行，2008年，第39页。
② 净慧主编：《虚云和尚全集》第七分册《年谱》，河北禅学研究所印行，2008年，第111页。
③ 净慧主编：《虚云和尚全集》第7册《追思录》，中州古籍出版社2009年版，第236页。

老之邀主持钵盂庵，历尽周折到南洋募捐化缘，建成了护国祝圣寺；1920年，虚云老和尚移锡昆明华亭寺，历经十年的艰辛重新修建了这座佛教名刹，改名云栖寺；经他的努力，在鸡足山相继重建了兴云寺、洋萝荃寺等寺院，同时又修复昆明等地的胜因寺、松隐寺、招提寺、太华寺，为云南佛教的发展，奠定了坚实的基础。1929年回到福建鼓山涌泉寺，创办戒律学院，恢复禅堂规则，讲经传戒，对福建佛教的发展起到了重要的作用；1934年，虚云老和尚来到广东曹溪，主持重兴六祖道场南华寺，经过十年的辛苦，使濒危的禅宗南宗祖庭南华寺、韶关大鉴寺香火再次旺燃，法轮再转。"十载经营，综理次第，心力交瘁，始具规模。"[1]1943年，虚云老和尚重修完南华寺后，了解到作为云门宗的发源地广东乳源县云门山大觉寺残破不堪，"自元以后，信根薄弱，淳风寖息，嘉音停响，整理乏人，遂成荒坞。"为了承续云门法脉，重振宗风，兴灭继绝，以百岁之躯，十年心力而重建之，他"义不容辞，虽勉负责，即于癸未岁（1943年）腊月十日就事，鞠躬尽瘁，八易寒暑，略获端绪。"[2]。修复了禅宗五宗之一云门宗的道场广东乳源县大觉禅寺，云门法脉得以相继，宗风光大。1954年，虚云老和尚不顾年老体迈，不畏云居严寒，主持重修佛教著名道场云居山真如禅寺，到1959年，"殿宇工程，大部完竣，诸余房屋，尚待工成。媲之唐宋建造，则华朴悬殊；较之明清重修，似益周备"[3]。他最后重兴的江西禅宗曹洞宗名山云居山真如禅寺，成为当代佛教的模范道场。由于积劳成疾，最后圆寂于云居山。他为了重兴祖庭，保存佛教的血脉可谓贡献了毕生的精力。

戒行相符

咸丰八年（1858年），虚云老和尚19岁礼福州鼓山涌泉寺常开长老剃度出家，第二年依鼓山妙莲和尚受具足戒，他一生戒腊100年。他终生精进持戒，对于戒律的重要性有着极为深刻的认识。

---

[1] 净慧主编：《虚云和尚全集》第四分册《文记》，河北禅学研究所印行，2008年，第167页。
[2] 净慧主编：《虚云和尚全集》第四分册《文记》，河北禅学研究所印行，2008年，第97页。
[3] 净慧主编：《虚云和尚全集》第四分册《文记》，河北禅学研究所印行，2008年，第219页。

戒律，就佛教而言，是僧俗区分的标准。从佛教的本质看，戒律是佛教的内在规定和根本特征，严守戒律是对每一个佛教徒最基本的要求。不持戒，就不能算是一个佛教信徒。如虚云和尚提出："严行规定僧徒的资格定义，必须出家住院，服装划一，恪守戒律法规，方可称之为僧为尼，方能享受僧尼的权利。"①这就告诉我们，只有按照佛教的戒律行事，才能拥有僧尼的资格，这是佛教徒与俗世人的根本区别。

戒律，就个人而言，是修行解脱的根本。虚云和尚认为戒律是学佛之本。"夫戒者，乃生善灭恶之基本，超凡入圣之玄机，于一切法中，最尊最上，故称三学之首，所以因戒生定，因定发慧。……故经云：'戒如平地，万善从生；戒如良医，能疗众疾；戒如明珠，能破昏暗；戒如宝筏，能渡苦海；戒如璎珞，庄严法身。……种种譬喻赞叹，莫能尽说。'"②他极力强调学佛必须重视戒律，他说："戒为德本，能生慧行，成就万行。""修学者，必须依佛戒，戒为无上菩萨根本。"③"若不持戒而修行，无有是处。"④"六度万行，不离于戒。"⑤而且指出佛门戒律，各宗皆须严持，"学佛不认修何等法门，总以持戒为本"⑥。他在香港东莲觉苑讲演中也说："修学者，必须依佛戒，戒为无上菩提本，如依佛戒，则不论参禅、念佛、讲经，无一不是佛法；若离佛戒，纵参禅、念佛、讲经，亦与佛法相违，入于外道。"⑦

戒律，就僧伽而言，是维系命脉的保证。对于近代佛教因狂禅泛滥、戒律破坏而堕落衰微，虚云老和尚感同身受，痛心疾首，深刻地指出："嗟兹末法，究竟不是法末，实是人末。……盖谈禅说佛者，多讲佛学，不肯学佛。轻视佛行，不明因果，破佛律仪，故有如此现象。"⑧在数十年的开单接众所做的开示中，

---

① 《虚云和尚法汇续编》，第61—62页。
② 净慧主编：《虚云和尚全集》第六分册《规约》，河北禅学研究所印行，2008年，第53—54页。
③ 岑学吕编：《虚云和尚年谱法汇》，台湾大乘精舍印经会1986年版，第609页。
④ 净慧：《虚云和尚开示录》，北京图书馆出版社1992年版，第49页。
⑤ 净慧主编：《虚云和尚全集》第六分册《规约》，河北禅学研究所印行，2008年，第53页。
⑥ 岑学吕编：《虚云和尚年谱法汇》，台湾大乘精舍印经会1986年版，第603页。
⑦ 净慧主编：《虚云和尚全集》第二分册《开示》，河北禅学研究所印行，2008年，第27页。
⑧ 岑学吕、宽贤编辑：《虚云和尚法汇》之"开示"。

他反复强调这一点："佛法之败，败于传戒不如法，若僧尼严守戒律，则佛教不致如今日之衰败"①。虚云老和尚对佛教（禅宗）的激烈批判的言行，表现出他相当强烈的重振佛教的历史责任感和使命感。他认为只有戒律才能挽救佛教衰败的命运，"由是戒故，佛法得以住世，僧伽赖以繁衍"②。

虚云老和尚认为必须遵循"以戒为师"的佛祖遗教，着重于以戒兴法，不仅要在理论上阐扬，而且要在实践中认真贯彻，身体力行严持戒律。虚云老和尚终生严奉戒律，一丝不苟，于行、住、坐、卧一切时中都在坚持与运用，无一不是戒法的展现。他身穿百衲衣，日中一食、过午不食、头陀行、托钵乞食，严格遵守佛制戒律。他为了强化弟子持戒的信心与恒心，大力赞扬持戒的殊胜。他指出："如能依教奉行，守持无染，可名真净道器。"③ "受了佛戒，当下即得清净戒体，即得解脱，即入佛位，位同大觉，是真佛子。受佛戒，是难得希有之事，……"④ 同时他又强调要认真持戒，若"稍有违犯，则失僧仪。故云护戒如护浮囊，不可破裂，否则丧身失命，被烦恼罗刹所吞矣！"⑤ "所以受戒后，要谨慎护戒，宁可有戒而死，不可无戒而生。"⑥ 虚云老和尚为防范信众犯戒，要求凡他所主持的寺院务必年年讲戒，月月诵戒，从不稍懈。他还开示道："戒律条文多少，怕你忘记，所以每月二戒都要诵二次。菩萨戒是体，比丘戒是用；内外一如，则身心自在。诵戒不是过口文章，要说到行到。讲到持戒也实在为难，稍一彷佛就犯了戒。持戒这事，如头上顶一碗油似的，稍一不慎，油便漏落，戒就犯了。半月诵戒，诵完要记得，口诵心惟，遇境逢缘就不犯戒、不起十恶。佛制半月诵戒之意在此。"⑦

虚云老和尚在传戒、传法中严格执行戒律。1949年虚云老和尚在南华寺

---

① 岑学吕编：《虚云和尚年谱法汇》，台湾大乘精舍印经会1986年版，第330页。
② 李志锋编：《虚云大师禅修体系》，文化艺术出版社2009年版，第99页。
③ 《虚云和尚法汇年谱集》，中台山佛教基金印行，1999年，第296页。
④ 《虚云和尚法汇年谱集》，中台山佛教基金印行，1999年，第344页。
⑤ 《虚云和尚法汇年谱集》，中台山佛教基金印行，1999年，第296页。
⑥ 《虚云和尚法汇年谱集》，中台山佛教基金印行，1999年，第344页。
⑦ 《虚云和尚法汇年谱集》，中台山佛教基金印行，1999年，第342—343页。

传戒，有十余新戒反对烧香疤，他们联合起来向虚云老和尚发难，企图扰乱戒坛之风，虚云老和尚毫不退缩，断然将他们驱逐出戒坛，认为"他们决不是佛门的龙象，相反的，或为佛法中的叛徒，波旬子孙，此种人根本非吾教法器。所以此例决不能开，除非不是我传戒。今是我传戒，决照遵行。哪个不愿烧香疤的，马上迁单，决不能容情！数百弟子，岂能任他十人、八人的意见代表全体！岂能容这十个坏蛋，扰乱众戒子的道心！"[1] 他对于禅宗的传法非常严格，认为禅宗之所以衰落，就是由于滥传法嗣的结果。经常有人来请求虚云老和尚传法，有时甚至长跪于地，请求传法，如果不是根器者，他从不答应。但是，他对发心求戒的僧侣寄予很大的希望，他在《新戒堂看单便语略》中对新戒们开示说："如今你们众位，既发心求戒，必须要熟读戒相，专精律仪，方能严护威仪，坚守净戒。但愿众位，受戒后，总为人天师范。"[2] 此外，在其他场合虚云老和尚也是精严持戒的。1953年，中国佛教协会召开成立大会，当时一些佛教徒想学日本，让僧娶尼嫁，饮酒食肉合法化。虚云老和尚当时就说："要通过这样的决议案，大殿不是有这么大的柱子嘛，我就撞死在这儿。"因为虚云老和尚的反对，这个决议案就没有通过。这体现了虚云老和尚对扰乱佛教戒律的邪恶势力毫不退让的态度。

　　虚云一生曾担任多座寺院的住持，每到一处他都是整肃僧纪，均以严守戒律入手。鼓山是千年名寺，当时沦为子孙庙，规矩扫地，道风颓败。1929年，虚云老和尚在福州涌泉寺任住持时，着手整理涌泉寺道风，他首先将那些用钱买来的首座、当家师、知客等职务一概取消，他的改革遭到了那些寺院贵族僧人的强烈反对，他们不择手段加害虚云老和尚，甚至放火烧寺，以图烧死虚云老和尚，虚云老和尚不为所动，忘身护法，继续改革寺中旧习，将违法僧众均行革除，确定奖惩机制，"职事升迁，悉凭功绩"[3]，体现了虚云老和尚一身正气，重振禅风的决心。在鸡足山虚云老和尚带头严行戒律，提倡教育青年僧侣，革

---

[1] 净慧主编：《虚云和尚全集》第七分册《年谱》，河北禅学研究所印行，2008年，第226页。
[2] 净慧主编：《虚云和尚全集》第六分册《规约》，河北禅学研究所印行，2008年，第53—54页。
[3] 净慧主编：《虚云和尚全集》第七分册《年谱》，河北禅学研究所印行，2008年，第120页。

除陋习，在他的带领下，山中僧众戒荤茹素，恪守戒律，重振了鸡足山道风，鸡足山道风又现当年迦叶尊者道场风貌。为了教育僧众遵守戒律，他在92岁高龄之时（1931年），首在福州鼓山创办"戒律学院"，恭请慈舟法师住持院务，后来在学律的基础上又增学贤首教仪，便改编为"法界学院"。后于1943年春，虚云老和尚以百岁之身，又着手创办了"曹溪南华戒律学院"。

虚云老和尚恒持戒律，严守毗尼，却并不墨守成规，而是通过灵活而又变通的方式推进佛教戒律的复兴。虚云老和尚认为对于戒律应重精神而轻条文，在虚云老和尚《年谱》"十戒具戒三聚戒"中说道："关于戒律有一件很重要的事情，要向诸位说明的。……我们对于受持遮戒，贵在遵循如来制该戒之本意，不在于死守条文。若得佛意，虽与条文相违，亦名持戒；若不得佛意，虽遵守条文，亦成犯戒。但亦切不能以此藉口，而将如来所制戒律，一概抹杀。各宜深入律藏，神而会之。"[①]他指出佛教戒律和清规都是根据客观实际而产生的。"社会制度和风俗习惯，各处不同，必须因地因事因时以制宜，决不能墨守绳法。故《五分律》中，佛说：'虽我所制，于余方不为清净者，则不应用；虽非我所制，于余方必应行者，不得不行。'故当日百丈祖师，以中国与印度环境不同，已有'一日不作，一日不食'之美举。佛如降生此时此地，决不会制掘地纺织等戒的。……出家人并非闭门造车、死守一法的。"[②]因此，中国佛教徒所从事的耕田织布不是犯戒的事情，而是与佛教修持兼行并进的。虚云老和尚曾有开示云："我们现在耕田织布，是不是犯戒呢？……遮戒者，佛未制前造作无罪，自制以后，若作方成犯，如掘地纺织等。佛所以制遮戒，有各种原因，都是因地制宜，因事制宜，或者因时制宜的。如掘地纺织等戒，都因避世讥嫌而制。……但社会制度和风俗习惯各处不同，……佛如降生此时此地，决不会制掘地纺织等戒的。所以我们耕田纺织，并不是犯戒的事情，望诸位于修持中，切不可废劳动；于劳动中，也不可忘修持，两者是可以兼行并进的。"[③]以上所说的开耕、

[①]《虚云和尚法汇年谱集》，中台山佛教基金印行，1999年，第404—405页。
[②]《虚云和尚法汇年谱集》，中台山佛教基金印行，1999年，第405—407页。
[③] 净慧主编：《虚云和尚全集》第二分册《开示》河北禅学研究所印行，2008年，第293页。

织二戒，发展生产，走自食其力的道路，在情理上既不违背戒律的根本精神，亦合乎百丈"农产并重"的遗风。即使是佛教最为严肃的传戒问题，虚云老和尚认为也应根据实际情况灵活处理。1955年虚云老和尚在云居山为了传戒顺利开展，还是开了自誓受戒的方便，他在戒期开示中说："今各位不远千里而来，是已生至重之心。虚云也不是想避说戒，实因障碍因缘而已，故此是可以开自誓受戒方便的。至于僧戒，本来要眼观坛仪，耳听羯磨，才得受戒，故定从他受，不开自誓。然诸位此次皆是发殷重心跑来本山求戒，戒坛也看到了，十师也认得了，我每天讲受戒法则也听到了，虽未正式登坛，但诸位各回本处自誓，我在此地作法，遥为回向。虽未算如法，也不为草率从事了。"[1] 在时局不安、舟车不便、道路阻碍等条件限制的情况下，开自誓受戒之方便也是灵活变通弘扬戒律的好方式。

当然，这种开戒变通只是根据具体情况因地制宜的权宜之计，为了使僧徒的生活严格制度化，有力地保障寺院的规范化管理，虚云老和尚生前制定诸多丛林规约。1904年，虚云老和尚任云南鸡足山钵盂庵住持时，首先就把当时寺院实行的子孙制改成了十方丛林选贤制，并订立规约，严格律仪。在他重兴昆明云栖寺，重振鼓山涌泉寺，重建曹溪南华寺、云门大觉寺、云居山真如禅寺等道场之后，都整肃寺规，率众严守毗尼，重兴百丈清规，重订了《共住规约》《客堂规约》《云水堂规约》《题云水堂记》《禅堂规约》《学戒堂规约》《爱道堂共住规则》《教习学生规约》《大寮规约》《浴堂规约》《衣钵寮规约》《库房规约》《水陆法会念诵执事规约》《大觉农场组织简章》等，他亲自制定的这些新的规章制度，是在传统戒律的基础上的一种创新和发展，体现出新的时代特征。这些规章制度不仅在当时推动了僧团建设，保障了寺院的规范管理，也对当前的僧团建设具有重要的指导意义。

言行相合

虚云老和尚坚持奉行"以戒为师"的原则，率先垂范，严守毗尼，以身作

---

[1]《虚云老和尚说法》，陕西师范大学出版社2007年版，第218—219页。

则，为僧众树立了形象而又生动的榜样。

在吃、穿、用等方面虚云老和尚严于律己。关于饮食，虚云老和尚在制定的《大寮规约》中开首即说："寸薪粒米，当思来处之艰难；滴水残羹，须念作时之不易"，要求"所剩粥饭，必须尽心料理，不可损坏，留存后吃，违者罚"①。在他的实际生活中也是这样做的，当时他所处的"云居山地势很高，海拔一千一百多米。冬天气候很冷，低至零下十七八度。收藏在地窖里的红薯，经不起寒冷的空气，皮都发黑了，煮熟后吃起来很苦的。有一次，我和齐贤师一起在老和尚那里吃稀饭，吃到了那种又苦又涩的红薯皮，便拣出来放在桌边上。（虚云）老和尚看到时，默不作声，待吃过稀饭后，他老人家却一声不响地把那些红薯皮捡起来都吃掉了。……"②虚云老和尚穿着非常俭朴。绍云法师《虚云老和尚在云居山的事迹点滴》中记载："他老人家（指虚云和尚）是很节俭惜福的，他睡觉草席破了，要我们帮他用布补好。不久后，在同一个地方又破了，实在补无可补，我们就对他说，想把草席拿到常住去换一张新的。那时一张草席只不过是两块左右人民币。不料他老人家听后，便大声地骂：ّ好大的福气啊！要享受常住一张新席子。ّ我们都不敢作声了。无论是冬天或夏天，他老人家都只是穿着一件烂衲袄，即是一件补了又补的长衫。冬天就在里面加一件棉衣，夏天里面只穿一件单褂子而已。"③关于用具，虚云老和尚在就任中国佛教协会名誉会长和当选为中国人民政治协商会议第二届全国政协委员时，他依然不改其本色。1953年广州弟子数人去云居山拜访虚云老和尚，"及抵寺，见断垣残壁，瓦砾荒榛。遇一禅人，问老和尚何在，禅人指示之，则一牛棚也。蔓草支离，积以成壁。鞠躬而入，乍不见人，稍立定，乃见师坐木板塌上，如

---

① 净慧主编：《虚云和尚全集》第六分册《规约》，河北禅学研究所印行，2008年，第31—32页。
② 净慧主编：《虚云和尚全集》第二分册《开示》，河北禅学研究所印行，2008年，第349—351页。
③ 净慧主编：《虚云和尚全集》第二分册《开示》，河北禅学研究所印行，2008年，第349—351页。

入定状。"① 然而，虚云老和尚对于僧众却是一种完全不同于律己的大方。1942年冬天，应国民政府主席林森之请，虚云老和尚前往重庆主持"护国息灾大法会"。法会期间，名公巨卿送给他不少珍贵的古玩和字画，共有5大箱，都于归途中转赠给各地寺庙，自己不留一物，空无一身离去。

一般来说，传统佛教都宣扬消极遁世的思想，主张远离社会、远离人群，到深山老林中坐禅苦修，以求来世的解脱。但是，在虚云老和尚的禅修观念中，认为修禅者须借境炼心，应将禅法的体验落实于日常生活中去。他积极提倡参禅日常生活化，主张无论是出家僧人还是在家居士，参禅不必脱离世俗生活，在日常的"运水搬柴，锄地种地"中，只要牢记克服私心贪欲，都可以达到禅修的目的和效果。他在《参禅法要》中指出："平常日用，皆在道中行，哪里不是道场？本用不着什么禅堂，也不是坐才是禅。所谓禅堂，所谓坐禅，不过为我等末世障深慧浅的众生而设。"② 在这里，他说得很明确：参禅不一定靠打坐，也不是只有打坐才是禅，参禅可以贯彻在日常生活中，只要你牢记参禅之目的，处处都可以是道场。虚云老和尚进一步指出："所谓运水搬柴，无非妙道；锄田种地，总是禅机。不是一天盘起腿子打坐，才算用功办道的。"③ 虚云老和尚曾明确地说："望诸位于修持中，切不可废劳动，于劳动中，也不可忘修持，两者是可以兼行并进的。"④ 实际上，虚云老和尚已经打破了传统禅修的模式，提倡参禅生活化，把参禅与平时的生活、劳动结合起来，使禅修活动贯穿于日常的生活中。

虚云老和尚除了提倡禅修生活化之外，还倡导"农禅并重""工禅并重"。所谓"农禅并重""工禅并重"，是指禅修与务农、务工相结合，在务农和务工的劳动中来达到禅修的目的。虚云老和尚不仅这样严格要求僧众参加生产劳动，而且自己也身先士卒，起表率作用，他以自己的百岁高龄，仍然坚持亲自出坡耕作。虚云老和尚率众僧辟茶园无数。当时有一首诗描绘了山中僧人采茶

---

① 净慧主编：《虚云和尚全集》第七分册《年谱》，河北禅学研究所印行，2008年，第293页。
② 净慧主编：《虚云和尚全集》第二分册《开示》，河北禅学研究所印行，2008年，第58页。
③ 净慧主编：《虚云和尚全集》第二分册《开示》，河北禅学研究所印行，2008年，第66页。
④ 纯闻主编：《虚云老和尚在云居山》（重刊），南昌市百花印刷厂印行，2007年，第195页。

劳动的一幅生动景象,《采茶》诗云:"山中忙碌有生涯,采罢山椒又采茶。此外别无玄妙事,春风一夜长灵芽。"[①]1950年,虚云在广东乳源县云门山大觉禅寺,创办了"云门山大觉农场"。他要求住在大觉寺的僧众,一律参加生产劳动。在其《农场组织简章》中我们可以看到他是如此规定的:"凡在本寺长住之僧众,除总副管理、监植可免垦种工作,及年在六十以上、体格衰弱、确不能任劳者,酌量派遣其他任务外,其余均须一律参加垦种工作。如有好逸恶劳,苟且偷安,不肯参加者,概不留单……规定每人应垦种荒地最少三十方丈。"[②]特别是在云居山期间,对此更为重视。1954年,他在江西云居山真如禅寺任住持时,又创办了"云居山真如禅寺僧伽农场"。《云居山新志》有这样的记载:"寺内僧众即在虚云和尚的主持下,报政府批准,组成'僧伽农场',下分为农林与建筑两队。农林队负责开垦荒地,造田种稻,植树造林,砍竹伐木,加工产品。建筑队即从事修复重建寺院事宜。经过共同勤奋劳作,年内即开垦出水田六十余亩,旱田十余亩。水田所种水稻秋季就收获了谷子百余担,部分地解决了寺内僧众的口粮问题。旱地上所种蔬菜和红薯等杂粮也得到丰收。"[③]对这段往事,一诚和尚曾在《在纪念虚云老和尚圆寂40周年座谈会上的讲话》中回忆道:"1953年,虚老移锡云居山,入住之后,即率僧众开展农禅,将常住僧众分为两队,一队挖泥制砖,筑炉铸瓦,修复寺宇;一队垦荒辟地,种禾栽蔬,开展生产。在此之中,虚老已是百余岁高龄,虽然不能下田劳动,但却时时巡看在田间,督促于建筑工地,时而一二句话语,教诲众人,鼓舞士气。"[④]现在的云居山真如禅寺被誉为中国佛教的样板丛林,这与虚云老和尚的努力是密不可分的。虚云老和尚重兴的农禅结合的普请劳作制度,不仅能够有效解决道场僧众口粮问题,而且为今后寺庙经济的全方位开展提供了有益的借鉴。除了在大觉寺办农场外,虚云老和尚在韶关市大鉴寺还创办了纺织工厂。因为大鉴寺地处城中闹市,没有条件办农场,他则因地制宜,率领僧众开设了一个纺

---

① 净慧主编:《虚云和尚全集》第五分册《诗偈》,河北禅学研究所印行,2008年,第41页。
② 净慧主编:《虚云和尚全集》第六分册《规约》,河北禅学研究所印行,2008年,第36页。
③ 释一诚主修:《云居山新志》,中国文史出版社1992年版,第5页。
④ 净慧主编:《虚云和尚全集》第7分册《追思录》,中州古籍出版社2009年版,第487页。

织工厂,以推行他提倡的"工禅并重"理念。这是由于他生活在社会动荡、国家多难、佛教衰微的时代,大多寺院经济困难,众多庙宇长期毁损失修。在这种形势下,他强调自力更生是维持佛教的根本,宣扬"农禅并重""工禅并重"的自立思想,并且身体力行,亲自创办僧伽农场和僧伽工厂,以解决佛寺的经济困难问题,主张寺僧自食其力,僧人自己开垦、种植田地来获取收入。对于佛教适应当时的社会无疑具有重要的现实意义。虚云老和尚在自序中云:"今后本寺僧众。有愿办实业者。山场则多种树木。田地则自行垦殖。自食其力。以免外界口实。而杜弊端于无穷。"[1]后来他在云门山大觉农场的《农场组织简章》中也非常明确地提出:"本农场为适应现实环境之需要,特组织僧伽开发本寺所有荒地,努力增加国家生产,并以弥补本寺粮食之不足,且达到人人劳动、自给自足之目的,用以维护祖庭为宗旨。"[2]虚云老和尚倡导"农禅并重"和"工禅并重"的目的,不单单是为了解决寺院的经济来源,而且还要为国家和社会做出应有的贡献。如果从佛教禅修来说,无论"农禅并重"也好,"工禅并重"也好,务农和做工都被视为办道的辅助,也是把禅法运用到生活当中的一种体现,是在劳动中完成自给与实践禅修、巩固禅法,这与他们在禅堂参禅一样,都是为修行解脱的最终目的服务的。

新中国成立后,虚云老和尚鼓励佛教徒要全心全意为人民服务。他在《在杭州市佛教界祝愿世界和平法会上的讲话》中说:"毛主席这种英明的领导,我们为佛教徒的,应该踊跃起来,响应祖国的一切号召,并全心全意为人民服务。"[3]他要求佛教徒保持参加生产劳动的好作风,曾说:"你且先在常住发发心吧,参加一些生产劳动。如今新社会的僧人,更要本着百丈禅师的禅风,一日不作,一日不食。这样很好,既能调润色身,又能增长慧命。"[4]虚云老和尚这种言行相合的践行实践受到高度赞扬:"虚云本人一身作则,亲率僧众垦殖,大有百丈'一日不作,一日不食'之遗风。今天的云居真如寺、云门大觉寺尚

---

[1] 《虚云和尚年谱法汇增订本》,台湾修元禅院敬印1997年,第800页。
[2] 净慧主编:《虚云和尚全集》第六分册《规约》河北禅学研究所印行,2008年,第36页。
[3] 净慧主编:《虚云和尚全集》第二分册《开示》河北禅学研究所印行,2008年,第127页。
[4] 黄复彩:《仁德法师传》,《虚云和尚全集》第2分册,中州古籍出版社2009年版,第424页。

保持虚云所制定的农禅并举之制,云居山的农林生产,尤为国内佛教界农禅结合之模范。"①

虚云老和尚一生的行持,朱镜宙居士概括为"十一行":"一、净行,二、苦行,三、孝行,四、忍行,五、定行,六、舍行,七、悲行,八、异行,九、方便行,十、无畏行,十一、不放逸行。"②这十一行基本概括了虚云和尚禅修实践历程的主要内容,也是他的愿行相应、戒行相符和言行相合的另一种注释。虚云老和尚的佛教禅修践行,当代著名的佛学家印顺法师在虚云和尚圆寂后,撰写他的舍利塔铭时给予赞叹,曰:"体道也深彻,履践也笃实,利生也过化存神。值危难之秋,行难忍之事。若和尚者,可谓不可思议者矣。"可以说,其禅修践行提供了南禅型人间佛教的理论雏形和实践典范,对今天以南宗禅法为内核的人间佛教的弘扬不无重要的借鉴意义。"他留给后世不仅是数十道场那么简单,而是给后世四众弟子树立了作为一名佛子如何安身立命的典范,示范了在现今社会如何才能真正振兴佛教的妙方。"③这是因为他把担当现实的责任意识看作是佛教中的"菩萨行",从实践和现实层面为佛教的现代化树立了一个足以垂范千秋的高僧典范、人格楷模。

---

① 陈兵,邓子美:《二十世纪中国佛教》,民族出版社2000年版,第285页。
② 《禅》,2001年,第1期。
③ 惟升:《虚云老和尚及其门下十比丘》,《虚云老和尚佛学思想研究论文集》,云居山佛学研究苑印行,2009年。

论虚云老和尚人间佛教实践的基本内容

中国近代著名高僧虚云老和尚一生的修行实践与人间生活都是息息相关的。自出家后,参访名胜,足迹遍及四川、西康、西藏乃至印度、锡兰、缅甸等地,扩大了视野,增长了见识;拜师问道,亲近过的高僧主要有涌泉寺常开和尚、鼓山妙莲和尚、天台融镜和尚、焦山大水和尚、金山寺观心和尚、新林寺大定和尚、扬州高旻寺朗辉和尚、金陵松严和尚及杨仁山居士等20多人,得以法雨滋润。重建祖庭,实行丛林的普请劳作制度,使寺院僧众的生活达到自给自足;创办学校,"为当代中国佛教培养了一批领袖型的人物,并且这些高僧成为中国佛教的领军力量"[1]。讲经弘法,在国内外,"据不完全统计,在虚云和尚座下剃度、得法、受戒、受皈依的弟子达百万之众,大多分布在中国大陆、港澳台地区以及东南亚和北美诸国,为中华文化向外传播史书写了新篇章"[2]。总之,虚云老和尚在学术研究、农禅并重、国际交流等方面做出了令人瞩目的成就。这也是他的人间佛教实践的基本内容。

注重佛教典籍　培养佛教人才

虚云老和尚一生中所修复的道场,主要是禅宗的祖庭。这些祖庭历史都很悠久,有着丰富深厚的文化积淀,是一份无形的宝贵资产。充分发掘和尊重道场的历史,注意保护、整理寺院文化遗产,不仅是对历代祖师的尊重,同时也是维系和承传祖庭之文化慧命。为了延续和强化祖庭的辐射教化功能,进一步提升僧人素质,培养佛教人才,也是势所必然。

---

[1] 黄心川:《虚云老和尚的佛教领袖作用》,云居山佛学研究苑印行,2009年。
[2] 韩溥著:《江西佛教史》,光明日报出版社1995年版,第392页。

（一）整理佛教藏经

虚云老和尚认为修整佛教《藏经》是一件极为重要的大事。他说："承示重修《藏经》，以云为首，殊感惊惧！云不学无才，滥厕僧伦，毫无建树，加以风烛残年，僻居深山，惟修《藏经》一事，关系法门命脉，亦为国家大典，非具金刚正眼、铁面无私之决心，殊难完成盛举。"[①] 为了保持佛教文化的传承，他在主持鼓山期间，特别重视佛教经典的整理。涌泉寺内历来收藏有许多经版，为海内外所无（如苏东坡为金山寺所写《楞伽经》，无一懈笔，每字必带笔一两圈，为东坡一生杰作），但到虚云老和尚接任时，因年久失检，保管不善，虫蛀潮霉，多有损毁。有见于此，虚云老和尚组织观本（为晚清举人身份出家的弟子）等人专事整理，缺者补之，毁者复之。明确要求加上丹黄标签，分简册之部居，考证译撰者人名，记录锓梓的时间。经过数月艰辛劳作，编著完成《鼓山涌泉寺经板目录》，虚云老和尚亲自为之撰序。为使四众弟子追踪古人得髓之真传，勿忘先德嘉惠之至意，于民国二十一年（1932年）将其付梓面世。在整理经版的过程中，发现罕为人知的元代延祐年间（1314—1320年）福建陈觉林刻本《大般若经》六百卷、《大宝积经》百二十卷、《大涅槃经》四十卷。虚云老和尚命观本等加以详细核对，查勘三经共残缺四十卷。两年后（1934年），朱庆澜居士征得虚云老和尚的同意，将此三经一并收入《碛砂藏》影印传世，从而大大提高了《碛砂大藏经》的价值。虚云老和尚认为此乃扶持正法眼藏之举，功德无量，欣然命笔，撰《影印宋碛砂版大藏经序》。抗战胜利后，由虚云老和尚、圆瑛法师等发起组织增修大藏经会，刊行《民国增修大藏经》，同时还对重修《藏经》提出个人看法："兹事体大，尚望慎始。若为继续搜罗近代大德事迹，不若如日本《续藏》之保存古迹，犹为易事。倘倡编新藏，则尚祈审议。"[②] 虚云老和尚对佛教经典的著述也很多。如《楞严经玄要》《心经释》等，"最宝贵的是亲笔在薄白的棉纸上写着蝇头小楷的《楞严经》注解及《圆觉经》《遗教经》等注解，这都是他老从自性中流出的精华。但使我们痛惜的，就是没有

---

① 净慧主编：《虚云和尚全集》第三分册《书信》，河北禅学研究所印行，2008年，第9页。
② 虚云老和尚著、余晋等点校：《虚云老和尚法汇》，第174—175页。

提早出版,去年在云门连同一些信件、法语、诗文等,都遗失和分散了。后来虽经我们四方八面搜集,所得不过十分之一,已经将它编为《虚云和尚法汇》,计有《法语》四卷,《书问》一卷,《杂文》一卷(包括文、序、记、传、铭、跋、疏),重刊《佛祖道影传赞》一卷,《诗偈》一卷,亲手写成的《年谱》二卷(编至一九四八年为止),现在正在准备出版。但《楞严经》等注解,终于无从找到,这是最可惜的!"① 到了晚年,虚云老和尚仍希望四众弟子深研《楞严经》。他说:"以我的愚见,最好能专读一部《楞严经》,只要熟读正文,不必看注解。读到能背,便能以前文解后文,以后文解前文。经由凡夫直到成佛,由无情到有情,山河大地,四圣六凡,修证迷悟,理事因果戒律,都详详细细地说尽了。所以,熟读《楞严经》很有利益。"②

(二)编辑禅宗文献

正如虚云老和尚所说:"欲转法轮,不离文字,确是铁一般的必然定律。"③ 为了法轮常转,虚云老和尚除了整理大藏经以外,还积极编辑其他佛教文献史料。虚云老和尚的所作所为,表现出一种时人所少有的远见卓识和历史文化意识。从《年谱》中,我们可以看出,虚云老和尚每至一处,在恢复道场建筑物的同时,总是不遗余力地多方搜求,发掘和整理祖师道场的历史,包括道场的兴替、法系的承传、过往高僧之行迹、文物典章等,在修复和保护寺院的文物古迹方面倾注了很多的心血。住持鼓山寺务期间,虚云老和尚考虑到寺中所藏《佛祖道影》,成书于永觉和尚主法之时,虽在康熙年间曾加以修补,但时隔270多年,日久散失,中间多有破损残缺。所留仅有117位,像、赞也参差不齐。因此,于禅诵之余,虚云老和尚组织僧众多方征集资料,派专人赴沪请来《续藏》,从中获益不小,增补诸祖师传记,并使之与原苏州玛瑙经房刊本相校勘与会编,增刻祖师画像至310尊,配齐传赞,题名《增订佛祖道影》。又亲

---

① 净慧主编:《虚公和尚全集》第八分册《传记资料》,河北禅学研究所印行,2008年,第112—113页。
② 净慧主编:《虚云和尚全集》第九分册《传记资料》,河北禅学研究所印行,2008年,第319页。
③ 净慧:《虚云和尚法会续编》,第62页。

撰《增订佛祖道影序》，记其因缘，到民国二十四年（1935年）一并刊印流行。在编辑此书过程中，虚云老和尚还多方设法寻觅资料，对禅宗的法系加以考证，尤其是对有关史籍记述中存在的一些错误，予以订正，撰成《法系考证》一文。在《增订佛祖道影》的编辑即将完成之际，虚云老和尚编辑了以记述鼓山列代祖师业绩为主要内容的《鼓山列祖联芳集》。在这一过程中，同时对禅宗五派源流进行一系列的考证，分宗列派，溯源导流，把各派辈分整理编辑成文，名曰《禅宗五派源流》，附于《增订鼓山列祖联芳集》之后，亲自撰序，然后一并付印流行。为了让更多的人了解祖师道场的历史，虚云老和尚曾多次组织重印或重新编辑所兴复的祖师道场之志书，如《鸡足山志》《鼓山志》《曹溪通志》《云门寺志》《云居山志》等。这一做法，对保存寺院历史、延续道场文化，具有十分重要的意义。

（三）办学培养人才

虚云老和尚创办学院，其目的在于能造就严持如来禁戒的僧才，挽救既倒之狂澜，力扶正法于未来。他开设了各种中国僧伽教育学校，1904年9月19日，虚云老和尚首先在鸡足山（今虚云禅寺）成立滇西宏誓佛教学堂，1913年改为滇西宏誓佛学院，办学的宗旨是为提高鸡足山僧人的修行素质，养成良好的僧格，将培养僧人的僧格、禅修的常识与清规戒律为主要课程，注重学修结合，僧学院的开办，一改过去师徒相授的丛林教育模式，具有现代教育的雏形。1920年，虚云老和尚在任福州鼓山涌泉寺住持时，在寺院创办学戒堂，1931年改为佛学院，教学方法在传统教学的基础上，吸收了新的教育方式。学员一如既往地要参加早晚课。教学课程不仅开设了律学与经论课等传统课程，而且还开设了文学与算学课等现代课程，在提高僧人素质的基础上，加强文化素养的提高，这种办学理念是与时俱进的。1943年，虚云老和尚于南华寺设戒律学院，并"制订《学戒堂规约》十四条，对学僧严加管束，以望成才"[①]。于同年冬，虚云老和尚看到周围农村贫家子弟，为战事与贫困所致，失学于外者众，

---

① 净慧主编：《虚云和尚全集》第九分册《传记资料》，河北禅学研究所印行，2008年，第293页。

虚云老和尚遂于南华寺宝林门内开办义学一所，安顿失学贫家子弟入学其中。在云居山期间，虚云老和尚于"寺中创办佛学研究苑，择有初中文化的青年比丘就学其中，采取不脱产学习制度，每日早上四时早课后，听讲两小时，晚上六时又听讲两小时，听讲后进行自习，然后复小座，并要求学僧背诵《法华》《楞严》及《四分律比丘戒本》等。"① 学院注重学修结合，学僧每天跟常住僧人一起上殿诵经、坐香参禅，参加每半个月一次的布萨诵戒，初一、十五要于佛前上供等。学僧与常住僧人一起出坡种菜、上山打柴、烤竹笋干、打核桃等劳动。饮食与常住僧人一起过堂用斋。实行这种"刀耕火种，冬参夏学，犹未失丛林家风"②。虚云老和尚于云居山办教理研究院的举措，为禅宗不读经、不研禅理，做了很大的针砭调整。不但与人间佛教相结合，也可救治禅宗哑咩僧或无知无识弊病，更为当代及未来禅宗指点平实而正确的前途与思路。虚云老和尚的办学理念和方式，为现代佛教培养了大批的精英僧才。"统观近现代高僧门下弟子的数量与质量，及其在今日佛教界的影响度，虚老门下弟子可谓首屈一指。"③

实行普请劳作　增强自养能力

一般来说，传统佛教都宣扬消极遁世的思想，主张远离社会、远离人群，到深山老林中坐禅苦修，以求来世的解脱。但是，虚云老和尚却主张无论是出家僧人还是在家居士，都不必脱离世俗生活，应该在日常的"运水搬柴，锄地种地"劳作中来修持，同样可以达到禅修的目的和效果。这样一方面通过劳动可以使僧人"袪除心上污染，显现自身本性光明"，另一方面也可以实现自食其力，对社会做出贡献。实际上，虚云老和尚的这些思想是力图变革传统佛教，使消极避世的佛教转化为积极入世的佛教，努力在日常的生活和劳作中，在参加各种社会活动中，建立起完善的人格和僧格。

---

① 净慧主编：《虚云和尚全集》第九分册《传记资料》，河北禅学研究所印行，2008年，第267页。
② 净慧主编：《虚云和尚全集》第三分册《书信》，河北禅学研究所印行，2008年，第106页。
③ 惟升：《虚云老和尚及其门下十比丘》，《虚云老和尚佛学思想研究论文集》，云居山佛学研究苑印行，2009年。

（一）僧众必须从事劳动

中华人民共和国成立以后，虚云老和尚已注意到我们国家社会环境变化的现状，告诫出家人不能再像过去那样坐受供养，必须参加劳动生产，否则，将会被社会所淘汰。虚云老和尚深刻地认识到佛教要适应今后政治社会之新环境，必须要改变坐享其成的生活方式。一是要继承祖制。虚云老和尚认为应当发扬百丈禅风，自力更生，从事劳动。"盖以政治变迁，经济改革，社会发展，在过去僧伽经济之来源——租息，募化，香火，经忏，皆不可复恃矣，惟'劳动生产'固我佛祖曾率先躬行，以示方来者也。……昔百丈祖师创制，'一日不作，一日不食，'又古德称'诸方说禅浩浩地，争如我这里种地博饭吃'，公可谓能继述也。"[1] 只有"致力开荒生产，于国家庶尽少分力量，亦不失祖师门风"[2]。二是要自食其力。他指出："今后本寺僧众，有愿办实业者，山场则多种树木，田地则自行垦殖，自食其力，以免外界口实，而杜弊端于无穷。"[3] 所以在虚云老和尚诸多开示中，我们屡屡看到有关从事农田劳作的嘱咐，如云："现在时移事易，佛弟子也和世人一样为衣食住而繁忙，耕田插秧一天到晚泡在水里，不泡就没有得食"[4]，"当家说过，今早不出坡，我还叫出坡，……现在春雨土松，若不趁此时候多辛苦一点，请问下半年吃什么呢？"[5] 三是要自给自足。"公上追百丈芳型，近察社会环境，深知今后佛教，要不被淘汰，僧伽经济必须在'劳动生产'之条件下，自给自足，以谋解决，始克有济。"[6] 虚云老和尚为适应新的时代要求，开发荒地，在云门山建立云门山大觉农场，以"弥补本寺粮食之不足，且达到人人劳动、自给自足之目的，用以维护祖庭为宗旨"[7]，以后虚云

---

[1] 净慧主编：《虚云和尚全集》第九分册《传记资料》，河北禅学研究所印行，2008年，第420—421页。
[2] 净慧主编：《虚云和尚全集》第三分册《书信》，河北禅学研究所印行，2008年，第156页。
[3] 净慧主编：《虚云和尚全集》第六分册《规约》，河北禅学研究所印行，2008年，第7页。
[4] 净慧主编：《虚云和尚全集》第二分册《开示》，河北禅学研究所印行，2008年，第208页。
[5] 净慧主编：《虚云和尚全集》第二分册《开示》，河北禅学研究所印行，2008年，第226—227页。
[6] 净慧主编：《虚云和尚全集》第三分册《书信》，河北禅学研究所印行，2008年，第156页。
[7] 净慧主编：《虚云和尚全集》第六分册《规约》，河北禅学研究所印行，2008年，第36页。

老和尚在书信中也经常提到僧众要自给自足的必要，诸如"于道粮艰难中，大众戮力开田建屋，热心劳动，垦荒已百数十亩，亟求自给"①，"本寺山高水寒，生活艰苦，粮食困难，寺中全赖自耕而食。今冬来人，尚需另开荒田，以求粮食自给"②。

（二）身体力行带僧众劳作

虚云老和尚行菩萨愿力，清修苦行，每中兴一寺，必先结茅而居，发扬佛教优良传统，艰苦创业，实行"一日不作，一日不食"的普请法。他首先是亲率僧众参加劳作。有关的记载较多，如虚云老和尚"以百岁高龄，亲率僧众，披荆斩棘，填土筑堤，自烧砖瓦，再造殿堂"③。"公（指虚云）于改定山向后，亲率学人工匠，芟除荆棘，砍伐树木，掘土搬石，凿山开渠，高者平之，低者填之，窄者宽之，缺者补之。"④虚云老和尚身体好时，其劳作的成果皆超过一般的僧众。虚云老和尚"出坡搬柴，恒兼人一倍，灌园种菜，皆先于人，而言动颇与人异"⑤。"公在禅堂，除自己研习及参究外，至殿堂、坐香、耕牧、搬运、灌种、斫柴，种种工作，倍于常人，不辞劳苦，众皆赞仰。"⑥虚云老和尚即使身体差时，仍坚持到出坡现场去指导僧众的劳作。"承关注，朽体甚衰，山上开田修造，一众辛劳；云出坡劳力已不能，亦未可独闲，略加指点而已。"⑦再就是要求禅修与劳作相结合。在虚云老和尚看来，参禅的方法很多，"禅堂打坐"只是一种方法，更多的方式是在日常生活和劳动工作中。他在《参禅法要》中

---

① 净慧主编：《虚云和尚全集》第三分册《书信》，河北禅学研究所印行，2008年，第101页。
② 净慧主编：《虚云和尚全集》第三分册《书信》，河北禅学研究所印行，2008年，第161页。
③ 净慧主编：《虚云和尚全集》第八分册《传记资料》，河北禅学研究所印行，2008年，第203—204页。
④ 净慧主编：《虚云和尚全集》第九分册《传记资料》，河北禅学研究所印行，2008年，第425页。
⑤ 净慧主编：《虚云和尚全集》第八分册《传记资料》，河北禅学研究所印行，2008年，第8页。
⑥ 净慧主编：《虚云和尚全集》第八分册《传记资料》，河北禅学研究所印行，2008年，第24页。
⑦ 净慧主编：《虚云和尚全集》第三分册《书信》，河北禅学研究所印行，2008年，第115页。

指出："平常日用，皆在道中行，哪里不是道场？本用不着什么禅堂，也不是坐才是禅的。所谓禅堂，所谓坐禅，不过为我等末世障深慧浅的众生而设。"①他认为参禅不一定靠打坐，也不是只有打坐才是禅，参禅可以贯彻在日常生活中，只要你牢记参禅之目的，处处都可以是道场。道在日用寻常中，所以"作务不碍参禅，参禅无妨作务"，实际上，虚云老和尚打破了传统禅修的模式，提倡参禅生活化，把参禅与平时的生活、劳动结合起来，使禅修活动贯穿于日常的生活中。1955年，虚云老和尚在一次农场插秧时说："佛法非同异，千灯共一光，你们今日插秧，道就在你手上。坐卧是道，插秧是道，低头是回光返照。水清见天，心清就见性天。"②虚云老和尚和尚进一步指出："运水搬柴，锄田种地，乃至穿衣食饭，都是修行佛法。"③在劳作中同样可以修持。劳动不忘修持，修持不忘劳动，二者是可以兼行并进的。并告诫僧众"不要只知忙于插秧，就把修行扔到一边为要！"④

虽然普请法要求僧众一律参加生产劳动，但也明确规定了可免参加垦种的僧众。他在《农场组织简章》中是这样规定的："凡在本寺长住之僧众，除总副管理、监植可免垦种工作，及年在六十以上，体格衰弱、确不能任劳者，酌量派遣其他任务外，其余均须一律参加垦种工作。……惟临时挂单，及年在十五龄以下者，不在此限。"⑤

（三）劳作场面生动活泼

反映劳作场面的情景集中表现在《虚云和尚全集》的《诗偈》中。如种地的景象："薄田几亩，耕牛一只。种子下地，便是收时。一声雷响，带雨耘耕。禾苗挺实，大获丰收。南亩种罢，锄头高挂。岂敢自享，兼奉天下。种尽残

---

① 净慧主编：《虚云和尚全集》第二分册《开示》，河北禅学研究所印行，2008年，第58页。
② 净慧主编：《虚云和尚全集》第七分册《年谱》，河北禅学研究所印行，2008年，第215页。
③ 净慧主编：《虚云和尚全集》第九分册《传记资料》，河北禅学研究所印行，2008年，第318页。
④ 净慧主编：《虚云和尚全集》第七分册《年谱》，河北禅学研究所印行，2008年，第217页。
⑤ 净慧主编：《虚云和尚全集》第六分册《规约》，河北禅学研究所印行，2008年，第36页。

田，簑笠两闲。闲过邻家，论说丰年。"[1]如采茶采椒的场景："山中忙碌有生涯，采罢山椒又采茶。此外别无玄妙事，春风一夜长灵芽。"[2]"信手扳来那一枝，津津恶辣浑无私。锋芒更比锥头利，触着虚空负痛时。昔年曾到无锥地，今日无端忽遇锥。伸手轻轻才摸着，一声阿喇自相委。"[3]如建庙的现场，"教令耕耘，但莫休歇。搬砖弄斧，针灸透穴。"[4]"挑雪填井无休歇，龟毛作柱建丛林。"[5]劳作繁忙时期，僧众为了"现在进行山区建设，展开生产跃进，僧众忙碌，作务冗繁，故对佛像开光、传戒及小辰各项，均不举行"[6]。

（四）劳作收成自给有足

农禅并举的劳作方式切实解决了当时寺院存在的经济困难问题，也为日后丛林实现自给自足提供了经验。虚云老和尚以身作则，亲率僧众垦殖，发扬了百丈"一日不作，一日不食"之遗风，僧众的劳作收成达到了自给自足的程度。在虚云老和尚所写的书信中对此有许多描述。如"一众农禅作务稍忙，自给生活，日有进步"[7]。"山中农禅生涯，自给丰足。兹复每亩增收粮谷一百六十斤，堪慰远念。"[8]"幸近年来，年产稻谷杂粮以及蔬菜之类，不下二十余万斤，聊以自给。"[9]在虚云老和尚的《传记资料》中也有诸多记载。虚云老和尚在云门时，"寺前放生池下有十多亩水田，农场一片旱地有二三十亩，水田有十亩左右，云门亭有五六亩水田，共计田四十多亩，每人平均有一亩多。每年种有花生五六亩，一亩能收干花生三百斤。一百斤花生能榨三十斤油，到一六街冰江渡去榨。这样，每年自种的花生油基本可以自给，粮食也自耕自食有余。还种

---

[1] 净慧主编：《虚云和尚全集》第五分册《诗偈》，河北禅学研究所印行，2008年，第132—133页。
[2] 净慧主编：《虚云和尚全集》第五分册《诗偈》，河北禅学研究所印行，2008年，第41页。
[3] 净慧主编：《虚云和尚全集》第五分册《诗偈》，河北禅学研究所印行，2008年，第189页。
[4] 净慧主编：《虚云和尚全集》第五分册《诗偈》，河北禅学研究所印行，2008年，第108页。
[5] 净慧主编：《虚云和尚全集》第五分册《诗偈》，河北禅学研究所印行，2008年，第111页。
[6] 净慧主编：《虚云和尚全集》第三分册《书信》，河北禅学研究所印行，2008年，第51页。
[7] 净慧主编：《虚云和尚全集》第三分册《书信》，河北禅学研究所印行，2008年，第154页。
[8] 净慧主编：《虚云和尚全集》第三分册《书信》，河北禅学研究所印行，2008年，第51页。
[9] 净慧主编：《虚云和尚全集》第三分册《书信》，河北禅学研究所印行，2008年，第159页。

有芝麻、眉豆、木薯等杂粮。农闲时，到桂花潭山上砍些杂柴，挑到乳源街上去卖，可以换回盐、茶、豆腐等物"①。尤其是在云居山时，"一九五六年，真如寺僧伽农场林队在虚云的安排下，僧众同甘共苦，劳作不息，也取得了较好的收成。到年底为止，共开出水田一百八十余亩，旱地七十余亩。这一年，共收获稻谷四万五千多斤，杂粮两万六千多斤。同时，造林营林数百亩，所出产的竹器、茶叶、银杏、笋干等也得到了较为可观的经济收入。这样，使寺中百余僧众的生活自给程度得到了较大的提高"②。并于"本年(指1956年)春夏间，住众达二千指，其中有专门建造人才、有农林学者，所以一切工程、一切耕植，收效宏速"③。第二年，也就是1957年，"在这一年里，真如寺在农林生产方面也取得了很大的丰收，继续开田垦荒，精耕细作，单水稻亩产就比前一年增产一百多斤，总产量达六万多斤。同时，还在寺内外大量种茶栽树，其中如滇松、川楠木及各类果树，就种了数千株。"④因此，虚云老和尚提倡的普请劳作方式受到学界的高度评价，"今天的云居真如寺、云门大觉寺尚保持虚云所制定的农禅并举之制，云居山的农林生产，尤为国内佛教界农产结合之模范。"⑤实行普请劳作，由于基本解决了民国时期寺院的制度腐败和经济匮乏的状况，使寺院能够在乱世中恢复且发展，实现僧团的自立和自我保护，同时也为将来和谐僧团的建设提供了基本条件。虚云老和尚为此曾自述道："云乃遵百丈清规，严肃纲纪，一粥一饭，持午因时，一步一趋，悉守仪范，为真佛子，乃可保丛林于久远也。"⑥

---

① 净慧主编：《虚云和尚全集》第九分册《传记资料》，河北禅学研究所印行，2008年，第356页。
② 净慧主编：《虚云和尚全集》第九分册《传记资料》，河北禅学研究所印行，2008年，第308页。
③ 净慧主编：《虚云和尚全集》第九分册《传记资料》，河北禅学研究所印行，2008年，第265页。
④ 净慧主编：《虚云和尚全集》第九分册《传记资料》，河北禅学研究所印行，2008年，第267页。
⑤ 陈兵、邓子美著：《二十世纪中国佛教》，民族出版社2000年版，第285页。
⑥ 净慧主编：《虚云和尚全集》第七分册《年谱》，河北禅学研究所印行，2008年，第191页。

加强对外交往　弘扬佛法精神

从1903年始，虚云老和尚身行万里，远游印度、斯里兰卡、缅甸、泰国、柬埔寨、日本、新加坡等地，考察东南亚佛教，传播佛法，并募回大宗捐款及众多的佛教文物。他在海外发展的弟子达数十万人，声名远播，遍及东南亚以至北美大陆，为加强对外交往，建立国际友谊，弘扬佛法精神做出了巨大贡献。

众所周知，"虚云和尚名满天下，望重宗门，海内外谈禅者莫不仰为泰斗"①。这不仅仅是由于虚云老和尚的禅修功夫深厚，而且与其对外交往的活动有着重要关系。在对外交往中，虚云老和尚开展了一些力所能及的工作。

（一）从事讲经和募化

他于"是年（66岁）往南洋宏化，至南甸太平寺讲《弥陀经》，又至槟榔屿讲《法华经》，至马六甲讲《药师经》，到吉隆坡讲《楞伽经》，前后皈依者万余人。"② 68岁，到丹那讲《心经》，到泰国讲《地藏经》《普门品》《起信论》。69岁，重至槟榔屿极乐寺讲《起信论》《行愿品》，皈依者甚众。为募化，曾单身前往南洋，至南甸，路新街，抵仰光，转马来西亚，一路讲经，皈依者数千。在募化中，虚云老和尚得到海外佛弟子的大力支持，"云公之弟子宽慧，闻将建大殿，在港发起一药师法会，竟以万金至。北美有一侨商，詹励吾居士，向与师未谋一面者，亦以万金至"③。此外，还得到过一位英人的资助，在《虚云老和尚见闻事略》中载有他"继则乘船赴暹罗，船中无素食，终日趺坐。有一英人至师前，问曰：'大和尚要往哪里？'师知英人能懂说华语，回答：'要往云南。'英人邀师至客房坐，出糕饼牛奶请师；师恐荤质，婉却之。英人又问：'你是云南何处？'师答：'是鸡足山迎祥寺。'英人说：'此寺规矩甚好。'师问：'先生曾到过吗？'英人答：'曾做过腾越昆明领事官，曾到该寺参观。'英人又问师：

---

① 净慧主编：《虚云和尚全集》第八分册《传记资料》，河北禅学研究所印行，2008年，第179页。
② 净慧主编：《虚云和尚全集》第八分册《传记资料》，河北禅学研究所印行，2008年，第173页。
③ 净慧主编：《虚云和尚全集》第八分册《传记资料》，河北禅学研究所印行，2008年，第167页。

'到外国何事？'师将请藏经回滇，因路费缺乏，先到槟城化缘事相告。英人再问：'那你有公文吗？'师将公文证据及缘簿示之，英人慷慨地在缘簿写捐三千元。此亦奇缘。"①

（二）接待来访和回复

各方来礼谒虚云老和尚的四众弟子不计其数，其中，"民国三十七年（1948）戊子冬，有美国女士詹宁士者，慕公禅德，万里飞航，来华依止。事前已由中美两外交当局接洽通知，公许之。女士遂专机由美航华。时公适在穗垣，詹晋谒，述修道原因：父为天主教神父，夫亦信教者，自己亦研究神教二十年，以其教不了义，遍历各国，访求佛义，后往印度闭关四年，有所得，惟疑而未决，今不远万里寻师云云。公遂挈之南华，参六祖，皈依毕，赐法名宽弘。公为举禅七，四山来瞻礼者甚众"②。这次虚云老和尚收美国詹宁女士为门徒，可以说是开中美佛教交流之风气。因此，《虚云和尚行业记》中说道："故詹氏来华习禅，开中美佛教文化交流之先河，实为不容忽视的一件往事。"③1952年10月1日国庆节，虚云和尚代表全国佛教徒接受锡兰（今斯里兰卡）出席和会代表团团长达马拉塔纳法师所献佛舍利、贝叶经和菩提树等三件珍贵礼物。移交典礼隆重，有澳洲、缅甸、加拿大、印尼、日本、土耳其及各地佛教代表参加。10月15日，虚云和尚在北京代表中国佛教徒向出席亚太地区和平会议的锡兰、缅甸、泰国、越南等国佛教代表赠送礼品。

此外，虚云和尚还给海外信众赠诗和回信。所赠诗词有《题仰光龙华寺》《送日人龙池清在鼓山抄录》《在吉隆坡灵山寺杨少洪来访不遇》七绝二首、《在缅甸仰光赠高万邦居士》《题槟榔屿极乐寺（妙莲师翁手建）》七律一首、《暹罗龙莲寺养病》《居仰光时，与陈云昌极相契，来访不值》《在印度新荣高万邦

---

① 净慧主编：《虚云和尚全集》第八分册《传记资料》，河北禅学研究所印行，2008年，第202页。
② 净慧主编：《虚云和尚全集》第八分册《传记资料》，河北禅学研究所印行，2008年，第100页。
③ 净慧主编：《虚云和尚全集》第八分册《传记资料》，河北禅学研究所印行，2008年，第185页。

居士叩访二首》等；所回函件有《复新加坡普陀寺转道和尚》《致马来亚麻坡刘宽正居士函三则》《复星洲卓义成居士》《致南洋麻坡刘宽簪居士函二则》《致柬埔寨宣圣（心明）法师函五则》《与印度尼西亚释海涵书（一九五七年）》等。

（三）输送弟子到海外弘法

虚云老和尚身边出色的弟子，其中输送到海外弘法较突出的有观本法师（1868—1945年），俗姓张，广东香山县人，家富。光绪十七年（1891年），中本省乡试第七名举人。后东渡日本，为横滨大同学校校长。灵源和尚（1902—1988年），浙江临海县人。1953年秋，应南怀瑾居士及基隆佛教讲堂普观法师之请，赴台弘化。因感于基隆为国际商港，却无一座十方丛林，乃于基隆相得一水环山抱之地，开基兴建十方大觉寺，历十年辛劳，终成基隆新兴佛刹，其后安居的僧众亦渐至数十人。宣化法师（1917—1995年），吉林双城县人。1962年，离港赴美国定居弘法。不久，在加州成立法界佛教总会，出版英文月刊《金刚菩提海》。1970年，在三藩市启建金山禅寺。后建地藏寺，为尼众道场。1973年，创立国际译经院，将佛教典籍翻译成英、法、西班牙语等多种文字，流通各国。1976年，在旧金山市创建万佛城，设立法界佛教大学。1989年，邀请佛源和尚、一诚禅师、传印法师等12位中国高僧前往美国，主持万佛城首届传授三坛大戒法会，为来自美、英、法、柬埔寨诸国的数百名戒子受戒。宣化法师一生致力于弘法利生，据不完全统计，先后在美国、加拿大、马来西亚和中国香港、台湾等地创立佛教道场27所，翻译、印刷佛教典籍数百万册。宣讲经典三十多会，留下弘法语录、开示数十种，培养出包括美国、加拿大等国籍的青年僧才数千人，为佛法在西方国家的弘传做出了较大贡献，也成为虚云和尚赴北美洲弘法的弟子中成就最大的一位。

（四）受到称赞和纪念

虚云老和尚圆寂的消息公开后，海内外佛教界同声震悼。台湾、香港、澳门等地佛教徒均隆重举行虚云和尚涅槃法会。新加坡、美国、菲律宾、泰国、马来西亚等国家佛教界，先后隆重举行"虚云老和尚涅槃法会"，以寄哀思。各国佛教界知名人士纷纷撰文赞颂虚云老和尚一生为弘扬佛法、广度众生所做的巨大贡献。虚云老和尚圆寂后的第二年，香港四众弟子集会商议，共同捐资献地，在荃湾芙蓉山建造虚云和尚舍利塔与虚云和尚纪念堂。此后，香港意昭法师在沙田车站附近建古岩净苑。知定法师在美国檀香山建造虚云寺，以缅怀纪念一代高僧。

以上我们系统地论述了虚云老和尚在学术研究、农禅并重、国际交流三个方面的人间佛教实践内容，这些内容与赵朴初居士日后提出的人间佛教体系是一脉相承的。赵朴初居士在提倡人间佛教的同时指出"应当发扬中国佛教的三个优良传统"，即农禅并重、注重学术研究、进行国际友好交流。[①]当时正果法师的说明则把这三大优良传统纳入人间佛教体系。[②]虚云老和尚对于赵朴初居士来说，应是长辈，他践履的人间佛教基本内容对赵朴初居士的思想无疑会产生一定的影响，这不仅是因为虚云老和尚的人间佛教实践符合六祖"佛法在世间，不离世间觉，离世觅菩提，恰如求兔角"的祖训，而且"今天中国佛教事业正在如火如荼地开展，而领导当代中国佛教界的僧伽领袖，都是得益于虚云老和尚法荫的法子，甚至可以说，主导佛教界发展的主要力量就是当年虚云老和尚播下的种子。"[③]这些法子法孙中，大都继承虚云老和尚的法脉，弘化一方，成为当今佛教界的栋梁，为当今世界佛教的发展和中外佛教文化交流做出了杰出的贡献。赵朴初居士清楚地意识到虚云老和尚在学术研究、农禅并重、国际交流三个方面的重大成就，而且在1989年的上海居士座谈会上提出把虚云老和尚主持修建的禅宗祖庭江西省云居山真如禅寺列入全国样板丛林，因此，我们可以推断虚云老和尚当年从事的人间佛教实践的基本内容是赵朴初居士倡导的人间佛教所要发扬的三个优良传统的基础和来源。

---

① 《中国佛教协会三十年》。
② 《人间佛教寄语》载释净慧主编的《佛法在人间》，中国佛教协会印行本。
③ 黄心川：《虚云老和尚的佛教领袖作用》，《虚云老和尚佛学思想研究论文集》，云居山佛学研究苑印行，2009年。

虚云老和尚善巧用佛法于世法的智慧

虚云老和尚晚年住锡云居山真如禅寺，并于此圆寂。他是当代著名的佛教高僧，在中国佛教界享有崇高的盛誉，受到高度的赞叹。虚云老和尚"是中国佛教的权威泰斗，现代圣僧"[1]。"虚公名满天下，海内谈禅者，莫不仰为泰斗。"[2]虚云老和尚的佛学修养毫无疑问已达到炉火纯青的境界。虚云老和尚修学佛法是为了弘法利生，他深怀大乘菩萨的慈悲普度精神，"接引学人，是最能方便善巧、曲顺机宜"[3]。他化解矛盾、冲突和干戈，为维持家庭的和谐、保护寺院的利益和维护社会的稳定作出了极大的贡献，这是他善巧运用佛法于世法智慧的结果。下面我们将结合具体的实例，来阐述虚云老和尚是如何运用佛法去解决世法中存在的各种问题，从而为人间佛教增添崭新的内容。

化解矛盾，维持家庭的和谐

家庭婚姻问题，一直是社会各界长期探讨的一个重要课题。俗话说："清官难断家务事。"这说明家庭婚姻问题解决的难度大。那么，虚云老和尚是如何对待和处理这一问题的呢？虚云老和尚虽然是一位出家人，但是在他的生活中，也同样会遇到家庭婚姻问题。面对这些问题，虚云老和尚善于巧妙运用佛法的道理，来使自己和他人从中得以解脱。我们从《虚云和尚全集》的相关材料中，可以提炼出几个具体的例子来做说明。

---

[1] 净慧主编：《虚云和尚全集》，《传记资料》上，河北禅学研究所印行，2008年，第212页。
[2] 净慧主编：《虚云和尚全集》，《传记资料》上，河北禅学研究所印行，2008年，第7页。
[3] 净慧主编：《虚云和尚全集》，《追思录》上，河北禅学研究所印行，2008年，第106页。

（一）由逼迫娶妻到闺中法侣

虚云老和尚不仅是独生子，而且是兼挑两房的宗脉。他父亲为了阻止他出家的念头，竟替他娶了两位世家大族的女儿为妻，分别为田、谭二氏，虽与二氏同居，却毫无尘染之念，犹若出污泥之莲花。这一点，与他对于妻财和名利的淡泊有关。我们从他十九岁时所作的《皮袋歌》中的内容可以看出，对于妻财，他写道："……为妻财，为子禄，误了前程是贪嗔。"（《诗偈》第1—2页）对于名利，他认为应"舍财宝，轻身命，如弃涕唾勿迟疑。……为甚名，为甚利，虚度光阴十九春，千般万种不如意，熬煎在世遭艰屯。"[1]《皮袋歌》是虚云老和尚最早的诗歌作品。虚云老和尚的创作目的是为留别和劝诫田、谭二氏而写，同时也是自己内心世界的自然流露。因此，虚云老和尚与二氏同居两年期间，实不共枕席，终日谈论佛法，揭示人生无常的意义。受虚云老和尚影响，后两妇皆削发为尼，田氏法名真洁，谭氏法名清节。可以说，他们最后成为终身的法侣。从清节给虚云老和尚的《清节尼来书》中，我们可以了解到清节对虚云老和尚的深厚情意。她在来书中表达出"忆君遁别家山，已五十余年，寤寐之间，刻难忘怀。……今春正月，侧闻高隐闽海，优游自得，闻之不禁悲喜交集。"[2]虽然他们二人不能成为事实上的夫妻，但是可以成为终身的净侣。清节在来书中表露了这种愿望，她说："伏祈我师如迦叶尊者，救紫金光（按：人名，即紫金光尼，出家前，与迦叶尊者是夫妇），同作法侣。"[3]上述虚云老和尚由从父逼迫娶妻到闺中法侣的过程，我们可以看出，虚云老和尚顺从父亲的愿望，维护父亲的尊严，使家庭的矛盾得以和解，同时他也达到了弘法度人的目的。

（二）由拾金救女到合家皈依

怀西在《回忆师尊二三事——为纪念虚公老人上生兜率二周年而作》一文中非常详尽地叙述了虚云老和尚拾金救女的全过程。这个故事，是虚云老和

---

[1] 净慧主编：《虚云和尚全集》，《诗偈》，河北禅学研究所印行，2008年，第2页。
[2] 净慧主编：《虚云和尚全集》，《杂录》，河北禅学研究所印行，2008年，第3页。
[3] 净慧主编：《虚云和尚全集》，《杂录》，河北禅学研究所印行，2008年，第4页。

尚运用佛法处理家庭问题的典型案例。早在1921年，虚云老和尚八十二岁时，一天在回山途中拾一包裹，内有金玉钏、金钗环、表等物，及滇币八千元，法国币万余元。视毕，复裹之，俟人来取。日将暮，以离寺尚远，将物带走，俟明日再来登报找失主。将到山下，渡海时，忽见一女子跳下海，急趋救之，女不肯，力牵之上岸。虚云老和尚对此女劝诫道："你为何年纪轻轻的，要寻短见，必有苦衷，等你到寺后，慢慢告诉我，我自然会想办法，替你解决。要知道人身难得，有何困难，亦不是一死便可解决的。何况你正年轻，怎可轻视这宝贵的人身！你这样做，不但违背我佛金口所说的杀诫——人身难得，亦辜负了你父母养育之深恩。你这种行动，说句不客气话，是愚痴的，是很不合理智的表现。"①经劝慰，女自言姓朱，长沙人，生长云南，年十八岁，父在城内福春街开药行，因孙师长到家求婚，自称未娶者，父母信之。过门后，知有原配，悉受骗，奈何而已。原室凶恶，屡遭毒打，翁姑屡调解不开。父母又畏孙师长势，至今求生不得，求死不能。因此携包裹出逃，欲往鸡足山投虚云和尚出家，不慎将包裹丢失。虚云老和尚听后，将拾来的包裹打开查看，与女所说无差，于是便安慰道："这个包袱还给你吧！因为你说出的完全和我拾来的相同，可见这包袱的主人是你了，你且拿去。既有了钱，你不必寻死了。"②因女不肯回家，虚云老和尚又劝说并保证："明天我决定劝你丈夫的大婆当面发誓，以后不再打骂你，对你好像自己的亲姊妹，这样，你决不能拒绝不回家去吧？"③翌日，通知朱、孙两家翁姑夫嫡、父母亲戚，两家来数十人，在寺议论解释。面对大妇的雌威，虚云老和尚将其折服，他"用善言好语，引古证今，讲一些有关因果报应的事情给她听。慢慢大妇如迷途羔羊，经人指点，才知错入歧途。她经一番开导后，自然深悔前愆"④。接着，虚云老和尚"便叫少女和她丈夫等人，同坐一起，要她们三夫妇和睦相处，相亲相爱，互相帮助，互相原谅"⑤。因受

---

① 净慧主编：《虚云和尚全集》，《追思录》下，河北禅学研究所印行，2008年，第368页。
② 净慧主编：《虚云和尚全集》，《追思录》下，河北禅学研究所印行，2008年，第370页。
③ 净慧主编：《虚云和尚全集》，《追思录》下，河北禅学研究所印行，2008年，第372页。
④ 净慧主编：《虚云和尚全集》，《追思录》下，河北禅学研究所印行，2008年，第376页。
⑤ 净慧主编：《虚云和尚全集》，《追思录》下，河北禅学研究所印行，2008年，第376页。

虚云老和尚德化，全家人受三皈依，成了三宝的正信佛弟子。在这个故事中，虚云老和尚不只是救了朱女一人的性命，而是度化了其全家，既维护其家庭的和睦，又弘扬佛教慈悲济世的精神。

（三）由死亡线上到母女重聚

在《广东云门山大觉寺中兴的经过——为纪念师尊虚公老人上升兜率一周年而作》中，怀西叙述了虚云老和尚营救陆女的事，这件事在《年谱》中作为补记进行了引用。事情是发生在日本侵犯韶关时，有名陆秀琼自幼失父，母女弟三人相依为命，大学毕业后去谍报队当女队员，因拒绝谍报队长的求婚而险遭枪决。一次她请假回家看望母弟，正遇日寇侵入韶关，无法归队，这时其上司有意设下陷阱，欲置她于死地。上司秘密通知人把陆秀琼逮捕，以通敌之罪名枪毙。这时陆秀琼的未婚夫要她写信向虚云老和尚求救。虚云老和尚见信，知陆秀琼系被栽赃陷害，不顾当时冰天雪地，于翌日一早"亲至乳源县，去见游击总司令薛汉光，要求释放。薛汉光既是老人皈依弟子，自然是不会过逆师意的，但只是保证决不枪决，待部下调查实情，再作处理。后经老人再三要求，谓她身患重病，急待调养，请他无论如何都要准许释放，带回云门治疗，日后有甚要事，可派人来寺把她带去。总之，日后有何后果，老人一口承当，负起全部责任。"[①] 经过这一番交涉，陆秀琼终于脱离了虎口，与母亲团聚了。通过这一事件，可以看到虚云老和尚面对众生的急难，是毫不犹豫地伸出援助之手，表现了菩萨普度众生的慈悲精神。

上述三个具体例子，是虚云老和尚运用佛法解决家庭婚姻问题的典型案例。他不仅告诉了解决自身家庭婚姻问题的方法，而且提供了解决他人家庭婚姻问题的途径。虚云老和尚这种化解家庭婚姻矛盾的方式方法，为维护家庭的稳定和和谐起到了一定的积极作用，也为佛教提出的自利利他菩萨精神做出了表率。

---

① 净慧主编：《虚云和尚全集》，《追思录》下，河北禅学研究所印行，2008年，第343—345页。

化解冲突，保护寺院的利益

寺院是出家僧尼的修行之场所，但是寺院不是与世隔绝的真正的世外桃源，而是融入于社会之中，且与整个社会生活息息相关。因此，寺院与生活在社会中的人和事发生一定程度的冲突也是不可避免的。那么，虚云老和尚又是如何对待和处理这种冲突的呢？这里，我们不妨从《虚云和尚全集》中的有关资料来做一探讨。

（一）由逐僧毁寺到佛门护法

在《虚云和尚全集》中记载当时滇省掌新军兵柄的协统李根源在鸡足山逐僧毁寺的事达十五处之多，其中记载较详细的要算全集中的虚云老和尚《年谱》和《传记资料》等。当时的政治背景是，辛亥革命，清帝逊位，各省逐僧毁寺，风行一时。云南协统李根源因恶诸方僧徒不守戒律，亲督队伍赴诸山，逐僧拆寺，且指名要捕虚云老和尚。虚云老和尚不顾危险，深入李军中，对李根源提出的问题做了积极的回应。李根源的问题主要集中在四个方面：一是佛教的用处和益处；二是泥塑木雕空费钱财；三是和尚为国家废物；四是护法的意义。虚云老和尚针对这几个问题做出了巧妙的回答。这里不妨将其回答内容做出较为详尽的阐述，以帮助理解虚云老和尚是怎样善巧用佛法于世法的。虚云老和尚对第一个问题的回答是："……从古政教并行，政以齐民，教以化民。……佛教教人治心。心为万物之本，本得其正，万物得以宁，而天下太平。"[①] 对第二个问题，他说："佛言法相，相以表法，不以相表，于法不张，令人起敬畏之心耳。人心若无敬畏，将无恶不作；无恶不作，祸乱以成。即以世俗言，尼山塑圣，丁兰刻木，中国各宗族祠堂，以及东西各国之铜像等，亦不过令人心有所归，及起其敬信之忱，功效不可思议。"[②] 对第三个问题，他用类比的方法做出回答："和尚是通称，有凡圣之别，不能见一二不肖僧，而弃全僧。岂因一二不肖秀才，而骂孔子？即令先生统领兵弁，虽军纪严明，其亦一一皆如先生之聪明正直乎？海不弃鱼虾，所以为大。佛法以性为海，无所不容。僧秉佛化，

---

① 净慧主编：《虚云和尚全集》，《年谱》，河北禅学研究所印行，2008 年，第 76—77 页。
② 净慧主编：《虚云和尚全集》，《年谱》，河北禅学研究所印行，2008 年，第 76—77 页。

护持三宝，潜移默化，其用弥彰，非全废物也。"①对第四个问题，他把李根源比作观音菩萨来说明护法的意义。他说："所谓护法者，护乃保护、护持之意，法即世法也，岂独佛法为然哉！如先生今日亦以观音菩萨现将军身，不辞劳瘁，护国护民，旌摩所指，闾里又安，名山增色，岂不名大护法乎？"②李根源听后，态度由怒转喜，且认识到逐僧毁寺，造"业重也"。后此四十年中，李根源为法门外护，用力至多，说教谈禅，时有妙谛，今居然一老居士矣。③这不仅表现虚云老和尚护教度人的才能，也为云南佛教今后的发展奠定坚实的基础。

（二）由强占尼庵到退还赔偿

乐观法师在《虚云和尚印象记》讲了一个有关虚云老和尚的有趣故事，这个故事在《年谱》中作为附注采用。这个故事的起因是，1913年在昆明因省教育厅的职员强蛮占据一个尼庵，并把住持尼僧赶了出来而引起的。尼僧四处求援未果，最后求虚云老和尚救她，虚云老和尚答应替她设法解决。虚云老和尚的办法是，召集昆明各尼庵的尼僧，告诉她们："教育厅的人，今天他们强占了这个尼庵，若不反抗，说不定明天他又去强占另一处尼庵。慢慢一处一处尼庵都会被他们占去，渐渐你们都会受到压迫，不得活命。你们这时必须起来团结自救。官厅人员既然如此蛮横不讲理，你们就以牙还牙，同样来个不讲理。我告诉你们一个文明的办法：你们回去，各人买两个小土罐子，里面都装上大粪，用蜡纸封上口，提在手里。大家去到教育厅门口，就把土罐一齐向门牌墙壁抛去，却不要打人。假设要抓你们，就跟着去坐监；没有被抓去的，第二天照样去抛粪罐。往后的事，我来替你们办。"④尼僧果然按照虚云老和尚的办法，如法炮制，使教育厅的人屈服。最后由虚云老和尚出面调解，退还尼庵并赔偿损失。从这件事我们可以看到虚云老和尚在强权面前，不是采用不抵抗的策略，为了护教他是敢于起来斗争的，但斗争的形式是较温和的，目的是达到保护寺院的利益。虚云老和尚的护教精神和斗争形式，表现出中国佛教的特征，这与

---

① 净慧主编：《虚云和尚全集》，《年谱》，河北禅学研究所印行，2008年，第77页。
② 净慧主编：《虚云和尚全集》，《传记资料》上，河北禅学研究所印行，2008年，第36页。
③ 净慧主编：《虚云和尚全集》，《年谱》，河北禅学研究所印行，2008年，第78页。
④ 净慧主编：《虚云和尚全集》，《追思录》上，河北禅学研究所印行，2008年，第68—69页。

印度佛教的消极不反抗的特征是截然不同的。

（三）由杀身之祸到折服强顽

在怀西的《回忆师尊二三事——为纪念虚公老人上生兜率二周年而作》一文中，记叙了虚云老和尚巧治舁者的故事。这个故事在《年谱》和《开示》中均有引用。这件事发生在1917年春，虚云老和尚从缅甸请了一尊重达千余斤的白玉卧佛，雇人舁之，定明送到鸡山，酬费若干。但行至野人山，舁者疑玉佛中有金珠钞票，乃置佛地上，言力不胜举，要加价数倍。虚云老和尚见情势不对，设法解救眼前杀身之祸，忽见身旁一巨石，心想若能举起此石，定能解救当前生死关头的厄运。"当（虚云）用手捧石之时，心中亦在默默祈祷：'观世音菩萨，求你老人家大发慈悲，快来救弟子的难。'一面又对放在地下的卧佛亦祝祈：'佛呀！你老人家快些显灵。不然这班凶汉不但要害弟子的命，谋抢常住的钱财，连你老人家的遗像亦被他们抛弃在这野人山中，任由风吹日晒，露打雨淋了。'说也奇怪，就在这千钧一发、性命危在刹那的时光，竟然毫不费力地将这比卧佛还要重上三、四倍的巨石，全块离地地捧起，这样一来，可把这些恶如毒蛇猛兽的凶汉，吓得惊惶恐怖起来。"[①] 经此教训，舁者一路上不敢再生歹念，直至将玉佛送到寺。这件事听来虽然感觉有点神奇，但从信众的角度来说，是可信的。就其实质而言，虚云老和尚一方面是企图用佛法来解决世俗你我争斗的矛盾，另一方面是希望凭佛法力量来达到维护寺院利益的目的。

从上述的事情中，我们可以看到虚云老和尚把保护寺院的利益作为僧尼义不容辞的责任，为了保护寺院的利益，他将佛法的智慧和力量发挥得淋漓尽致。由逐僧毁寺到佛门护法、由强占尼庵到退还赔偿、由杀身之祸到折服强顽，完美地处理这一连串的事情，不仅表现了虚云老和尚深厚的佛学功底，而且充分展示了虚云老和尚用佛法于世法的善巧驾驭能力。

---

① 净慧主编：《虚云和尚全集》，《追思录》下，河北禅学研究所印行，2008年，第359—360页。

化解干戈，维护社会的稳定

社会是一个极为复杂的系统之网，充满着各种各样的难以解决的问题。生活于社会之中的人们之间发生不断争斗是不可避免的，问题虽然层出不穷，但是为了维护社会的稳定与和谐，人们也在不断努力探索和研究解决问题的方法和途径。虚云老和尚作为一位僧人，他在解决社会问题方面也做出了自己力所能及的贡献。我们不妨从《虚云和尚全集》中的生动具体的资料中作一探究。

（一）由征讨西藏到定盟罢兵

虚云老和尚举荐东宝来解决征讨西藏的事，在《传记资料》《年谱》《追思录》录中均有记载，而且达九次之多，仅次于说服李根源逐僧毁寺的事情。这件事不是仅仅涉及佛教本身的事，而且关系国家社会的大事。可以说"在虚云的一生活动中，这件事是对国家最有裨益的事"[1]。事情发生的背景是，民国成立，方议五族共和，而西藏王公活佛，因素戴清恩，恃险远，不肯加入归顺。当时的中央命滇省出兵二师讨之，以殷叔恒为总司令，前锋至宾川，适与虚云相遇。为了避免战祸杀戮，虚云一方面向殷叔恒分析征讨西藏不利的因素，他说："藏中云尝亲历其地，苦寒多险，言语不通，且藏民习苦耐劳，随地可伏，军往恐难必胜。"[2]另一方面向殷叔恒献计曰："藏人素崇信佛法，盍遣一明佛法者说之？"[3]殷叔恒想请虚云老和尚为宣慰法师，虚云老和尚认为不妥，提出举荐东宝的意见。他说："某汉人也，往恐无功。此去丽川，有喇嘛东宝者，腊高有德，藏人敬礼之，曾授为四宝法王。若肯往，必有成。"[4]东宝始以衰老辞，虚云老和尚遂将其中的利害关系告诉东宝，终于说服东宝。虚云老和尚当时是这样说的："雍乾用兵之祸，藏人至今心寒。公宁惜三寸之舌，而不为藏中数万人生命财产计乎？"东宝去后要约而还，西藏归顺，滇省罢兵。这件事的意义是重大的，因为"频岁康藏间互相龃龉，苦战不休，经此沟通，三十年

---

[1] 净慧主编：《虚云和尚全集》，《追思录》下，河北禅学研究所印行，2008年，第540页。
[2] 净慧主编：《虚云和尚全集》，《传记资料》上，河北禅学研究所印行，2008年，第16页。
[3] 净慧主编：《虚云和尚全集》，《传记资料》上，河北禅学研究所印行，2008年，第16页。
[4] 净慧主编：《虚云和尚全集》，《传记资料》上，河北禅学研究所印行，2008年，第17页。

相安无事"①。后人为此对虚云老和尚给以很高的评价,"仁人之言,其利百世,不图于佛门见之!"②

(二)由结怨报复到招安收编

虚云老和尚劝诫当时云南的土匪首领杨天福、吴学显招安的事,在《传记资料》《年谱》《追思录》录中均有记载,而且对其中的细节有详尽的叙述。这件事发生在1918年,当时杨天福、吴学显正要向云南都督唐继尧报复,那么虚云老和尚是怎么调解他们之间的矛盾并说服杨、吴二人招安的呢?在这里,我们引用虚云老和尚与杨、吴二人的对话来说明。

他们一见虚云,喝曰:"唐继尧是个匪,你为何去帮忙他?他是个坏人,你与他来往,亦是坏人!"

予曰:"你说坏人,亦是难说。"

曰:"何以难说?"

予曰:"往好处说,人人都是好人。往坏处说,个个皆是坏人。"

问曰:"怎么说?"

曰:"假使你与唐,两位都是为国为民,为福国福民,乃至你们部下,个个都如此,岂不是个个都是好人?从坏处说,你说唐是坏人,他说你是坏人,各有成见,如同水火,兵连祸结,害尽人民,岂不是个个都是坏人?老百姓从左是盗,从右是匪,何等可怜!"

接着,吴曰:"依你说不错。但是,怎么好?"

予曰:"依我说,你们不要打。请你们招安。"

吴曰:"难道叫我们投降吗?"

曰:"不是这样说。我说招安者,因为你们都是贤才,是招国家之贤士,以安地方也。只要你们莫存私见,安民救国,岂不是好?"③

通过上面一番对话,虚云老和尚说服了杨、吴接受招安。至于杨、吴向

---

① 净慧主编:《虚云和尚全集》,《传记资料》上,河北禅学研究所印行,2008年,第91页。
② 净慧主编:《虚云和尚全集》,《传记资料》上,河北禅学研究所印行,2008年,第17页。
③ 净慧主编:《虚云和尚全集》,《年谱》,河北禅学研究所印行,2008年,第91—92页。

谁办理及其理由，虚云老和尚也提出了自己的看法。他说："我说向唐办理者，因为他现在是中央委派的官吏，事权在手，将来你也是中央官吏。他杀了你许多人，我这回去做佛事，就是超度兵士亡魂。至若关起来的人，我这回要请他大赦的，你的人不能在例外。况且你如不听我劝，古今战争，胜败难说。你与唐各有各的力量，究实你比他为难。他有人有财有补充，有中央力量，似比你强。我今日不是向你招安，路过此地，都算有缘。为国息争，为民安乐，方外人不惜饶舌也。"经过这一较量，杨、吴二人屈服，终于同意招安收编。"频年战祸，于焉平息。"[1] 从此地方免遭兵祸。虚云老和尚这一举动也受到了高度赞扬，虚"公一语之微，其造福为何如哉！"[2]

（三）由劫财闯祸到请愿解决

怀西在《广东云门山大觉寺中兴的经过——为纪念师尊虚公老人上升兜率一周年而作》一文中叙述了虚云老和尚请愿营救村民的事。该文收录在《追思录》中，《年谱》作为补注采用。这件事发生在抗日战争时期，当时广东省府及湘粤桂边抗日总司令邹若虚部下，押解战略品及衣物路过云门附近乡村，遭村民抢劫一空。此事发生后，省府下令乳源县长采取行动，把村里的年老小童及妇女全部押往监狱，将一十五村放火焚烧而为平地。虚云老和尚眼见村人闯下家破人亡大祸，于心不忍，便于冰天雪地亲往乳源县请愿。他在请愿中提出了五个条件："第一，所有村民抢劫政府之物，派出代表，前去向政府认罪，并全部交还；第二，十五村庄不放火烧，亦将村民耕牛发还，以利翌年春耕，如已被军人宰吃者便作罢论；第三，县府愿将所捕村民，全部释放，并将用具衣服发还；第四，县府出示招安布告，申明凡逃走他方未被拘捕者，赦令不拘，各人归家与家人团聚过年；第五，村民无牛被军人宰杀去的，可向省府在云门开办经已结束之农场借用。"[3] 虚云老和尚提出的请愿条件得到省主席同意，问题得以顺利解决。通过这一事件，虚云老和尚在村民中获得了很高的声望。我们

---

[1] 净慧主编：《虚云和尚全集》，《传记资料》上，河北禅学研究所印行，2008年，第121页。
[2] 净慧主编：《虚云和尚全集》，《传记资料》上，河北禅学研究所印行，2008年，第13页。
[3] 净慧主编：《虚云和尚全集》，《年谱》，河北禅学研究所印行，2008年，第199页。

暂且不管以上事件的性质如何,虚云老和尚之所以挺身而出来解决这些复杂的社会问题,可以说是他的大乘菩萨慈悲精神的写照,也是他的高超的佛法智慧运用于世法的充分体现。

　　虚云老和尚慈悲济世,弘法利生的事迹,当然不仅仅是上述用佛法于世法的几个实例。诸如此类的事例,不胜枚举。此外,虚云老和尚在赈济和捐献上也做出了很大的努力。在赈济方面,如"当时日军侵华,国难当头,全国处于抗战救亡紧急关头,虚云提议全寺大众每日礼忏二小时,为我前线官兵祈福消灾;全体大众减省晚食,节积余粮,献助国家赈济灾民"①。在捐献方面,如虚云老和尚"将平日省衣节食的余资,自动贡献国家,并鼓励广州市及韶关市僧尼居士们,捐献佛教号飞机。"②所有这些具体生动的事迹,都与虚云老和尚运用佛法于世法的智慧是分不开的。而他这种智慧的来源就在于其定力之深厚。"我尝观自古以来,成仙成佛,这圣贤,为豪杰,其成就之大小远近,莫不根于定力之浅深。"③虚云老和尚若无深厚的定力,是不可能成就其善巧用佛法于世法的成绩获得。因为"一遇非常变故,则摇摇无主,识乱神昏。此无他,定力不到耳"④。要提高定力,非下功夫修行不可。在修行方面虚云老和尚就是大家学习的榜样。净慧长老在《虚云和尚行业记——纪念虚云和尚圆寂三十周年》中发出号召:"在二十世纪末叶之今天,佛教徒应该效法虚云和尚苦行和牺牲,抱定对人对己,善教善导的宗旨。"⑤从而为创建人间佛教,构建和谐社会和维护世界和平做出应有贡献。

---

① 净慧主编:《虚云和尚全集》,《传记资料》上,河北禅学研究所印行,2008年,第183页。
② 净慧主编:《虚云和尚全集》,《传记资料》上,河北禅学研究所印行,2008年,第113页。
③ 净慧主编:《虚云和尚全集》,《传记资料》上,河北禅学研究所印行,2008年,第44页。
④ 净慧主编:《虚云和尚全集》,《传记资料》上,河北禅学研究所印行,2008年,第19页。
⑤ 净慧主编:《虚云和尚全集》,《传记资料》上,河北禅学研究所印行,2008年,第194页。

八指头陀大乘菩萨思想

八指头陀（1851—1912 年），俗名黄读山，法名敬安，字寄禅，祖籍江西省修水县，黄庭坚后裔，① 生于湖南省湘潭县雁坪银湖村（雁坪银湖村原属石潭镇，今属杨嘉桥镇），18 岁投湘阴法华寺出家，晚年为中华佛教总会第一任会长。他"一生思忧于国，情怀于民，心系于佛，悲深行苦，志大气刚，忘身为国，护教舍身"②。中国佛教协会原副会长圣辉法师认为八指头陀"就是这样一位功在国家，功在佛教，功在近代，誉满海内外的高僧大德"③。八指头陀的这些贡献，充分体现了他所具有的大乘菩萨思想。

关心国家的崇高品质

八指头陀虽然是一位出家僧人，但是具有关心国家前途和命运的崇高品质。陈定萼先生曾以"身在佛门 心萦家国"为题作为《八指头陀诗文集》的前言，这充分有力的突出八指头陀对国家前途和命运的关心。八指头陀的诗文强烈地体现了这一点，他说："我虽学佛未忘世"，"夫文生于情，而菩提教旨，在割断情根，敬安虽身在佛门，而心萦家国"④。这些语句都是发自肺腑之言。

八指头陀的家国情怀因近代中国屡次受强权侵犯而日益加深。一是法国袭

---

① 八指头陀在其《自述》中说"近乃自号八指头陀，先世为山谷老人（即宋朝黄庭坚）裔孙，宋时由江西迁茶陵，明末由茶陵迁湘潭之石潭，世业农。"另，《清四明天童寺沙门释敬安传》开首就说："释敬安，字寄禅，姓黄氏，湘潭人也。其先世为山谷苗裔，宋时由江西迁茶陵，明季乃徙湘潭之石潭，世业农。"
② 圣辉主编，刘安定撰：《八指头陀生平年表简编》序一，湖南省佛教协会印行。
③ 圣辉主编，刘安定撰：《八指头陀生平年表简编》序一，湖南省佛教协会印行。
④ 《八指头陀诗文集》，2000 年，第 543 页。

击台湾。这件事,八指头陀这样写道:"甲申,法夷犯台湾,官军屡为开花炮所挫。电报至宁波,余方卧延庆寺,心火内焚!唇舌焦烂,三昼夜不眠,思御炮法不得,出见敌人,欲以徒手奋击死之,为友人所阻。"[1]这段话的意思是说,光绪十八年(1884年)八月,法舰袭击我台湾基隆及福建闽江口马尾港,消息传至宁波,八指头陀当时正卧病延庆寺,闻此消息,愤怒之极,心火内焚,唇舌焦烂,三昼夜不眠,思谋御敌之法不得,出见敌人,欲以徒头奋击,为友人所阻止。对于八指头陀的这一事迹,太虚法师有一段论述,他说:"中法一役,败于鸡笼。时和尚寓甬,闻电,虑舰炮之坚利,惧国权之衰削,奋然思有以御之。数日眠不成梦,食不知味,精神凝结,郁无所获,而热病发焉,愤不欲生者再,为友人挟之返湘,始渐忘之。就兹一事,已足见其爱国之热度矣。"[2]从此可见,太虚法师已将八指头陀关心国家提升为爱国的高度。八指头陀对于反抗法国侵犯,护持主权的行为是极为赞叹的。他曾鲜明地指出:"山僧最钦服者,乃公与法人争四明公所一事,足使强邻结舌,壮士伸眉,实为数十年中外交涉之第一快心事也。"[3]这也从另一方面反映他爱国的思想。二是八国联军进犯北京。光绪二十六年(1900年)八月,八国联军进犯北京,不久北京失陷。八指头陀用血和泪写出了"强邻何太酷,涂炭我生灵!北地嗟成赤,西山惨不青。陵园今牧马,宫殿只飞萤。太息芦沟水,惟余战血腥"诗句,控诉了外国侵略军残杀中国人民,毁灭中国文明的罪行,体现了爱国情怀。三是日本侵略。宣统二年(1910年),八指头陀"忽阅邸报,惊悉日俄协约,日韩合并,属国新亡,强邻益迫,内忧法衰,外伤国弱,人天交泣,百感中来,影事前尘,一时顿现,大海愁煮,全身血炽。"[4]为此,他还悲叹道:"中日本来唇齿国,掣鲸休使海波生。"[5]这是他关心国家的内在心迹流露。

八指头陀对国破家亡的景象,悲痛欲绝。这种情感在其诗中多有表达,诸

---

[1] 《八指头陀诗文集》,2000年,第454页。
[2] 《八指头陀诗文集》,2000年,第565页。
[3] 《八指头陀诗文集》,2000年,第515页。
[4] 《八指头陀诗文集》,2000年,第412页。
[5] 《八指头陀诗文集》,2000年,第281页。

如："平生忧国泪,多少在朝衣!"①"风云变幻悲尘世,草木荣枯见道根。"②"惟有哀时心尚在,白头垂泪望中原。"③"无穷家国事,历历话沧桑。"④"欲知亡国当年恨,万树梅花是泪痕。"⑤"可怜忧国泪,偏对老僧流。"⑥"高楼回首望中原,满目河山破碎痕。"⑦等等。八指头陀面对此情此景,并没有消沉,而是要化悲痛为力量,他极力呼吁,一方面是要重建国家。他提出:"修罗障日昼重昏,谁补河山破碎痕?独上高楼一回首,忍将泪眼看中原!"⑧"好凭造化回旋力,重补山河破碎痕。我已辞家犹悯世,公勤王事复何言?"⑨另一方面是要报国仇。他劝慰道:"酒酣看剑长叹吁,国仇那敢忘须臾!"⑩还愤怒说:"谁谓孤云意无着?国仇未报老僧羞!"⑪与此同时,他也痛恨残酷的战争杀戮,他沉重地写道:"一纸官书到海滨,国仇未报耻休兵!回看部卒今何在?满目新坟是旧营。"⑫"末劫刀兵苦事丛,疮痍满目尽哀鸿。阿师若具慈悲力,何忍低眉坐树中!"⑬

关怀他人的慈悲情怀

"到处关心民疾苦,无分廊庙与烟霞。"⑭这可以说是八指头陀关怀他人的慈悲情怀的真实表达。

---

① 《八指头陀诗文集》,2000 年,第 104 页。
② 《八指头陀诗文集》,2000 年,第 261 页。
③ 《八指头陀诗文集》,2000 年,第 333 页。
④ 《八指头陀诗文集》,2000 年,第 344 页。
⑤ 《八指头陀诗文集》,2000 年,第 353 页。
⑥ 《八指头陀诗文集》,2000 年,第 393 页。
⑦ 《八指头陀诗文集》,2000 年,第 317 页。
⑧ 《八指头陀诗文集》,2000 年,第 414 页。
⑨ 《八指头陀诗文集》,2000 年,第 244—245 页。
⑩ 《八指头陀诗文集》,2000 年,第 268 页。
⑪ 《八指头陀诗文集》,2000 年,第 414—415 页。
⑫ 《八指头陀诗文集》,2000 年,第 231 页。
⑬ 《八指头陀诗文集》,2000 年,第 260 页
⑭ 《壬午立夏后一日陪秦鹿笙明府游雪窦四首》,《八指头陀诗文集》,2000 年,第 77 页。

八指头陀挚爱劳动人民，具有对劳苦大众心心相印的质朴感情。他在诗中说："秋风不动鲈鱼兴，只有忧民一点心。"[①] 他非常同情民众的艰辛，如他写的："田夫力作苦，岁时无少休。"[②] "顾瞻斯民艰，弥伤迟暮情。"[③] "老禅忧世畏年荒，咏絮无心苦民疾。"[④] 他还在《农夫暮归图》中说："荷锄日日去耕耘，农事辛勤不可闻。薄暮归来何所有？一肩明月半篮云。"这些诗句都是八指头陀关怀民众的慈悲情怀的体现。

八指头陀关注民众所受旱、洪灾，时常泪满僧袍。1894年夏，大旱，八指头陀奉湖南巡抚吴大澂令往黑龙潭求雨，愿以死解民忧。光绪三十三年（1906年），湖南、江淮一带遭受洪灾，八指头陀曾作《江北水灾一首》"客从徐州来，未言泪先垂。江淮今岁灾，迥异往昔时。……岂知六七月，大水淹没之！庐舍既漂荡，农具罕见遗。死者随波涛，生者何所栖？相携走泥泞，路滑行步迟。饥采欲乞食，四顾无人炊。儿乳母怀中，母病抱儿啼。仓卒骨肉恩，生死终乖离。不如卖儿去，疗此须臾饥！男儿三斗谷，女儿五千赀。几日粮又绝，中肠如鸣雷。霜落百草枯，风凋木叶稀。掘草草无根，剥树树无皮。饥啮衣中棉，棉尽寒无衣。冻饿死路隅，无人收其尸。伤心那忍见，人瘦狗独肥！哀哉江北民，何辜罹此灾！"从此可以看到，八指头陀对民众的痛苦感同身受。

八指头陀出家后仍对同胞姐弟有着深厚的感情。到其去世前几年，仍念念不忘照顾这些贫苦的同胞手足。他在《致李梅痴太史书》中，述说了这些情况："念昔同胞，一兄三姊，弟妹七人，五十年中，相继殂亡，惟弟一身，孑然犹在。即怙恃早失，教育亦虚。不宦不士，废读废耕。学书学剑，俱无一成。以谋衣食，奔走到老。落魄江淮，形容枯槁。迩者妻殁子幼，不能自治，仰给于兄。出家者法；背尘合觉，何堪俗累，扰其祥寂？而鹡鸰之情，天亲之爱，亦岂能忘？"从信中可以看出，他的兄长姐妹皆先他早亡，只有一个弟弟流落江淮，远走他乡，但生活极其窘迫，妻殁子幼，生活不能自给，八指头陀放心不下。对于弟

---

① 《八指头陀诗文集》，2000年，第82页。
② 《八指头陀诗文集》，2000年，第264页。
③ 《八指头陀诗文集》，2000年，第139页。
④ 《八指头陀诗文集》，2000年，第369页。

弟的具体情况，八指头陀也有提及："我之同胞弟，姓黄名子成。幼孤早废读，贫无薄田耕。饥驱走四方，久客困金陵。衣食恒不给，冻饿迫颓龄。其妻病已殁，暴骸予榛荆。遗下两男女，嗷嗷犹待乳。念此骨肉残，不觉泪如雨。"[1]他非常同情弟弟的遭遇，如："烟霞老难别，骨肉罕相亲。请以爱我厚，转为怜弟贫。"[2]"看云忆弟人何在？步月逢君泪即倾。"[3]在生活上，他弟弟尚且靠他这个出家人供给养活，致使八指头陀不得不向在江淮为官的李太史求助，求其接济弟弟一家。在他的《赠李心荷太守》中就表达了这种感伤："感公意不浅，我弟在时贫。柴米频分赠，饥寒转与亲。妻亡还助葬，女弱又施仁。出世难酬德，惟将泪洒巾。"光绪三十二年（1906年），他得到弟弟的死讯，非常难受。八指头陀诗中有一首这样的诗：《三月初四，印魁和尚由金陵寄书报子成弟病殁于毗卢寺，为诗哭之》，诗写道："松关微月黯无光，印上人书报汝亡。翻悔平时多切责，遂令此痛更难忘。生前丧妇头先白，死后遗孤口尚黄。兄弟之情吾已愧，空山徒有泪千行。"

八指头陀对于邻居李周氏怀有深切的知恩图报之心。在八指头陀幼年成为孤儿为人牧牛的这几年，有一个邻居李周氏对他相当照顾，如慈母般关爱于他，给他缝衣栉发，慈惠备至。光绪二十八年（1902年），八指头陀回乡曾祭扫周孺人墓，写了四首五绝，深情地回忆了这位好心的邻居，他写道："昔人感一饭，千金报其恩。我怀李母德，袈裟拜墓门。"[4]"未拜涕先流，儿时此牧牛。悯我无母儿，时常梳我头。"[5]"稚年失怙恃，舍母无所依。我饥饱我食，我寒温我衣。"[6]

八指头陀对于朋友具有深情厚谊。他常常思念朋友，如："万里青天无片云，此时望月最思君。"[7]"平生念知己，泪洒绿萝烟。"[8]"怜君青鬓渐成霜，相

---

[1] 《八指头陀诗文集》，2000年，第336页。
[2] 《八指头陀诗文集》，2000年，第275页。
[3] 《八指头陀诗文集》，2000年，第342页。
[4] 《八指头陀诗文集》，2000年，第281页。
[5] 《八指头陀诗文集》，2000年，第281页。
[6] 《八指头陀诗文集》，2000年，第281页。
[7] 《八指头陀诗文集》，2000年，第306页。
[8] 《八指头陀诗文集》，2000年，第211页。

见无言只断肠。"① "太息两公俱物化,回思往事一沾巾。"② "如何当此夕,寂寞发哀鸣?忽堕孤灯泪,还伤远客情。"③ 当他送别朋友时,总是依依不舍,如:"送子孤舟别,苍波寒我襟。"④ 他在《甬江送子卿归里》中有:"欲语泪沾襟,天涯远客情。君行休作别,不忍见君行。"他对朋友的生活琐事也给予无微不至的关心。如身体状况,"不识故人身健否?十年未报一封书。"⑤ "及闻先生居官清苦,过于爱民,不一年,鬓发苍然,又不禁慨然兴悲。"⑥ 如心里烦恼,"顷闻居士受族人之辱,心颇为不平。因念永嘉'观恶言,足功德,此则成吾善知识','不因讪谤起冤亲;表无生慈忍力'等语,而不平之心,为之平矣。盖吾人平日所受顺逆境界,无非前业,安知今日之辱吾者往世不为吾所辱也?念及此,当大生欢喜,作还重债想"⑦。如家属,"不取高声痛哭君,怜君老母不堪闻"⑧。

八指头陀对于身边的熟人也充满着同情心。对死者表示怀念,如:"孤馆逢佳节,寒灯忆故人。"⑨ "步出城西门,高坟何累累!年深坟土裂,白骨委蒿莱。坟旁哭者谁?云是白骨儿。生既为死泣,死亦待生悲。哀哉亿千劫,无有泪绝时!"⑩ 既可怜丧夫女,又悲悯失妻夫。如对丧夫女,《题湘乡烈女李姒姑传二首》中有:"未及于归夫已亡,誓将苦志比冰霜。可怜一掬伤心泪,滴向黄陵竹也香。"对失妻夫,有《阮镜蓉妻死,吟此以慰》:"死者如逝波,怜君空泪多。好将凄切意,翻作鼓盆歌。"还有《代阮镜蓉挽妻胡氏二首》:"死怜弱女口犹黄,殡服留将作嫁妆。最苦孤儿悲失恃,一声爹罢一声娘!丈夫本不患无妻,咏絮才难与汝齐。一自青山埋玉后,新诗都带泪痕题!"

---

① 《八指头陀诗文集》,2000年,第381页。
② 《八指头陀诗文集》,2000年,第291页。
③ 《八指头陀诗文集》,2000年,第103页。
④ 《八指头陀诗文集》,2000年,第162页。
⑤ 《八指头陀诗文集》,2000年,第90页。
⑥ 《八指头陀诗文集》,2000年,第451页。
⑦ 《八指头陀诗文集》,2000年,第482页。
⑧ 《八指头陀诗文集》,2000年,第89页。
⑨ 《八指头陀诗文集》,2000年,第92页。
⑩ 《八指头陀诗文集》,2000年,第137页。

八指头陀作为一位出家僧人，关怀他人的慈悲情怀并不仅仅停留于世俗的层面，而是要升华到更高层次的佛教境界。他发地藏菩萨"地狱不空，誓不成佛"的大愿："我不愿成佛，亦不乐生天。欲为婆竭尤，力能障百川。海气坐自息，罗刹何敢前！髻中牟尼珠，普雨粟与棉。大众尽温饱，俱登人寿筵。澄清浊水源，共诞华池莲。长谢轮回苦，永割生死缠。吾独甘沉溺，菩提心愈坚。何时果此誓？举声涕涟涟。"[1] 这表明，他誓愿救度茫茫苦海众生，离苦得乐。与此同时，"但愿群生登乐土，大千世界转祥轮。"[2]

关爱佛教的担当精神

八指头陀关爱佛教之心昭然若揭，他曾在宁波阿育王寺礼佛舍利，剜臂肉数块，注于油中燃之供佛，复燃去左手两指供佛，因此，自号八指头陀。这就是此名号的由来。当佛教处于多事之秋，八指头陀深感"法运都随国运移，一般同受外魔欺。踏翻云海身将老，独立人天泪自垂"[3]。遂当机立断以兴寺护教为己任。

八指头陀率先恢复了佛教的祖师道场。其戒弟子释太虚撰写的《中兴佛教寄禅安和尚传》中就说："先是和尚主沩山，以其为沩仰宗初祖道场，法门颓败，宗风垂绝，甚惜之。乃刻意经营冀规复寺宇千余间僧众数千人之旧观。驻锡三年，鼓螺为之一振，有沩山水牯牛重来之称。"[4] 这一举动深受佛教界赞叹。

八指头陀毫不犹豫地担起了全国佛教界的重担。宣统三年（1911年），他联合十七布政司旧辖地僧侣，倡议筹建全国性佛教组织——中华佛教总会。民国元年（1912年）初，又赴南京亲谒临时大总统孙中山先生。由中华佛教总会向政府提交了申请并呈文及《佛教会大纲》，孙大总统将呈文与大纲一并交教育部存案，并予复信。是年4月，诸山长老公推八指头陀为第一任会长。

---

[1] 光绪二十三年（1872年）《古诗八首》。
[2] 《八指头陀诗文集》，2000年，第321页。
[3] 《八指头陀诗文集》，2000年，第415页。
[4] 《八指头陀诗文集》，2000年，第565页。

八指头陀"于捍卫佛教,尤能以圣天法琳为帜志"①。他捍卫佛教主要表现在：一是对维护寺产表示极力支持。关于这一点，从1904年所发生的事可以清楚地看到，"今秋八月，广东揭阳县因奉旨兴办学堂，驱逐僧尼，勒提庙产。时有老僧秃禅者，年已八十，不堪地棍衙役之扰，乃断食七日，作《辞世偈》八首，沐浴焚香，诵《护国仁王经》毕，即合掌端坐而逝。余哀之，次其韵以纪一时法门之难"②。此外，他在诗中也表明了这种态度，"谤佛排僧口烁金，不容地上有禅林。慈悲忠恕原同理，犹感纯皇护教心"③。二是提倡兴学卫教。"事变之来，辄置生命度外，据理力争不稍屈，刀锯在前，鼎镬在后，胸次湛然不挠也。衡山上封寺，……有田数千亩，皆供众之产，被夺于农人者且半，历讼当道不能决，及和尚住持，誓恢复之。卒如愿以偿，得巡抚吴清卿为护法焉。其他若湘若鄂若江若浙，藉和尚之力，祖风绝而重振，教产失而复得，殆胜枚举。庚子役后，清廷罢科举，兴学校。南省大吏，以资无所出，有提取寺产之议。僧徒群焉震恐，莫知为计，顾依赖性成，至有欲托庇外人者。和尚慨国政之棼乱，悯佛教之凌夷，力排众议，以兴学卫教倡，登高一呼，翕然响应，由学部颁行僧教育会章程。于是僧人皆自办僧学，设立僧教育会，浙省之有佛教学校自此始。"④从此，兴学卫教之风蔚然兴起。然而，"欲图保教扶宗，必须兴立学校，然非易事"⑤。可以想见，其所遇到的困难很大。三是入京请愿发还寺产。1912年，当时各地有夺僧产，毁佛像之事发生，八指头陀赴南京谒见临时大总统孙中山，请予保护。4月，临时参议院决定临时政府迁往北京，故八指头陀于九月北上入京请愿发还。抵京第九日，和嗣法弟子道阶前往内务部会见礼俗司司长杜关，要求根据《约法》规定，请求政府下令各地禁止便夺寺产，却反被侮辱，愤而辞出，归法源寺后示寂。故而有："邪恶横行岂安坐？挺身殉教见平生。"⑥ "末

---

① 《八指头陀诗文集》，2000年，第565页。
② 《八指头陀诗文集》，2000年，第320页。
③ 《八指头陀诗文集》，2000年，第321页。
④ 《八指头陀诗文集》，2000年，第565—566页。
⑤ 《八指头陀诗文集》，2000年，第520页。
⑥ 《八指头陀诗文集》，2000年，第576—577页。

劫同尘转愿轮，那知为法竟亡身！可怜流血开风气，师是僧中第一人。"①称赞其卫教精神。太虚法师还深情地写道："而和尚（指八指头陀）竟以卫教终其生，天下悲之，余益不胜其痛也。"②

　　八指头陀为了护教，不仅要处理外部矛盾，而且还要解决内部存在的诸多问题。面对佛教内部的问题，八指头陀主要从三个方面着手来处置：一是批驳在家二众剃度收徒说。为此，八指头陀专门写有一篇《在家二众不应剃度收徒说》文章，他在这篇文章中首先提出佛教存在的乱象："圣教久陵替，邪说乱吾真。神珠不自识，鱼目争为珍。海若扬洪波，毗岚鼓劫尘。五洲一腥垢，万古同酸辛。哀哉阎浮提，谁为觉斯民？"③其次，分析其出现的重要原因是："近日丛林开堂说戒，几无虚岁，而违背法律者居多。甚至有居士身，登比丘坛。混受大戒者，察其所由，乃为师者贪其薄供，遂妄授之。彼亦因此与比丘同住，不修礼敬，以为我亦比丘，何求于彼，乃广吸徒众，占据伽蓝，恣意所为，慢不自省。后或因事出家，亦不补受大戒，为人师承。纵有一二老参宿学，明知其非，畏其势力，亦缄口不言。忍见如来三大阿僧祇劫，所修梵行，一败涂地，岂不痛哉。第此辈稗贩如来正法，必有果报存焉。"④这是佛教丛林管理制度散乱和松弛直接导致的。再次，指出其严重危害在于：这是一种正反颠倒，"今时在家二众，虽与出家者同住，不修敬礼，竟踞高座，授人三皈，为人说法，颠倒已极"⑤。将会导致佛教出现衰相，"愚夫愚妇，本无知识，向其皈依，且投出家，奉以为师，佛法之坏，一至于此。经称末法之世，白衣高坐，比丘下听，即佛法衰相"⑥。从而招致因果报应，"即内秘菩萨行，外现居士身者，引人皈依则可，如自据师位，即毁律仪，必以善因而招恶果"⑦。最后，他慎重地劝告："在

---

① 《八指头陀诗文集》，2000年，第370页。
② 《八指头陀诗文集》，2000年，第566—567页。
③ 《八指头陀诗文集》，2000年，第215页。
④ 《八指头陀诗文集》，2000年，第582页。
⑤ 《八指头陀诗文集》，2000年，第581—582页。
⑥ 《八指头陀诗文集》，2000年，第581页。
⑦ 《八指头陀诗文集》，2000年，第581页。

家二众者,优婆塞优婆夷也。……不能受人供养礼拜。"①而且"奉劝善男信女,如有正信皈依出家者,当遵佛制,以三宝为师"②。二是协调佛教师徒关系。为此,八指头陀还亲自想办法出面来协调师徒关系。"若法中父子,同室操戈,倘魔外得便,则我法慧命断矣。兴言及此,能不悲伤?敬安得尊札后,数夕不眠,思惟调停之法。"③他认为,今后要接受教训,"……不可纵徒逆师,败坏僧规"④。三是处理波旬滋事。"迩来法门秋末,宗风寂寥,有不忍言者。去腊天童波旬滋事,此正所谓狮子身中虫自食狮子肉也。呜呼!若非大力量人,竖法幢,鸣法鼓,战退魔军者,必苔生古屋,草满法堂矣。"⑤如果不及时处理好波旬滋事,那么将会产生很严重的后果。这也体现了八指头陀处理问题的高超水平。

  从以上所述,可以看到,八指头陀大乘菩萨思想的内容相当丰富而深刻。这种思想正如大醒法师在《题像》中说的:"吾爱头陀意,慈悲何太深!毫无私己处,惟有利人心。"这与八指头陀高尚的佛教境界是分不开的,太虚法师就认为八指头陀"至其秉性之挚,遇事之勇,慈悲救世,普度群生,则合于六度万行利生之旨,诚佛门龙象也"⑥!这种评价可以说是恰如其分的。

---

① 《八指头陀诗文集》,2000年,第581页。
② 《八指头陀诗文集》,2000年,第581页。
③ 《八指头陀诗文集》,2000年,第487页。
④ 《八指头陀诗文集》,2000年,第488页。
⑤ 《八指头陀诗文集》,2000年,第447页。
⑥ 《八指头陀诗文集》,2000年,第571页。

宗派论析

华严学与江西禅宗

唐代由禅宗分化出的五家七宗都与江西有关，沩仰与临济二宗是由江西马祖道一禅师的传承衍化而来，临济宗后又分出黄龙、杨岐两派；曹洞宗、云门宗、法眼宗是由江西青原行思系开出，而且这些宗派的祖庭太多都在江西，因此，江西禅宗在一定意义上来说，可以代表整个禅宗。禅宗与华严宗是两个极具中国特色的佛教宗派，它们之间存在着一定的相互关系，本文试图对华严学（指华严宗的学说，包括其教义、经典等内容）与江西禅宗之间的关系作一探讨。

创造性的吸收华严教义

晚唐五代兴起的禅宗诸宗派，均注重从处理"理事"关系上提出新说，只是在运用理事范畴上程度不同而已。沩仰宗的"事理不二"、临济宗"即如如佛"、曹洞宗的"五位君臣"、法眼宗"一切现成"等，都是结合参禅实践创造性地吸收华严理事关系的典型事例。

沩仰宗以倡导"事理不二"为特点，并把理事不二视为真佛境界。据《仰山慧寂禅师语录》，有一段沩山灵祐（771—853年）启悟仰山慧寂（814—890年）的问答，师（指慧寂）问："如何是真佛住处？"沩山云："以思无思之妙，返思灵焰之无穷，思尽还源，性相常住，事理不二，真佛如如。"师于言下顿悟。这里的"思"是"妄"，"无思"是"源"，由此认识理（性、源、无思）和事（相、妄、思）的"不二"关系，即为真佛境界。所谓"理事不二"，指事离不开理，由理所产生；理也离不开事，由事所体现。而思与无思、性与相、妄与源等相互之间的关系，也都同于理事不二的关系。因此这里的"思尽还源"，与华严宗所谓"妄尽还源"是一致的。如果从修持的角度来说，真佛境界不可思议（无思），观想（思）这种境界至于"无思"，就会回归到念想之后神妙的"灵焰"（灵知、灵性、心体），灵焰产生思念的产物即是一切无尽事物。由此可以说，"灵焰"是本源，无穷尽的事物是它的作用或表现，这样理与事也就完全契合不二。"理事不二"作为沩仰宗学说的一个中心内容，对指导禅修实践并与解脱成佛可以有机地相结合。灵祐曾总结："以要言之，则实际理地不受一尘，万行门中不舍一法。若也单刀趣入，则凡圣情尽，体露真常，理事不二，即如如佛。"[①]

临济宗在宋代南岳第十世石霜楚圆门下发展出杨岐和黄龙两支派，其中黄龙派在吸收华严的法界观及理事教理较为突出。黄龙派由慧南禅师创立，慧南禅师（1002—1069年），俗姓章，信州玉山县人。他游方时，曾到庐山归宗寺，练习结跏趺坐，又到栖贤寺参澄諟法师。然后再参云门宗僧怀澄禅师，并随怀澄禅师一同到洪州泐潭山。慧南禅师离开庐山后，来到江西宜丰县的黄檗山开道场，在小溪边修一草庵，名积翠庵。江西、湖南、福建和广东一带的道俗信徒，闻风而来。最后的弘法道场，慧南禅师选在江西分宁（修水县）的黄龙山，所以后人称他黄龙慧南，称其宗为黄龙宗。慧南禅师的禅法，曾引入体用关系，讲究"触事而真"。这是创造性地吸收华严理事关系的重要特征，他说："'道远乎哉？触事而真。圣远乎哉？体之即神。'（《黄龙慧南禅师语录续补》，下称《续补》）……也是引入了华严的法界观，理能成事，事能含理，理事相融无碍，黄龙称为'三千世界所有尘，一一尘中含法界'（《黄龙慧南禅师语录》）。这是华严的一即一切，一切即一的思想……"[②]

曹洞宗在历史上的影响仅次于临济宗，构成曹洞系学说的核心内容是五位君臣说，这一学说也大量吸收华严的理事圆融思想。曹洞宗的这种独特学说是

---

① 《景德传灯录》卷九本传。
② 赖永海主编：《中国佛教百科全书》（2）教义卷人物卷，上海古籍出版社2000年版，第370页。

由洞山良价（807—869年）和其弟子曹山本寂（841—901年）共同建立。良价俗姓俞，越州诸暨（今浙江诸暨市）人。唐大中末年（860年），良价到新丰山接引学徒，后来又到豫章筠州新昌县（今江西省宜丰县）的洞山举扬宗风，后人因而称其为洞山良价。良价有《宝镜三昧歌》《新丰吟》《玄中铭》《纲要颂》《五位显诀》等作品。本寂有《五位君臣旨诀》《解释洞山五位显诀》《注释洞山五位颂》等著述，发挥良价的思想。从这些著作中，我们可以看到，"良价的禅法，重在理事俱融，吸收了华严宗的看法，也是远承之青原下石头希迁的思想。"①

五位君臣说，"五位"又分为偏正、功勋、君臣和王子四种，其中以"偏正五位"为基础，其余三种均由此发展而来。这里我们来看其"偏正五位"的关系，"五位"首先说明理事之间存在的五种关系，力求达到理事兼带的境界。在曹洞宗人的作品和语录中，"理"可以用正、君、空、体、真、主、寂等概念表示，"事"可以用偏、臣、色、用、俗、宾、动等概念表示，这样就充分拓宽了理事范畴的运用范围，使理事关系成为其全部学说讨论的基本问题，成为其概括一切关系的总纲。这是曹洞宗运用理事范畴的重要特点之一。这一特点，按照宋僧的总结："正位即属空界（理），本来无物；偏位即色界，有万象形；偏中正者，舍事入理；正中来者，背理就事；兼带者，冥应众缘，不堕诸有，非染非净，非正非偏。故曰：虚玄大道，无著真宗。"②这里的"正"相当于"理法界"，是本体界；"偏"相当于"事法界"，属现象界。把两者分开来看，都是孤立的存在，所以，"舍事入理"或"背理就事"都是片面的。只有理应众缘（事），众缘应理，达到"兼带"的认识或达到这样的境界，才合乎真宗大道。这种"兼带"相当于华严宗的理事圆融。因此，在认识上要既明事又明理，在行动上要事理双融，才能达到"非染（事）非净（理）"。曹洞宗所说的这种"大道"或"真宗"，与沩仰宗所说的"如如佛"也是相通的，表现出它们在吸

---

① 赖永海主编：《中国佛教百科全书》（2）教义卷人物卷，上海古籍出版社2000年版，第326页。
② 《人天眼目》卷三。

收华严教义上达到了异曲同工之效。

法眼宗是禅宗五家中开宗最晚的一个宗派，其吸收华严思想与其他宗派相比并不逊色。该宗由清凉文益开创。文益禅师（885—958年）俗姓鲁，余杭（今浙江杭州）人，七岁出家，在越州（浙江绍兴）开元寺受具足戒，在桂琛禅师门下顿悟玄旨。后来到临川，受地方官邀请住在崇寿院说法，法席之盛，"四远之僧求益者不减千计"。文益禅师对经教很有研究，并较侧重于华严思想。他倾向华严思想，与桂琛禅师也有很大关系。文益禅师在桂琛"若论佛法，一切现成"的语句下得悟。一切法理事圆融，本来如此，非人为安排。以后文益禅师特著《华严六相义颂》，来说明理事圆融的道理。在《华严六相义颂》中，他以华严六相来讲理事关系，其中云："华严六相义，同中还有异。异若异于同，全非诸佛意。诸佛意总别，何曾有同异？"[1] 这里其所谓的"六相（总别、同异、成坏）之中，文益以真如一心为总相，心能生诸缘，缘生万法，为别相，这是比华严宗法藏要明确的地方，法藏还未明言总相即是心，文益这样解释，正体现其三界唯心，万法唯识的宗门特色。这六相中每一对范畴，都是有差别又有同一，就同异而言，同中有异，同本身就是异的终极本质，异是以这个同为基础的，所以'讲异若异于同，全非诸佛意。'"[2] 因此，法眼宗的禅学是建立在理事圆融的基础上的。对于"理事不二"的道理，文益禅师作了进一步的阐述，他在《宗门十规论》中说："大凡佛祖之宗，具理具事"，"理事相资，还同目足"，以及"理无事而不显，事无理而不消。事理不二，不事不理，不理不事"。他还应用理事圆融的思想，对于晚唐五代时禅宗宗派林立，门户之见充斥，加以指责批评，并要求采取调和的立场。如《宗门十规论》中讲理事圆融的一段话，特以曹洞、临济两宗为例："欲其不二，贵在圆融，且如曹洞家风则有偏有正，有明有暗，临济有主有宾、有体有用。然建化之不类，且血脉而相通。"此外，文益禅师还著有《三界唯心颂》，颂曰："三界唯心，万法唯识。唯识唯

---

[1] 《文益禅师语录》。
[2] 赖永海主编：《中国佛教百科全书》（2）教义卷人物卷，上海古籍出版社2000年版，第335页。

心，眼声耳色。色不到耳，声何触眼。眼色耳声，万法成办。万法匪缘，岂观如幻。山河大地，谁坚谁变。"文益这一说法也是源于《华严经》的"应观法界性，一切唯心造"，因此三界唯心、万法唯识论是以华严的理事关系为基础。文益禅师的禅法，着重强调"一切现成"的观点，"一切现成"也因此成为法眼禅的特征。文益禅师曾以"一切现成"的观点印证弟子德韶禅师，德韶禅师因而也宣扬"佛法现成，一切具足"。文益禅师的再传弟子延寿禅师更发挥文益这一思想。

就禅宗言，如此运用理事范畴，理论上是把为它所破斥的全部佛教修行规定都予以肯定，所以华严教义在禅宗五家七派中特别受到重视。不过，禅僧创造性地吸收华严教义，其原因也许正如杨维中先生所说：《华严经》中讲的禅定也具有不能直接模仿的特性。因为此经基本没有讲修习禅定的具体操作程序，只是大讲修习禅定后所可能获得的诸种境界。此后一些依《华严》修禅的僧人，都具有进一步创造的特点。"[1]

华严教义禅学化

佛教内部各个宗派之间的相互融合，特别是华严学与禅学之间的交融，并不仅仅表现为禅宗五家七宗对华严教义的创造性吸收方面，同时也包括了华严教义的禅学化实现过程。我们在这里着重指出华严学与禅学，是因为"至公元七世纪下半叶，华严学与禅学一起成为当时佛教之中的显学"[2]。禅宗与华严宗的交融，"在这一阶段，华严宗所面临的挑战不是来自密宗，而是来自禅宗。随着南宗僧团影响的不断扩大，禅学成为中国佛学中的主流。就华严学僧言，他们一方面继续在诠解《华严经》的形式下发挥新说，实现自身理论的定型和完善，突出本宗的学说特色，另一方面，又更多地接受禅学影响，使华严学禅学化。同时，华严学也更多地为禅宗所吸收，成为禅学的一个组成部分。"[3] 这种交融的关系，不仅满足了华严学自身的需求，而且也有助于禅学的生存与发展。

---

[1] 杨维中著：《经典诠释与中国佛学》，宗教文化出版社2006年版，第52页。
[2] 杨维中著：《经典诠释与中国佛学》，宗教文化出版社2006年版，第266页。
[3] 杨维中著：《经典诠释与中国佛学》，宗教文化出版社2006年版，第168页。

华严教义的禅学化，首先表现在"华严学与禅学的交融，反映在传法谱系上，就是被奉为华严宗的祖师，同时又被禅宗奉为祖师"①。颛愚观衡禅师就是一个非常典型的事例。华严宗传至明代，其势衰微，第25世雪浪洪恩禅师座下法嗣颛愚观衡禅师到江西云居山禅宗道场弘法，他不仅是华严宗的传人，而且也被教内奉为禅宗祖师。颛愚观衡禅师（1579—1646年），霸州（今属河北省）赵氏子，十四岁在五台山出家，先后跟随达观真可紫柏禅师、雪浪洪恩法师、云栖袾宏大师学习华严宗旨，颇得要领，为华严宗第二十六世法嗣。于雪浪洪恩座下得法后，继于庐山独坐五年。明崇祯十年（1637年），来到云居山，曾主持永修云居山真如禅寺达七年，力弘华严之法，率众农禅，赋七言古风《插秧歌》以诲众，身亲参插，故有"古佛"之尊。崇祯十七年（1644年），迁锡庐陵青原山净居寺，后又改锡石城紫竹林。清顺治三年（1646年）五月，示寂于金陵（今江苏南京），肉身不坏，迁龛归葬建昌（今永修）云居山，全身塔保存至今。颛愚观衡禅师座下弟子有释法玺禅师、庆位正印禅师、元白音可禅师、元尽宗学禅师等。释法玺长期随侍颛愚观衡禅师，在江西云居山为监院。颛愚观衡禅师离山，释法玺受嘱为东堂首座。大约于顺治二年（1645年），释法玺出任江西云居山真如禅寺住持。元白音可禅师承嗣法脉之后，初则助师料理真如禅寺寺务。颛愚观衡禅师圆寂后，元白音可应请执掌建昌泐潭寺（今靖安宝峰寺）法席。庆位正印禅师承观衡和尚印可后，开法于江西云居山圆通寺，成为一代祖师。元尽宗学禅师于颛愚观衡禅师座下嗣法后，初在江西云居山真如禅寺为清众。颛愚观衡禅师圆寂后，无尽宗学禅师率徒众于塔侧奉守，长达17年之久，座下法嗣甚众，其法嗣后分化至江西上高、奉新一带，并自成一系。

其次，华严学教义的禅学化，不仅表现在禅僧所开示的禅理之中，而且融入了其具体的禅修实践之中。在禅宗来看，所悟之"理"体，所明之"本心"，是不受一切世俗尘埃污染的，是洁净的，而修行则包括了一切。这就要求把已经获得的真理性认识贯彻于一切修行活动中去，悟"理"的目的并不是要舍弃世间的"事"。即使顿悟的人也要做世间的一些生活所必需的事情，这就要求

---

① 杨维中著：《经典诠释与中国佛学》，宗教文化出版社2006年版，第168页。

其一切活动都要体现"理",而且对其行"事"也不能简单地以"事"或"理"来评判、度量(凡圣情尽)。因此,"理事不二"也就成为其行为种种表现的最好诠释。从哲学的角度来说,就是认识和实践达到了有机的统一,也就是佛教所谓的成佛表现。马祖道一(709—788年)是南岳怀让的法嗣,在江西弘扬洪州禅,其禅法思想就体现出华严教义禅学化的倾向。"从马祖的教示中,中国禅的本来面目跃然而现,总算在这大地之中显示了出离的线索。明白地指示'心外无别法';同时也开示了'三界唯心'。这里的三界唯心,绝不是说的形而上学,谈到唯心哲学,可以从华严教学中得到圆满的答案。"①在马祖道一的传人中,华严教义的禅学化更为明显,华严学说的法界观已融入禅僧相互之间的对机公案之中。"开创朝鲜禅门九山的二祖迦智宝林寺(全罗南道长舆郡)道义,在新罗宣德五年(784)入唐,与西堂智藏一同师事百丈怀海,在唐朝住留三十七年后,于宪王十三年(831)回归新罗。在唐朝停留了三十七年的新罗道义,变成一位不折不扣的中国禅者。道义将回归新罗时,当时的僧统智远向他说:'华严的四种法界以外,另外还有甚么法界?'道义听说立即举起拳头说:'这就是法界!'智远进一步追问:'一部大藏经所说为何?'道义仍旧挥举拳头。身为华严教学权威的智远,闻说大吃一惊,可见这位道义也绝对不是愚昧。在为时三十七年的时间里,对于历参智藏与马祖的道义来说,这是极其自然的。在佛教学家的立场,以法界为何相质询,认为那只不过是背理的领域和无谓的分别智而已,所以在道义而言,正是要突破这项分别智,因此,所谓法界,除了当境的拳头以外,更有何物?"②

再次,华严教义的禅学化,也表现在禅僧对佛理的悟解和弘法之中。在江西佛教史上,普庵印肃禅师就是这方面的佼佼者。普庵印肃禅师(1115—1169年),号普庵,俗姓余,袁州之宜春人也,绍兴十一年(1141年)剃染。翌年,受甘露大戒于袁州城北开元寺,为六祖下第十七世孙,临济宗黄龙牧庵法忠禅师之法嗣。绍兴二十三年(1153年),住持慈化寺。"普庵初精究于《华严》,

---

① 镰田茂雄著、关世谦译:《中国禅》,深圳弘法寺印行,2008年,第142页。
② 镰田茂雄著、关世谦译:《中国禅》,深圳弘法寺印行,2008年,第167页。

次熟披于海藏。忽睹弥勒楼开，亲见善财行履处。"① 一日，临济僧普庵印肃禅师阅《华严合论》，至"达本情忘，知心体合"处，而"豁然大悟，遍体流汗"，宣称"我今亲契华严法理矣"②。普庵印肃禅师诵《华严经》至"达本忘情，知心体合"处，豁然大悟，类似的记载在《普庵印肃禅师全集》中反复提到。在该书的"出版说明"中有："终于有一天，在阅读《华严合论》的时候，当他读至'达本忘情，知心体合'这一句时，印肃禅师豁然大悟，于是作偈曰：'捏不成团拔不开，何须南岳又天台。六根门首无人用，惹得胡僧特地来。'"③ 在这本书中的"原序"中有三处说到此事：一是"峻机玄辩，妙契《华严》"④ 二是"一日，诵《华严论》，至'达本情忘，知心体合'，豁然大悟，遍体汗流，乃曰：'我今亲契华严法界矣。'遂示众曰：'李公长者，于华严大经之首，痛下一槌，击碎三千大千世界，如汤消雪，不留毫发许于后进者作得滞碍。普庵老人一见，不觉吞却五千四十八卷，化成一气，充塞虚空。方信释迦老子出气不得之句。然后破一微尘，出此《华严经》，遍含法界，无理不收，无法不贯。便见摩耶夫人是我身，弥勒楼台是我体，善财童子是甚茄子？文殊普贤与我同参，不动道场，遍周法界。悲涕欢喜，踊跃无量。大似死中得活，如梦忽醒。'良久云：'不可说，不可说，又不可说。'始信《金刚》云：'信心清净，即生实相。实相既生，妄想生灭。全体法身，遍一切处，方得大用现前。'即说偈曰：'捏不成团拔不开，何须南岳又天台？六根门首无人用，惹得胡僧特地来。'"⑤ 三是"寺无常住，师布衾纸衣，晨粥暮食，禅定外，唯阅华严经论。一日大悟，遍体汗流。喜曰：'我今亲契华严境界。'"⑥ 从这些记载中可以看出，禅僧非常重视《华严论》，把《华严论》作为其开示悟入的必要条件了。因此，有学者

---

① 普庵禅师著，董明真、明洁点校：《普庵印肃禅师全集》，河北禅学研究所印行，2007年，第24页。
② 《普庵印肃禅师语录》卷上。
③ 普庵禅师著，董明真、明洁点校：《普庵印肃禅师全集》，河北禅学研究所印行，2007年。
④ 普庵禅师著，董明真、明洁点校：《普庵印肃禅师全集》，河北禅学研究所印行，2007年。
⑤ 普庵禅师著，董明真、明洁点校：《普庵印肃禅师全集》，河北禅学研究所印行，2007年。
⑥ 普庵禅师著，董明真、明洁点校：《普庵印肃禅师全集》，河北禅学研究所印行，2007年。

推测,"延祐元年(1314),诏封袁州路南泉山慈化寺普庵禅师号,谓其'绍临济之绪,超华严之境'(《佛祖统纪》卷四十八《附元》),临济禅僧的悟境也是与华严境界相联系的"①。

普庵印肃禅师在弘法中基本上贯彻了《华严经》的思想。一是强调《华严经》对修禅开悟的重要性。他认为禅修最高智慧般若是融贯华严教义的,他说:"伏以:般若贯华严,涅槃通宝积。"②在讲佛性时,他提出:"问聪明多智,久参方而犹尚难闻;岂可蠢动含灵,一闻见而便能觉悟?《华严经》云:'一切诸佛,于一微尘。众生心中,成等正觉。而其众生,不觉不知。'又云:'一切众生,是诸佛之果源。'善男子!莫作是说。经云:'蠢动含灵,皆一佛性耳。'所以佛说《华严经》云:'我初成道之时,于自身中见一切众生,悉皆成道。我入涅槃时,见一切众生尽入涅槃。''如一众生未成佛,终不于此取泥洹。'无非真得道人,在处含灵获益。"③最后他明确指出:"如斯方是破微尘,若不如如终未彻。《华严经》云:'有一智人,破微尘出此经卷,量等大千。'佛语不虚,少人信解。善男子!善女人!汝今不发一善心,即是恶业众生。佛称一善,与汝安名者,人发善愿,天必从之。"④二是以《华严经》阐述佛教禅宗的义理。普庵印肃禅师直接引用几段《华严经》的原话,如"不见有世间往来之事,何处立父母生缘?是故《华严经》云:'若人欲了知,三世一切佛。应观法界性,一切唯心造。'若歇妄心,真心自现。真心普现,则照了三世。非生灭故,自性与佛祖同源"⑤。三是以《华严经》指导修禅的具体方法。普庵印肃禅师首先劝诫禅众要学《华严经》。他说:"向道'不读《华严经》,不知佛富贵'一化彼三千七十士,唯恐迷流增嫉妒。不患寡而患不均,后代绵绵常贵富。

---

① 杨维中著:《经典诠释与中国佛学》,宗教文化出版社2006年版,第242页。
② 普庵禅师著,董明真、明洁点校:《普庵印肃禅师全集》,河北禅学研究所印行,2007年,第149页。
③ 杨旭主编:《宜春禅宗祖师语录》,宗教文化出版社2012年版,第301页。
④ 杨旭主编:《宜春禅宗祖师语录》,宗教文化出版社2012年版,第291—292页。
⑤ 普庵禅师著,董明真、明洁点校:《普庵印肃禅师全集》,河北禅学研究所印行,2007年,第96页。

我道无心粥饭缘，饥餐渴饮全无措；一家有事百家忧，心净还如佛净土。庐陵米价也寻常，一粒破时全体露。"①其次，他用《华严经》的道理具体阐述禅修的方式。他说："应无所求，应无所住，应无所无心，应物随机方便。《华严经》云：'吾观世间，无一可乐。若闻有乐，乐是苦因，终不可爱。'"②他指出："《大方广佛华严经》说：一切众生，皆是无明，造十不善业，堕落地狱、饿鬼、畜生三恶道报，如影随形，不相舍离；所受苦报，各不相知，如梦如幻。虽生怕怖，苦痛难忍，而无所求解脱之处。除非为人，得身安健，早求佛教，速依正法，信心清净，护持十善，除十恶念，念念坚牢，戒诚精进，永不退转。若能于一生中，闻有真正大善知识者，不惜身命，不远千里而来，二礼一言，直是大肯，不动步而便得成就。契经合道，了悟廓然，无心外法，不复受后有之形。心法通贯，永超三界，迥脱苦轮，皆同《广佛华严》。"③四是利用《华严经》诠释风水禅。普庵印肃禅师慎重地批评迷信风水而放弃修禅法积福德的错误认识。他深刻地指出："如今凡俗尚言：'有福之人，不葬无福之地。'若人不修福德，安可逆造化而背阴阳者？无心得其造化自然，无功之功也。无功用道者，乃得正心也。正心者，无心也；无心者，道也。道是本来自性，天真之源。若能一念返本还源，一多互用，智体无方。可谓通于一而万事毕，无心得而鬼神伏。无作而作，无用而用，无向背，无年月，无日时。是故《华严经》云：'一念普观无量劫，无去无来亦无住。如是了知三世事，超诸方便成十力。'岂可逆于正，顺于邪，逐妄言而寻风水哉？"④

弘禅中兼释华严教义

前面我们详细论述了华严教义的禅学化，这种禅学化的过程存在两个方面

---

① 普庵禅师著，董明真、明洁点校：《普庵印肃禅师全集》，河北禅学研究所印行，2007年，第132页。
② 普庵禅师著，董明真、明洁点校：《普庵印肃禅师全集》，河北禅学研究所印行，2007年，第116页。
③ 普庵禅师著，董明真、明洁点校：《普庵印肃禅师全集》，河北禅学研究所印行，2007年，第50—51页。
④ 杨旭主编：《宜春禅宗祖师语录》，宗教文化出版社2012年版，第304页。

的问题：一是"宋代士人重在寻找华严与禅的契合点和相同处，并不顾及两者的相异点和矛盾处，这与当时佛教界大多数禅僧的见解一致"①。这方面的内容前面已作论述。二是当时的禅僧在弘扬禅法中又兼释华严教义，以达到为我所用的目的。

禅僧的著作是其弘扬禅法的重要载体，在他们的著作中兼释华严教义的现象比比皆是。我们先来看出自云门宗晓聪系的契嵩禅师代表作《原教》和《广原教》，其中的内容就有释解华严教义为其所用的意图。契嵩（1007—1072年），字仲灵，自号潜子，藤州镡津（今广西藤县）人，俗姓李，7岁出家，13岁剃度落发，14岁受具足戒，19岁开始游方参学，来往于南方各地，曾至瑞州（今江西高安）见到云门宗僧人晓聪禅师，成为其得法弟子。他一生著述颇丰，其《辅教编》等书曾于嘉祐六年（1061年）上达宋仁宗，使"朝中自韩丞相而下，莫不延见而尊重之"②。究其原因，是他联系伦理观和心性论，提出了儒释融合新说。他从理论上阐发儒释关系的代表作是《原教》和《广原教》两篇文章。在谈到两篇文章的体例时，他说："始余为《原教》，师《华严经》，先列乎菩萨乘，盖取其所谓依本起末门者。……今书（指《广原教》）乃先列乎人天乘，亦从《华严》之所谓摄末归本门者也。"（《辅教编·广原教序》）在这里，按照契嵩的说法，《原教》先述高级修行果位，即"菩萨乘"，然后从高级修行阶位叙述到低级修行阶位，即"人天乘"，这是依据《华严经》"依本起末"的体例。而《广原教》则相反，先述低级修行阶位，然后进到高级修行阶位，这是仿效《华严经》"摄末归本"的体例。总之，不管是依据《华严经》"依本起末"的体例，还是仿效《华严经》"摄末归本"的体例，都可以说明契嵩禅师在其著作中兼释了华严教义。其次，克勤禅师在其著作《碧岩集》中也兼释华严教义。克勤禅师（1063—1135年），临济宗高僧，字无著，号佛果，俗姓骆，彭州崇仁（今四川彭县）人，1127年，至江西云居山任真如禅寺住持。如在《碧岩集》第八十九则，克勤解释"网珠垂范影重重"一句时，比较系统地讲述了华严宗

---

① 杨维中著：《经典诠释与中国佛学》，宗教文化出版社2006年版，第201页。
② 《镡津明教大师行业记》。

的基本教义，包括四法界、六相、一即一切等，符合华严宗的原意，起到了传播华严基本知识的作用。①

禅僧在弘扬禅法中兼释华严教义，以抬高自宗的地位，达到为我所用的目的，也是情理之中的。博山元来禅师在这方面就做得很出色。博山元来禅师（1575—1630年），字大舣，舒城（今属安徽省）沙氏子，明万历三十年（1602年），主持饶州博山能仁禅寺（今属江西广丰县），期间曾一度应请入闽，执掌福州鼓山涌泉寺，数年后返回，博山元来禅师再次主持能仁禅寺法席，博山元来禅师两度主持博山能仁禅寺长达29年，其禅法在江西、福建和江苏一带颇有影响。博山元来禅师与其师慧经法师不同，不以劳作为务，而以禅律并行治理丛林；不专以参究话头教人，而以禅教净并传指导徒众。在对待佛教典籍方面，他表示："夫为学者，凡经律论三藏文字，大不补圆，靡不遍涉。清凉大师云：以圣教为明镜，照明白心；以自心为智灯，烛经幽旨。"② 他经常为僧人和士大夫讲解天台、华严和唯识等宗的教理。"在倡导禅教融合中，始终坚持禅统诸教的原则。有人问：'禅宗称顿悟者，何教所摄？岂非清凉判顿教摄欤？抑亦未及圆教欤？'这是有关禅与华严优劣比较的问题。如果依澄观的判教理论，禅宗属顿教范围，比不上华严宗（圆教）。博山元来禅师认为，华严教理可以说是'教家极则'，在教门中最高，但比不上禅宗的悟门。在他看来，禅宗是'五教所不能摄，唯禅门能摄五教'"。③ 对于博山元来禅师以释华严教理来提高禅宗地位的做法，杨维中先生在其论文中指出："在论及宗与教的优劣高下时，禅僧必定要彻底推翻华严及其他教门诸派的所有判教主张，认为那些判教理论只属于教门之内的事，与禅宗无关。那些力图把禅宗纳入教门判教范围内的一切观点，都是不被承认的。'唯禅门能摄五教'，才是禅僧处理宗与教关系的不可改变的总原则。禅门高于教门,并且容纳了教门的一切。"④ 在这里，很显然，博山元来禅师在弘扬禅法中兼释华严理论，其目的就是为禅门教义广

---

① 杨维中著：《经典诠释与中国佛学》，宗教文化出版社2006年版，第236页。
② 《无异元来禅师广录》卷二十六。
③ 杨维中著：《经典诠释与中国佛学》，宗教文化出版社2006年版，第260页。
④ 杨维中著：《经典诠释与中国佛学》，宗教文化出版社2006年版，第261页。

弘服务的。

可以说,博山元来禅师兼释包括《华严》在内的诸多经典及诸派教义,最终目的是达到"实用"。博山元来禅师在《示道揆禅人》中说:"夫为学者,圆顿之教,了义之诠,广博精研,穷源极数,一一得其实用,慎勿执名相阶级并遮表文字,障诸佛之光明,翳众生之慧目。"(《无异元来禅师广录》卷二十六)他精研各类经典及其注疏之作的目的,只是"得其实用"。联系华严学,这种"实用"是把《华严经》的神通描述,华严宗的哲学发挥,完全落实到禅修的实践上来。博山元来禅师指出:"若达平等实相,一微细众生与毗卢遮那佛等无有异,《华严疏》谓:遮那如来入一微细众生身中入定,全身不散,此众生不觉不知。谓佛众生同体故,理无分齐故……以此观,人有贵贱,位有尊卑,而心无高下也。是故当发大心,以愿力维持,直成佛道,似不可须臾有间然也。"① 博山元来禅师把华严教义这种抽象理论运用于观察人生,实现在现实生活中平等看待有贵贱之别和尊卑之分的一切人,这是其弘扬禅法得华严"实用"精髓之重要表现。

近代禅僧依然重视华严教义,而且在弘禅中兼释华严教义。虚云老和尚就是一位重要的代表人物。虚云老和尚(1840—1959年),名古岩,湖南湘乡县肖氏子,他一生殚精竭力,光大宗门,续佛慧命,中兴江西云居山真如禅寺等祖庭名刹,为禅宗的发展做出了杰出的贡献。他对华严教义极为重视,在他写给信众的书信中可以窥见一斑。如他劝"宽慎居士,信得心净土净,具足自力他力,且诵《华严经》圆满"②。又如他写道:"惟需祖《华严疏论纂要》之巨帙,竟付缺如;其他需祖以下之语录遗著,亦有多种均未搜采,而残篇断简,本山亦已缺佚不全。缅怀先代精神心血,留此遗泽,垂训当来,后世子孙,不能保守,以至湮没,常用疚心。"③ 再如他在《讽〈华严经〉游海放生小引》中说:"目击时艰,不忍闻见,于时募化十方,鸠约同志,清净三业,披沥一心,讽《华严》于海上,放生命于渊中。冀风调而雨顺,祈岁稔以年丰,祖祢超度,眷属泰宁。"④

---

① 《无异元来禅师广录》卷二十二。
② 净慧主编:《虚云和尚全集》第2册,中州古籍出版社2009年版,第107页。
③ 净慧主编:《虚云和尚全集》第2册,中州古籍出版社2009年版,第133页。
④ 净慧主编:《虚云和尚全集》第2册,中州古籍出版社2009年版,第196页。

虚云老和尚也在弘禅中兼释华严教义。他在《讽〈华严经〉游海放生小引》和《劝造〈华严经〉引》中分别阐述了华严教义。在《讽〈华严经〉游海放生小引》中，他说："但至言虽多，佛言为量；三藏至切，而《华严》尤精。旷观宇宙，一《华严》也；川岳，一《华严》也；古往今来，在在无非《华严》也！竖超三际，横贯十虚，大哉华严！岂可心思语测哉？然极大无外，不仅罗世界之广阔；极小无内，匪特敛一己之身心。天赖以清，地赖以宁，人赖以安，以至四生六道，靡不赖以克济也。"① 在《劝造〈华严经〉引》中，他述说："历来中土受持最盛者，不过《法华》、《金刚》、《楞严》、《圆觉》，至于《华严》一乘之圆教，见性之秘典，以卷帙数多，流通未广，余于云山静悟之余，间览《华严》，其玄妙非口舌所能宣。今欲与上善诸公游华藏之世界，入毗卢之性海，作真实之功德，种无上之良因，攒修华严大法，各各随喜布施。或一部半部，一函半函，一卷半卷，其功德不可以言喻也。"②

综上所述，华严学与江西禅宗的关系主要表现在三个方面：一是创造性地吸收华严理事不二理论；二是华严教义的禅学化实现；三是在弘扬禅法中又兼释华严教义。这三个方面对应着三个不同的层次。创造性地吸收华严教义的理事范畴，是禅宗从佛教理论上丰富其内涵的创新；华严教义的禅学化，是禅宗从禅修实践上完善其内容的补充；在弘扬禅法中又兼释华严教义，是禅宗从宗派互补上论证禅理的契机。这三个层次从逻辑上讲是一个不断深化的过程。虽然本文只是从华严学与江西禅宗的关系来论述的，但是在一定意义来说，也可以代表华严学与整个禅宗的关系。

---

① 净慧主编：《虚云和尚全集》第 2 册，中州古籍出版社 2009 年版，第 196 页。
② 净慧主编：《虚云和尚全集》第 2 册，中州古籍出版社 2009 年版，第 195 页。

华严学与江西净土宗

华严学与江西净土宗具有密不可分的关系。早在东晋时期,庐山东林寺的慧远大师就对《华严经》十分重视。这不仅是因为华严学与净土宗在思想理论上具有一定的渊源关系,而且在修行实践上华严与净土得以兼修并弘。随着佛教的发展,华严宗与净土宗逐渐走向相互融合的发展趋势。

净土祖师与《华严经》

慧远作为净土宗的祖师,他对《华严经》极为关注。《华严经》虽是华严学的重要经典,但这部经典的早期传入和翻译与东晋慧远分不开。当时慧远在庐山东林寺开展取经与译经活动,《华严经》梵本的传入与翻译就是其中的重要内容。因此,大安法师曾说过:"华严宗风的阐播,亦造端于觉贤的南下,南下的觉贤(佛驮跋陀罗尊者),所以有造于我佛教,其功仍在于远公。"[①]这充分肯定了慧远对华严学的贡献。

慧远组织和派遣弟子远赴西域于阗所取经典中就有《华严经》。取经的经过,在《高僧传》卷六上是这样记载的:"初,经流江东,多有未备,禅法无闻,律藏残阙。(慧)远慨其道缺,乃令弟子法净、法领等,远寻众经,踰越沙雪,旷岁方反,皆获梵本。"[②]从此可看出慧远派去取经的僧人众多,分头去寻访,也各有所得,所以说"皆获梵本"。在这些梵本中就有《华严经》梵本,这部《华严经》梵本,号称十万偈,与仅有三万六千偈的"晋译本"梵本不同。法领取回来的《华严经》梵本,僧肇在答刘遗民的信中提及过:"领公远举,乃千载

---

① 释大安集述:《净土宗教程》(修订本),宗教文化出版社2006年版,第91页。
② 《大正藏》卷五十,第359页中。

之津梁也！于西域还，得方等新经二百余部"①。

慧远邀请外国僧人所译经典中也有《华严经》。译经的因缘很殊胜，慧远得到《华严经》梵本后，此时北方的禅师佛驮跋陀罗恰好有意来江东弘法。大约在义熙六年或七年（410年或411年），佛驮跋陀罗（359—429年）被迫离开长安，与弟子慧观等四十余人南投庐山慧远，慧远请其从事译经工作。佛驮跋陀罗从义熙十四年（418年）三月，到元熙二年（420年）六月，将《华严经》翻译出来。佛驮跋陀罗所译的《华严经》为六十卷本（起初分为五十卷），分三十四品，名《大方广华严经》，简称为"晋译本"或"六十华严"。译经的事迹，如《出三藏记集》卷九《华严经记》说："《华严经》胡本，凡十万偈。昔道人支法领，从于阗得此三万六千偈。以晋义熙十四年，岁次鹑火，三月十日，于扬州司空谢石所立道场寺，请天竺禅师佛驮跋陀罗，手执梵文，译胡为晋，沙门释法业亲从笔受。时吴郡内史孟𫖮，右卫将军褚叔为檀越，至元熙二年六月十日出讫。凡再校胡本，至大宋永初二年，辛丑（应是"辛酉"）之岁十二月二十八日校毕。"②这段引文中的"佛度跋陀罗"应为"佛驮跋陀罗"，也许是笔误，其实指的是同一个人。

佛驮跋陀罗译出《华严经》对佛教理论发展产生了重要的作用。一是标志着华严经学成熟。魏道儒博士反复强调了这一点，"正如魏道儒博士所说的，华严宗的形成是由华严经学逐渐演变而成的，而东晋佛驮跋陀罗译出六十卷《华严经》则是华严经学成熟的开始。"③他还指出："这部按照一定标准有选择收录的华严汇集本，容纳了在中国佛学史上起作用的华严经学的基本内容，此后虽屡有单行经续出，并有篇幅更长一些的《华严》汇集本翻译，但在主要学说方面没有实质性突破。'六十华严'是定型化的经典，其理论是华严经学的成熟形态。"④二是丰富了中国佛教思想。杨维中认为："特别是东晋佛驮跋陀罗六十卷《华严经》的译出，为中国佛教全面、准确地吸收《华严经》思想，提

---

① 后秦僧肇《肇论》《般若无知论》附《答刘遗民书》，《大正藏》卷四十五，第155页下。
② 《大正藏》卷五十五，第61页上。
③ 魏道儒著：《中国华严宗通史》，江苏古籍出版社1998年版，第1版，第265页。
④ 魏道儒著：《中国华严宗通史》，凤凰出版社2008年版，第21页。

供了非常重要的前提条件。"① 因此，可以说，"它（指《华严经》）的出现，开辟了华严经学输入内地的新阶段"②。三是奠定了华严宗的理论基础。魏道儒说："完整而较为准确的《华严经》的译出、流通，一时在中土形成了研习、弘传的高潮。如最初参与此经翻译的法业，曾经亲承佛驮跋陀罗的口义而撰成《华严旨归》二卷。随后刘宋求那跋陀罗曾经讲解此经多遍，北齐玄畅更是对此经逐字逐句加以疏解。隋至唐初，随着《华严经》得到广泛的研习与信仰，逐渐形成了专弘此经的华严宗。"③

渊源关系与兼修并弘

华严学与净土宗无论是在思想理论上，还是在修行实践上都具有一定的关系。在思想理论上，华严学与净土宗的渊源关系是二者相互融汇的基础；在修行实践上，华严与净土的兼修并弘，产生了巨大影响。

《华严》与净土宗的渊源关系主要集中体现在两个方面：一是《普贤行愿品》。庐山东林寺的大安法师就是持这种观点的，他在《净土宗教程》中指出："《华严经》公认为众经之王，然其归根结底在于《普贤行愿品》；《普贤行愿品》的归根结底又在普贤菩萨以十大愿王导归西方极乐世界。可见《华严》与净土渊源甚深。"④ "弥陀净土法门，三根普被，利钝全收；下手易而成就高，用力少而收效宏。是以《华严》奥藏，归根结底，乃以普贤菩萨十大愿行导归极乐。"⑤ 大安法师的看法也得到佛教界有识之士的认同，如当代的印顺法师就明确说："唐译二本，普贤行愿而归于往生极乐，所说完全相同。"⑥ 二是《入法界品》。杨维中得出这样的结论："综合起来言之，《华严经》的净土思想主要包括三方面：第一，从佛国净土方面看，《华严经》所提倡的是以毗卢遮那佛为教主的

---

① 杨维中著：《经典诠释与中国佛学》，宗教文化出版社2006年版，第172页。
② 魏道儒著：《中国华严宗通史》，凤凰出版社2008年版，第21页。
③ 魏道儒著：《中国华严宗通史》，江苏古籍出版社1998年，第265页。
④ 释大安集述，《净土宗教程》（修订本），宗教文化出版社2006年版，第10页。
⑤ 释大安集述，《净土宗教程》（修订本）序二，宗教文化出版社2006年版。
⑥ 印顺著：《初期大乘佛教之起源与开展》，正闻出版社2003年版，第1141页。

莲华藏庄严世界海，而经中则以唯心净土来解释佛之国土。第二，《华严经·净行品》以及《入法界品》中的文殊师利菩萨、观音菩萨以及德云比丘、解脱长者等等所提倡的往生净土与念佛法门。第三，往生弥陀净土之法门与普贤行愿的结合，使得《华严经》，特别是《入法界品》的最终归趣，可以从净土思想的角度去解释。《华严经》及其《入法界品》与净土信仰的关系，正好构成了'华严经学'除法界缘起之外的最重要的诠释向度。"[1]他还进一步肯定："华严宗后来与净土宗的融汇确实是《华严经》及其《入法界品》影响的结果。"[2]

华严与净土的兼修并弘在不同的历史时期都产生了广泛的影响。《华严经》译出后，就出现了华严与净土的兼修并弘的端倪。"当时弘扬《华严》的主要力量，不是参加佛驮跋陀罗译场的众弟子，就是直接或间接受此系影响的僧人。他们虽然没有把《华严》作为树立信仰、讲说弘扬和修行实践的唯一经典依据，但已对其学说内容多途运用。"[3]华严与净土的兼修并弘在宋代已明显地表现出来。宋淳化年（990—994年）中，省常（959—1020年）在杭州南昭庆寺仿效东晋慧远在庐山结莲社的做法在西湖边雕刻无量寿佛像，联络僧俗结莲社。后来省常认识到《华严经·净行品》是"成圣之宗要"，随即将莲社改名为"净行社"。他曾对着经像发愿："我与八十比丘，一千大众，始从今日，发菩提心，穷未来际，行菩萨行愿，尽此报已，生安养国，顿入法界，圆悟无生，修习十种波罗蜜多，亲近无数真善知识。身光遍照，令诸有情，得念佛三昧，如大势至；闻声救苦，令诸有情，获十四无畏，如观世音；修广大无边行愿海，犹如普贤；开微妙甚深智慧门，犹如妙德；边际智满，次补佛处，犹如弥勒；至咸佛时，若身若土，如阿弥陀。"[4]杨维中曾对这段引文作过解释，本人认为甚为贴切，不妨借用在这里，他说："上述引文中，作为崇拜对象的有'华严三圣'与'西方三圣'以及弥勒菩萨（佛），文中的'妙德'即是指文殊菩萨。从修

---

[1] 杨维中著，《经典诠释与中国佛学》，宗教文化出版社2006年版，第186页。
[2] 杨维中著，《经典诠释与中国佛学》，宗教文化出版社2006年版，第193页。
[3] 杨维中著，《经典诠释与中国佛学》，宗教文化出版社2006年版，第48—49页。
[4] 宋白，《大宋杭州西湖昭庆寺结社碑铭并序》，《圆宗文类》卷二十二，《卍续藏经》第103册，第853页。

行方法而言,'十种波罗蜜多'、亲近善知识是《华严经》所提倡的内容,而'念佛三昧'、'闻声救苦'之类则是净土宗的方法。从修行境界言之,所谓'顿入法界'、'边际智满'等属于华严境界的范围;而'生赡养国'、往生弥陀净土则是净土宗所追求的目标。上述三方面的结合,已经足以构成了将《华严经》的唯心净土思想转化为弥陀净土的解释学路向。这一变化,在后来的华严经学以及华严宗中得到了充分的反响,使得华严与净土的合流成为现实。"① 为了倡导华严与净土的兼修并弘,省常"刺指血,以血和墨,写模法式,书《华严净行》一品。"② 他还将书写好的《华严经·净行品》印一千册,分发僧俗。元代华严与净土的兼修并弘仍有发展势头,释善学法师(1307—1370年),师从宝觉简法师研习《华严经》,后出主鄱阳荐福寺、庐山东林寺,华严、净土兼修并弘。以后还有水心如印(1559—1614年),隆兴府(府治在今南昌)李氏子,于雪浪洪恩法师座下得法后,初至庐山莲花峰下隐修多年,继住庐陵(今吉安)益州寺,长达20余载,力主华严与净土并修,广为说法。华严与净土的兼修并弘,反映了学佛者摒弃门户之见的开放姿态,实际上有利于佛教内部各个宗派之间的相互融合。同时,也应看到华严与净土的兼修并弘的弊端。对此,杨维中曾举过一个具体的事例说明这种现象,他写道:"《续高僧传》卷六《真玉》记,北齐天保(550—559)年中,邺都天平寺有僧名真玉,青州益都人,生而无目,他既对当时'义学星罗'的情况不满,主张念佛修行转生佛国世界,又对希求往生西方净土提出异议,倡导转生莲华佛国。他'忽闻东方有净莲华佛国庄严世界,与彼不殊',认为:'诸佛净土,岂限方隅?人并西奔,一无东慕;用此执心,难成回向。便愿生莲华佛国。'这自然是宣扬华严净土信仰,但神话色彩很浓。"③

---

① 杨维中著:《经典诠释与中国佛学》,宗教文化出版社2006年版,第188页。
② 钱易述:《西湖昭庆寺结净行社集总序》,《圆宗文类》卷二十二,《卍续藏经》第103册,第850页下。
③ 杨维中著:《经典诠释与中国佛学》,宗教文化出版社2006年版,第58页。

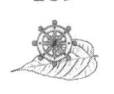

念佛法门与判教学说

自宋代始,华严学与净土宗的融合表现出了新特点,具体表现为华严宗与净土宗相互融合成为当时主流的佛教形态。这是由于宋代的士大夫对于佛教没有门户之见,从而促使佛教内部各个宗派之间进一步相互融合。华严宗与净土宗相互融合集中体现在两个方面:念佛法门和判教学说。

念佛法门是净土宗信仰者修持的一个重要的根本法门。念佛法门与华严经学具有相互融合的关系。具体来说,主要表现在诸多方面,诸如修行经典、理念、方法、目标等。在经典上,《华严》中就有净土宗的思想。大安法师就指出过:"……带说净土的大乘经典尤多,诸如《华严》、《法华》、《楞严》、《楞伽》等大乘经典。"[①] 在理念上,净土宗经典与华严经学的典籍有一致之处。大安法师把《佛说无量寿经》与《华严经》对比后得出:"而净宗第一经——《佛说无量寿经》具足《华严》十玄门,其理念与境界与《华严经》并无二致,故历来被称为中本《华严经》。"[②] 在方法上,念佛法门无论是对净土宗还是华严宗学僧的净土信仰都具有重大意义。从《易行品》可以看到,"《易行品》虽然斥责修行想走捷径的人是'无有大心'、'怯弱'、天资低劣等等,但毕竟承认修佛道有'易行'之路,通过念佛法门修行简单容易。这不仅对净土信仰有很大影响,对华严学僧兼信净土也提供了依据。"[③] 不仅如此,念佛法门还是"《华严》一生成佛之末后一著"。这是因为"普贤菩萨以净土太愿王劝进华藏海众导归极乐世界的举措昭示:念佛求生西方净土一法,乃《华严》一生成佛之末后一著,实十方三世诸佛因中自利、果上利他之胜异方便。"[④] 从此,可以看到,华严宗与净土宗相互融合极其重要。在目标上,华严经学所倡导的"普贤十大行愿是净土宗修持的重要科目"。[⑤] 普贤十大行愿的最终目标是要导归西方极乐世界。这一点,大安法师给予反复强调。他指出:"《普贤行愿品》中,普贤

[①] 释大安集述:《净土宗教程》(修订本),宗教文化出版社2006年版,第64页。
[②] 释大安集述:《净土宗教程》(修订本),宗教文化出版社2006年版,第26页。
[③] 杨维中著:《经典诠释与中国佛学》,宗教文化出版社2006年版,第53页。
[④] 释大安集述:《净土宗教程》(修订本),宗教文化出版社2006年版,第176页。
[⑤] 释大安集述:《净土宗教程》(修订本),宗教文化出版社2006年版,第379页。

菩萨又以十大愿王,劝进华藏海众,导归西方极乐世界。"① 同时还阐述道:"净土宗正属日出先照时,因为《华严》末后一著,乃普贤菩萨以十大愿王劝进华藏海众,导归西方极乐世界。"② 这就告诉我们,华严经学的最后落脚点仍在于"西方极乐世界"。也就是说,"《华严》明一生成佛之法,而最后归宗于求生净土。"③ 因此,可以说,不管是净土宗还是华严宗,其最终目标是一致的。这也是念佛法门与华严经学相互融合的现实基础。

判教学说在华严宗与净土宗相互融合中具有促进意义。所谓判教,是在把全部佛教经典和学说视为一个整体的前提下,对不同经典和教义进行分类、评价,整理出一个有高下之分、优劣之别的学说系统。判教的直接目的,是调和佛教诸经论和各派别之间的矛盾,并把本派所信奉的经典或教义列在统摄一切佛教学说的至高地位,以抬高本派的地位。判教学说反映判教者对佛教不同派别的态度,反映他与别派的主要思想分歧。判教学说不是中国学僧的创造,而是来源于多类佛教译籍。但是,中国僧人的判教学说,也是他们建立新学说体系的必不可少的内容之一。就中国僧人判教学说的具体内容而言,有的是直接照搬佛教译籍的内容,有的是在借鉴基础上稍加改造,有的则完全是独创。华严宗与净土宗相互融合可以说是一种典型的独创。

判教学说虽然将《华严经》判为全圆,然而其秘髓与奥藏"皆不出此净土宗念佛法门之外"。这里有两段文字可以说明这一点。一段是:"蕅益大师慧眼点示,《法华》之纯圆,《华严》之全圆,其秘髓与奥藏,皆不出阿弥陀佛所示念佛法门之外。"④ 另一段是:"《华严经》的全圆,《法华经》的纯圆,这二部大乘圆顿经典的奥藏与秘髓,皆不出此净土宗念佛法门之外,证知净土宗乃圆顿之教。且《华严》与《法华》圆顿而不方便,钝根众生难以下手进修;而净土法门既圆顿又方便,只要持名念佛,即可成办道业。"⑤ 从判教学说来看,《华

---

① 释大安集述:《净土宗教程》(修订本),宗教文化出版社2006年版,第379页。
② 释大安集述:《净土宗教程》(修订本),宗教文化出版社2006年版,第50页。
③ 释大安集述:《净土宗教程》(修订本),宗教文化出版社2006年版,第176—177页。
④ 释大安集述:《净土宗教程》(修订本),宗教文化出版社2006年版,第48页。
⑤ 释大安集述:《净土宗教程》(修订本),宗教文化出版社2006年版,第10页。

严经》是判为全圆,而《华严经》奥藏与秘髓,皆不出此净土宗念佛法门之外,因此也就很容易就推论出,净土宗念佛法门也是"圆顿之教"。另外,华严宗的十玄门在净土宗的经典也所体现,并且相互融合形成"十同"。大安法师曾具体论述道:"而《华严》十玄门亦体现在大小《弥陀经》中(《无量寿经》称大本)。是故《华严经》全圆《弥陀经》分属圆教。会通二经圆融玄境,略有十同(即1.无情说法同2.一含无量同3.不动周遍同4.见闻获益同5.八难顿超同6.出生无尽同7.双垂两相同8.教主法身同9.不可思议同10.顿齐佛境同),……"[①] 对于华严宗与净土宗在判教学说上的相互融合,大安法师最后总结得出:"综上所述,莲祖以楷定古今之气概,将《阿弥陀经》与《华严经》圆融会通,拈出二经十种相同之处,用以佐证《华严》全圆、《弥陀经》分圆之判教,这对宋明宗门教下轻贱净土的强势偏见,不啻当头一棒。"[②] 这无疑是从另一个角度抬高和强调了念佛法门的重要性。

华严宗与净土宗相互融合从修行实践来看,"念佛法门内具《华严》主伴圆融具德的玄境,法圆具一切法的功德,随举一法为主,其他诸法即伴起而趋之,互融相摄。"[③] 其实,这种相互融合是既对立又统一的。其对立性有时也会表现出来。如"信奉《华严》的僧众与别派义学以及西方净土信仰者可能发生过冲突和摩擦"[④]。

综上所述,华严学与江西净土宗这种密不可分的关系,充分说明佛教的不同宗派之间,或者说,不同学说之间是具有一定关联的,甚至是可以相互融合的。实际上,佛教内部的这种关系,为佛教的生存和发展拓展了广宽的空间。

---

① 释大安集述:《净土宗教程》(修订本),宗教文化出版社2006年版,第52页。
② 释大安集述:《净土宗教程》(修订本),宗教文化出版社2006年版,第58页。
③ 释大安集述:《净土宗教程》(修订本),宗教文化出版社2006年版,第39页。
④ 杨维中著:《经典诠释与中国佛学》,宗教文化出版社2006年版,第59页。

临济义玄与洪州禅

临济义玄（？—866年，一说约787—约867年），俗姓邢，曹州（治所在今山东菏泽）南华人。幼负出尘之志，及落发进具，便开始前期的求学生涯。他参学诸方，这里的"诸方"，主要是指江西境内的宜春地区，学习的内容为洪州禅法。约在会昌二年（842年）辞别江西黄檗山，游方各地，后至镇州，住真定（今河北正定）临济院，临济义玄在后期主要从事的佛教活动就是别创禅宗临济宗。在禅宗五家中，临济宗最具中国禅的特色，产生的影响最大，延续的法脉时间最长，因此临济义玄禅师作为开创临济一系的初祖，功绩卓著，铃木大拙在《禅与西方思想》中称他是"中国禅宗思想史上第一位禅师"。临济义玄作为佛教界的一位伟大禅师，我们从他的求法悟道、弘扬禅法以及创宗立派来看，都是与江西洪州禅分不开的。

参学洪州禅而悟道

临济义玄前期在江西求学洪州禅，他参学的禅师主要是黄檗希运和高安大愚，这两人当时都在江西弘扬洪州禅法。临济义玄来往于这两位禅师之间，终于悟法得道。他先参学黄檗希运禅师，再拜访高安大愚，最后得到黄檗希运禅师的印证。

（一）问法于黄檗希运

临济义玄参学洪州禅，首先是追随黄檗希运禅师。黄檗希运（？—855年）福州人，幼年在福建黄檗山（在今福清市）出家，后到洪州参访怀海禅师，并从他受法，成为洪州禅的重要继承者。黄檗希运后来到洪州高安县的黄檗山（本名灵鹫峰，在今江西宜丰县）的寺院聚徒传法，因称黄檗和尚或黄檗禅师。《临济录》的勘辨和行录中有不少临济义玄在黄檗希运身边参禅、学法相类似的记载：

师初在黄檗会下，行业纯一。首座乃叹曰："虽是后生，与众有异。"遂问："上座在此多少时？"师云："三年。"首座云："曾参问也无？"师云："不曾参问，不知问个什么？"首座云："汝何不去问堂头和尚，如何是佛法的大意？"师便去，问声未绝，黄檗便打。师下来，首座云："问话作么生？"师云："某甲问声未绝，和尚便打，某甲不会。"首座云："但更去问。"师又去问，黄檗又打。如是三度发问，三度被打。师来白首座云："幸蒙慈悲，令某甲问讯和尚。三度发问，三度被打。自恨障缘，不领深旨，今且辞去。"首座云："汝若去时，须辞和尚去。"师礼拜退。首座先到和尚处云："问话底后生，甚是如法，若来辞时，方便接他，向后穿凿成一株大树，与天下人作荫凉去在。"师去辞黄檗。檗云："不得往别处去，汝向高安滩头大愚处去，必为汝说。"①

这段话的大意是，临济义玄起初只是在黄檗希运门下随大众参侍，有一次首座鼓励他上前问话，接个机缘。临济义玄问黄檗希运，什么是祖师西来意？这是禅门中的一般所问的话头。黄檗希运就打，临济义玄三问，三次挨打。临济义玄向首座辞行，说道："承您激励我问话，受赐三棒，但只怪我太愚笨，不能领悟，我再到他方行脚去了。"首座急忙去告诉黄檗希运说："临济义玄虽然是新来的，但很有特点，他来辞行时请您再接他一把。"第二天，临济义玄向黄檗希运告别，黄檗希运说："你可以去参大愚和尚。"临济义玄问法"三度发问，三度被打"，给临济义玄留下了深刻的印象，他曾回忆说道："我二十年在黄檗先师处；三度问佛法的大意，三度蒙他赐杖，如蒿枝拂着相似。"②当问到临济的宗风时，临济义玄也常常是以此作答，问："师唱谁家曲，宗风嗣阿谁？"师云："我在黄檗处，三度发问，三度被打。"③从这里，我们可以看到洪州禅法的接引学人的特色，洪州禅法的这种接引学人的方式可以说是临济义玄以后倡导棒喝作风的重要来源。

---

① 杨旭主编：《宜春禅宗祖师语录》，宗教文化出版社2012年版，第81页。
② 杨旭主编：《宜春禅宗祖师语录》，宗教文化出版社2012年版，第64页。
③ 唐一慧然集，杨曾文编校：《临济录》，中州古籍出版社2001年版，第7页。

（二）开悟于高安大愚

黄檗希运指示临济义玄到"高安滩头"参谒高安大愚禅师。那么，"高安滩头"在哪里？高安大愚是谁呢？高安在唐代是隶属于洪州的县之一，是筠州的治所，地域相当现在江西省的高安县与宜丰县。高安大愚禅师以山寺名为自己的号，是马祖弟子之一的庐山归宗智常的弟子。关于高安大愚，黄檗希运在一次上堂说法时提到过，说："余昔时同参大寂道友，名曰大愚。此人诸方行脚，法眼明彻。今在高安。愿不好群居，独栖山舍。与余相别时，叮咛云：他后或逢灵利者，指一人来相访。"①因有这一因缘，黄檗希运举荐临济义玄前去学法也就顺理成章，加之这期间，临济义玄仍在江西求学洪州禅法。

临济义玄拜访高安大愚禅师实际上有两次，第一次的情况是这样的：于是，师（义玄）在众闻已，便往造谒。既到其所，具陈上说。至夜间，于高安大愚前说《瑜伽论》，谈唯识，复申问难。高安大愚毕夕，悄然不对。及至旦，来谓师曰："老僧独居山舍，念子远来，且延一宿，何故夜间于吾前无羞惭，放不净？"言讫，杖之数下，推出，关却门。②这次拜访高安大愚禅师并没有达到悟道的目的。

第二次临济义玄拜访高安大愚禅师的情况，《临济录·行录》与《祖堂集·临济传》的记述虽详略不同，但基本情节是一致的。大致情形是：

> 来日师（义玄）辞黄檗，黄檗指往大愚。师遂参大愚。愚问曰："什么处来？"曰："黄檗来。"愚曰："黄檗有何言教。"曰："义玄亲问西来的意，蒙和尚便打。如是三问，三遭被打。不知过在什么处？"愚曰："黄檗恁么老婆，为汝得彻困。犹觅过在。"师于是大悟，云："黄檗佛法，也无多子。"愚乃绺师衣领云："适来道我不会，而今又道无多子，是多少来？是多少来？"师向愚肋下打一拳，愚托开，云："汝师黄檗，非干我事。"③

---

① 《祖堂集》卷十九，《临济和尚传》
② 杨旭主编：《宜春禅宗祖师语录》，宗教文化出版社2012年版，第392页。
③ 杨旭主编：《宜春禅宗祖师语录》，宗教文化出版社2012年版，第393页。

大概的意思是说，义玄见到高安大愚，高安大愚问："什么地方来的？"义玄说从希运处来。又问："希运有什么指教没有？"义玄就说了三问三度被打的事，并说不知错在什么地方。高安大愚说："这个黄檗希运，真像个老太婆，还对你那么亲切叮嘱，你真是太笨了，还来问我错在哪儿。"临济义玄顿时大悟，说道，原来黄檗希运的佛法也不过如此。高安大愚一把抓住他说："你这个尿床鬼，刚才还说不会，现在又这样说，你究竟知道了什么道理，快讲快讲！"临济义玄捣了高安大愚三拳，回见黄檗希运。黄檗希运说："怎么这么快就回来了？高安大愚说什么了？"临济义玄告诉他大愚所说："黄檗希运说，这老东西，下次见到他，我要痛打他一顿。"临济义玄说："还等下次？现在就打。"接着就给黄檗希运一拳。黄檗希运哈哈大笑，印可了临济义玄。这里《临济录·行录》与《祖堂集·临济传》都略去具体过程和细节，只是比较集中地记述临济义玄在高安大愚处得到启悟的大略情况。总的来说，有这么两点：第一，高安大愚向临济义玄解说黄檗希运对他提问佛法问题，三度施之以棒，是一种如同老妇教导子女那样热切心肠启发诱导的方式，只是他不理解罢了；第二，临济义玄说"黄檗佛法，也无多子"，表示他已经领会"以心传心"，"直指人心，见性成佛，不在言说"[1] 的禅宗宗旨。临济义玄对高安大愚诱导他得悟，"入佛境界"是十分感激的，认为此恩是终身难以报答的。据《祖堂集·临济传》，临济义玄在开悟后又回到高安大愚身边，侍奉高安大愚，经十余年。高安大愚临迁化时，嘱师云："子自不负平生，又乃终吾一世，已后出世传心，第一莫忘黄檗。"[2] 其中的"莫忘黄檗"，是高安大愚禅师告诫临济义玄今后弘扬禅法要以洪州禅为中心而已。

（三）印证于黄檗希运

临济义玄在黄檗希运和高安大愚禅师的接引下，终于走出了知解葛藤，领略到禅的大机大用，因此，临济义玄的开悟，是黄檗希运、高安大愚共同铸造的结果。这一点，临济义玄本人也是认可的。《临济录》记载，临济义玄向众

---

[1] 希运语录《传心法要》。
[2] 杨旭主编：《宜春禅宗祖师语录》，宗教文化出版社2012年版，第392页。

僧谈到自己的开悟经历时说：后遇大善知识，方乃道眼分明，始识得天下老和尚知其邪正，不是娘生下便会，还是体究练磨，一朝自省。①这里的"大善知识"实际上就是指黄檗希运和高安大愚禅师。临济义玄在这两位禅师处接受的教导方式不同，"黄檗山头，曾遭痛棒。大愚肋下，方解筑拳"②。正是这两种不同的教导方式共同运用，加速了临济义玄的开悟。这种联合培养的学子，也会遇到一个问题：临济义玄嗣法于谁，是黄檗希运还是高安大愚？为了回答这个问题，我们不妨先来看沩山灵祐与仰山慧寂的一段对话。沩山灵祐曾问仰山慧寂："临济当时得大愚力？得黄檗力？"仰山云："非但骑虎头，亦能把虎尾。"举要言之，黄檗希运当头三棒，断其妄执妄想，婆心急切；高安大愚胁受三拳，开其灵窍本心，诲导恩深。沩山灵祐与仰山慧寂的对话看不出问题的明确结果，只是一种模棱两可的态度。虽然如此，但是禅林一般认为临济义玄是黄檗希运禅师的弟子，在其门下得到了传心法印。这种观点是可以站得住脚的，一是有史料的依据。《临济录》《景德传灯录》和嗣祖沙门本宗撰写的《临济义玄禅师传略》《正法眼藏禅宗佛祖源流》一致认定："黄檗希运递传临济义玄禅师，义玄乃黄檗希运法嗣。"《祖堂集》也明断："临济和尚嗣黄檗，自契黄檗锋机。"又说临济义玄"于镇府匡化，虽承黄檗，常赞大愚"。二是有客观的事例。一则：是师栽松次，黄檗问："深山里栽许多作什么？"师云："一与山门作境致，二与后人作标榜。"道了，将钁头打地三下。黄檗云："虽然如是，子已吃吾三十棒了也。"师又以钁头打地三下，作嘘嘘声。黄檗云："吾宗到汝大兴于世。"③二则：师一日辞黄檗，檗问："什么处去？"师云："不是河南，便归河北。"黄檗便打，师约住与一掌，黄檗大笑，乃唤侍者："将百丈先师禅板、机案来。"师云："侍者，将火来。"黄檗云："虽然如是，汝但将去，已后坐却天下人舌头去在。"④在禅宗南宗看来，这两则事例都是黄檗希运默许临济义玄悟境的表现。

临济义玄以后弘扬佛法，以及创宗立派都进一步印证他是黄檗希运的法

---

① 《大正藏》卷四十七，第500页中。
② 唐慧然集，杨曾文编校：《临济录，中州古籍出版社2001年版，第6页。
③ 杨旭主编：《宜春禅宗祖师语录》，宗教文化出版社2012年版，第82页。
④ 杨旭主编：《宜春禅宗祖师语录》，宗教文化出版社2012年版，第83页。

嗣。临济义玄离开黄檗希运，至河北住院，"师后住镇州临济，学侣云集。一日，谓普化克符二上座曰：'我欲于此建立黄檗宗旨，汝且成褫我。'二人珍重下去。"①另据唐公乘亿《魏州故禅大德奖公塔碑》(《文苑英华》卷八六八)记载，碑文说："禅大德玄公者，即临济大师也。和尚一申礼谒，得奉指归，传黄檗之真筌，授白云之秘诀。"其中的"我欲于此建立黄檗宗旨"和"传黄檗之真筌"等语，就非常明确地宣告他是继承了黄檗希运的法嗣，同时也印证了黄檗希运的早期预言："吾宗到汝大兴于世。"临济义玄弘扬黄檗希运的禅法不遗余力，取得了重大的成就，受到世人的高度称赞。"他(指黄檗希运)的法嗣有临济义玄，睦州陈，千顷楚南等十二人，而以义玄最为特出。"②"使得黄檗的禅法发扬光大，而又卓然有成的是临济义玄。"③当然，临济义玄在弘扬黄檗希运的基础上，也吸收了其他禅师的思想，《人天眼目》卷一载："山僧(指临济义玄)佛法的相承，从麻谷和尚、丹霞和尚、道一和尚、庐山与石巩，一路行遍天下。"这里提到的几位都与洪州禅一系有着或多或少的关系。临济义玄吸收其他禅师的思想为他建立黄檗宗旨进而创立临济宗奠定了有利的条件，"临济宗是继沩仰宗以后于晚唐时形成的又一个宗派，也从南岳系流出，创始人为百丈的再传、黄檗的高足临济义玄"④。由此可知，临济宗的创立也认可临济义玄是黄檗希运的法嗣。

承续洪州禅的思想

临济义玄是在上承南宗慧能——南岳怀让——马祖道一百丈怀海——黄檗希运的禅法的基础上创立临济宗的。这也就是说，临济义玄是在继承洪州禅法，创立临济宗派的。从上面的叙述来看，临济义玄禅师问法、开悟、印证等都与洪州禅密不可分的。而且临济义玄在北方弘法的支持者普化和尚也是洪州禅系的僧人。"普化和尚嗣法于马祖弟子幽州盘山宝积禅师，在辈分上相当于义玄的师叔，在表现上带有某种神秘的色彩。义玄生前与他接触较

---

① 《五灯会元》，第645页。
② 中国佛教协会编：《中国佛教》，知识出版社1982年版，第231页。
③ 镰田茂雄著、关世谦译：《中国禅》，深圳弘法寺印行，2008年，第158页。
④ 洪修平著：《中国禅学思想史纲》，南京大学出版社1996年版，第205页。

多，彼此关于禅法的交谈蕴含机辩和情趣。……与义玄同时代的有属于马祖法系的沩山灵祐、仰山慧寂等人；石头法系的有洞山良价、夹山善会、德山宣鉴、雪峰义存等人。义玄与他们之中的部分人或通过他们的弟子有过联系。"[1]因此，可以说，临济义玄的思想主要源于黄檗希运及马祖道一禅师的其他弟子，是承接了南岳怀让——马祖道一至黄檗希运的禅法。那么，我们不禁要问：临济义玄禅师承续了洪州禅的哪些思想呢？依据史料和前人的研究成果，可归纳为如下三点：

（一）建立黄檗宗旨

《临济录》是记载临济义玄的简历和禅话的集录，是临济义玄建立黄檗宗旨的理论基础。从《临济录》及其诸序所记录的文字来看，临济义玄的基本理论直接承袭自黄檗希运，其意图在于建立黄檗宗旨。在《临济录》中就强调指出："今欲建立黄檗宗旨，汝切须为我成褫。"[2]表达了临济义玄欲建立黄檗宗旨的目的。因此，刘泽亮教授认为"临济义玄欲建立黄檗宗旨，给后世留下了一部《临济录》"[3]。并详细分析道：细品《临济录》所载的内容，反映的是处于原发期的临济宗对于洪州禅系尤其是黄檗禅学思想的概括、总结与完善。其禅法主张在黄檗希运的《传心法要》和《宛陵录》中基本上都可以找到原型；深察临济初衷，义玄是在经过黄檗数次婆心开示而开悟之后，自觉地以"建立黄檗宗旨"为己任："师见普化乃云：我在南方驰书到沩山时，知你先在此住待我来。及我来得汝佐赞。我今欲建立黄檗宗旨，汝切须为我成褫。普化珍重下去。克符后至，师亦如是道。符亦珍重下去。"可以说，《临济录》的主旨就在于建立黄檗宗旨，黄檗希运和临济义玄是临济宗的共同创立者。[4]在这里，不但提出《临济录》的主旨就在于建立黄檗宗旨，而且进一步指出黄檗希运和临济义玄是临济宗的共同创立者。其主要的理由是：

---

[1] 杨曾文著：《唐五代禅宗史》，中国社会科学出版社1999年版，第357—358页。
[2] 唐慧然集、杨曾文编校：《临济录》，中州古籍出版社2001年版，第49页。
[3] 刘泽亮：《〈临济录〉与黄檗宗旨》，《厦门大学学报（哲学社会科学版）》，2006年，第5期。
[4] 刘泽亮：《〈临济录〉与黄檗宗旨》，《厦门大学学报（哲学社会科学版）》，2006年，第5期。

"《临济录》是对黄檗宗旨八字宗纲的诠释。临济禅有两大理论基础：大乘佛性论思想与大乘般若思想。体现为黄檗希运的八字宗纲，就是'即心是佛，无心是道'。这八字既是洪州、黄檗禅的理论宗纲，也是临济宗立宗最基本的依据。临济录《语录》在在处处都是黄檗这一宗旨的注脚。临济的这些开示直接就是黄檗禅的翻版。师徒之语，如从一口出。黄檗、义玄之语同、意同、心同。《临济录》'说佛'与'杀佛'之说也是承袭黄檗'即心是佛，无心是道'的理路而来。'黄檗宗旨'在临济禅学中是一以贯之的。临济'棒喝交施'的传释论及无位真人说均是建立在黄檗八字宗纲之上的，且直接与黄檗的传释说与自由论一脉相承。"[1]

　　这种共同创立临济宗派说不敢苟同，因为这两位禅师是师徒关系，在思想上存在着继承不足奇怪，创立临济宗派是临济义玄到北方弘法后的事情，在时间上的跨度已经很大，不是两位禅师同时进行的举措。因此，我认为，临济义玄建立黄檗宗旨，创立临济宗派，只是对黄檗禅学继承和发展的结果。关于这一点，临济义玄不仅对黄檗禅学作了扬弃，而且建立起自宗完整的思想体系和门庭设施。在扬弃黄檗禅学上，陈金凤教授认为：黄檗希运禅风峻切为义玄临济宗所继承而且有所发展。《祖堂集》卷十九说，临济义玄"自契黄檗机锋，乃阐化于河北，提纲峻速；示教幽深"。义玄正是发扬光大了黄檗宗旨，吸收并扬弃黄檗禅学的产物，将黄檗禅学向更高的境界拓展，成就了禅宗中独树一帜的临济宗旨。[2] 临济义玄建立起自宗完整的思想体系和门庭设施。正如有学者指出：义玄临济宗的禅法虽然在具体的表述与关注的问题上，与黄檗禅学有所差异，但本质上没有多大改变。事实上，义玄全盘学习了希运禅法，自觉以"建立黄檗宗旨"为己任，继承和发展了希运"无心是道"说和"逍遥意境论"，建立起自宗完整的思想体系和门庭设施。[3]

---

[1]　刘泽亮：《〈临济录〉与黄檗宗旨》，《厦门大学学报(哲学社会科学版)》，2006年，第5期。
[2]　陈金凤、赖国根、邓伟、严岗著：《宜丰禅史》，宗教文化出版社2011年版，第110—111页。
[3]　赖永海主编：《中国佛教百科全书》历史卷，上海古籍出版社2000年版，第205页。

（二）强调自信自悟

临济义玄承续洪州禅的思想，不仅仅是为了建立黄檗宗旨，而更加突出的是表现在强调自信自悟。临济义玄强调自信自悟，是"临济宗继承了马祖的禅法特色，把慧能禅学中蕴含的对人的肯定进一步发挥了出来"①。具体说来，有这么几点：其一是人皆有佛性。临济义玄只认为人皆有佛性。杨曾文教授在研究临济宗时得出这样的结论："综合前面的章节所述，从马祖到希运的洪州禅法在两个方面是基本一脉相承的：一、强调人人皆有佛性，说'即心是佛'，有意改变把佛性、清净本性说得过于脱离现实世界、普通民众的倾向，更着重讲佛性（心）存在于现实世界的一切地方，一切现象之中，所谓'立处皆真'，人人是佛；二、主张通过取得对世俗世界'空寂'的认识，'离一切相'，在心识中断除所有是非、善恶、有无等的差别观念，取消各种取舍的意向，以达到与清净无为的真如佛性相契合的精神境界。这种说法给予人们选择在家还是出家，理解和决定如何修行的问题，提供了极大的伸缩性和灵活性的空间。义玄将此两点继承下来，不仅在阐述中有新的发展，而且在传授禅法和接引学人方面提出自己一套做法，形成了具有强烈个性的临济禅法和临济门风。"②临济义玄在强调人皆有佛性的基础上，却否定了动物、植物有佛性。"义玄只承认天地之间只有人是有自性的，人是天地间最为尊贵的生灵，动物、植物没有自性，也就是说，人是具有佛性的而且是唯一具有佛性的种属。这是与洪州禅反对牛头禅'青青翠竹，尽是法身；郁郁黄花，无非般若'之说相一致的。"③其二是心即是佛心。临济义玄在继承心即是佛心思想的基础上，更加突出人的"自信"。如："义玄临济宗继承马祖道一、黄檗希运等人'汝今各信自心是佛，此心即是佛心'，'心外无别佛，佛外无别心'等思想，但更突出的是众生的'自信心'。这可以说是义玄的继承与创新。"④又如临济义玄虽自言："山僧佛法，的的相承，从麻谷和尚、丹霞和尚、道一和尚、庐山石头和尚到黄檗希运、石巩慧藏。但

---

① 洪修平著：《中国禅学思想史纲》，南京大学出版社1996年版，第206页。
② 杨曾文著：《唐五代禅宗史》，中国社会科学出版社1999年版，第347—348页。
③ 杜寒风：《临济义玄门庭施设宾主句探真》，《宗教学研究》，1997年，第4期。
④ 陈金凤、赖国根、邓伟、严岗著：《宜丰禅史》，宗教文化出版社2011年版，第95页。

纵观他的禅学思想,是在继承马祖道一、黄檗希运这一禅系而建立起来的。马祖道一常对禅众说:'汝今各信自心是佛,此心即是佛心','心外无别佛,佛外无别心'。临济在这一思想上更加突出'自信',并强调'求真正见解'。他认为禅者不能得道的原因,'病在不自信处',即'不自信'马祖道一所说的'自心是佛',所以,他告诫学者,'尔与祖佛不别,但莫外求','大器者,要不受人惑,随处作主,立处皆真,但有来者,皆不得受'"。[1] 其三是平常心是道。临济义玄倡导的"立处皆真"的自悟,就是直接来自洪州禅"平常心是道"思想。陈金凤教授在洪州禅分析的基础上,认为:很显然,这种"立处即真"或"立处皆真"的自悟,是对洪州禅"平常心是道"思想理论的继承和发展,其结果是使禅僧在宗教实践中,把禅与日常生活更加普遍地联系起来。[2] 无独有偶,李肖也指出:"义玄继承和发挥了洪州马祖道一的'平常心是道'或'触类是道'思想,进一步提出'立处皆真'的命题,大力提倡主体的随时随地自觉、自悟。"[3] "临济禅法主要包括'心法'、'无位真人'、'树立自信'、'立处皆真'等,这些禅法是对洪州禅法、黄檗禅法的继承和发展。"[4] 临济义玄强调自信自悟,以后"义玄将解脱的关键立定于'自信',这意味着他不再如其师希运那样一般地反对求知求解,而是把禅的全部意义归结到人的自信上,这是中国禅宗思想史上的一大突破。"[5]

(三) 主张无心无事

临济义玄承续洪州禅的思想,如果说在禅法理论上是建立黄檗宗旨、强调自信自悟的话,那么在禅法的修行观上就是主张无心无事。临济义玄主张无事,有一段很有说服力的表述:

临济义玄力主"无事"之说。他说:"佛法无用功处,只是平常事,屙屎送尿,着衣吃饭,困来即卧","求心歇处即无事"。临济义玄这一说法与马祖

---

[1] 黄夏年主编:《禅宗三百题》,上海古籍出版社2000年版,第58页。
[2] 陈金凤、赖国根、邓伟、严岗著:《宜丰禅史》,宗教文化出版社2011年版,第94页。
[3] 李肖:《临济义玄禅学思想述评》,《法音》,2007年,第8期。
[4] 陈金凤、赖国根、邓伟、严岗著:《宜丰禅史》,宗教文化出版社2011年版,第88页。
[5] 陈金凤、赖国根、邓伟、严岗著:《宜丰禅史》,宗教文化出版社2011年版,第93页。

道一的"着衣吃饭,长养圣胎,任运过时,更有何事"的说法,如同一口而出,这是临济禅对洪州禅说的"平常心是道"的继承。关于"一精灵分为六和合",临济义玄则是继承了黄檗希运的学说。临济义玄认为:"心法无形,通贯十方,在眼曰见,在耳曰闻,在鼻嗅香,在口谈论,在手执捉,在足运奔。本是一精明,分为六和合,一心既无,随处解脱。"①

从这一段话中可以看到,临济义玄主张无事是由洪州禅说的"平常心是道"思想演变而来,这与临济义玄强调自信自悟也是相统一的。临济义玄主张无心无事,追溯其源头还在于洪州禅。有两段话可以说明这一点,其一是:"在修行观上,义玄强调了无修之修,主张平常心,做无事道人。这也不出马祖、百丈的看法。"②其二是:"那种与'本心'佛性扫冥符的境界是什么样的境界呢?义玄继承了黄檗希运之说,标出'无心'二字。"③临济义玄主张无心无事,最终成为其求取"真正见解",以及建立自宗完整的思想体系和门庭施设等的重要依据。赖功欧先生在谈到临济义玄求取"真正见解"时,认为:"临济义玄的这种致思取向,可追溯至他的老师黄檗希运那里,黄檗希运倡导的自心是佛、无心是道;心本是佛,佛本是心的崭新理念,是临济义玄求取'真正见解'的源头。"④临济义玄继承洪州禅的思想,在平常心是道、无心是道的思想基础上,又提出"一念心清净即是佛"的命题。由于"他受希运'本源清净心'说的影响,提出以'心清净'的概念取代'如来藏'概念,以便更易为普通禅僧所把握;同时,他又继承和发展希运'无心是道'说和'逍遥'意境论,建立自宗完整的思想体系和门庭施设"⑤。

总之,临济义玄承续洪州禅的思想,集中体现在三个方面:即建立黄檗宗旨、强调自信自悟和主张无心无事。这三个方面概括起来,就是前两个方面为洪州禅法思想的承续,第三个方面为洪州禅修行观的继承。因此,可以概括为"临

---

① 黄夏年主编:《禅宗三百题》,上海古籍出版社2000年版,第58页。
② 赖永海主编:《中国佛教百科全书》教义卷人物卷,上海古籍出版社2000年版,第319页。
③ 吴立民主编:《禅宗宗派源流》,中国社会科学出版社1998年版,第207页。
④ 赖功欧:《临济禅法的禅思取向"直正见解"》,《教育文化论坛》,2011年,第4期。
⑤ 李肖:《临济义玄禅学思想述评》,《法音》,2007年,第8期。

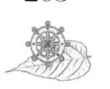

济义玄有《镇州临济慧照禅师语录》传世,主要阐发马祖以来人佛无二的禅学思想和随缘任运的修行观"①。正是由于临济义玄承续洪州禅的思想,为酝酿临济宗的出现做好了充分的准备工作。

创新洪州禅的禅修理念和接引方式

临济义玄承续洪州禅的思想,但并不是简单的翻版,而是有所创新。"裴休曾说,希运的禅'其言简,其理直,其道峻,其行孤'(《传心法要序》)。与之相比,义玄的禅更要胜过一筹。"②其创新不仅表现在禅修的理念上,而且出现在接众方式上。

在禅修的理念上,临济义玄对洪州禅的创新主要表现在这四个方面:

(一) 吸取其精华,并加以活用

"临济宗在五宗七家中立宗最早,影响也最大,这跟临济禅师的禅法思想(包括教法思想)有直接的关系。临济禅师的禅法属南岳马祖禅系,它继承和融合了马祖道一、百丈怀海和黄檗希运等诸位祖师的禅法之精华,并加以活用,既有正面的开示,方便初学者树立宗门的正知正见,找到修行的下手处,同时又有丰富多彩的接人手段,令学人直趋向上一路。"③临济义玄对不能活用的现象给予了批评:当时"很多修行人,不知道佛法是一期之应病与药,重在解粘去缚、透三句外,归无所得,却在经论中求出路,在文字知见中讨活计,以为那个就是真正的佛法,结果离自己的本分越来越远。临济禅师在他的示众法语中,多次谈到这一现象,……这种死于句下,不得活用的情况,在马祖和其他祖师的语录中也屡屡提及。比如,马祖开示他的弟子亮座主、点化某讲经僧,以及后来的船子和尚度夹山等等著名公案,都反映了这种现象。"④

(二) 创造性诠释

刘泽亮教授从体与用的关系对临济义玄创造性诠释洪州禅进行了较系统

---

① 洪修平著:《中国禅学思想史纲》,南京大学出版社1996年版,第206页。
② 李肖:《临济义玄禅学思想述评》,《法音》,2007年,第8期。
③ 《禅》,2012年,第6期。
④ 《禅》,2012年,第6期。

的论述。他首先分析临济义玄与洪州禅的体用关系,指出:临济施设与黄檗宗旨是用与体的血肉关系。执皮肉而失其骨髓,死在临济句下,临济宗徒剩躯壳,是杀临济而非活临济;由皮肉而达神髓,由骨髓而有皮肉之用,不拘滞泥执于成句,才是活临济,才是临济思想影响不断拓展的奥秘所在。临济对黄檗希运禅法及后世对临济禅的创造性诠释,蕴含着丰富的方法论启示。[1] 其次,明确揭示了创造性诠释的内容。一是对黄檗希运著作的诠释。他说:"临济义玄在黄檗给予洪州禅风以厚实的理论诠证的基础上,沿着黄檗所导引的大机大用方面,将黄檗宗旨提升到了一个新的高度。从这个意义而言,临济宗的发展历史,正是黄檗宗旨的逻辑展开。换句话说,临济宗是黄檗禅在理论上的展开,在历史上的内在发展,构成为完善黄檗禅的一支有机、有力的重要力量。因此,从这个意义说,《临济录》确实是在建立'黄檗宗旨',是对《传心法要》和《宛陵录》的诠释。这里反复强调黄檗禅学对临济义玄思想的影响以至一致,并不意味着试图抹杀临济义玄在禅学思想发展过程中的独特贡献和历史功绩。恰恰相反,黄檗山高,便敢当头捋虎;滹沱岸远,亦能顺水推舟。黄檗禅的生命正是仰赖临济义玄这样'出格见解'的禅僧大德及其对大机大用的系统、灵动的运用,方才得以弘传、延续至今而不衰的。"[2] 二是对传释对象更为细密的分疏。他认为:"在心体论上,义玄虽有不少的论述,但相形之下,他对希运的心体论的着力阐述似无更多的补充和阐释,而他的独特贡献正是体现在对传释对象更为细密的分疏之上。《临济录》中黄檗宗旨部分即绍述《传心法要》'即心是佛,无心是道'理论宗纲的部分,与后世所谓的临济施设是体与用的关系,是一体的,不可分割的。"[3] 最后,得出创造性阐释的结论。他总结说:"从总体而言,《临济录》既有直截了当的谆谆教诲,也有透过机锋的玄言妙语、直下承当的棒喝。因此,'临济施设'有体有用,体用一如,在《临济录》中是一个统一、完整的体系。其'体'承袭黄檗希运的《传心法要》,其'用'则光大黄檗希运的大

---

[1] 刘泽亮:《〈临济录〉与黄檗宗旨》,《厦门大学学报(哲学社会科学版)》,2006年,第5期。
[2] 刘泽亮:《〈临济录〉与黄檗宗旨》,《厦门大学学报(哲学社会科学版)》,2006年,第5期。
[3] 刘泽亮:《〈临济录〉与黄檗宗旨》,《厦门大学学报(哲学社会科学版)》,2006年,第5期。

机大用,从而形成了一整套血肉联系的禅法体系。"① 正是由于"《临济录》对黄檗禅的创造性阐释,属于神形兼得。惟其如此,才有临济的创宗及临济宗风的形成"②。

(三)形成了一整套禅法体系

临济义玄结合洪州禅的思想形成了一整套具有实践意义的禅法体系。"义玄以希运'即心是佛,无心是道'为基础,在阐扬心法的实践中创造性地总结出一套机用,这些机用既是对希运禅法的拓展,又是黄檗宗旨、临济禅法的重要组成部分。"③

(四)提出独特的见地

临济义玄对洪州禅在禅修理念上的创新,突出表现在他提出了"真正见解"和主张"超佛越祖"的思想上。关于"真正见解","义玄在承继祖师禅法思想的基础上,极力破斥外求之心而提出'真正见解'思想,正是对前人思想的发扬"④。主张"超佛越祖",这是由于"在义玄看来,人的命运是掌握在自己手里的。人们不仅不要盲从权威,而且还要胜过他人,超越佛祖。自怀海、希运以来,禅宗人就提出超过祖师的主张,到了义玄时代,更是明确地主张'超佛越祖',从而高扬了人的主体精神"⑤。

临济义玄对洪州禅在禅修理念上的创新,都是在洪州禅,尤其是在黄檗禅的思想理论基础上而形成的,因此,从一定意义上可以说:"黄檗希运对临济宗的贡献,成为了临济义玄禅思取向及其创新的源头。"⑥临济义玄站在前辈巨人肩膀上实现了禅修理念上的创新,表现出他具有超人的智慧,因而被赞叹为"临济不愧是'见过于师'、'顶门具眼'的出格禅僧,黄檗乃传其得人"⑦。

---

① 刘泽亮:《〈临济录〉与黄檗宗旨》,《厦门大学学报(哲学社会科学版)》,2006年,第5期。
② 刘泽亮:《〈临济录〉与黄檗宗旨》,《厦门大学学报(哲学社会科学版)》,2006年,第5期。
③ 刘泽亮:《〈临济录〉与黄檗宗旨》,《厦门大学学报(哲学社会科学版)》,2006年,第5期。
④ 陈金凤、赖国根、邓伟、严岗著:《宜丰禅史》,宗教文化出版社2011年版,第94页。
⑤ 李肖:《临济义玄禅学思想述评》,《法音》,2007年,第8期。
⑥ 赖功欧:《临济禅法的禅思取向"真正见解"》,《教育文化论坛》,2011年,第4期。
⑦ 刘泽亮:《〈临济录〉与黄檗宗旨》,《厦门大学学报(哲学社会科学版)》,2006年,第5期。

临济义玄创新接引手段和方式与洪州禅也存在着一定的关系。首先，临济义玄直接承续黄檗禅法的接机方式。从他外出参学和接机来看，处处标榜自己是黄檗禅法的继承人。他到径山、三峰、翠峰等地都是如此，如："黄檗令师到径山，乃谓师曰：'汝到彼作么生？'师云：'某甲到彼自有方便。'师到径山，装腰上法堂见径山，径山方举头，师便喝。径山拟开口，师拂袖便行。寻有僧问径山：'这僧适来有什么言句，便喝和尚？'径山云：'这僧从黄檗会里来。尔要知么？自问取他。'径山五百众太半分散。"①又如："到三峰，平和尚问曰：'什么处来？'师云：'黄檗来。'"②如："到翠峰，峰问：'甚处来？'师云：'黄檗来。'"③甚至于以后到河北，依然如故，如："自契黄檗机锋，乃阐化于河北，提纲峻速，示教幽深。"④从他以后接机传法来看，临济宗卷舒擒纵、杀活自在的宗风是与黄檗希运分不开的。唐公亿乘《魏州故禅大德奖公碑塔》言："禅大德玄公者，即临济大师也。和尚（兴化从奖）一申礼谒，得奉指归，传黄檗之真筌。"五峰普秀《临济慧照玄公大宗师语录序》亦言"黄檗山高，便敢当头捋虎；滹沱岸边，亦能顺水推舟"。正是对黄檗禅法与临济禅法关系的另一种形象概括。总之，义玄临济禅风与希运黄檗禅风一脉相承，临济禅是黄檗禅的发展与创新。⑤

　　这里所说的兴化存奖（830—888年），俗姓孔，生于蓟县，于三河县出家，大中五年（851年）受具足戒，大约在咸通元年（860年）参礼临济义玄成为弟子，并侍奉临济义玄传法，直到临济义玄去世。兴化存奖依然承续黄檗禅法的接机方式，也是"传黄檗之真筌"。因此，可以说，"福州出身的大汉（黄檗希运），才是推展临济义玄大禅匠的原动力，在此以后也出现很多具有独特个性的禅匠"⑥。

---

① 杨旭主编：《宜春禅宗祖师语录》，宗教文化出版社2012年版，第80页。
② 杨旭主编：《宜春禅宗祖师语录》，宗教文化出版社2012年版，第84页。
③ 杨旭主编：《宜春禅宗祖师语录》，宗教文化出版社2012年版，第84页。
④ 唐慧然集，杨曾文编校：《临济录》，中州古籍出版社2001年版，第51页。
⑤ 陈金凤、赖国根、邓伟、严岗著：《宜丰禅史》，宗教文化出版社2011年版，第110—111页。
⑥ 镰田茂雄著、关世谦译：《中国禅》，深圳弘法寺印行，2008年，第157页。

其次，临济义玄在继承的基础上又有所创新。从他的棒喝接机手段来说，虽然在形式上仍然沿用，但是在运用上却有所创新。棒喝是禅宗师徒传授佛法的一种方式，棒的施用始于唐代德山宣鉴与黄檗希运，由于"义玄的峻烈机锋受希运影响很大"①。临济义玄提倡的棒喝接机手段即源于黄檗希运，"希运的禅风即是沿这一思想基础出发，主张'心即是法、法即是心'，为反对以'见闻觉知为心'，有时也以打、棒、喝等为接机的方便。后来临济的宗风，即渊源于此。"② 而且深得黄檗棒喝之髓，"临济宗向以'门庭峻峭，孤硬难入'而著称。这种以棒喝著称的宗风直接来自义玄在黄檗门下的亲证。为一大事因缘，依栖黄檗山中。三度参请，三度被打。后向高安滩头大愚法师处，始全印证。黄檗山头，曾遭痛棒。大愚肋下，方解筑拳。饶舌老婆，尿床鬼子。这疯颠汉，再捋虎须。岩谷栽松，后人标榜。镢头劚地，几被活埋。肯个后生，蓦口自掴。辞焚机案，坐断舌头。义玄深得黄檗棒喝之髓，以棒喝示机闻名于禅界"③。临济义玄对待棒与喝是采取了两种不同做法，在棒的方面，基本沿用黄檗希运的方式，但在喝的方面却有所创新。"义玄在临济院接引弟子时，也袭用希运'当头一棒'的接引法，同时伴之一声大喝。"④ 这"一声大喝"却包含了一定深义，虽然"棒的方法承自黄檗希运；而喝，他是自有其独到见解的"⑤，这也体现了"义玄的作略多与马祖无异，尤以棒喝为最，以喝用得最普遍"⑥。最后"临济对喝的灵动运用，形成了一套'喝'的系统理论：'有时一喝如金刚王宝剑，有时一喝如踞地金毛师子，有时一喝如探竿影草，有时一喝不作一喝用，汝作么生会？僧拟议，师便喝。'这种细密的分析与区分以及实际的灵活运用，是在黄檗喝问的基础上细加体证而加以系统化的结果"⑦。这种"在施教方式上，采取

---

① 赖永海主编：《中国佛教百科全书》人物卷，上海古籍出版社2000年版，第318页。
② 中国佛教协会编：《中国佛教》，知识出版社1982年版，第231—232页。
③ 刘泽亮：《〈临济录〉与黄檗宗旨》，《厦门大学学报（哲学社会科学版）》，2006年，第5期。
④ 陈金凤、赖国根、邓伟、严岗著：《宜丰禅史》，宗教文化出版社2011年版，第106页。
⑤ 李肖：《临济义玄禅学思想述评》，《法音》，2007年，第8期。
⑥ 赖永海主编：《中国佛教百科全书》（2）教义卷人物卷，上海古籍出版社2000年版，第320页。
⑦ 刘泽亮：《〈临济录〉与黄檗宗旨》，《厦门大学学报（哲学社会科学版）》，2006年，第5期。

较为激烈的喝打形式，并大力发展和完备了马祖禅接引学人的方式，形成闻名于禅林的临济设施。从马祖禅系发展到义玄时，门庭施设已非常严密而完整，这些接机施设不但表现了义玄独特的禅学思想，而且也体现了此宗颇具特色而又灵活的接引方式，因此自古以来就颇为禅林所重视"①。

棒喝之法，是临济义玄建立黄檗宗旨过程中不断丰富、总结出的对机方法。他在运用棒喝接待学人时，对其所问不作正面答复，在他只用棒打的基础上，又加一声大喝，使对方猛然醒悟，心明则言并展示，智达则语必投机，万法于一言截众流于四海。在他的接引之下，开悟者不可胜数，得法并行化一方的著名弟子有二十余人。在这种"接机方式上，方会亦承继由黄檗所开创的禅悟不离日用的理路，对临济宗风作进一步的拓展"②。方会是临济宗分化后的杨岐派创始人，可以说是临济义玄的法嗣，他对临济宗风的拓展，也说明这种棒喝之法是随着接引对象的不同，而是有所变化的，不是一成不变之法。其变化之目的与当初临济义玄所奉行的宗旨一样："黄檗于义玄有亲传亲授之恩，然知恩报恩，非泥着师法，以传衣钵为能事，而是要使众生开示悟入佛之知见。"③同时，也要看到棒喝之法的正面作用和负面倾向。在正面作用方面，"临济的棒喝渗透着强烈的自信自足，洋溢着寻求真正见解的主体精神。这是反对传统禅宗在经卷、佛菩萨面前萎顿、卑琐，试图得道成佛的黄檗宗旨的生动体现。"④这是每一位学人都需要的；另一方面，临济宗人强调"立处皆真"，比早期洪州禅更加突出了主体的自主作用，从而使禅宗更为大众化和生活化了。由此导致在教学方法和禅修方式上也就更凌厉了，在方法上更灵活了，从而埋下了后来呵佛骂祖、拳打棒喝的狂禅的根子。⑤这种负面倾向，是每一位学人所应注意和防范的。

临济义玄禅师接众，素以喝著称，除了用喝之外，他还有三玄、三要、四

---

① 邱环著：《马祖道一禅法思想研究》，巴蜀书社2007年版，第270页。
② 刘泽亮：《〈临济录〉与黄檗宗旨》，《厦门大学学报(哲学社会科学版)》，2006年，第5期。
③ 吴立民主编：《禅宗宗派源流》，中国社会科学出版社1998年版，第205页。
④ 刘泽亮：《〈临济录〉与黄檗宗旨》，《厦门大学学报(哲学社会科学版)》，2006年，第5期。
⑤ 李肖：《临济义玄禅学思想述评》，《法音》，2007年，第8期。

句等方便设施,以接引不同来机。他接引门人的手段,总的来说,都是继承和发展洪州禅的结果。临济义玄的"《临济录》在心体论上并没有新的创造,几乎完全承袭了《传心法要》的思想,但在机用上却开掘出了一番新的气象。这就是临济义玄要建立、发明的黄檗宗旨,一种实质性的建设与发明"[1]。正是由于临济义玄在禅修理念和接引方式上的创新,为他创建临济宗派奠定了充分必要的条件。

---

[1] 刘泽亮:《〈临济录〉与黄檗宗旨》,《厦门大学学报(哲学社会科学版)》,2006年,第5期。

文益禅师在江西

文益禅师（885—958年），俗姓鲁，浙江余杭人。7岁出家于新定智通院，20岁受具足戒于越州开元寺。先在福州云游，参长庆慧棱禅师，已有所悟；又至漳州城西地藏院（后名罗汉院）参桂琛禅师，承其法嗣，为青原系下八世。在《景德传灯录》中记有桂琛的嗣法弟子七人，以文益禅师为上首。得法后又与法进等人来到临川（今江西抚州），应州牧之请住崇寿院，"文益出世开法于此多年，诸方学人翕然而至，常不减千计"[①]。可以说，当时的场面很壮观。由于影响巨大，约在李昇建立南唐之初（一说937年后，一说940年），文益即被请到金陵弘法，直至圆寂。从文益禅师的一生来看，他在江西抚州的弘法，不仅为他创宗立派提供了保障，而且为法眼宗在江南的进一步发展奠定了基础。

文益禅师在江西抚州弘法的时间

从文益禅师参学、弘法的经历来看，参学时间集中在福建参学桂琛禅师；按弘法时间的先后次序分为两个地方：一是在江西抚州临川崇寿院的弘法，一是在金陵的弘法。根据文益禅师这一经历，假如要推算其在江西抚州临川的弘法时间长短，那么就要确定文益禅师参学桂琛禅师和离开江西抚州临川崇寿院到金陵弘法的时间。文益禅师到金陵弘法的时间基本可以定为南唐之初（即940年左右）。问题是文益禅师在福建参学桂琛禅师的时间，这一时间的界定在学术界一直存在争论和分歧。

关于文益禅师在福建参学桂琛禅师的时间，最早是由王荣国提出的，他根据相关的史料研究后，得出："照上述记载推算……文益入闽在福州参谒慧棱

[①] 韩溥著：《江西佛教史》，光明日报出版社1994年版，第310页。

与桂琛的时间应在梁开平末年至贞明年间。"① 将文益禅师参学桂琛禅师的时间定在梁开平末年至贞明年间,这一结论当时在学术界就引发了激烈争论,出现了不同看法。谢重光为此专门写了一篇文章阐述了自己的观点,他在文章中分析后认为:"考虑到上述这两个因素,我们就可以把文益参桂琛的年代敲定在后梁开平年间至后唐天成初年这一时段的后半截,即大约在后梁贞明二年至后唐同光末(916—925年)之间。"② 按照谢重光的观点,文益禅师参学桂琛禅师的时间就要往后推数年了。谢重光的这一观点,王荣国没有接受,他紧接着又写了一篇文章给予回应,认为:"在发现确凿有力的史料之前,笔者坚持《考辨》一文所作的推测:桂琛受请开法闽城地藏院的时间应在'光化年间前后',移锡漳州罗汉院的年代大约是'后梁贞明年间(915—920年)或贞明末年,文益参桂琛的时间应在梁开平末年至贞明年明年间'"③ 王荣国的这一回应依然是坚持自己开始提出的看法,将文益禅师在福建参学桂琛禅师的时间定在梁开平末年至贞明年间。

上面两种关于文益禅师在福建参学桂琛禅师的时间,在学术界都没有得到一致的认同。黄诚了解上述两种观点后,又作了进一步的研究,他分析说:"据查,梁开平年间为907年四月—911年四月,贞明年间为915年十一月—921年四月,若按上述学者之说,则文益禅师参学桂琛年代当在907年—921年之间。据文益禅师《宗门十规论自序》云:'文益幼脱繁笼长闻法要,历参知识,垂三十年。'从文益禅师所云'历参知识,垂三十年'来看,这说明文益禅师参学悟道的总时间应接近三十年,即便是再加上他七岁就出家的时间来推算,不难得知文益禅师参学悟道至多也就是在其三十七岁左右,又据有关资料可知文益禅师生于855年,以此可推算文益禅师三十七岁时悟道,也就完成了'历参知识'的任务,

---

① 王荣国:《文益禅师在闽参桂琛的年代、因由、地点与卓庵处考辨》,《世界宗教研究》,2002年,第1期。
② 谢重光:《也谈文益禅师参桂琛的地点和年代——与王荣国同志商榷》,《世界宗教研究》,2003年,第1期。
③ 王荣国:《对谢重光先生〈也谈文益禅师参桂琛的地点和年代〉的回应》,《世界宗教研究》,2004年,第1期。

换言之，益禅师参学桂琛当在其三十七岁之前，也就是在892年之前；又以文益禅师卒年七十四岁（958年），僧腊五十五岁来计算，文益禅师应在十九岁左右受戒而取得正式僧人之资格，即便是以此为起点开始参学，再加上历参善知识近30年的时间，可推测其参学桂琛时约为四十九岁左右，也就是904年。可见，文益禅师在892年或904年前后就已经参学悟道，其参学桂琛之时间既非梁开平年间（907—911年），又非贞明年间（915—921年），故将文益禅师参学桂琛的年代认定为开平年间或贞明年间均似有不妥，因此对于文益禅师何时参学桂琛的年代问题，或可作进一步的研究。"[1] 在这里，黄诚认为文益禅师参学桂琛之时间既非梁开平年间（907—911年），又非贞明年间（915—921年），将文益禅师参学桂琛的年代认定为开平年间或贞明年间均不妥。这样的话，文益禅师参学桂琛的时间最终还是无法确定下来，只能留待以后出现新的文献资料再来证实和确认。

由于学术界对文益禅师参学桂琛禅师的时间众说纷纭，莫衷一是，因此，文益禅师在江西抚州临川崇寿院的弘法时间的长短就很难确定。虽然文益禅师在江西抚州临川崇寿院的弘法时间暂不能确切推定具体从哪一年至哪一年，但是大概的时间基本可以确定下来。从前面三位有代表性的学者的推算来看，文益禅师参学桂琛的时间就有三个时间段：一是在892年或904年；二是在梁开平年间（907—911年）；三是在贞明年间（915—921年）。而文益禅师离开江西抚州的时间已确定为940年左右，由此我们就可以推测出，文益禅师在江西抚州临川崇寿院的弘法时间大致在20~40年之间。文益禅师充分利用这段时间广泛开展弘法活动，当时的弘法场面在《五灯会元》卷十中有记载："诸方会下，有存知解者，翕然而至。始则行行如也！师以微言激发，皆渐而服膺，海参之众，常不减千计"。这种规模巨大的弘法活动，无疑为其创立法眼宗奠定了坚实的信众基础。

---

[1] 黄诚著：《法眼宗研究》，四川出版集团巴蜀书社2012年版，第63—64页。

文益禅师住锡崇寿院与法眼宗风

  文益禅师参学桂琛禅师得法后，他辞别恩师，与法进、绍修结伴同行，本欲前往岭南曹溪，却改变访道路线来到江西抚州。按照佛教来说，这也是有一定因缘的。江西抚州在当时可以说是天下禅河之中心，尤其是抚州疏山，这里云集着众多高僧，誉为禅宗二叶三祖师（即匡仁、本寂、文偃）都在此弘法。匡仁承洞山、曹山法嗣，在此弘扬曹洞宗风，并以木刻人首蛇身书有"曹家女"的拐杖迎接天下来学者；其徒文偃又在此另开一叶——云门宗，弘扬云门宗法；本寂作为曹洞宗的创始人之一，也在此宣扬曹洞宗风。佛法的昌盛离不开当地大护法的支持和帮助。江西抚州疏山当时就具备这一有利的条件，其时在位的抚州刺史危全讽（追封为南庭王）就是一位被天下佛教高僧敬为大护法式的人物。他在江西抚州任职近30年间，所辖之地，寺庙千余座，仅抚州郡城就有50余座。大凡高僧云游至抚州，就如铁钉钉在木板上，不愿离去。由于有这些弘法优势，文益禅师也就决定留在江西抚州弘法。

  文益禅师在江西抚州弘法的道场有多处。抚州临川承天寺就是其中的一个重要弘法道场。关于这一点，"有资料显示，在临川承天寺也曾留下了文益禅师传法的足迹。《清凉大法眼禅师画像赞并序》云：至临川承天寺，寺基宏壮，可集万指，而食堂修然，残僧三四辈而已。读旧碑知为大法眼禅师开法之故基也。影堂壁间画像存焉，神宇靖深眉目渊然，而英特之气不没，岂荷负大法提挈四生者，其表故如是耶。从上述描述，'寺基宏壮，可集万指'，即不难看出文益禅师在临川传播佛法的盛况；也不难想象当时学人对文益禅师的仰慕和敬仰，而'影堂壁间画像存焉，神宇靖深眉目渊然，而英特之气不没'之诗文对文益禅师所作的精彩描写即是极度赞誉的明证。"[①] 由此可知，文益禅师在承天寺弘法场面壮观和影响巨大。据说，文益禅师还住持过本寂禅师江西抚州的道场曹山寺，并留有公案。不过，文益禅师在江西抚州弘法的道场主要是抚州临川崇寿院，而且在这里的时间最长，因此，对于文益禅师创立法眼宗具有决定

---

① 黄诚著：《法眼宗研究》，四川出版集团巴蜀书社2012年版，第65页。

意义的道场是抚州临川崇寿院。

抚州临川崇寿院（后改名地藏寺）在当时的具体情况很难弄清楚。因为"崇寿院又早废，难考证"①。不过，据当地的人了解，临川崇寿院大概地理位置在抚州郡城南门（即今专区医院、工商银行、人民餐厅、大众商场、常青商场、军分区及马家山一带），1952年由于建专区医院而被毁掉。文益禅师到崇寿院来弘法是受到州牧邀请而来的，关于这一点无论是在佛教典籍中还是在现代佛学著作中都有相似的记载。如在《宋高僧传》中就有，当时他与法进等人"寻游方却抵临川。邦伯命居崇寿，四远之僧求益者不减千计……"②又如在现代佛教著作中，文益禅师"后至临川（江西抚州），州牧请住崇寿院，由此传法，'四远之僧求益者不减千记'"③。

抚州临川崇寿院是文益禅师开创宗风的一个道场，对于这一点学界看法基本一致。一是认为临川崇寿院是法眼宗的第一道场。如"文益在第一道场——临川崇寿院，即已开创宗门，而闻名四方"④，又如"实际上，后来文益禅师开创的法眼宗，即以临川崇寿院为第一道场"⑤，再如"云门宗和法眼宗分别由青原行思系下六世文偃和八世文益二人创出。二人早年都曾在江西参学修行有时，其中文益得法后，以江西临川崇寿院为第一道场，开创宗风，闻名天下"⑥。二是认为临川崇寿院是法眼宗的祖庭。如"唐宋时期的佛教由于受到朝廷的重视，行思、道一、怀海、希运、慧疥、本寂、文益、慧南、方会等高僧辈出，禅宗的祖山、祖庭遍布江西。如七祖行思系的吉安青原山净居寺，沩仰宗的宜春仰山栖隐寺，曹洞宗的宜丰洞山普利寺、宜黄曹山宝积寺，法眼宗的抚州崇寿院（地藏寺），黄龙宗的修水黄龙山崇恩寺，杨岐宗的萍乡杨岐山普通寺等等。"⑦

---

① 韩溥编著：《佛教人士事略》，光明日报出版社1991年版，第3025页。
② 《宋高僧传》卷第十三，《大正新修大藏经》第50册，第788页上一中。
③ 杜继文 魏道儒著：《中国禅宗通史》，江苏古籍出版社1993年版，第360页。
④ 韩溥著：《江西佛教史》，光明日报出版社1994年版，第310页。
⑤ 黎明中主编：《江西禅宗文化》，江西人民出版社2006年版，第114页。
⑥ 伍常安、杨会林著：《江西禅宗史话》导言，中国国际图书出版社2009年版。
⑦ 程宗锦著：《丛林胜境——江西佛教名山名寺游》前言，百花洲文艺出版社2006年版。

这里将临川崇寿院视为法眼宗的祖庭与江西禅宗其他宗派的祖庭是并列的。

需要补充说明的是，在《法眼宗研究》一书中出现了一种似乎有些矛盾的说法。书中前面是这么叙述："最后是文益（885—958年），亦系青原一脉，乃罗汉桂琛门下得法弟子，为玄沙师备再传，而在金陵清凉院（今南京清凉山）创立法眼宗。"① 从这里看，好像法眼宗的创立地点是在金陵清凉院，然而在后面却说："文益禅师悟道之后，又游历江南丛林，他受临川州牧之请，而住崇寿院开坛说法，在江南大力阐扬南宗禅法，所谓'住抚州崇寿寺，大振宗风'"②。我们知道，文益禅师是先在抚州崇寿院弘法，到940年南唐开国之君李昇久仰其名，才亲迎至金陵（南京）报恩禅院。然而这里说"住抚州崇寿寺，大振宗风"，那不是已确认文益禅师在抚州崇寿院，还未到金陵（南京）报恩禅院就已开创了法眼宗宗风吗？从这种前后矛盾的说法中，不难看出文益禅师开创法眼宗风是在抚州崇寿院。因为南唐开国之君李昇也是看重文益禅师的法眼宗风才决定迎请文益禅师到金陵清凉院的。

前面说过，文益禅师的弘法地点主要集中在江西抚州和金陵。因此，黄诚在其《法眼宗研究》一书中的青原行思一系禅僧在江南的活动分布图（表二）中，将文益的传禅活动区列为临川崇寿院、金陵报恩院、金陵清凉院。这里我们着重论述文益禅师在抚州崇寿院的弘法。这是因为文益禅师在抚州崇寿院的弘法开创了法眼宗风的重要道场的缘故。文益禅师在抚州崇寿院的弘法情形，突出表现在两个方面：一是文益禅师开堂说法；二是弟子参学得法。

文益禅师在抚州崇院寺开堂说法有两段较详细的记载。一段是这样记述的：

> 法进禅师等以江表丛林，欲期历览，命文益同往。行至临川，州牧请文益住崇寿院，首先开堂说法于此。开堂说法之日，中坐茶筵未起时，僧正白文益禅师："四众已围绕和尚法座了也。"益曰："众人却参真善知识。"

---

① 黄诚著：《法眼宗研究》，四川出版集团巴蜀书社2012年版，第49页。
② 黄诚著：《法眼宗研究》，四川出版集团巴蜀书社2012年版，第65页。

少顷升座,僧问:"大众云集,请师举唱。"益曰:"大众。"久立乃曰:"众人既尽在此,山僧不可无言,与大众举一古人方便。珍重!"便下座。子方上座自长庆来,文益举长庆偈问曰:"作么生是万象之中独露身?"子方举拂子,益曰:"恁么会又争得?"子方曰:"和尚尊意如何?"益曰:"唤甚么作万象?"子方曰:"古人不拨万象。"益曰:"万象之中独露身,说甚么拨不拨?"子方豁然悟解,述偈投诚。自是诸方会下,有知解者翕然而至。始则行行如也,禅师微以激发,皆渐而服膺。海参之众,常不减千计。①

另一段与前面一段一样,也是采用问答形式记录的:

上堂,大众立久,文益乃谓之曰:"只恁么便散去,还有佛法道理也无?试说看!若无,又来这里作么?若有,大市里人丛处亦有,何须到这里?诸人各曾看《还源观》、《百门义海》、《华严论》、《涅槃经》诸多策子,阿那个教中有这个时节?若有,试举看!莫是恁么经里有恁么语,是此时节么?有甚么交涉?所以道:微言滞于心首,尝为缘虑之场;实际居于目前,翻为名相之境。又作么生得翻去?若也翻去,又作么生得正夫,还会么?莫只恁么念策子,有甚么用处?"僧问:"如何披露即得与道相应?"益曰:"汝几时披露即与道不相应?"问:"六处不知音时如何?"益曰:"汝家眷属一群子。"又曰:"作么生会,莫道恁么来问,便是不得。汝道六处不知音,眼处不知音,耳处不知音,若也根本是有,争解无得?古人道:离声色,着声色;离名字,着名字。所以无想天修得,经八万大劫,一朝退堕,诸事俨然,盖为不知根本真实,次第修行三生六十劫,四生一百劫,如是直到三只果满。他古人犹道,不如一念缘起无生,超彼三乘权学等见。又道弹指圆成八万门,刹那灭却三只劫,也须体究。若如此用多少气力!"僧问:"指即不问,如何是月?"益曰:"阿那个是汝不问底指?"又僧问:"月即不问,如何是指?"益曰:"月。"问:"学人问指,和尚为甚么对月?"

---

① 韩溥编著:《佛教人士事略》,光明日报出版社1991年版,第325页。

益曰:"为汝问指。"①

这两段文益禅师开堂说法,都是发生在抚州崇寿院。文益禅师开堂说法的内容基本符合法眼宗风。

弟子参学得法也是文益禅师在抚州崇寿院弘法的重要情形。在一定意义上说,这是法眼宗风在抚州崇寿院弘扬的必然结果。文益禅师在抚州崇寿院弘法时,弟子参学得法的人数很多。在不同的书中,列举的弟子参学得法的名字不一致。我们不妨在这里列举几段相关的叙述:第一段是"德韶、道潜、慧明、绍岩等均得法于文益临川道场"②。第二段是"五代末期,有法眼宗始祖之尊的释文益于罗汉院(又名'地藏院')释桂琛座下得法后,受抚州州牧之请,住持抚州崇寿院,开堂说法。释德韶国师、释清锡、释绍显等皆在此得法后,遍布江西、福建、浙江等地"③。第三段是"文益在临川崇寿院开法很多年,有许多高僧大德均在这里参学得法,如天台德韶国师、泰钦、清耸、永明道潜,金陵报恩慧明、法安慧济、杭州绍岩,等等"④。在这三段叙述中,有些参学得法的弟子名字有所重复,这些重复的名字可以说都是较突出的人物,象释德韶国师就是这种典型人物。

从上述来看,文益禅师在抚州崇寿院开创宗风,他不但在这里开堂说法,而且让诸多弟子在这里参学得法。因此可以说,抚州崇寿院是法眼宗的第一道场或祖庭。

文益禅师在江西的传承法嗣

文益禅师在抚州崇寿院不仅大力弘法,而且也注重传承法嗣。据《五灯会元》《传法正宗记》资料统计,其传承约183人,据《禅宗宗派源流》末附录传承图统计,则有360余人。法眼文益法嗣中,著名的有天台德韶、清凉泰钦、

---

① 韩溥编著:《佛教人士事略》,光明日报出版社1991年版,第325—326页。
② 韩溥编著:《佛教人士事略》,光明日报出版社1991年版,第325页。
③ 智权主修:《江西省宗教志》,方志出版社2003年版,第26页。
④ 黎明中主编:《江西禅宗文化》,江西人民出版社2006年版,第114页。

百丈道恒、净德智筠、永明道潜、永明延寿、灵隐清耸、报恩慧明、报慈行言、报恩法安、归宗策真等。在这些传承法嗣中，涉及江西的弟子为数众多，著名弟子有归宗义柔和策真、百丈道恒、崇寿契稠、云居清锡、罗汉智依、宜黄黄山良匡、永修同安寺绍显、庐山栖贤慧圆、波阳荐福绍明、上高上蓝院守讷、黎川覆船、庐山大林寺僧遁、庐山化城寺慧朗等，主要分布在抚州、南昌、九江、宜春等地市。文益禅师在这些地市传承法嗣众多，"据不完全统计，仅洪州一地就有九位法眼宗禅师。因而洪州又成为法眼宗传播的一大重镇，这绝非一种偶然性现象，乃是禅宗历史发展与文化环境共同成合力所致的必然性产物"[①]。洪州的范围基本属现在的南昌，也就是说，南昌已成为法眼宗传承法嗣弘传的一个重要地区。文益禅师传承法嗣，其他地市与南昌相比差距不会很大。

　　文益禅师在江西的传承法嗣记载较多，这里不妨按照参学得法和弘法区域罗列数人如下：

　　在江西抚州参学得法，赴江西以外弘法的传承法嗣主要有：

　　德韶（891—972年），俗姓陈，处州（今浙江丽水）龙泉人。十七岁依本州岛归龙寺受业，十八岁到信州（今江西上饶）开元寺。后唐同光（923—925年）中，游方各地，遍参五十四善知识，皆法缘未契。最后至临川，谒法眼，"眼一见深器之"。德韶闻文益"是曹溪一滴水"而豁然开悟，平生凝滞，涣然冰释。……他曾劝钱俶遣使至新罗国，写回散落于海外的天台典籍，使之重新盛行于世。德韶之弟子甚众，最著名者达58人之多，有永明延寿、报恩绍安、普门希辨、五云志逢等。兴建智者道场数十所，对禅宗在江浙的建树和天台的复兴，都起过重要作用。《景德传灯录》说文益的法嗣有六十三人，以天台德韶为首座。

　　清耸，福州人，于临川从文益得法，住明州四明山卓庵，节度使钱亿执弟子礼。忠懿王命于临安两处开法。后住持杭州灵隐上寺，署号了悟禅师。传法弟子有支提辩隆、光孝道端、功臣道慈等8人。

　　泰钦法灯（910—974年），河北魏府人。于临川从文益得法后，初住洪州

[①] 黄诚著：《法眼宗研究》，四川出版集团巴蜀书社2012年版，第158页。

双林院，留有说法开示。在开堂日，僧问："如何是双林境？"师曰："画也画不成。"又问："一佛出世，震动乾坤。和尚出世，震动何方？"师曰："甚么处见震动？"次迁上高县上蓝护国院。两地开法，海众归之，皆曰"敏匠"。再迁金陵龙光院。文益逝后，继师法席，入主金陵清凉院。南唐后主李煜曾问道于泰钦。传法弟子有云居道齐。

法安慧济，泰和人。先至抚州曹山寺，师事文益，随文益到崇寿院，后又随师到金陵。法嗣有：庐山栖贤寺道坚、归宗寺慧诚等。

报恩慧明禅师（895—975年）俗姓蒋，幼岁出家，三学精炼，南游于闽越，莫契本心。后至临川谒法眼，师资道合，寻回鄞水大梅山庵居。

报恩法安（？—967年），泰和人，为清凉文益法嗣。初住曹山崇寿院，学人云集。在《五灯会元》卷十记载，上堂说："夫佛性亘古亘今，未尝不现前。诸上座，一切时中，咸承此威光，须具大信根，荷担得起始得。不见佛赞猛利底人堪为器用，亦不他向善，久修净业者，要似他广额凶屠，抛下操刀，便证阿罗汉果。直须凭么始得。所以长者道，如将梵位直援凡庸。"先至抚州曹山寺，师事文益，随师到崇寿院，后又随师到金陵。

章义道钦，太原人，清凉文益法嗣。初住庐山栖贤。在《五灯会元》卷十中记载，上堂："道速乎哉，触事而真。圣遗乎哉，体之则神。我寻常示汝，何不向衣钵下坐地，直下参取，须要上来，讨个什么？既上来，我即事不获已，便举古德少许方便，抖擞些子龟毛兔角，解落向汝。诸上座欲得省要，僧堂里、三门下、寮舍里参取好。还有会处也未？若有会处，试说看。与上座证明。"于抚州师事文益，然后随师到金陵钟山章义道场，成为金陵区域内法眼一派重要的传播者。

智筠达观（906—969年），河中府（山西永济）王氏子。初住庐山栖贤寺，并开始了他的传道生涯。在《五灯会元》卷十中记载，上堂："从上诸圣方便门不少，大抵祇要诸仁者有个见处。然虽未见，且不参差一丝发许，诸仁者亦未尝违背一丝发许。何以故？炬赫地显露，如今便会取，更不费一毫气力。还省要么？设道毗卢有师，法身有主，斯乃抑扬，对机施设，诸仁者作么生会对底道理？若也会，且莫嫌他佛语，莫重祖师，直下是自己，眼明始得。"于抚州师事文益。后随师到金陵，住持净德院。

契稠（958—992年），福建泉州人。参文益于临川崇寿院得印可。后继师主崇寿。在《五灯会元》卷十中记载其说法，上堂曰："大众欲知佛性义，当视时节因缘。……第一义现成，何劳更观？凭么显明得佛性常照，一切法常住。若见有法常住，犹未是法之真源。作么生是法之真源？上座不见古人道，一人发真归源，十方虚空悉皆消殒。还有一法为意解么？古人有如是大事因缘，依而行之即是，何劳长劳多说。"传法弟子有净土惟素、泉州云台山令岑、杭州资国院圆山主等3人。940年文益被南唐君主迎往金陵报恩寺后，契稠奉命升为抚州崇寿院方丈，大传法系。

在江西抚州参学得法，又在江西弘法的传承法嗣主要有：

义柔，于临川从文益得法后，受南康军知军之请住持庐山归宗寺。传法弟子有庐山罗汉寺行林、天童山新、天童清简、功臣觉轲等。

百丈道恒（916—991年），出家于洪州百丈大智院，从文益得法后，住持奉新百丈山至圆寂。在《五灯会元》卷十中记有，僧问："如何是百丈境？"师曰："何似云居？"问："如何是百丈怠人一句？"师曰："若到诸方，总须问遇。"乃曰："实是无事，诸人各各是佛，更有何疑，得到这里？古人道，十方同聚会，个个学无为。此是选佛场，心空及第归。且作么生是心空？不是那里闭目冷坐是心空，此正是意识想解。上座要会心空么，但且识心，便见心空。所以道，遇去已过去，未来更莫算。元然无事坐，何曾有人唤……三世体空，且不是木头也。所以古人道，心空见法王。还见法王么？也只是老病僧，又莫道渠自伐好。珍重！"传法弟子有庐山栖贤寺澄浞、万寿德兴、绍兴云门永禅师。

云居道齐，俗姓金，洪州人，从泰钦受法子，上高县上兰护国院，受师命主该院经藏。后住持永修云居山真如寺达20年之久。于此著《语要搜玄》和《拈古代别》等，盛行于丛林。宋太宗至道三年（997年）九月集众遗诫，安然而逝于云居。传法弟子有：去居契瑰、灵隐文胜、大梅居煦等七人。

清锡，泉州人，于抚州师事文益，住永修县云居山。清锡禅师将法眼禅法思想传入云居，对南方禅学做出了一大贡献。法嗣有：台州般若从进禅师、越州清化志超禅师。

大智道常，先在百丈山从照明禅师出家，后参文益禅师。在文益处有了悟道因缘而获得悟法契机。道常在文益处悟道而名声大振，故其为百丈山僧众请归并担当十一世主持，而使学人前往参学者络绎不绝。由于道常禅师常居于洪州百丈山，学修并进，四处传法，对江南洪州一带的禅法产生过一定影响。

法施策真，曹州人，俗姓曹氏，本名慧超。曾参学于清凉文益处而获得开悟。初住于庐山余家峰，后被请住入庐山归宗寺。

上面所述，是文益禅师在江西传承法嗣的主要人物，不管他们是在江西弘法，还是赴外地传教，"总之，文益禅师的传道活动为禅宗内部培育了一大批禅学一流人才。据统计，文益禅师门下有法嗣63人，各为一方师，且有固定的活动场所，具有了学派的基础，这是宗派形成的重要因素。由于文益禅师与其门徒一道广传佛法和四处流动，故在传播禅法的实际活动中则容易形成较为集中的禅僧群体并影响到社会生活的各个层面，乃至于形成宗派而对禅宗或佛教的发展产生更大的影响。"① 在禅宗典籍中，对于文益禅师传承法嗣说法不一，因此文益禅师在江西的传承法嗣也就无法全面统计。文益禅师传承法嗣在江西的具体人数虽然难以确定，但是绝对数量应不少，并且都是弘法的骨干分子，为法眼宗风传播发挥了巨大作用。如果说文益禅师在江西的传承众多法嗣都是参学得法于抚州崇寿院，那么可以说江西抚州崇寿院就是法眼宗形成的后备人才摇篮。

综观以上所述，江西抚州，尤其是江西抚州临川崇寿院与文益禅师有着殊胜的因缘。文益禅师在这里的弘法时间有20～40年，广泛开展弘法活动，为创立法眼宗奠定了坚实的信众基础；文益禅师不但在这里开堂说法，而且让诸多弟子在这里参学得法，为法眼宗形成储备了众多人才资源。因此可以说，江西抚州崇寿院是法眼宗的第一道场或祖庭。

---

① 黄诚著：《法眼宗研究》，四川出版集团巴蜀书社2012年版，第68页。

南泉普愿与洪州禅

南泉普愿（748—834 年），俗姓王，常自称王老师。河南新郑人。关于南泉普愿的生平，尹文汉先生将"南泉普愿禅师的一生可以分为三个时期，即悟道前的准备时期，即他入马祖道一之室前出家、密县大隗山受业和嵩山会善寺受具足戒、学习游学的时期；马祖门下时期，这一时期主要是在马祖指示下参禅悟道；悟道后的修持自创、开山弘法时期，即南泉时期。"①这种分法较真实地反映了南泉普愿一生经历的客观实际，从认识上来说也是符合科学和逻辑的。本文将根据这三个不同时期南泉普愿的具体事迹，来论述南泉普愿的参学弘法活动，尤其是其与洪州禅的关系。

参学洪州禅而开悟

南泉普愿在其悟道前的准备时期积累了丰厚的佛学基础知识，这不仅为其来到马祖门下参禅悟道提供了必要的资粮，而且为其开悟后的涵养聚集了正能量。

南泉普愿参学洪州禅而开悟，不是一蹴而就的，也是经历长期修学而获得的结果。在南泉普愿悟道前的准备时期，从时间来看就很长。唐至德二年（757 年），投密县大隗山大慧禅师受业，大历十二年（777 年），诣嵩岳会善寺嵩律师受具。由此可推算出，从其出家的时间（即唐至德二年）至叩马祖之门的时间（即至少是在 777 年以后）之差，这中间起码有二十多年。在这段时间里，南泉普愿"初习相部旧章，究毗尼篇聚，次游诸讲肆，历听《楞伽》《华严》《入

---

① 《中韩南泉普愿禅师学术研讨会综述》，《池州师专学报》，2003 年，第 6 期。

中》、《百门》观，精练玄义"①。可以看到，二十多年里，南泉普愿一直在习禅和闻思经教，以致达到"精练玄义"的程度，对经教可谓已很精通。因此，南泉普愿在这个阶段获得经教上的成就，"可以说，在当时的一些禅学大师之中，南泉普愿的佛学基础是出类拔萃的，其深厚驳杂的程度亦超过了他的前辈如六祖慧能、师祖南岳怀让和师父马祖道一，以及与他同为'马祖门下三大士'的法兄弟百丈怀海和西堂智藏。"②

南泉普愿在准备阶段所积累的知识，确实为其在马祖门下时期参禅悟道做好了充分的准备。南泉普愿"后扣大寂之室，顿然忘筌，得游戏三昧"③。南泉普愿虽然"投到道一门下的时间不详，但由此'顿然亡筌，得游戏三昧'，成为思想的转折点"④。南泉普愿参学洪州禅而开悟，不仅使其思想上发生了巨大的飞跃，而且在佛教史上的地位也出现了很大的变化，因此，他在马祖门下与百丈、西堂共称马祖门下"三大士"。

尽管南泉普愿参学洪州禅而开悟，而且在禅门中具有崇高的地位，但是他却非常注意自己的言行。一是不滥说法要。"南泉在马祖的寮房虽然得到游戏三昧境地，但却不滥说法要。"⑤二是做到韬光晦迹。当别人对佛法禅修争辩时，南泉普愿却做到韬光晦迹。"马祖门下八百余人，每参听之后，总要议论纷纷，唯普愿韬光晦迹。"⑥三是做到时机未至不说法。不对机，南泉普愿不说法。他"在马祖门下即使深得其师赞许，也不随意显露机锋，而是独自思寻，韬光养晦，致使别人以为他无法可说。即使别人有意扣其关，他也不露"⑦。不具备特定的时间，他也不说法。"大寂门下八百余人，每参听之后，寻绎师说，是非纷错。

---

① 《景德传灯录》卷八，《南泉普愿禅师传》，《大正藏》卷五十一，第257页中。
② 万里：《自由与颠覆：南泉普愿禅学思想特征的一种解读》，《池州师专学报》，2004年，第6期。
③ 《景德传灯录》卷八，《南泉普愿禅师传》，《大正藏》卷五十一，第257页中。
④ 杜继文、魏道儒著：《中国禅宗通史》，江苏古籍出版社1993年版，第263页。
⑤ 镰田茂雄著、关世谦译：《中国禅》，深圳弘法寺印韬行，2008年，第172页。
⑥ 洪修平著：《中国禅学思想史纲》，南京大学出版社出版1996年版，第185页。
⑦ 尹文汉：《南泉普愿生平及其法嗣考》，《池州师专学报》，2003年，第1期。

愿或自默而语，群论皆哗曰：夫人不言而言尔耳。自后舍景匿耀，似不能言者，人以其无法说，或扣其关，亦坚拒不泄。时有密觇其机者，微露头角，乃知其非无法说，时未至矣。"①

由于南泉普愿说法的原则性极强，致使他留下的机锋语录很少。南泉普愿与马祖道一的机锋语录，尹文汉先生归纳总结有两则。他说："普愿与马祖之间的机锋语录不多，《五灯会元》录两次：一夕，西堂、百丈、南泉随侍玩月次。师（马祖）问：'正凭么时如何？'堂曰：'正好供养。'丈曰：'正好修行。'泉拂袖便行。师曰：'经入藏，禅之藏，禅归海，唯有普愿，独超物外。'一日，为众僧行粥次，马祖问：'桶里有什么？'师（普愿）曰：'这老汉合取口作恁詹语话。'祖便休。"②他还进一步指出："这两则语录虽不是马祖直接对普愿的教育，但是两则语录都显示了普愿对佛性的正确领会和马祖对普愿这一领会的完全肯定。"③南泉普愿与同门师兄弟的机锋语录也很少。前面我们说过，因南泉普愿说法十分注重时机，绝不随意说法，"因此，他在马祖门下时与同门的机锋也很少，直到马祖圆寂。他才有几则与归宗智常、麻谷等人的机锋语录"④。

南泉"普愿在马祖门下颇受器重，曾有'独超物外'之誉"⑤。这一点，在上面南泉普愿与马祖道一的机锋语录也有记载，马祖道一有"经入藏，禅归海，唯有普愿，独超物外"之语。以后的禅宗发展事实也证明了这一点，南泉普愿确实没有辜负马祖道一的期望，在中国禅宗史上作做了巨大成绩。"而江西禅师遍天下，几乎无处不在，尤以百丈怀海、南泉普愿两支最胜。"⑥

---

① 赞宁撰，范祥雍点校：《宋高僧传》上册，中华书局出版1997年版，第256页。
② 尹文汉：《南泉普愿生平及其法嗣考》，《池州师专学报》，2003年，第1期。
③ 尹文汉：《南泉普愿生平及其法嗣考》，《池州师专学报》，2003年，第1期。
④ 尹文汉：《南泉普愿生平及其法嗣考》，《池州师专学报》，2003年，第1期。
⑤ 洪修平著：《中国禅学思想史纲》，南京大学出版社出版，1996年版，第185页。
⑥ 尹文汉：《南泉普愿生平及其法嗣考》，《池州师专学报》，2003年，第1期。

继承洪州禅农禅家风

南泉普愿作为马祖道一的得法弟子之一,毫无疑问继承了马祖道一的禅风。在《宋高僧传》上有明确的记载:"其(指南泉普愿)宗嗣于江西大寂,大寂师南岳观音让,让则曹溪之冢子也,于愿为大父,其高曾可知也,则南泉之禅有自来矣。"[1]这就说明,南泉普愿在禅风上与马祖道一是一脉相承的。

马祖道一的洪州禅极力主张农禅家风,这是由当时的历史条件所决定的。因为中国佛教与印度佛教不同,僧人不是托钵乞食,而是要靠自食其力;特别是"三武一宗"法难后,中国佛教中很多具有经济依赖性的宗派逐渐走向衰落,唯独禅宗一枝独秀发展起来,这与其提倡的农禅家风是息息相关的。洪州禅的马祖道一门下基本仍然是继承农禅家风,南泉普愿就是一个比较典型的事例。如:"洪州系的另一大家,是池州(安徽贵池)南泉山普愿。他也以农禅知名,所述禅理也有影响。"[2]又如:"与百丈怀海一样,普愿也是农禅并重。"[3]

南泉普愿将洪州禅农禅家风付诸于禅修实践中,不仅建立了农禅道场,而且创立了诸多农禅公案。南泉普愿为了继承洪州禅农禅家风,他离开马祖道一后,就着手建立了农禅道场。他于"贞元十一(795年)入池州(今安徽贵池)南泉山,挖山伐木,构筑禅宇,开荒垦田,养牛放牧,自给自足,三十年间未曾下山。"[4]可以说,南泉普愿在南泉山基本上是过着一种农禅的生活。邱环博士根据这一事实,作了进一步推断,认为南泉普愿当时所居住的南泉院就是一个典型的农禅道场。她在文中是这样叙述的:"贞元十一年(795年)南泉驻锡池阳南泉山(今安徽贵池),在南泉山'堙谷刊木,以构禅宇。蓑笠饭牛,溷于牧童;斩山畬田,种食以饶。足不下南泉三十年。'(《宋高僧传》卷十一《普愿传》,第256页)从这段文字的描写来看,南泉院当是一个典型的农禅道场。"[5]

---

[1] 赞宁撰、范祥雍点校:《宋高僧传》上册,中华书局出版1997年版,第255页。
[2] 杜继文、魏道儒著:《中国禅宗通史》,江苏古籍出版社,1993年版,第262—263页。
[3] 伍先林:《南泉普愿的禅学思想》,《佛学研究》,2012年,总第21期。
[4] 邢东风辑校:《马祖语录》,中州古籍出版社2008年版,第10页。
[5] 邱环著:《马祖道一禅法思想研究》,四川出版集团巴蜀书社2007年版,第230页。

为了突出南泉普愿所建的农禅道场，她还把马祖门下的弟子所建农禅道场作一比较，"南泉普愿及其他农禅丛林，除百丈外，马祖门下的其他弟子在其他地方也建立了农禅道场，其中南泉是较为著名的一个。"① 最后得出的结论是，南泉普愿的农禅道场是仅次于百丈怀海农禅道场的著名农禅道场之一。

南泉普愿创立诸多农禅公案，也是其继承洪州禅农禅家风的体现。这里不妨列举几则时人述评的农禅公案，以窥南泉普愿农禅家风的特色。一是在菜园里出现的禅机。如"普愿与怀海相似，也有许多令人难测的禅势与机语，如：师因入菜园见一僧，师乃将瓦子打之，其僧回顾，师乃翘足，僧无语。师便归方丈，僧随后入，问讯曰：和尚适来掷瓦子打某甲，岂不是警觉某甲？师云：翘足又怎么生？僧无对。如果作为一种劳动景色来看，是蛮有田园情趣的，如果作为禅机参究，顶多是只有两人可以意会的哑谜；假若连对方都茫然不解，那就变得毫无意义，还不如从生活的正面表现去看待为好。实际上，普愿的应机语言中，相当一部分是为了调节单调的生活气氛，活跃一下木石般的心绪，算是一种禅的幽默。"② 这则公案，如果撇开其所产生的效果，那么就很容易体味到其田园情趣的农禅家风。二是以水牯牛作参禅的话头。以水牯牛作参禅的话头是南泉普愿"向异类中行"观点的具体化。"为了使学人真正达到平常心的境地，南泉还提出'向异类中行'的主张：'今时僧须向异类中行。'南泉在一次接引学人的机缘问答涉及到这一思想：师将顺世，第一座问：'和尚百年后向什么处去？'师云：'山下作一头水牯牛去。'僧云：'某甲随和尚去还得也无？'师云：'汝若随我即须衔取一茎草来。'（《景德传灯录》卷八《南泉普愿禅师传》，《大正藏》卷五十一，第259页上）。'向异类中行'、'作水牯牛'已经成了后世丛林参禅的话头，这两句话并不是指因果受报而入其他五道，'异类'、'水牯牛'都是喻体，指了心之后不分别、不执着、无情识的平常心，入于异类而无异类想，不指涉任何境相，不为任何境相所惑，任运自在。"③ 南泉

---

① 邱环著：《马祖道一禅法思想研究》，四川出版集团巴蜀书社2007年版，第230页。
② 杜继文、魏道儒著：《中国禅宗通史》，江苏古籍出版社1993年版，第268页。
③ 邱环著：《马祖道一禅法思想研究》，四川出版集团巴蜀书社2007年版，第231页。

普愿这种以水牯牛作参禅的话头,可以说是继承洪州禅农禅家风的典型事例。三是以镰之价和镰之利作答。镰是农禅道场经常使用的工具,南泉普愿将其运用于师徒之间的对机中。谈到南泉普愿的农禅,"在另一方面,南泉的禅风又极为玄奥难测,无迹可寻,他通常不以正面回答觉悟之道或修行方法的问题,在传法时往往采用模棱两可的不说破的手法,甚至往往答非所问,如有这么一则公案:师刈茆次,有僧问:'南泉路向甚么处去?'师竖起镰云:'我这镰子是三十文买。'僧云:'我不问这个,南泉路向什么处去?'师云:'我用得最快。'(《古尊宿语录》卷十二《普愿禅师语要》,第190页)僧问的是南泉的禅法旨意,而南泉却以镰之价和镰之利作答,与所问全不相关,通过这种答非所问的回答,意在蓦然截断学人向外觅法的情识,要求他返躬自照,以识自身佛性,并安住于现下境界。这则公案也体现了南泉禅教的特色:寓教禅于日常作务之中,有浓郁的农禅道场的特色。"① 这种以镰之价和镰之利作答的禅机,既是一种举手之劳,也是一种农禅家风的展示。

南泉普愿所继承的农禅家风,由于其方便易行,深受其弟子的欢迎,以至于"普愿的弟子很多,他们从不同的方面继承发展了马祖、普愿的禅风,推动了禅机时代禅宗的普及"②。这里所谓的"禅风",当然包括南泉普愿所继承的洪州禅农禅家风。

丰富洪州禅思想内容

南泉普愿对洪州禅的贡献,受到学术界的肯定。"南泉作为马祖禅系的大德,他在弘传马祖的禅法中成绩卓然。特别是他顿起法外、不容凑泊的禅教作略,堪称禅门师范。"③ 对南泉普愿的这种高度评价,不仅仅是指其继承和发扬洪州禅的农禅家风,而且也涵盖其丰富洪州禅的思想内容。南泉普愿丰富洪州禅的思想内容,概括起来,主要有这么几点:

---

① 邱环著:《马祖道一禅法思想研究》,四川出版集团巴蜀书社2007年版,第232页。
② 洪修平著:《中国禅学思想史纲》,南京大学出版社出版1996年版,第186页。
③ 邱环著:《马祖道一禅法思想研究》,四川出版集团巴蜀书社2007年版,第232—233页。

（一）重新阐释"即心即佛"与"非心非佛"，提出并强调"心不是佛，智不是道"

历来禅者和禅学研究者把"即心即佛"和"非心非佛"的禅学思想看作是马祖道一及其门下独有的思想命题。在禅门实践中，南泉普愿不是简单照搬"即心即佛"和"非心非佛"的思想，而是给予重新阐释。"普愿的思想与大珠、怀海接近，与其同门长沙东寺如会（744—823）、庐山归宗智常等遥相呼应。对道一的根本主张'即心即佛'和他人阐发的'非心非佛'作重新解释。"① 南泉普愿对"即心即佛"和"非心非佛"重新阐释的过程中，马祖道一的其他弟子也有在做这项工作的。不过南泉普愿是一位较典型的代表人物而已。"在马祖道一所有的弟子中，对'非心非佛'和'不是心、不是佛，不是物'等禅学思想进行重点阐释和发挥的是南泉普愿禅师。"②

对于南泉普愿重新阐释"即心即佛"和"非心非佛"的意思，我们可以引用一段相关的文字解释。"他（指南泉普愿）说：'江西和尚说，即心即佛，且是一时间语，是止向外驰求病，空拳黄叶，止啼之词。如今多有人唤心作佛，认智为道，见闻觉知皆云是佛'，这好像'将头觅头'。反之，若认定'非心非佛'，也是一种病症：若言即心即佛，如兔马有角；若言非心非佛，如牛羊无角。你心若是佛，不用即他；你心若不是佛，亦不用非他。对于有无佛性不置可否的态度，当然比陷于执着而不可拔者要洒脱得多，但也因此在哲学观上有了与其同门不尽相同的变化。"③ 可以看到，南泉普愿重新阐释的"即心即佛"和"非心非佛"思想，其实是对"即心即佛"和"非心非佛"的否定。

南泉普愿在否定"即心即佛"和"非心非佛"的基础上，提出并强调"心不是佛，智不是道"的思想。就"同东寺如会一样，南泉对于马祖门下弟子执着马祖'即心即佛'、'非心非佛'之语给予严厉的破斥，反复强调'心不是佛，智不是道'，并说'是心是佛，是心作佛，情计所有，斯皆想成……大德莫认

---

① 杜继文、魏道儒著：《中国禅宗通史》，江苏古籍出版社1993年版，第263页。
② 蒋九愚：《南泉普愿禅学命题探析》，《池州师专学报》，2004年，第6期。
③ 杜继文、魏道儒著：《中国禅宗通史》，江苏古籍出版社1993年版，第263—264页。

心认佛,设认是境,被他唤作所知愚'"①。这种对"即心即佛"和"非心非佛"的破和对"心不是佛,智不是道"的立,不是理论上的破立关系,而是针对洪州禅所出现的流弊而言的。"南泉普愿反复阐释'心不是佛,智不是道'这一重要命题,教人'且莫唤心作佛,莫作见闻知觉会',反对将见闻知觉之心认作是'佛'、是'道',反复批评主张'见闻知觉皆是道'的马祖禅流弊。"②"即心即佛"和"非心非佛"的思想本身并没有错误,错误是出在修学洪州禅的禅修者。为了适应洪州禅的禅修,就必须克服和纠正"即心即佛"和"非心非佛"所带来的问题,南泉普愿反复阐释"心不是佛,智不是道"思想就是针对这一问题而提出的解决办法。因此"蒋九愚认为,南泉普愿提出并详尽阐释了'心不是佛,智不是道'的禅学命题,这是对马祖道一'即心即佛'命题的修正与发展,旨在纠正'即心即佛'所带来的'错将安心言是真心'的'认贼为子'之'相似般若'现象"③。这里所谓的"心不是佛,智不是道"是对"即心即佛"命题的修正与发展,很明显也含有对"非心非佛"的修正与发展。

（二）阐释和发展"平常心是道"

"平常心是道"所表述的禅法就是指在不离开真实的日常生活,不离开个体生存的具体场景而常常保持般无执着的、不分别的无所住之行。"平常心是道"也是洪州禅的一个重要思想内容,"作为马祖道一门下三大士之一的南泉普愿是洪州宗的重要人物,他在继承与弘扬马祖道一'平常心是道'思想上不遗余力,贡献最大。"④ 具体来说,南泉普愿对"平常心是道"贡献主要在于阐释和发展上。

从阐释上来看,南泉普愿提出"平常心是道"后,并赋予了新的思想内容。南泉普愿在否定"即心即佛"和"非心非佛"的基础上,不仅提出"心不是佛,智不是道"的思想,而且提出了"平常心是道"的思想。针对洪州禅的流弊,"南泉普愿不仅大力批评当时将'邪心即佛'中的'心'错认为见闻知觉之心的禅学倾向,而且在扬弃'即心即佛'和'非心非佛'的命题基础上,概括提出了

---

① 邱环著:《马祖道一禅法思想研究》,四川出版集团巴蜀书社2007年版,第231页。
② 蒋九愚:《南泉普愿禅学命题探析》,《池州师专学报》,2004年,第6期。
③ 《中韩南泉普愿禅师学术研讨会综述》,《池州师专学报》,2003年,第6期。
④ 尹文汉、何根海:《南泉普愿与中国禅宗的转型》,《安徽史学》,2009年,第5期。

'平常心是道'这一重要禅学命题。"①在此基础上,南泉普愿还对"平常心是道"给予最早的阐释,根据"《景德传灯录》附《诸方广语》载《道一禅师语》,谓'平常心是道'的发明权属道一,并解释说:'平常心无造作,无是非,无取舍,不断常,无凡无圣……只如今行住坐卧,应机接物尽是道。道即是法界,乃至河沙妙用'云云。对'平常心'的这种解释,几乎可以为南宗的一切禅师所承认,但将这些解释概括为'平常心是道',并给以赞称人生本能的内容,最早不超过普愿,或者说,在普愿之外没有第二人"②。他的阐释,赋予了"平常心是道"人生本能的内容,这为进一步发展"平常心是道"思想做好了铺垫。

从发展上来说,南泉普愿推进了洪州禅的佛性论思想。南泉普愿以"平常心是道"接引学人,并不执着己见。"然而,南泉普愿坚守'平常心是道'的同时又有所发展,将其师马祖道一'平常心是道'的佛性论思想向前推进了一步,向禅道迈进。"③这一发展,是由南泉普愿和其弟子共同努力的结果。"在禅宗史上,'平常心是道'主要是通过普愿及其弟子而得到发展与弘扬的。"④南泉普愿发展"平常心是道"是将禅修的理论和实践真正落实到了日常生活中。王立新教授认为,南泉普愿继承其师马祖道一而又有所发展,提出了"平常心是道"的主张,发明了于日常生活中体会道的存在的修养理论和修养方法。⑤南泉普愿这种将禅修与日常生活紧密结合起来的方法,"从禅学思想上看,普愿发展了马祖的'平常心是道',把抽象神圣的佛性完全与平常的凡人打成一片。在他那儿,人心与佛性,众生与佛,都只是方便并示众人的语言施设,都不可执着,只有当下的'人'才是值得肯定的"⑥。这既是对佛教神圣性的贬抑,也是对凡人世俗性的提升,尤其是突显了人的主体性地位。南泉普愿发展"平常心是道","就这样,南泉及其弟子把马祖的'平常心'发展成为'平常人之心',

---

① 蒋九愚:《南泉普愿禅学命题探析》,《池州师专学报》,2004年,第6期。
② 杜继文、魏道儒著:《中国禅宗通史》,江苏古籍出版社1993年版,第266—267页。
③ 尹文汉、何根海:《南泉普愿与中国禅宗的转型》,《安徽史学》,2009年,第5期。
④ 尹文汉:《南泉普愿禅学思想及其禅宗史地位》,《池州学院学报》,2009年,第4期。
⑤ 《中韩南泉普愿禅师学术研讨会综述》,《池州师专学报》,2003年,第6期。
⑥ 洪修平著:《中国禅学思想史纲》,南京大学出版社出版1996年版,第185页。

真正做到了神圣佛性与平常人之心的融合。这是南泉对'平常心是道'阐发的又一特色之一。当然，南泉及其弟子把马祖的'平常心'发展到平常人之心，使禅学的发展回到日常生活之中，也走向了终结"①。可以看到，这种发展的后果是使禅学的发展最终"走向了终结"。

（三）首创"向异类行"

南泉普愿在丰富洪州禅的思想内容中，还有重要的一点是，提出"向异类行"的思想。这一思想是南泉普愿的首创，"前述之'向异类行'的首创者，也是普愿。"②南泉普愿首创"向异类行"的思想，是在继承和发展"平常心是道"思想的基础上而形成的，"总之，南泉普愿禅师在继承马祖道一'平常心是道'思想的基础上，将'道'转化成具有道家意味的'道'，引道入禅，提出'向异类行'，从而使儒学化的禅变成了道家化的禅，根本上改变了祖师禅'众生有性'、'自心是佛'的佛教思想，迈向'真心'、'无情有性'的佛性论，为后期禅宗开辟了道路"③。在这里，可以看到，关键的一点是，南泉普愿将"平常心是道"中的"道"进行了道家化，完全变成了一种自然意义上的"道"，从而使"众生有性""自心是佛"的佛教思想转变为"真心是佛""无情有性"的思想。尹文汉先生对南泉普愿提出的"向异类行"思想作了进一步阐述，他说："南泉普愿则将此'平常心'解释成'息心达本源'、'拟向即乖'，继承和弘扬了马祖道一晚年的这一修养论思想，南泉普愿对马祖道一'平常心是道'中'道'的解释，从根本上改变了祖师禅'即心即佛'的佛性论，引道入禅，将佛性理解成恒常遍在的'真心'，从众生有性转向无情有性，大倡'向异类行'，开启了分灯禅佛性遍在、个个是佛的佛性论思想。"④这充分肯定南泉普愿提出的"向异类行"思想在中国禅宗史上的重大意义，其意义在于它是祖师禅向分灯禅过渡的不可或缺的一环，由此南泉普愿也就成为由祖师禅走向分灯禅的关键性人物。

---

① 尹文汉：《南泉普愿禅学思想及其禅宗史地位》，《池州学院学报》，2009年，第4期。
② 杜继文、魏道儒著：《中国禅宗通史》，江苏古籍出版社1993年版，第267—268页。
③ 尹文汉、何根海：《南泉普愿与中国禅宗的转型》，《安徽史学》，2009年，第5期。
④ 尹文汉、何根海：《南泉普愿与中国禅宗的转型》，《安徽史学》，2009年，第5期。

总体上来看，洪州禅的"即心即佛"与"非心非佛""平常心是道"等思想，可以说，具有较强的祖师禅意蕴。南泉普愿对洪州禅的这些思想进行重新阐释和发展，其性质和特点都发生了根本性的改变，"他提出的'不是心，不是佛，不是物'、'向异类行'、'心不是佛，智不是道'、'拟向即乖'等思想具有从祖师禅向分灯禅过渡的特点，从佛性论、修养论等方面拉开了中国禅宗由前期向后期转型的序幕。"①可以说，由于这种改变，南泉普愿在中国禅宗出现的转型中扮演了重要的角色。

综上所述，南泉普愿一生的三个时期都与洪州禅具有或多或少的关系。南泉普愿在悟道前的准备时期，似乎与洪州禅没有直接的关系，但是在这期间所积累的佛教知识为其在马祖门下时期参学洪州禅而开悟准备了充足的资粮。南泉普愿悟道后的修持自创、开山弘法时期，主要是继承洪州禅农禅家风，以及丰富和发展洪州禅的思想内容。由此可以说，南泉普愿的一生是与洪州禅相伴随的，且具有不解之缘。

---

① 尹文汉、何根海:《南泉普愿与中国禅宗的转型》,《安徽史学》,2009年,第5期。

虚云老和尚中兴临济宗及其他

虚云老和尚作为禅门的一代宗师，对中国近现代佛教的发展影响重大。在近代禅门极度寥落的境况下，他不但历坐十五道场，中兴六大祖庭古刹，重建大小寺院庙堂80多处，而且以一身承嗣禅门五宗，续绝起衰，重振禅风。在弘法中，他随机教化，弘宗演教，传法立规，座下剃度、得法、受戒、受皈依弟子逾百万人，遍布海内外，俾使传统佛教在"中国五千年未见之变局"的时代浪潮冲击下维系法脉于不绝，可谓是中国近代禅宗史上的中兴祖师。黄心川先生在《虚云老和尚的佛教领袖作用》一文中对虚云老和尚做出了恰如其分的评价，他指出："虚云老和尚只是重新发扬了历代祖师的事业，一步一脚印地踏实去做，给佛弟子树立了以身作则的榜样，于是他得到了佛门的认同，成就了一番大事。"[1] 虚云老和尚接续禅门五宗，在这里我们主要论述虚云老和尚对中兴临济宗的贡献。

承续法脉

禅宗自宋代以后，临济宗、曹洞宗独盛，沩仰、云门、法眼三宗衰落。清道光时临济宗、曹洞宗也开始衰微，为了振兴禅宗，他一身肩挑禅宗五脉，分别为临济宗第四十三世祖、曹洞宗第四十七世祖、沩仰宗第八世祖、法眼宗第八世祖及云门宗第十二世祖，致使禅宗法系一脉相承，一枝五叶重发茂盛之新芽，为现代佛教的发展奠定了禅理、僧才与道场的基础。

在佛教中，宗派法脉的传承，依靠前辈"传法"、后辈"接法"而延续下

---

[1] 释纯闻主编：《虚云老和尚佛学思想研究论文集》，云居山佛学研究苑印行，2009年，第1页。

去。"传法""接法"有古老而深远的意义。佛法是重传承的，在师资授受的传承中，以后发展为"付法"说。禅宗的"付嘱正法"，是付与一项神圣的义务，有维护佛法的纯正性，使佛法久住，而不致变质、衰落的意义。这就使得祖师大德们在佛教的发展中，形成了佛法各个历史时期的领导中心，往往由一代大师，负起佛教的摄导与护持的责任，成为佛法的表率与准绳。承嗣禅宗五家法脉的虚云老和尚正是起这样作用的一位大师。

临济宗创始于临济义玄禅师，经过千余年的传承，成为禅宗五家七宗中最为兴盛的宗派。虚云老和尚认为："厥后五宗，惟临济一门，出马祖后，于今最盛"①。因此，在这里，我们着重论述虚云老和尚对临济法脉的承传。虚云老和尚上承临济义玄——兴化传奖——汾阳善昭——昭觉克勤——虎丘绍隆——幻有正传——鼓山妙莲觉华，为第四十三世。虚云老和尚披剃、受戒、嗣法皆于鼓山，其剃度派名"演彻"，属临济宗"常演宽宏"之"演"字辈。虚云老和尚承传临济宗派的具体情况如下：

妙莲觉华
石鼓峰前味若何？通霄路外七星磨。
圣箭飞入九重里，四海清平四海歌。
（此为虚云老和尚之师妙莲和尚接法之表信偈，应乃福经空印禅师所传。）
德清性彻
德证菩提绍先圣，清净庄严水月同。
性觉妙明如来藏，彻透楞严了圆通。
（此为虚云老和尚接法之表信偈。）（以下皆虚云老和尚法嗣，属"本"字辈。）
本明
我师直指无心法，了知无心亦无为。
妙识回玄无心法，列代相承祇个无。
（此疑为观本明一，待考。）

---

① 《临济正传虎丘隆禅师碑》。

演说自性

吾道南矣冀子昌，宗风赖汝复重光。

此去振开新铺面，随处逢场任敷扬。

宽法佛忍

秦山冰里事若何？记得断臂立雪么？

觅心不得安心竟，万国清平四海歌。

真心

踏破芒鞋遍天涯，寒暑忙忙几岁华。

兔角杖子龟毛拂，列圣相承待作家。

佛耀本动

佛性原无凡圣界，耀在当人直下明。

本来心法无言说，动静何分有古今。

贞心本如

贞洁无瑕惟此性，心彻普应法法通。

本来圆妙无玄旨，如是头头契至尊。

（此疑为贞训修圆，待考。）

本湛青持

本自如来圆明体，湛寂真常凡圣同。

青虚妙义无变异，持传万古度迷人。

（此即长汀八宝山峻峰寺明湛，1943癸未年四月初八日佛旦，传付于南华丈室。）

宽远

宽达妙理继先宗，远振家声道自通。

珍重时节因缘至，大千沙界播真风。

宽定

此事不必用梯媒，只要从头放下来。

瞿昙拈起青莲处，触着头陀笑颜开。

本悟演遍

本传西来意，悟通向上宗。

演扬先圣道，遍界远传灯。

宽印

心通法法通，雨后山色浓。

了知缘境幻，涅槃生死融。

本鉴

今付无心法，无心法法通。

妙法何真伪，法法悉圆融。

（此即广州六榕寺宽鉴。）

本善

拈花微笑旨，千古传到今。

演若狂心歇，祖道自隆兴。

本净

一滴曹溪亘古流，吾孙努力究根由。

四海五湖平如镜，何用骑牛更觅牛。

本达印玄

本觉真空一体同，达来万法悉圆通。

印空印水印心地，玄幽玄妙玄真空。

（此即青原山净居寺体光。）

本昭圣空

本湛澄清海印光，昭如日月洞阴阳。

圣性玄妙赅万物，空色密圆事理良。

（此即沙田古岩净苑意昭。以上二人，1946年传付于云门丈室。）

本晖

从来大道未亲疏，受道全凭正量人。

此日裕师能领略，普施甘露济群生。

本定复兴

本来灵明耀古今，定慧圆融独露真。

复振宗风宏圣德，兴济人天泽雨霖。

本性

续焰联芳仗英贤，般若真证亘古传。

今羡吾子能构得，灵光独耀利人天。

本妙知定

本焕乘妙（1949年正月初八日传付于南华丈室。）

本宗净慧

当年二祖为心宗，求法忘躯立雪中。

子志若能继先德，芳名千载自流通。

（1952年传付于云门丈室。）

本然传士（以下为代传之法孙，属"常"字辈。）

常修

人法空来万虑有，森罗万象总如来。

阳回春信梅先绽，馥馥清香对雪开。

常源

传法毕竟传甚么？佛祖诳人太诏讹。

今日为子重指破，包子原来是馒馒。

（按：诏讹，疑为"淆讹"。）

常妙

高安滩下千江月，上接曹溪一样圆。

无位真人无影树，婆心传付好儿孙。

常本慧青

常住真人遍太空，本来具足莫迷蒙。

慧灯彻照除昏暗，青山绿水体皆同。

（此代本湛传付。）

一诚常妙

一为万法主，诚乃圣贤心。

常乐我净德，妙性体泰清。

（1957年代观本传付于云居法堂。）

海音常道

海澄波清性发光，音声若雷贯太苍。

常住妙定湛不动，道证灵虚度有情。

常参界明

常持诸佛无上戒，参透自性悟真空。

界无边际弘圣教，明心见性普度生。

（以下为代传之法曾孙，属"寂"字辈。）

寂妙

传衣表信显真宗，岂是寻常事可同。

揭开生面晖天地，法雨缤纷振家风。

寂靖惟贤

寂照灵明不夜天，靖平法界理幽玄。

惟心万法惟心决，贤愚真妄本来圆。

（以下为代传之法玄孙，属"心"字辈。）

传心心性

传灯会启继灵山，心灯联芳冀能仁。

心心契合无生旨，性月孤圆朗世间。

虚云老和尚受临济衣钵，并使之光大。据叶兵《虚云和尚承嗣禅宗五家法脉的因缘》一文之考证，虚云老和尚从剃度方面是按临济宗智祖系的字派排辈，是妙莲和尚的曾孙，按剃派源流诀，其师常开法师为其取法名演彻，为五十四世。虚云老和尚收剃徒或俗徒，取名用"宽"字，其后按："宽宏，惟传法印，正悟会融……"的次序取用。此派虚云老和尚子孙中比较著名的比丘僧有宽鉴佛渊、宽照佛光（惠光）、宽律佛行、宏妙灵源、惟柔知刚（圣严）等，比丘尼有宽敬佛成、宽能佛纬、宽航佛海等，居士有宽贤（岑学吕）、宽筠（汤瑛）、宽镜（朱镜宙）等。虚云老和尚从妙莲和尚处接临济宗衣钵，作为妙莲和尚之法子，是按临济宗龙池系法派，为四十三世，法号虚云性彻。按此派所传临济法嗣，虚云为嗣法人取法名均用"本"字，其中著名者有观本明一、本然传士、本焕乘妙、本昭圣空（意昭）、本达印玄（体光）、本妙知定、本宗净慧、常妙一诚、常道海音、常参界明、常彻惟觉等。总之，四众弟子前后得戒度者万余人，乞戒皈依者百十万人。可以说："五宗嗣法弟子，弘法五大洲，剃度与皈依者有'宽字满天下'之称。"[1] 虚云老和尚承续临济法脉，光大宗门，贡献良多。

　　虚云老和尚十分重视祖师著作的整理和法脉传承的考订。在祖师著作的整理上，虚云老和尚先后修补增订《佛祖道影》，编撰《法系考正》《校正星灯集》，增订《鼓山列祖联芳集》。《佛祖道影》原为明末清初永觉元贤和为霖道霈住持鼓山时相继编修而成，共收祖师像、赞122尊，至虚云老和尚住持鼓山时，仅存117位，像、赞也参差不齐。虚云老和尚在禅诵之余，多方收集资料，并与原苏州玛瑙经房所刊的守一大师本相参照，增刻祖师画像至310尊，将原传、赞阙失者补全，于1935年刊刻流行，题名为《增订佛祖道影》。《鼓山列祖联芳集》为宋代时鼓山的住持庆麟禅师所著，记载鼓山历代住持的生平与事迹，后代又陆续增补至明代的简翁禅师。虚云老和尚根据清代黄任本《鼓山志》和碑刻等资料，将此书修补完成，题名为《增校鼓山列祖联芳集》。该书称，自性聪以上，"凡可数者九十代，大皆属于南岳。博山无异来祖嗣法寿昌，来主兹山，经明清两代，奕叶相传，则皆曹洞法脉，无有紊乱"[2]。又于其中附载《禅宗五宗源流》，为沩仰宗、云门宗、法眼宗法脉各续演五十六字，为今日禅宗丛林所遵奉。由于明末清初以来鼓山为曹洞宗的重要祖庭，所以此书对研究曹洞宗的传承具有重要的史料价值。

　　虚云和尚将所嗣诸宗法脉代代相承，繁衍不绝。虚云老和尚所传临济法脉的有：本明海灯、观本明一、本焕乘妙等，再传法孙有一诚常妙、瑞觉常亮、

---

[1] 净慧主编：《虚云和尚全集》第十二分册《杂录》，河北禅学研究所印行，2008年，第312页。
[2] 虚云：《增校列祖联芳集》案语，鼓山刻本，1936年重印版。

常彻惟觉等数十人。这些法子法孙中，大都继承虚云老和尚的法脉，弘化一方，成为当今佛教界的栋梁，如中国佛教协会名誉会长、江西庐山东林寺方丈传印法师，中国佛教协会名誉会长、江西省佛教协会会长、北京法源寺方丈、云居山真如禅寺方丈的一诚法师，已故中国佛教咨议委员会主席、广东省佛教协会副会长、深圳弘法寺方丈本焕法师，中国佛教协会副会长、河北省佛教协会会长、河北赵县柏林禅寺方丈净慧法师，中国佛教协会咨议委员会副主席、广东省佛教协会副会长、云门山大觉禅寺方丈佛源法师等等，他们继承虚云老和尚的禅风，住持道场，培养僧伽，弘法利生，为中国当代佛教建设之中流砥柱。虚云老和尚的弟子中，有的甚至走出国门，弘法海外，如宣化度轮、妙慈法云、宣圣悟法等分别弘法于美国、加拿大、新加坡、越南等国，宣玄圣一、宣明心明、宽心普月等则弘法于中国台湾、香港等地，为当今世界佛教的发展和中外佛教文化交流做出了杰出的贡献。可以看出，虚云老和尚所传法脉，影响远及当代，亦将在未来遍地花开。

  虚云老和尚为了维系汉传佛教种子，通过付传法卷的形式为后世佛法复兴奠定基础。虚云老和尚认为付传法卷很重要，如果付传法卷不如法，"这样一来，所以有今日宗门衰落，全由后人滥传法嗣的现象"，那么其危害是相当大的。因此，虚云老和尚付传法卷的方式很独特，在怀西《师尊对我一生的影响——为纪念虚云老人上生内院百日而作》一文中有详细的叙述："今日我传法给你们，因见你们平日真心为常住，道心亦很不错。若能百尺竿头再进一步，前程不可限量。由于你们都很年轻，而不以公开方式，而暗中传法，并不是像外道有什么秘密法，不给旁人知道；主要是常住人多，假如公开，恐怕人人要求传给他们，便成滥传法了。有几位菩萨，好几次私来我房，跪在地上，要求我传法，我都不答允。"虚云老和尚之所以采取秘密传授法卷，这是特殊时期的方便之举，也反映了他注意留意培养堪当大任之僧才的远见卓识。怀西接着继续写道："当时我和惟贤二人跪着，静听开示源流之后，老人命我们合掌，将法卷开了。把历代祖师传至老人的法卷上所写，念给我们听，并加一一解释清楚之后，才将法卷交给我们，再礼佛三拜、礼谢老人。这样便成了老人门下的法徒。我是传曹洞正宗第四十八代圣扬复华禅人。表信偈曰：复还本有真空体，华开见佛觌心皇。圣智圆明常不昧,扬和梅绽遍界香。这是法牒上老人自做的一首偈。"①从此可以看出,虚云老和尚付传法卷是极为慎重的。现当今海内外最具影响的长老尊宿如传印、一诚,及已去世的宣化、本焕、圣一、净慧、佛源等均为虚云老和尚的弟子或再传弟子,成为中国当代佛教的中流砥柱,这与虚云老和尚的善巧付传法卷是分不开的。因此,黄心川教授在《虚云老和尚的佛教领袖作用》一文中指出:"今天,中国佛教事业正在如火如荼地开展,而领导当代中国佛教界的僧伽领袖,都是得益于虚云老和尚法荫的法子,甚至可以说,主导佛教界发展的主要力量就是当年虚云老和尚播下的种子。例如,本焕长老修寺建庙功德唯大,一诚会长坐禅修行堪为模范,净慧法师发展文化影响深广,传印法师从事教育弟子天下。这四位高僧都是虚云老和尚的法子,他们长期在虚云老和尚的身边,受到多年的熏染,培养了正信,磨炼了意志,成就了事业,印证了'名师出高徒'的名言。"②

修复祖庭

道场是三宝标识,安僧办道基础。因此,中兴临济宗,不仅要秉承临济宗精神,延续其宗门法嗣,还需要丛林道场之建设,古刹之重辉。在政局动荡和庙产衰败、佛学不振等重重困境的情况下,虚云老和尚深感禅宗道场多有废圮,又受战争摧毁,禅门衰微,于是发愿中兴十方丛林,重建名刹。虚云老和尚一生奋力兴建十方丛林无有休歇,实为"挑雪填井无休歇,龟毛作柱建丛林"。虚云老和尚兴建僧众安居修行的场所,弘扬佛法的阵地,其建寺安僧的业绩可谓空前,对近代中国佛教的振兴做出了重要贡献。虚云老和尚辛劳一生,重建大小寺院庵堂达八十余处,其中著名的祖师道场有云南鸡足山祝圣寺、昆明云栖寺、福建鼓山涌泉寺、广东韶关南华寺、乳源云门大觉寺、江西云居山真如禅寺等六大名刹。

---

① 净慧主编:《虚云和尚全集》第十分册《追思录》,河北禅学研究所印行,2008年,第315—316页。
② 释纯闻主编:《虚云老和尚佛学思想研究论文集》,云居山佛学研究苑印行,2009年,第1页。

云南鸡足山祝圣寺，原名钵盂庵，又名迎祥寺，光绪皇帝1906年赐名"护国祝圣禅寺"，位于云南省大理白族宾川县鸡足山。这是虚云老和尚早期修建的一个寺院。虚云老和尚于1889年、1902年两次到云南鸡足山朝拜迦叶尊者，但当时鸡足山佛教已衰败至极，全山不足十寺，都是子孙相承，非本山子孙，不准在山中住，也不留单。所以他发愿在山上建一座十方寺院，以接待朝山者。1904年，虚云老和尚来到云南鸡足山，开始兴建钵盂庵，重振鸡足山迦叶道场。

光绪三十一年（1905年），虚云老和尚六十六岁，为重修寺宇，历经艰辛，只身前往南洋各地募化。先至缅甸，礼大金塔，后转槟榔屿，朝极乐寺，旋抵吉隆坡，一路讲经不断，广结海内外善缘，募捐兴修寺院，度化四方。经过艰辛努力，于国内乃至南洋等地募得建设资金，终于使鸡足山这一禅宗初祖师迦叶的道场得以重兴。光绪三十二年（1906年）赴京迎取藏经，获得朝廷的恩崇，加赐迎祥寺为护国祝圣禅寺，并获赐紫衣钵具、玉印、锡杖和如意等，并受赐"佛慈洪法大师"之号。虚云老和尚花了4年时间，中兴了鸡足山祝圣禅寺，祝圣禅寺开单接引诸方学人，接纳四方朝山僧众，安定真修的佛子，"以挽救滇中僧众"①，尽十方丛林之责，树立丛林之风，从此改变了鸡足山没有十方丛林、只有本省子孙寺院的状况。此后，虚云老和尚还修复了西竺寺、兴云寺和下洋罗荃寺等寺院。

在修复祝圣寺期间，虚云老和尚针对当地出家人不懂法事仪规之现实，参考金山、高昱等诸大丛林的规制，对丛林中各种法务活动的仪规进行了系统的整理，用于指导大众的修行。这些仪规包括《钟板堂当值规约》《引礼寮仪式》《告香仪规》《初坛戒范》《禅堂法器规矩（坐香规约）》《传戒仪规》《戒期启谏榜式》等。同时，虚云老和尚还根据清规戒律，针对寺院各个堂口，制定了一整套规约，将寺院日常管理纳入律制的范围。这项工作一直持续到云门寺期间。虚云老和尚所制定的规约，主要有《共住规约》《客堂规约》《云水堂规约》《禅堂规约》《戒堂规约》《爱道堂共住规约》《衣钵寮规约》《教习学生规约》《大寮规约》《浴室规约》《农场组织简章》等。这些规约，在虚云老和尚的法嗣所

---

① 净慧主编：《虚云和尚全集》第七分册《年谱》，河北禅学研究所印行，2008年，第50页。

住持的道场中，到现在依然被遵循着。在虚云老和尚的努力和带动下，鸡足山全山之道风为之一新。

祝圣寺建成后，他立定清规，永改钵盂庵（后称祝圣寺）为十方道场。稍后，在建成昆明云栖寺后，他亲自制定清规《云栖寺万年簿记》，要求寺院永为十方常住，而且"常住永远海单"，也就是不拒绝外来僧众挂单。他说："住持振兴常住，纵有大功劳，其剃度或法派两派子孙，不得矜功侵占常住，改作法门或子孙丛林，一切财产系属公有。除个人私财外，一概不得侵占。"

云栖寺位于云南昆明西南郊的碧鸡山。传说"阿育王第二太子至此，见碧凤一群，乃居此修炼成道，号碧鸡神，以是名山"。元时中峰明本国师来此开山，名圆觉寺。后人因此有峰名华亭，遂易名为华亭寺。近代以来，寺院因道风不正，日趋荒废，当时的华亭寺周围荒芜破败，其地基被百姓占为坟地，寺院准备卖给外国人做俱乐部，被地方政府售与西人作俱乐部。1920年春，云南省总督唐继尧特派专使诣鸡足山祝圣寺，邀请虚云老和尚重兴昆明西山云栖寺。

1922年，虚云老和尚83岁，他移锡昆明华亭寺，即多方筹资，开始重建古刹的工作，于施工中，因掘得镌有"云栖"二字之古碑，遂将寺名改称"云栖寺"。虚云老和尚先观山形地势而改正，迁祖塔于寺东，移天王殿向前，佛殿、法堂、僧寮陆续更动。门外凿放生池，池外安七宝佛塔。虚云老和尚带领数十人清理周围环境，将一千左右的坟墓妥善处理，收赎山场林木、庄田百余亩。在寺院的重兴过程中，虚云老和尚亲自督导，惨淡经营，重修殿堂，再建山门，凿放生池，修七佛宝塔，并收赎山场田亩。兴建工程，历时三年完工。经虚云老和尚重修的云栖禅寺成为云南佛寺之冠。与此同时，虚云和尚还相继在昆明修建了胜因寺、松隐寺、太华寺和招提寺大小寺院四座。

鼓山涌泉禅寺素称"闽刹之冠"，在佛教的地位上，尤其是在禅宗历史上，因累朝以来，都有大德高僧，是颇负盛名的。尤以唐朝的神晏国师为最盛。明清以来，亦不乏人，特别是明末清初无异元来、永觉元贤等住持鼓山涌泉寺，大扬曹洞禅风，成为清代影响最大的曹洞宗道场。晚近以来，由于戒律松弛，管理混乱，寺院道风日颓，沦为经忏子孙庙，僧人习气垢重。民国十八年（1929年）春，虚云老和尚90岁，因鼓山达公和尚圆寂回薙染地，应国民党海军部长兼闽省主席杨树庄、前主席方声涛等官绅之邀请，住持鼓山，着手整顿败局以重振祖庭。

虚云老和尚整顿鼓山期间，致力于修葺寺院，数年之间，将全寺旧有殿堂楼阁粉刷装修。重建了回龙阁、岁寒楼等。新建放生池、鼎洞、西林庵、平楚庵、华藏洞、桃源洞、云卧庵、白云廨院、南台关帝庙、社益庙等建筑。重砌古石渠，整改道路，把路边原有的明沟全部改为暗沟。同时，添买田亩，创办林场，开垦田地，提倡生产。除寺宇房舍之修复改建外，虚云老和尚主要开展了三件事：

1. 整理鼓山文物。主持鼓山期间，虚云老和尚特别注意佛教文化建设。涌泉寺内历来收藏有许多经版，但到虚云老和尚接任时，因年久失检，保管不善，虫蛀潮霉，多有损毁。有鉴于此，虚云老和尚组织观本等人专事整理，缺者补之，毁者复之。明确要求加上丹黄标签，分简册之部居，考证译撰者人名，记录锓梓的时间。经过数月艰辛劳作，编著完成《鼓山涌泉寺经板目录》，虚云老和尚亲自为之撰序。为使四众弟子追踪古人得髓之真传，勿忘先德嘉惠之至意，于民国二十一年（1932年）将其付梓面世。在整理经版的过程中，发现罕为人知的延祐年间福建陈觉林刻本《大般若经》六百卷《大宝积经》百二十卷《大涅槃经》四十卷。虚云老和尚命观本等加以详细核对，查勘三经共残缺四十卷。后来寺中僧众在知客师的倡议下，发心手抄，足其卷数。民国二十一年，抄补事竣，虚云老和尚很是高兴，看到这三部古本大经，乃焕然复新，自己朝夕肃然，若对古佛也，并亲撰《修补古经跋言》，记述其原委。两年后，朱庆澜居士征得虚云老和尚的同意，将此三经一并收入《碛砂藏》影印传世。为此，虚云老和尚认为此乃扶持正法眼藏之举，功德无量，欣然命笔，撰《影印宋碛砂版大藏经序》。虚云老和尚将鼓山涌泉寺藏经补足陕西所藏残缺的部分，使这埋没数百年之宋版藏经又流通于全国。虚云老和尚考虑到寺中所藏《佛祖道影》，成书于永觉和尚主法之时，虽在康熙年间曾加修补，但时隔二百七十多年，日久散失，中间多有破损残缺。所留仅有一百一十七位，像、赞也参差不齐。因此，于禅诵之余，虚云老和尚组织僧众多方征集资料，派专人赴沪请来《续藏》，从中获益不少，增补诸祖师传记，并使之与原苏州玛瑙经房刊本相校勘与汇编，增刻祖师画像至三百一十尊，配齐传赞，题名《增订佛祖道影》，又亲撰《增订佛祖道影序》，记其因缘，到民国二十四年（1935年）一并刊印流行。在《增订佛祖道影》的编辑即将完成之际，虚云老和尚编辑了以记述鼓山列代祖师业绩为主要内容的《鼓山列祖联芳集》。在编辑这些书的过程中，虚云老和尚还多方设法寻觅资料，对禅宗的法系分宗列派，溯源导流，把各派辈分整理编辑成文，名曰《禅宗五派源流》，附于《增订鼓山列祖联芳集》之后，亲自撰序，然后一并付印流行。并对其中的内容加以考证，尤其是对有关史籍记述中存在的一些错误，予以订正，撰成《法系考证》一文。

2. 加强常住管理。1931年鼓山涌泉寺僧团中有首座一百多位，知客八九十位，当家十多位，寺中还有耕田僧、力田僧、经楼僧、客寮香灯师等，吃住条件、日常生活均不同，"其中知客一职，尤为肥缺，历届均用钱购，籍以招权纳贿"[①]，又各私收徒众，结帮争斗。寺中私设小灶，也习以为然，混乱之至。整个僧团体制极为复杂，不易管理。虚云和尚"除旧布新，首座百余人，悉取消之"[②]，取消各自小锅饭菜，一律进斋堂用斋，伙食平等。同时，取消徒有空名闲职的首座、知客数十人。当家、知客，重新选择，其他僧职，无不量才录用，取消空名闲职。落选者为清众，各归寮口，除老弱病残者外，每日参加农禅修持。加强僧值职责，整肃风纪，上殿过堂，出坡参禅，悉遵规制。如有违反，按祖师规约处置。礼请江苏镇江金山寺后堂堂主月霞法师为鼓山首座，兼职主持禅堂；礼请苏州岩山灵岩寺慈舟律师来主持戒律院，教习毗尼，并恢复僧众每月黑白布萨诵戒制。在寺中创设学戒堂，专授戒律，讲说客堂、斋堂、上殿、过堂、普请等仪规。

3. 创建制度规章。鼓山是千年名寺，当时沦为子孙庙，规矩扫地，道风颓败。虚云和尚针对山中多上座、机构庞大腐朽、寺职可以公开出售等现象，于1930年正月制定了《鼓山涌泉寺重订安单规则》中重设东西两序，并详细制

---

① 净慧主编：《虚云和尚全集》第七分册《年谱》，河北禅学研究所印行，2008年，第126—127页。

② 净慧主编：《虚云和尚全集》第七分册《年谱》，河北禅学研究所印行，2008年，第141页。

定了职事的升迁要求："议新旧职事，均依道德苦行之如何，量才升用，以开贤路。不得以个人关系，要挟保举。亦不得恋守旧职，恃强占利，争大嫌小，避懒偷安，恃功傲慢，不相承顺。违者摈。"①以期整顿寺规，清理职事，革除陋习，恢复传统丛林的用人、传戒、坐香等制度。同时还制定《共住规约》《客堂规约》《云水堂规约》《戒堂规约》等，颁行《重整鼓山规约》，以制度方式，严格规定遵循十方寺制，不许任何人在寺内私收徒弟，铲除子孙派系；严禁寺中另开小灶，从方丈到沙弥一律过堂；外来客人施主，由客堂接待。虚云老和尚在整顿鼓山过程中，还奉持"以戒为师"原则，率先垂范，严守毗尼，虽年过九旬，上殿、过堂、参禅、普请，从不间断，以身作则，树立榜样。

虚云老和尚在整理鼓山事务的过程中，遇到了罕见的阻力，尤其是先前那些通过出钱买得知客之职的僧人们，反对尤为激烈，其中竟有人暗中在大厨内纵火，欲加害于虚云老和尚。释印顺在《怀念长老，想起佛教》中写道："民国二十年，我在鼓山佛学院任教，因此目见耳闻了一些虚云长老的事行。长老的复兴鼓山，真不容易，阻力是出乎意料外的大。劣僧来纵火焚寺，在外的僧侣想凭藉暴力，进山来作住持。他一回云南，就有人去信警告他，如再回鼓山，要置之于死地。还有耸弄疯僧，拿刀去方丈威胁他。"②但虚云老和尚铁肩担正义，毫不退缩，将个人安危置之于度外，终于使鼓山的道风为之一新。1934年，虚云老和尚荷一笠，拄一杖离寺时，鼓山已是面貌一新，僧众六和共住，勤事农禅，门风重肃，法运重昌，寺中道风焕然一新，为海内外四众同认为鼓山足与金山、高旻鼎立而三，再现祖庭雄姿。

南华寺位于广东省曲江县的南华山畔，初名宝林寺，建于南朝梁武帝天监三年（504年），宋开宝三年（970年）赐额南华禅寺，沿用至今。禅宗六祖慧能曾在此弘法，被称为六祖道场。据虚云老和尚《重兴曹溪南华寺记》，他见粤中佛法衰落，祖庭倾圮，又连获三梦六祖相唤，又得时任省府主席李汉魂之邀，

---

① 净慧主编：《虚云和尚全集》第六分册《规约》，河北禅学研究所印行，2008年，第47页。
② 净慧主编：《虚云和尚全集》第十分册《追思录》，河北禅学研究所印行，2008年，第50—51页。

决定离开鼓山,住持南华。民国二十三年(1934年)八月二日,移锡曹溪南华寺。当时六祖道场唯有祖殿、宝塔和苏程庵略为完好,其余大殿、楼堂、方丈、僧寮均破败不堪,大坪野草丛生,高能没人。大雄宝殿中的佛像破旧不堪,六祖殿中供奉六祖真身的木龛已被白蚁蛀朽,木龛左右供奉的憨山法师肉身还被推倒在龛旁。殿内杂物横堆,凌乱不堪。一尊四尺多高的铜铸观音菩萨像竟然躺在憨山法师肉身座下。整个道场沦为沽酒屠贩之场,到处牛羊乱窜,鸡鸭四散,人畜粪秽,令人掩鼻。

1934年,虚云老和尚95岁,他率众到后山砍取葵蓬茅竹,搭盖出二十多间棚屋,辟为大寮、客堂,安顿僧众居住,又清理山门内外的酒肆肉铺,在寺外大路南盖板屋十多间,安置商贾卖茶叶、素果及纸烛拜香。同时率众节衣缩食,募集资金,先修六祖殿,更换供奉六祖法师真身的木龛,并将真身重新装金,龛下供奉南岳怀让、青原行思、法海、神会四尊圣像。对憨山、丹田二位祖师肉身也妥置供奉。同时清理寺内外之环境,把原山门外陂陀历乱、野葬纵横的大路坪场,加以整理,迁去乱坟,挑平土石,改为正门。至此,南华破乱之格局,已基本改观。虚云老和尚重兴六祖道场,前后历十年,次第完成预期之十事:①更改河流以避凶煞;②更正山向以成主体;③培山主以免座空及筑高左右护山以成大场局;④新建殿堂以示庄严;⑤驱逐流棍革除积弊;⑥清丈界址以保古迹;⑦增置产业以维常住;⑧严守戒律以挽颓风;⑨创禅堂安僧众以续慧命;⑩传戒法立学校以培育人才。民国二十五年(1936年),得众护法资助,虚云老和尚主持新建曹溪山门,高二丈牌坊,造型端庄。接着相继修复天王殿、香积厨、斋堂、库房等。次年又重建宝林门、钟楼、鼓楼,又建报恩堂、伽蓝殿、客堂等。而后新建禅堂、云水堂、韦驮殿、如意寮等。又在新建的法堂二楼辟设藏经楼,供奉《龙藏》和《碛砂藏》等法典经籍。再后又建念佛堂、延寿堂、普同塔与无尽庵等。

在当时动荡不安的社会环境中,虚云老和尚以大愿力,历尽艰苦,经过六年时间,终使南华祖庭复兴。重修后的南华寺占地面积百余亩,建筑面积12000多平方米。全寺以曹溪门为头山门,呈中轴线阶梯式平面布局。中轴线上由南而北有曹溪门、五香亭、宝林门、天王殿、大雄宝殿、藏经楼(法堂)、灵照塔、六祖殿、方丈寮，最后至卓锡泉。东路一线则有虚怀楼、报恩楼、钟楼、回光堂、延寿堂、念佛堂等建筑。西线建筑有云海楼、西归堂、鼓楼、祖师殿、云水堂、禅堂、板首寮、如意寮等。海会塔则建在寺侧。整座南华禅寺殿堂格局井然，如仪遵制。同时，新塑、重塑近七百尊佛、菩萨圣像，庄重肃穆。经虚云老和尚此番重建与整理，堂宇可容僧伽五百人，南华寺恢复了其宏大规模，成为当时广东规模最大的佛教圣地。

"乳源云门大觉寺，是文偃祖师的道场，荒废日久，无人管理。寺产一向多被当地莠民侵占。"①1943年冬，虚云老和尚来到云门宗的祖庭乳源大觉禅寺时，见殿堂荒废，到处荆棘丛生，触目皆是残屋颓垣，唯余祖殿，亦摇摇欲坠，沦于榛莽，偃祖肉身兀坐危殿之中，看到祖庭沦落至此，不禁凄然泪下。为了承续云门法脉，重振宗风，于是发愿担任起重兴云门宗祖庭的重任。

虚云老和尚主持云门期间，首先是重修寺宇殿堂。虚云老和尚"昼夜辛勤，宏规硕划，巨细躬亲，仍复因高就远，审地为基，配合山川形势，燮理阴阳风水，更改山向，重奠地基，荡扫榛芜，大兴土木，广造梵宇，历时九年，计建殿、堂、阁、寮、厅、楼、库、塔，共一百八十余楹，连放生池及碓房、海会塔，共占地积二十余亩"②。在此以后的九年多中，大兴土木，重奠地基。将旧时殿堂，一律拆平，仿鼓山与南华格局，重新规划。虚云老和尚修建云门寺时，由于时值抗战及国共战争期间，人力财力维艰，兴建之辛苦倍于平常，"在此十年时间，值日寇侵略，道途梗塞，檀施稀微，兼之风鹤声中，人心动荡，困苦艰难，有不能尽述者矣"③。"在这十年筑建期间，不但二次损失建筑材料，同时经济来源亦受三次断绝。"④由于物资紧缺，虚云老和尚只好亲自动手，带领

---

① 净慧主编：《虚云和尚全集》第十二分册《杂录》，河北禅学研究所印行，2008年，第120页。
② 净慧主编：《虚云和尚全集》第十二分册《杂录》，河北禅学研究所印行，2008年，第124页。
③ 净慧主编：《虚云和尚全集》第十二分册《杂录》，河北禅学研究所印行，2008年，第130页。
④ 净慧主编：《虚云和尚全集》第七分册《年谱》，河北禅学研究所印行，2008年，第196页。

着僧众肩挑手提，清除破烂腐朽的旧殿堂，把地基一方方填平整实。然后集中全寺僧众，在少数工匠的技术指导下，自己爆石，自伐木材，自烧砖瓦，自己建造，自己油漆。到民国三十八年（1949年）春，共建成殿堂、阁寮、厅楼、库房凡一百八十余楹，连放生池及碓房等共占地面积约二十余亩。大觉寺的重建工程大体告竣。"经八年艰苦经营，寺貌鼎新，建殿堂楼阁等二百余间，塑佛菩萨像八十余尊。十方衲子云集，大振宗风。"① 其次是创办大觉农场。为了适应新的时代要求，1950年，已百余岁高龄的虚云老和尚创办了云门山大觉农场。这样一方面可以恢复百丈禅师"一日不作，一日不食"的农禅并重的丛林生活制度，另一方面僧众参加劳动生产，开发荒地，以"弥补本寺粮食之不足，且达到人人劳动、自给自足之目的，用以维护祖庭为宗旨"②，使佛教不至于遭当代社会环境变化而淘汰。虚云老和尚亲自制定大觉农场组织简章。规定凡在寺内共住者，除六十岁以上体弱者外，都应当参加垦荒种植。额定每人至少应垦荒三十平方丈以上。同时，对工具的使用、种子的供给、收成的分配等，都做了明确规定。在他的带领下，云门大觉寺一直奉行着自给自足的原则。

云居山真如禅寺乃海内外著名古刹，自唐元和三年（808年）道容禅师肇基开山以来，一直为禅宗名刹，特别是道膺禅师继主法席时，衲子云集，名震朝野，已成为曹洞宗的实际发祥地。1953年，虚云和尚以114岁高龄，闻云居山真如禅寺于抗战期间遭日军全部焚毁，仅留毗卢遮那大铜佛曝坐于荒野，不忍祖师道场隐没，遂发愿重兴云居祖庭，并赋诗抒怀云："紫柏曾嗟放牧场，四朝更化倍悲凉。梵天血溅眉间剑，活国心仪肘后方。奏雅曲终秋月白，谈禅直指暮山苍。草深三尺金身露，五老峰头挂夕阳。"③ 在《云居仪规》序中，一诚长老详细阐明虚云老和尚创立真如禅寺之初衷："斯山鼎盛时，炽然建立海印森罗，庵院有百余所，然一九三九年三月十九日，全寺为日寇炮火夷烧，仅

---

① 净慧主编：《虚云和尚全集》第十二分册《杂录》，河北禅学研究所印行，2008年，第310页。
② 净慧主编：《虚云和尚全集》第六分册《规约》，河北禅学研究所印行，2008年，第36页。
③ 净慧主编：《虚云和尚全集》第九分册《传记资料》，河北禅学研究所印行，2008年，第260页。

存铜铸千佛宝座、卢舍那佛和监斋菩萨各一尊。僧众只了尘、堆云、妙界及性福四僧在原址搭一茅屋居住,维持香火。一九五三年七月虚云老和尚自匡庐登山瞻礼祖庭,目睹大好云居废坠至此,遂发愿与复,重建梵刹,备历艰辛,建禅堂,树百丈旧规,由是禅风再振,衲子云臻,住众千余,中外信徒仰慕来山者络绎不绝。"

虚云老和尚修建云居山真如禅寺备尝艰辛。云居山自然条件相当恶劣,"本寺山高水寒,生活艰苦,粮食困难,寺中全赖自耕而食。今冬来人,尚需另开荒田,以求粮食自给。且终岁勤苦,除上殿过堂坐香外,全日劳动,无有休息。且无衣单犒劳等费"①。虚云老和尚登山当天,风雨交加,又遇上寺内大米告罄,大家一起用杵头舂了些碎米,煮粥充饥。没有住房,便在寺西北角叠土墙,盖茅草,先搭了七间茅棚住下。"七月初五,由匡庐往云居,住牛棚内。"②上山后,亲睹这座祖师最胜道场,仅存破旧大寮三间,其余的殿堂都墙倒房塌,瓦砾满目,荒草遍地,高没人膝。虚云老和尚当时对修建真如禅寺也深感艰难,他在给宽慧的函中写道:"讵料兵灾之烬,劫火之余,荒芜一片,俱成草莽,惟存铜佛数尊,残缺不全,风雨凄霞,铁瓦数百而已。朽见状心伤,愿欲恢复此古胜,诚不易也。"③虽然如此,但是虚云老和尚并没灰心,他不顾年老体迈,不畏云居严寒,1954年,主持重修这一佛教著名道场云居山真如禅寺。修建过程中,虚云和尚仍然遇到一些困难,尽管"云山修建,仍进行中。塑造佛像不日即需贴金,工程资力诚感难巨"④。但他还是勇往直前,"虚云老人不以一百一十六岁高龄而稍图安逸,亲自指导我们搬砖抬瓦,挑水锄田,而他老人家还是精神矍铄,老当益壮"⑤。到1959年,"殿宇工程,大部完竣,诸余房屋,尚待工成。

---

① 净慧主编:《虚云和尚全集》第三分册《书信》,河北禅学研究所印行,2008年,第161页。
② 净慧主编:《虚云和尚全集》第十二分册《杂录》,河北禅学研究所印行,2008年,第311页。
③ 净慧主编:《虚云和尚全集》第十分册《追思录》,河北禅学研究所印行,2008年,第185页。
④ 净慧主编:《虚云和尚全集》第三分册《书信》,河北禅学研究所印行,2008年,第124页。
⑤ 净慧主编:《虚云和尚全集》第九分册《传记资料》,河北禅学研究所印行,2008年,第277页。

媲之唐宋建造，则华朴悬殊；较之明清重修，似益周备"。最后虚云老和尚积劳成疾，圆寂于云居山。在新中国成立初期，以数年时间竟将一片断垣残壁的真如禅寺恢复为拥有水田一百八十余亩，住僧近二百人规矩严整的模范丛林，"天上云居，又现人间"，堪称一大奇迹！为了重修云居祖庭真如禅寺，保存佛教青原法系的血脉，虚云老和尚可谓贡献了毕生的精力。

  自百丈禅师开创"一日不作、一日不食"的制度后，农禅并重的丛林风规，逐渐在我国佛教界得到推广，终于成为我国佛教的一种优良传统。虚云老和尚继承了这一传统，同时结合中国佛教的现状，认为今后的佛教，要不被社会所淘汰，僧伽必须在经济上自给自足，自食其力，才能立于不败之地。因此，所到之处，都坚持这一条原则。虚云老和尚驻锡云门山大觉禅寺时，主持开办"大觉农场"，实践农禅并重古训。1953年，他来云居山真如禅寺后，又成立了云居山真如禅寺僧伽农场，在认真修持的同时，农禅并重，率众露宿风餐，开垦荒地，植树造林。他制定了《农场组织简章》，其中规定："凡在本寺长住之僧众，除总副管理、监植可免垦种工作，及年在六十以上、体格衰弱、确不能任劳者，酌量派遣其他任务外，其余均须一律参加垦种工作。如有好逸恶劳、苟且偷安、不肯参加者，概不留单；惟临时挂单，及年在十五龄以下者，不在此限。但遇公规出坡，则应随众工作。"[①]1954年，他将寺院僧众分为建筑和农业两支队伍，分别进行寺院的维护、修复及农业生产自养工作。一队挖泥制砖，筑炉烧瓦，修复寺宇；一队垦荒辟地，种禾栽蔬，开展生产。在此之中，虚云老和尚已是百余岁高龄，虽然不能下田劳动，但却时时巡看在田间，督促于建筑工地，时而一两句话语，教诲众人，鼓舞士气。当年年底就开辟水田百余亩、旱地数十亩，经营山林数千亩，基本做到了寺院生产自养、自给有余，僧众修禅生活两不误的目的。他说，"本农场为适应现实环境之需要，特组织僧伽开发本寺所有荒地，努力增加国家生产，并以弥补本寺粮食之不足，且达到人人劳动自给自足之目的，用以维护祖庭为宗旨"[②]。在虚云老和尚的率领下，真如禅寺僧

[①] 净慧主编：《虚云和尚全集》第六分册《规约》，河北禅学研究所印行，2008年，第36页。
[②] 净慧主编：《虚云和尚全集》第2册，中州古籍出版社2012年版，第219页。

众遵祖训，坚持"农禅并重"，继续垦荒开田，种茶植树。年内所收获的稻谷、马铃薯、红薯等，基本上满足了寺内僧众的口粮之需。农禅并举的措施切实解决了当时寺院存在的经济问题，为国内佛教界农产结合之模范，也为日后丛林实现自给自足提供了经验。

虚云老和尚率众勤事农禅，历数年艰辛，终于使这座千年祖师道场，重现雄姿。云居山真如禅寺从此"衲子云集，宗风大振"，佛教界赞叹虚云和尚："实乘愿再来，无愧为南华、云门、云居一大中兴祖师也。"[①]

培养人才

虚云老和尚在漫长的行脚参访过程中，对当时僧团中的种种不如法现象，都有真切的了解，对中国佛教衰败的原因和未来走向，也作过深刻的反思。他认为，僧团是佛教的核心。僧团素质的好坏直接关系到佛教的前途和命运。在《末法僧徒之衰相》一文中，虚云老和尚甚至严厉而痛切地警示天下衲子："俗有言，'秀才是孔子之罪人，和尚是佛之罪人'。初以为言之甚也，今观末法现象，知亡六国者六国也，非秦也。族秦者秦也，非天下也。灭佛法者，僧徒也，非异教也。"[②]所以要振兴佛教，必须先培养人才，组建一支具有高水平佛学修养和文化素质的僧伽队伍。虚云老和尚在《教习学生规约》中讲："自正眼不明，人心陷溺，有蔽于声色货利者，有惑于异学左道者，有误于旁蹊曲径者。举世茫茫，赖有人焉，弘传正法，使觉树凋而复茂，慧日暗而再明。无如末劫，障深慧浅，德薄垢重，求其识因果、明罪福亦已难矣！况明心见性入圣超凡乎？所以剃染虽多，解悟者鲜，因乏明师启迪；即有教者，不过学音声法事以为应世之具，将我佛度世悲心，翻为粥饭工具，不亦深可慨乎！学规云：'师者人之模范，不惟人才所由育，亦治乱所攸关。'何也？彼童子而教之以正则正，习之于邪则邪。所以易端蒙养，论严弟子，择中才以养育，树典型以曲成；诗书弦颂，穆穆雍雍，出为良士，处为端人。世儒犹是，况我佛子欲明心见性，

[①] 净慧主编：《虚云和尚全集》第十二分册《杂录》，河北禅学研究所印行，2008年，第311页。

[②] 净慧主编：《虚云和尚全集》第七分册《年谱》，河北禅学研究所印行，2008年，第283页。

入圣超凡，非不藉经教以端其根本，戒律以严身心，禅定以扫其根尘，智慧以开其聋瞶，学而时习，庶易培植，此师资所以不能不慎也！今为初学，立修行教约，延师教导，至简易行，各宜遵守，以资深造。余老矣，春霜晓露，救头不暇，安事小节？慨正法眼灭，僧宝将颓，区区之心，欲有补救！教诸幼学，以树典型，其亦不以老人为多事乎！"① 虚云老和尚认为，培养僧才要从出家众抓起，要督促他们努力学习经教和世间文化知识。这不仅对他们的个人成长和修行至关重要，同时也关系到中国佛教的未来走向。

　　虚云老和尚认为，清末佛教不振的原因还在于缺乏弘法人才。因此，很注意物色和培养禅宗的后起之秀。据怀西法师回忆："因老人每感宗门衰落，后起乏人，是以在日常，便很细心的观察，谁人能作法门龙象，荷担如来家业？所谓续佛慧命，继祖心灯，使正法久住世间，利济后昆。经三年来之暗中审察，认为能授此'正法眼藏，涅槃妙心，实相无相'微妙之旨，已有六人。故事先把法牒写好，到了下午，便由侍者个别暗中传命至丈室楼上佛前，每次二人。老人命授法人穿袍、搭衣、展具，礼佛三拜后，跪在佛前。之后，将传法由来、源流，开示大意。"② 虚云老和尚这种通过传法物色人才的办法，是由于自清代以后，"禅宗源流"或"正法眼藏"的法卷传授成为禅宗传法和出任丛林住持的主要形式之缘故。

　　虚云老和尚认识到，佛教未来的兴旺，根本在于要有一批优秀的僧才，必须"尽快培养一批合格的僧才，是振兴佛教最首要的任务"。为了改变僧人素质低下、佛教后继乏人的状况，虚云老和尚自觉地担起了培养青年僧才的重任，以解决各大祖庭缺乏青年僧才的当务之急。他立志为当代佛教的发展培养一批高素质僧才，以"圣人设教，总以济世利民"为教育目的，培养一批匡世救心的僧才。为了这个目标，他开设了各种中国僧伽教育学校，积极创办佛教学院，广为邀请他人讲经弘法，为佛教培育人才。先后于1904年，65岁时，成立滇

---

① 净慧主编：《虚云和尚全集》第六分册《规约》，河北禅学研究所印行，2008年，第8页。
② 净慧主编：《虚云和尚全集》第七分册《追思录》，河北禅学研究所印行，2008年，第229页。

西宏誓佛教学堂，1913年改为滇西宏誓佛学院。1931年，92岁时，在鼓山创立佛学院。1943年，104岁时，于广东创立戒律学院。1947年，108岁时，于南华寺创立戒律学院。

1904年9月19日观音菩萨出家日，虚云老和尚首先在鸡足山（今虚云禅寺）成立"滇西宏誓佛教学堂"，办学的宗旨是为提高鸡足山僧人的修行素质，养成良好的僧格，将培养僧人的僧格、禅修的常识与清规戒律为主要课程，注重学修结合，僧学院的开办，一改过去师徒相授的丛林教育模式，这种办学模式虽然是现代教育的雏形，但他终生用实际行动探索我国佛教中的初等教育与高等教育的模式。后来在鸡足山建的滇西宏誓佛教学堂提升为滇西宏誓佛学院，扩大招生规模，面向云南全省中青年僧尼招生。宽湛法师回忆道："民国二年（1913），学堂提升为滇西宏誓佛学院，院址仍设在大觉禅寺。开设课程基本不变，但规模扩大，在尼庵增设有尼众班。首任院长为虚云老和尚，道成长老副之；……"但开设的课程不多，主要有敲打念唱、早晚课诵、戒律清规、禅修等比较基础的修行常识。学院注重学修结合，学僧每天跟常住僧人一起上殿诵经、坐香参禅，参加每半个月一次的布萨诵戒，初一、十五佛前上供等。学僧与常住僧人一起出坡种菜、上山打柴、烤竹笋干、打核桃等劳动。饮食与常住僧人一起过堂用斋。与此同时，在虚云老和尚领导下的"中华佛教总会云南支部"，号令召集诸山青年僧人开办佛教讲习所，邀请高僧及有道行学识之士讲授佛学，还学习文化知识。省佛教会成立佛学研究社，每周召开佛学研讨会一次，恭请导师一至五人指导研究，方法是：社员先提出关于佛学之疑问，于开会时讨论或请导师解答；社员研究佛学之心得，预拟讲题，定期讲演；邀请佛学专家作临时讲演，当时云南僧俗两界听讲的人很多，由此人们对佛教的理解又更进了一步。除此之外，当时还成立了通俗演讲团，"以弘扬佛法，挽救世道人心为宗旨"。每逢初一、十五及佛诞日演讲一次或二次，聘请精通佛法的高僧和社会名流担任讲演员，轮流演讲，有法师月沧、妙乘、体法、尘空、性空、本慈、居士王兆熊、陈履吉、周明斋、王裕如、王申武共十一位讲演员，深入到云南各寺庙向僧俗宣讲佛法，这些对云南佛教的传播起了不小的作用。虚云老和尚在云南就创办了佛教学校、成立佛学研究社等，终于为改变鸡足山及整个滇西佛教僧人不懂戒律清规形同俗人的颓败状况,为清除鸡足山浊气,振兴滇西佛教起到了巨大作用。

虚云老和尚大力提倡佛教教育,迎纳新进。虚云老和尚于民国十八年(1929年)住持鼓山,先是改革寺制、整理道风,"复鉴于青年僧人很多,为恐少年废学,乃有学戒堂之设,后来改为鼓山佛学院。宗镜、大醒、印顺、心道等法师,先后任教。慈老法师主讲时,改为法界学院"①。以后,虚云老和尚"请苏州灵岩慈舟法师主律院,慈法师深究律宗,弘扬净土,皆巍然法门龙象也。又创办佛学社,以造就年轻学子"②。从此我们可以看出,虚云老和尚住持鼓山期间,办学可以说是分为这么几个阶段:先是创办学戒堂、后来改为佛学院、再改为法界学院、以后还创办过佛学社。

1929—1934年,虚云老和尚住持鼓山涌泉寺,创建鼓山佛学院,其目的在于能造就严持如来禁戒的僧才,挽救既倒之狂澜,力扶正法于未来。鼓山佛学院的筹备开始于1930年(在此之前已创办学戒堂,可以说是在学戒堂基础上着手筹备的)。次年春天正式成立。杨树庄任名誉院长,虚云老和尚为院长,虽然他已90多岁,然而还亲自出面为佛学院募化资金、订立规章制度、聘请任课法师,倾注了他为培养青年僧才的心血。佛学院的教学方法是在传统教学的基础上,吸收了新的教育方式,如:学员要参加早晚课、传统教学课程开设了律学与经论课,现代教学课程开设了文学与算学课,在提高僧人素质的基础上,加强文化素养的提高,虚云老和尚的办学理念是与时俱进的。虚云老和尚聘请了宗镜、大醒、印顺、心道等法师曾先后任教。这里值得一提的是大醒法师(即太虚门下激进的佛教改革派先锋之一),当时大家认为"他还邀请了当时激进派里边最有名的大醒法师到鼓山去讲课。这是不可思议的。大醒法师是太虚大师门下四大弟子之一"③。这也表明虚云老和尚延请名师是不拘一格的,他并不反对佛教改革中有利于佛教教育发展的力量。以后,虚云老和尚还曾聘

---

① 岑学吕编著:《虚云法师年谱》,宗教文化出版社1995年版,第75页。
② 岑学吕编著:《虚云法师年谱》,宗教文化出版社1995年版,第73页。
③ 净慧著:《中国佛教与生活禅》,宗教文化出版社2005年版,第387页。

请激进的大醒法师任佛学院院长。虚云老和尚在鼓山创办佛学院的过程异常艰难。为办好佛学院，从资金之募化，到规章制度之制定，到任课法师之聘请，虚云老和尚均费心一一操持，后因本山子孙之疑嫉及办事人员失检，首批五位教师先后离去。这中间几度停废，殊为不易。为了挽救当时佛法的衰微，使僧人对戒律引起重视，虚云老和尚在92岁高龄之时（1931年），首在福州鼓山创办"戒律学院"，恭请慈舟法师住持院务，后来在学律的基础上又增学贤首教仪，继请应慈老法师来佛学院讲《华严悬谈》。讲毕，老法师回沪，虚云老和尚又先后请大醒、心道、印顺、慈舟等法师，帮助继办佛学院。1934年，慈舟老法师被延请主持院务，改为法界学院，另招新生。……院内全体学生戒晚，教行并进，院规严肃，一时之盛，可与闽南佛学院媲美。虚云和尚创办鼓山佛学院，虽然遇到的阻力非常大，中间几乎停办，可谓费尽了周折，但是最终还是坚持到他离开鼓山。

虚云老和尚非常注重传戒法，民国二十三年（1934年），广东省府主席李汉魂电函邀虚云老和尚住持南华寺，其《重兴曹溪南华寺记》第十条"传戒法立学校以培育人才"云："今兹佛法衰微，三门涂炭，岂非无因？无奈释子挂名受戒，而不遵崇；外服袈裟，行同凡俗。是波旬徒属，作狮子身中虱耳！云为挽颓风，捐费信施财物，成兹大厦，意欲一一如法，培植人材，常转法轮，慧命是续。因此建立长期戒坛，逢年传戒，道不论远近，人不论多寡。依时而来，传受戒法，期满后入学戒堂重行熏习，以资深造。不受寄名，不容简略，肃戒律也。"① 为了让刚出家的年轻人明白戒律的重要性，养成学戒持戒的良好习惯，1943年春，虚云老和尚着手创办"曹溪南华戒律学院"。6月，李济深先生来寺小住，看过虚云老和尚亲自起草的《曹溪南华戒律学院章程》后，认为恰当，高兴地为学院写了牌子，学院随后成立。

虚云老和尚创办曹溪南华戒律学院主要是为了教育青年僧众。虚云老和尚在《重兴曹溪南华寺记》自述云："传戒法、立学校，以培育人材。时当末劫，法运垂秋，痛心下泪。何也？佛所嘱咐：'波罗提木叉为汝等大师。'又云：'戒

---

① 岑学吕编著：《虚云法师年谱》，宗教文化出版社1995年版，第103页。

如明日月，能消长夜暗。'又曰：'此经能住世，佛法得炽盛。若不持此戒，世界皆暗冥。'今兹佛法衰微，三门涂炭，岂非无因？无奈释子挂名受戒，而不遵崇，外服袈裟，行同凡俗，是波旬徒属，作狮子身中虱耳。云为挽颓风，捐费信施财物，成兹大厦，意欲一一如法，培植人材，常转法轮，慧命是续。因此建立长期戒坛，逢年传戒，道不论远近，人不论多寡，依时而来，传受戒法。期满后，入学戒堂，重行熏习，以资深造，不受寄名，不容简略，肃戒律也。"① 为了帮助僧众更好地体会佛制戒律的精神，虚云老和尚不仅仅是聘请其他大德来讲，有时候还自己亲自上台讲解。

虚云老和尚在办学中也遇到过许多麻烦的事情。度轮（宣化）法师在《忆念云公前尘后际因缘如是》一文中记云："（1948年）九月中旬，土匪聚伙抢劫南华，破门而入南华戒律学院。……老人闻讯，由云门赶来，召集全体学僧开会。出席者为怀一法师、度轮法师，老人自为主席。学僧有祖印、云妙、悟云、宣扬、恒定、提挥、提广、法亮、海龙、法慧、万心、止空、法明、法开等三十余人。当经土匪打劫之后，全寺震动，皆欲起单。公即席挽留怀师，怀师拒之；挽留同学，同学不听。公见此情形，放声痛哭，曰：'吾尽未来际，永不办佛学院矣！'言毕，拂袖而起，迳返方丈。余大受感动，故誓将佛学院任务，荷担起来，维持下去。后怀师赴广西，南华戒律学院惟余一人负责课程。"②从这段文字中可以看出，虚云老和尚创立南华学戒堂是非常不容易的。

虚云老和尚在云居山的时候，虽然没有成立专门的佛学院，但是他对年轻出家人的学习仍然抓得很紧。1956年9月，虚云老和尚117岁寿辰之际，江西佛学社借给虚云老和尚庆寿之机，邀集了江西省部分寺庙的僧众，在云居山举办了佛经研讨讲座。按虚云老和尚的旨意，这次较大规模的讲座，主要讲释佛经的"三大部"，即《金刚经》《法华经》《楞严经》。虚云老和尚因为年纪过大，讲释困难，遂邀聘海灯法师任佛经主讲。这次佛经讲座第一期历时约6个月之

---

① 净慧主编：《虚云和尚全集》第四分册《文记》，河北禅学研究所印行，2008年，第180页。
② 净慧主编：《虚云和尚全集》第十一分册《追思录》，河北禅学研究所印行，2008年，第588—589页。

久，至冬天才结束。1957年6月，"（真如寺）住持海灯，开讲《法华经》，并择青年比丘30人，成立佛学研究院，以造就僧才"①。第二年也就是1958年夏天，经虚云老和尚提议，海灯和尚继续在真如禅寺为僧众讲释《法华经》，到十月圆满。期间，因得南洋华侨王璧莲居士资助，虚云老和尚遂创办了"真如禅寺佛学研究苑"，择有初中文化的青年比丘就学其中，采取不脱产学习制度，每日早上四时早课后，即听讲两小时，晚上六时又听讲两小时，听讲后进行自习，然后复小座，并要求学僧背诵《法华经》《楞严经》及《四分律比丘戒本》等。虚云老和尚创办的"真如禅寺佛学研究苑"，没有维持多久，后因海灯和尚的离去和时局的剧变而名存实亡了。

从滇西宏誓佛学院一直延续到云居山真如禅寺举办研究生班，这种培养佛教事业的接班人，为现代佛教教育培养了大批的精英僧才进行了有益探索，这充分说明加强僧教育是虚云老和尚毕生关注所在。虚云老和尚的办学目的在于佛教的继承与传播，培养弟子是其第一要务。虽然在办学过程中出现了各种各样的困难，但最后还是培养出一批卓有建树的弟子，而且把佛法的精髓一代一代传下去。统观近现代高僧门下弟子的数量与质量，及其在今日佛教界的影响度，虚云老和尚门下弟子可谓首屈一指。"就是新中国成立后，老人于北京、上海、苏杭各地，皈依者亦数万人，成了中国近代历史上，化度信众皈依三宝最多的法门龙象、人天师表的大德。"②培养弟子，据不完全统计，在虚云老和尚座下剃度、得法、受戒、受归依的弟子达百万之众，大多分布在中国大陆、港澳台地区以及东南亚和北美诸国。所传法嗣及再传法孙，已有三、四世，达数百人之多。其中佼佼者，如本焕、一诚、净慧、传印、佛源等，都是当代中国佛教界的中坚，他们在弘扬佛法、光大宗风方面，发挥了重要作用。因此，佛教界对虚云老和尚培养人才的显著成绩给予了高度评价："带出了一批僧才，当今海内外住持名山大刹的本焕、佛源、净慧、传印、圣一、宣化、灵源、一诚等

---

① 岑学吕编著：《虚云法师年谱》，宗教文化出版社1995年版，第283页。
② 净慧主编：《虚云和尚全集》第十一分册《追思录》，河北禅学研究所印行，2008年，第353页。

法师，皆出其门下。他们多能继承虚云和尚家风，重修持，懂规矩，善于营建寺刹、主持丛林，起码撑持着当代中国佛教的半边天。"①

虚云老和尚还为筹办中国佛学院出谋划策。1955年中国佛教协会在北京召开第二次理事扩大会议，虚云老和尚在《云居管见》一文中"以极其愉快的心情，期待这次会议通过成立中国佛学院的决议"。他说："佛学院一成立，就可根据这次会议通过的决议，精研教理，努力修持，以造就弘法人材。中国佛学院的筹办，我认为最好能由各地推举或由中国佛协邀请各宗巨匠云集来京，共同研学。又我认为佛弟子的日常生活、衣食住等有可以权变的；惟三学思想，即戒定慧等理论，不能改动。"②该建议呼吁各宗共同研学，无门户之见，又为佛教在新时期的变与不变指明了方向。

综上所述，虚云和尚一生孜孜不倦地建寺、传法、兴学，其功大焉。虚云和尚一生中所修复的禅宗青原法脉祖庭，这些道场都是历史很悠久，具有丰富深厚的文化积淀的无形宝贵资产。充分地发掘和尊重道场的历史，注意保护、整理寺院文化遗产，不仅是对历代祖师的尊重，同时也是维系和承传祖师道场之文化慧命，延续和强化它的辐射教化功能所必需的。虚云和尚本人兼嗣五宗，特别是在临济法脉上，他十分重视祖师著作的整理和法脉传承的考订，并将所嗣诸宗法脉代代相承，繁衍不绝，通过付传法卷的形式为后世佛法复兴奠定基础。他注重培养弟子和宗法传承，为临济法脉培养了大量僧才，保证了宗门的延续和发扬，为现代佛教事业的发展做出了卓越贡献。黄心川教授也给予他高度评价："虚云老和尚对当代佛教的最大贡献就是践行了'人能弘道'的古训，为当代中国佛教培养了一批领袖型的人物，并且这些高僧成为中国佛教的领军力量。佛门有讲传承、遵祖师的传统，未来的中国佛教将会在虚云老和尚的弟子们中灯灯相传，不断光大，如果要编纂一部当代禅宗灯录，我想应该从虚云老和尚开始，再建禅门虚云一宗。"③

---

① 《禅》，河北佛教协会，2008年，第5期，第11页。
② 净慧编辑：《虚云和尚法汇续编》，河北省佛教协会印行，1990年，第72—73页。
③ 释纯闻主编：《虚云老和尚佛学思想研究论文集》，云居山佛学研究苑印行，2009年，第1页。

本焕长老与临济宗

本焕长老（1907—2012），法名心虔，法号本幻，后改为本焕。俗姓张，名凤珊，学名志山，1907年9月21日生于湖北省武汉市新洲区（原黄冈县）李集西张湾村的一个穷苦农民家庭。1930年正月十五，在新洲报恩寺出家，传圣法师收其为徒，取法号本幻，有一切皆是幻象之意。1930年4月，本焕到武昌宝通寺，以圆净的身心，从持松和尚受具足戒。1939年明8日，本焕长老32岁，在碧山寺与寿冶、法度、因修、净如等师兄弟同时接广慧老和尚的法，继承临济法脉，续佛慧命。1948年7月，本焕长老应虚云老和尚邀请到广东南华寺六祖道场，后接法于虚云老和尚，成为临济宗第四十四代传人。本焕长老一生为弘法利生而不断精进，他将"不为自己求安乐，但愿众生得离苦"的禅门宝训作为自己修行的准则和度化众生的格言。本焕长老前半生，志在苦行、坐禅闭关、参研经律、跪拜五台、刺血写经、燃臂孝母、领众守戒，发扬禅门宗风，实行百丈清规，倡导人间佛教；后半生，奔走中外、行化四方、广结善缘、披心沥胆、建寺安僧。本焕长老复兴临济宗的贡献突出表现在接续法脉和建寺安僧。

接续法脉

本焕长老在弘法利生方面，他继承了六祖慧能以后的传法方式，一是承接了临济宗的传承。按照本焕长老传法开示中讲的，他承接的临济宗传承情况如下：初祖临济义玄禅师—二祖兴化存奖禅师—三祖南院惠颙禅师—四祖风穴延昭禅师—五祖首山省念禅师—六祖三分阳善昭禅师—七祖石霜楚圆禅师—八祖杨岐方会禅师—九祖白云守端禅师—十祖五祖法演禅师—十一祖圆悟克勤禅师—十二祖虎丘绍隆禅师—十三祖应菴昙花禅师—十四祖密菴感傑禅师—

十五祖破菴祖先禅师—十六祖无準师范禅师—十七祖雪岩祖钦禅师—十八祖高峰元妙禅师—十九祖中峰明本普应国师—二十祖千岩无长禅师—二十一祖万峰时蔚禅师—二十二祖宝藏普持禅师—二十三祖乐明慧嗣禅师—二十四祖海舟普慈禅师—二十五祖宗峰明暄禅师—二十六祖天奇本瑞禅师—二十七祖无阐明聪弹师—二十八祖笑岩月心德宝禅师—二十九祖幻有正传禅师—三十祖天隐圆修禅师—二十一祖玉林通秀弹师—三十二祖茆溪行森禅师—三十三祖形山超宝禅师—三十四祖楚云明慧禅师—三十五祖幻住实靖禅师—三十六祖慧天陆觉禅师—三十七祖智山了愿禅师—三十八祖印照达听禅师—三十九祖照干悟亮禅师—四十祖妙莲觉华禅师—四十一祖福经空印禅师—四十二祖妙莲觉华禅师—四十三祖虚云性彻禅师，本焕长老为临济宗第四十四代传人。二是承嗣别传寺的法系。本焕长老传法开示中列举丹霞山别传寺的传法情形如下：第一代澹归禅师—第二代乐说辩禅师—第三代元茂禅师—第四代勤修禅师—第五代六如禅师—第六代阿字禅师个第七代今龟禅师—第八代智珠禅师—第九代泽萌禅师—第十代序东禅师—第十一代继祖禅师—第十二代圆音禅师—第十三代密音禅师—第十四代空祖禅师—第十五代维修禅师—第十六代愿来禅师—第十七代兴志禅师—第十八代切如禅师—第十九代尘异禅师—第二十代能洪禅师—第二十一代法崇禅师—第二十二代角子禅师—第二十三代道济禅师—第二十四代元兴禅师—第二十五代利传禅师—第二十六代一超禅师—第二十七代自新禅师—第二八代常机禅师—第二十九代贯如禅师—第三十代海明禅师—第三十一代赞华禅师—第三十二代宗乾禅师—第三十三代纯和禅师—第三十四代天然禅师—第三十五代宽永禅师—第三十六代禅光禅师。本焕长老既是南华堂上临济正宗第四十四代，同时也是广东省仁化县丹霞山别传寺中兴第一代。

本焕长老广结佛缘，弘化众生，单以血经《普贤菩萨行愿品》一书近年来便结缘信众数百万人，传法子数千人，为天下罕有佛教之大德盛事，但真正传法惊天动地的一件大事，还是传法于藏传佛教转世八位活佛。2007年，自西藏高原一队猩红僧衣的喇嘛经雪山越黄河，山林峰回路转，跨越千山，风尘一路赶往深圳弘法寺。这一队僧侣，正是赫赫有名的藏传十七世东宝·仲巴呼图克图活佛带领着白教却尼活佛、吉称活佛、公桑旺堆活佛、花教确伍泽仁活佛、罗桑松丁活佛、红教巴登活佛、黄教罗绒吉村活佛、黑教恩扎宁波活佛八位活佛，阿秋金刚上师、格理金刚上师、桑青金刚上师三位金刚，千里迢迢来深圳弘法寺向本焕长老求法。在庄严盛大的传法仪式上，本焕长老宣读了近一小时的法卷，随后本焕长老亲自将衣钵授佩祖衣，为第十七世东宝·仲巴呼图克图活佛及其余活佛亲自挂珠，八位活佛跪拜承法，换衣叩谢，从此成为汉传佛教临济宗第四十五代传人，本焕长老对第十七世东宝·仲巴呼图克图活佛及诸位活佛的求法之心深为赞赏。本焕长老广衍南宗，花开天下，甘露法雨遍洒环球，辉煌德业普泽四海，布道二十余国，跟随本焕长老出家受戒与接法弟子多达数千人，皈依门下的居士二百多万人，其中很多弟子已经成为中国佛教界的中坚，他们秉承长老的教诲，在当今中国佛教界发挥着重要作用。

建寺安僧

在建寺安僧方面，本焕长老不惜生命，广建道场，安僧度众，重修祖庭、寺院近二十座，先后担任过南华寺、别传寺、光孝寺、弘法寺、四祖寺、莲开寺、大雄寺、报恩寺、斗方寺等多座寺院的方丈，开创了中国佛教界之传奇。本焕长老可以说是中国佛教界一代高僧，乃当之无愧之佛门泰斗。佛教界泰斗本焕长老一生弘法，为佛教的文化传播做出了巨大的贡献，受到大家一致赞叹。香港佛教协会会长觉光法师赞曰："入虚公之室，传临济之禅；重建梵刹十余座，传法度人无央数。"[①] 中国佛教协会原会长一诚法师在本焕长老百岁嵩寿贺信中也高度评价本焕长老："接引众生无数，重兴寺院十余座，为我国的佛教复兴做出了重大的贡献，是佛教界爱国爱教的典范。"[②]

建寺安僧是本焕长老前半生的愿望，后半生的实践，也是他一生佛教事业的主要成就，下面不妨对此再作叙述。20世纪80年代以后，中国共产党全面恢复实施宗教信仰自由政策，本焕长老将大部分精力投入佛教复兴与重建事业之中。他痛心寺院毁坍，出家僧侣缺少弘法场所，信教群众没有地方过宗教生活，

---

① 觉光：《本焕长老封龛法语》。
② 释本焕，释顿雄主修：《百丈山志》卷八，江西大雄山百丈禅寺印行，2010年，第263页。

他以74岁高龄,重新开始了振兴禅宗、中兴祖庭、广宣法教、利济群生的历程。几十年来,在他的努力护持下,先后在全国各地恢复或新建南华、别传、光孝、报恩、四祖、百丈六大祖庭,新建弘法、大雄、莲开、弘源、万佛、极乐六大丛林以及修建多座规模不等的大小寺院。如今这些寺院已经在佛教界发挥重要作用,成为各地佛教中心。大致按照这些寺院筹建时间的先后顺序,将本焕长老修复、兴建的主要寺庙略举如下:

别传寺,是本焕长老重建的第一座道场。别传寺,别传二字,来自东渡传法的达摩,倡不立文字,单传心印,故取"教外别传"之意。别传寺始为澹归禅师于清康熙初年创建,寺院玲珑庄严,盛世时曾住僧千人,其规模颇大,与韶关南华寺、云门寺可相媲美。乾隆及民国年间两次被毁,焚后相继重建。民国时期,李汉魂主政广东,曾拨款重修,并亲题寺匾及重建碑文。"文化大革命"十年浩劫,别传寺损毁殆尽,只残存山门石壁上刻的大字"丹霞""至此心隐心""法海慈肮""禅林第一""红尘不到""赤城千仞"等不易毁坏之书法壁刻。别传寺虽然被毁,神龛无位,但是随着改革开放的潮流,思想获得了大解放,许多当地的香客百姓信众又聚集到这里,并对着原有的旧址,焚香祷告,叩拜顶礼。为了满足广大信众的宗教生活的需求,1980年,本焕长老73岁被广东省仁化县政府聘请到丹霞山主持恢复别传寺。本焕长老到了别传寺,见整个寺庙隐在野草丛生当中,断壁残垣,不禁潸然泪下。本焕长老曾对从美国回来大陆参访的李汉魂说:"当年虚云老和尚振兴南粤佛法未果,如今别传寺已是断壁残垣,当年你为老和尚书写的寺匾也都在运动中被毁了,我身为他的传人,也当继承师父之志,竭尽心力,修葺寺院,我怎敢生懈怠心呢。"[①] 于是,本焕长老不顾年迈体弱,不辞艰难劳累,全力投入到扩建重修别传寺的工作当中。本焕长老募得善款千余万元,经过4年苦心营造,先后为别传寺新建了大佛、钟鼓楼、大禅堂、澹归塔等建筑,总面积达5000多平方米。1984年4月8日,别传寺举行了寺院落成佛像开光仪式。时隔虚云老和尚46年之后的第一场水

---

① 刘永著:《百岁菩提——本焕长老传奇》,陕西师范大学出版总社有限公司2010年版,第146页。

陆法会，在本焕长老的倡导下，在别传寺重新开坛。别传寺作为本焕长老平反昭雪后首个应请就任住持及重修光复的第一个寺院，在海内外产生了极大的影响，开创了中国佛教文化事业日愈兴隆的局面。1986年春节后，中国佛教协会赵朴初会长在视察别传寺时，赋诗赞扬本焕长老恢复别传寺之功绩。诗云："群峰罗立似儿孙，高坐丹霞一寺尊。定力能经沧海换，丛林尚有典型存。一炉柏子参禅味，七碗松涛觅梦痕。未得徧堂行集看；愿将半偈镇山门。"[①]

弘法寺是深圳特区内的唯一一座寺庙，是当年深圳市委市政府为了配合仙湖植物园旅游开发而修建的寺庙，因为依傍着梧桐山下，起先叫梧桐别院，后改名叫弘法寺。当时深圳市政府领导把经济建设放在第一位，暂未顾及文化建设，所以当时的深圳被国内戏称为文化的沙漠，在深圳建一座具有旅游文化价值内涵的寺庙，丰富市民文化生活，提升旅游形象，正好契合当时深圳发展的现状，深圳市政府领导欣然约本焕长老至深圳考察选址。1985年，本焕长老时值78岁高龄，应邀前往深圳，在市政府领导的陪同下考察选址，寺院位置定在素有深圳心肺之称的梧桐山下。1985年7月1日，深圳弘法寺破土动工。弘法寺作为深圳特区唯一的佛教道场，不同于国内任何一座因损毁而维修或重建的寺院，而完完全全是一座新建寺院，同时也是新中国成立后，国内新建的首座寺院。当时，在深圳市有关部门的礼请下，本焕长老亲率众弟子，为奠基仪式洒净说法。在完成大雄宝殿、藏经楼、天王殿工程后，因故停建。1990年本焕长老应赵朴初先生之请再度出山，本焕长老临危受命，忘我地投入到寺院建设当中，募集资金8000多万元，加快了寺庙建设步伐，迅速使主体建筑全部竣工。1990年9月，本焕长老83岁披着猩红袈裟，带领光孝寺13名僧人于仙湖氤氲缭绕之中点燃了弘法寺佛祖的传灯，从此于梧桐山麓飘扬起悠扬的晨钟暮鼓、梵呗清唱。1992年6月18日，弘法寺举行了佛像开光、方丈升座典礼,本焕长老被推选为弘法寺开山祖师。从此，本焕长老成为本寺开山祖师、第一代方丈。此后，弘法寺僧众在本焕长老带领下，寺院又有了新的发展，到1998年共筹划4100多万元，完成了建筑面积14000余平方米。本焕长老依旧制，

---

① 法成，张燕整理：《本焕长老生平》，《广东佛教》，2012年。

每年在这里举行佛七法会，并于1998年5月举行传戒大法会，戒子达三百余人参加，规模为当时国内之最，很快形成了连接珠江与东南亚文化发展的重要平台，名声显于十方丛林。弘法寺作为特区内最大的一座佛教丛林，佛教文化对外宣传的重要窗口，使近在咫尺的香港、澳门、台湾的信徒，无不欢喜，纷纷来结缘朝拜，信众逾百万，缔造了佛教界之神话。本焕长老在南天弘扬佛法，使佛法远播三地，让世人了解中国佛学。弘法寺起到了凝聚海内外华侨华人的文化纽带的作用。弘法寺由于地处我国改革开放的前沿，毗邻港澳，面向东南亚，又是北京地区以外直属中国佛教协会管理的唯一寺院，因此，赵朴初及中国佛协寄予了深切厚望："要把弘法寺办成中国一流的佛教文化寺院，体现政府宗教信仰自由政策的重要窗口，并使之成为同海外佛教界联系的纽带。"[①]10多年来，在本焕长老的带领下，全寺僧众为这一崇高目标而精进不懈。

位于广州城内的光孝寺，是达摩祖师东来创立的禅宗祖庭，始建于三国，迄今已有1700多年历史，为岭南首刹，语云："未有羊城，先有光寺"。宋绍兴间始定名"敕建光孝禅寺"，并发展为岭南佛教中心。广州光孝寺，历史上祖师辈出，真谛三藏、求那跋陀罗、昙摩耶舍、般剌密谛等高僧大德曾在此译经，禅宗初祖达摩曾在此驻锡，六祖慧能亦是在此听法、剃度、受戒、并于此论风幡奥义、开东山法门。光孝寺因而成为著名的译经道场和禅宗祖庭，成为岭南历史最为悠久、影响最为深广、规模最为宏大的寺院，在中国佛教史和中外交流史上占有重要地位。但由于历经内忧外患，古刹年久失修，破败不堪，经像塔幢，颓废破败；文化遗珍，散失严重。当年虚云老和尚在世时，就一直想努力将光孝寺这个道场恢复起来，可当时正处乱世，有心无力。如今世道轮回，当年的心愿落到他衣钵真传本焕长老身上了。1986年底，光孝寺移交回佛教界管理使用，本焕长老看到现在南宗祖庭竟然凋零如此，心痛难忍，当年虚云老和尚曾有光复此寺之心，终未成真，如今本焕长老牢记恩师教诲，决心倾尽全力，发大愿行，建寺弘法，发扬光大老道场。1987年元旦，本焕长老以80

---

① 赵川东：《本焕法师的人生传奇——佛门泰斗 赤子情怀》，《人民日报》海外版，2003年10月11日。

岁之高龄，受中国佛教协会和广东省宗教局礼请为广州光孝寺恢复开放后的首任方丈。1989年国家文物局批准首期修建工程。同年12月29日，光孝寺殿宇的维修工程正式举行隆重了奠基典礼。筹建初期，尽管条件异常艰苦，本焕长老率众满怀信心地开始了重振祖庭的工作，首先成立了以本焕长老为主任的筹建委员会，负责开展光孝寺的重建工作。本焕长老对于光孝寺重建不惜身家性命，从测量绘制到土地规划，从建筑详图到修整方案，从募化筹款到安全防范等，事必躬亲，每日孤灯映影，皓月相伴，夜深不息，不惜生命，兢兢业业，日夜操劳寺院筹建之事。在本焕长老忘我的操持下，光孝寺次年便正式对外开放，本焕长老驻锡光孝寺十余年间，完成了光孝寺建设总体规划图，收回寺庙房产面积31000多平方米，重建钟楼、鼓楼、地藏殿、观音殿、千佛殿、山门等，完成建筑面积15000多平方米，还修复了大雄宝殿、天王殿、禅堂等原有建筑，总建筑费800余万元。1997年底，在本焕长老的率领下，经过十方募化和10多年苦心修缮，光孝寺主体工程基本完成，各殿堂佛光耀眼，千年禅宗祖庭得以重辉。1996年4月8日，本焕长老邀请海内外高僧大德为光孝寺全堂佛像开光，各殿堂佛光耀眼，使这座初祖达摩东来创立的禅宗祖庭，成为一座清净、古朴、文明、安全、且兼具岭南古代文化特色的佛教名刹。光孝寺的落成，本焕长老非常高兴，他抱着感恩的心深情地说道："光孝寺是六祖的祖庭，当年虚云老和尚素有重建之心，今因缘际遇，我们重建光孝寺，依赖大众，所以我们眼里要有大众的影子，耳里要有大众的声音，心里要有大众的功绩，身上要有大众的恩惠。将佛教的义理深入社会，在群众中植根，使祖庭振兴为十方丛林、慈悲、智慧、光明。"

湖北新洲报恩寺，始建于清光绪初年，20世纪30年代，香火鼎盛，佛事兴隆，庙虽不大，声望道风远播各地。报恩寺，是本焕长老出家的祖庭。原建在仓子埠，新中国成立后被用作粮仓。当本焕长老一行来到昔年兴盛的寺院，却只有江流呜咽，片瓦不存，当初森严的庙宇如今竟一无所有。在"文革"期间中，佛像被毁，大殿亦作粮仓，青草漫长，野雀惊飞，本焕长老站在当下，已经八十多岁的他耳边似乎又传来了当年的梵呗清唱，蓦然回首已是百年身。当年初到报恩寺出家的情景又浮在眼前，便说："我身为佛子，怎敢不尽绵薄之力，光复祖庭。

见此情景，有一丝余力也不敢吝惜，定发大愿，光复此寺。"在当地政府的积极支持下，本焕长老带领众人重新选址于新洲道观河湖畔，1988年重建报恩寺在道观湖畔。历时数年，本焕长老募化1500多万，设计为清一色古建筑，飞檐走兽，曲廊回合，绵延虎踞，成为江夏名刹。1994年建成寺内6000平方米建筑。重修的报恩寺大气磅礴，比起昔日鼎盛时期的报恩寺显得更加雄伟壮观。1994年9月21日，本焕长老亲临寺庙举行落成大典并开坛传戒，得戒弟子数百人，同时在这里举行了佛像开光、方丈升座、水陆三个大法会。

正觉禅寺俗称四祖寺，处湖北黄梅的双峰山，双峰为两山之破额山。该寺由中国佛教禅宗第四代宗师道信祖师创建于唐武德七年（624年），距今有1400余年的悠久历史，寺内珍藏有木刻图板，循中轴线依山渐次建天王殿、大佛殿、祖师殿，左右两侧列有地藏殿、大悲阁等大型殿堂数十所。院内如散明珠，有毗卢塔、灵润桥、衣钵塔、普同塔、文昌阁等名胜。千余年来，殿阁常新，庙产八百里，寺僧千余人，曾是我国规模最大的禅宗祖庭。然而近百年来，四祖寺屡遭兵劫，殿堂十有九毁。幸存的只有外部所建的唐初的毗卢塔、北宋衣钵塔、明月桥和历代摩崖石刻群等，殿堂无存，只有一间青砖瓦房，一株百年古柏。昔年如此盛大的丛林，如今唯一剩下的青砖大殿，也是当地乡民用土窑烧的砖瓦自发搭建的，任岁月侵蚀，早已摇摇欲坠，虽几经复修，但仍毁于清末，后来只有四祖殿一间和几株古柏得以留存。本焕长老见四面荒芜，满目疮痍，祖庭如此境遇，在他心中油然而生伤感之情。1995年12月，本焕长老88岁，不顾年事已高，路途艰辛，多次到黄梅，会同县政府和主管部门的领导视察四祖寺，亲临实地进行设计规划，资助巨款，重建四祖正觉禅寺。重建四祖寺于1995年12月动工，在本焕长老的努力与护持下，用了四年的时间，募集善款几千万元，建成鳞次栉比殿堂、僧寮、香橱2万余平方米仿古建筑群落，完成殿堂、僧寮、香厨等建筑面积11999平方米，至2000年全面竣工落成。重建的四祖正觉禅寺，继承宋代古建筑风格，彰显佛教特征，雕梁画栋，飞檐斗拱，黄墙黄瓦，异常壮观，成为湖北第一流古刹。2000年10月18日，本焕长老在四祖寺欢度94岁生日，同时举行佛像开光、方丈升座、水陆、传戒和禅宗祖庭文化网络学术研讨会等六大法会。三年后本焕长老功成身退，在四祖寺退居。

1996年11月，本焕长老89岁，重建广东南雄莲开净寺尼众道场。莲开净寺的重建，缘于本焕长老见诸多尼众披度后无处安身修道，而发愿在南雄所建的一座尼众丛林。1996年9月间，本焕长老率领弟子印先、徒孙比丘尼顿勇、顿光等前往南雄实地考察。莲社庵位于浈河之畔，花树缭绕，经年飘香，由念纯师太创于明朝，一直沿用莲社名。据《直肃南雄州志》载：莲社庵、青莲寺、兴隆庵、渡山寺均在水南村，以青莲社庵为最。兴于道光年间，曾有信众百余，香火鼎盛，时为郡内著名之佛教圣地，亦是岭南之名庵。衰于民末抗战时期，社会动乱，僧人离散，至20世纪50年代，殿堂只剩残垣断壁，伴九株挺拔古松，佛像荡然无存。当年念纯师太的真身曾供于寺内，数百年不腐，"文革"时才被毁。为了适应女尼披度修行，于是决定将莲社庵改为莲开净寺，莲开净寺于1996年11月大雄宝殿动土开工，本焕长老亲自为莲开寺洒净。新建的莲开净寺，是在昔日莲社庵旧址上重建，其建筑风格以古建与园林建筑相融合，以宋代风格的斗拱飞檐与佛教文化特征相吻合，雕梁画栋。以大雄宝殿为中心，虚实相衬，中轴线上，从山门、天王殿、大雄宝殿到法堂藏经楼，四进布局，两侧观音殿、地藏殿、祖师殿、伽蓝殿、钟楼鼓楼和念佛堂、功德堂、斋堂、客堂、僧寮相对称，殿内佛像、供台、佛龛都雕有灵物瑞兽，狮鹿犬象，云纹水波，日月星辰，旗罗伞盖，交映生辉。至1999年12全面落成，完成殿堂、僧寮、香厨等建筑面积7000多平方米，建筑造价2500万元。重建的莲开净寺，如今已成为培养佛门人才的重要基地，是广东最大的尼众修行丛刹之一，暮鼓晨钟，朝晚课诵，梵呗梵音，如仪如法，参禅陪道。2001年10月3日，本焕长老在莲开寺举行寺院落成、佛像开光、方丈升座典礼。

　　百丈寺的修复是本焕长老极为重视的一件大事。2006年，本焕长老在深圳弘法寺的开示中说："我还有很多事情要做，要建百丈寺。百丈怀海禅师是位很了不起的大祖师，马祖建的丛林，百丈立的清规，到现在为止，我们丛林大的规矩还是依照百丈清规。我们是佛的后代，也是禅师的后代，所以要把百丈寺修起来，这是一件急待要做的大事情。"[①] 百丈寺是佛教百丈清规的诞生地，

---

① 释本焕，释顿雄主修：《百丈山志》图片部分，江西大雄山百丈禅寺印行，2010年。

在中国佛教史上具有重要的地位。该寺始建于唐德宗贞元十年（794年），至今已有一千二百余年的历史，开山祖师乃著名高僧怀海禅师。怀海禅师系唐马祖道一大寂禅师的高足，师徒于洪州创丛林立清规。丛林的创建，从根本上改变了禅徒多居律寺的现状；清规的制定，实行农禅并重的普请劳作，不仅强化了丛林组织形式，而且奠定了禅门的经济基础，这为日后唐武宗灭佛时，佛教其他佛教宗派走向衰弱的情况下，避免了禅宗的衰颓。时至今日，各大禅寺的管理体制依然参照百丈清规制定的内容执行。怀海禅师在百丈寺弘扬佛法二十余年，以其精湛的佛教义理和独特的禅宗心法接引学人，使百丈山成为培养高僧的摇篮。许多僧人得怀海禅师的点化，先后各自成为国内诸名山之主，以及创宗立派的祖师。其法嗣沩山灵祐与弟子仰山慧寂创沩仰宗，黄檗希运之弟子临济义玄创临济宗，远传至朝鲜、日本、越南等国，从此，百丈寺成为国内外著名禅寺。世事沧桑，百丈寺屡嬗兴废，每况愈下。时至20世纪末，佛像尽毁，殿宇破败，仅存一进殿堂和两间厢房，摇摇欲坠，僧人星散，香火中断，寺殿民占，暮鼓晨钟俱息，早已失去了唐宋时期的繁盛气象。在新的世纪里，百丈寺又迎来了新气象。2003年本焕长老受聘担任百丈寺住持。2004年，本焕长老虽年届百龄，仍以修寺弘法为本分，并发愿筹资重建百丈寺。2004年初，本焕长老委任顿雄法师为百丈寺首座，具体负责修建事宜，并嘱咐顿雄首座："百丈山是天下大丛林，祖师道场。怀海禅师是了不起的大祖师。顿雄，你要把百丈寺修好，成就更多人修行，要把用功了生死放在第一位。"[1]当年5月，本焕长老派印顺、顿雄两位法师亲临百丈山考察。建设工程先由深圳弘法寺赞助启动资金人民币500万元，随后聘请专家设计规划。10月30日，百丈寺隆重举行大雄宝殿、天王殿奠基仪式，百丈寺修复工程正式启动。在大家的共同努力下，历时六年，共费资金12000万元，建起了一座占地面积达16.4万平方米的璀璨辉煌的禅宇，百丈寺的面貌从此焕然一新。新建的天王殿、虚怀楼、云海楼、大雄宝殿、怀海祖师楼、法堂、禅堂、方丈室、东西厢房、钟楼、鼓楼、观音殿、地藏殿、药师殿、三圣殿、斋堂、香积厨、贵宾楼、居士楼、藏经楼、牌楼、

---

[1] 释本焕、释顿雄主修：《百丈山志》图片部分，江西大雄山百丈禅寺印行，2010年。

山门、放生池、海会塔等百有余楹。崇楼杰阁，宝殿庄严，新塑大小佛像百余尊，百丈禅风，再振丛林。2007年，百丈寺被江西省民族宗教事务局授为江西省重点寺院。2010年，百丈寺重建工程全面竣工。2011年8月，百丈寺隆重举办百丈清规文化节、本焕长老晋院升座以及寺院落成全堂佛像开光庆典。奉新县人民政府原县长、诗人、书法家陈世卿在《百丈寺重建告竣喜赋》中赞叹道："大雄梵刹美名扬，怀海禅师古道场，百丈清规垂万世，千年香火兆祥。巍巍佛殿重重起，朵朵莲花处处香，朝觐观光来乐土，深情落笔感沧桑。"①

除了以上介绍的主要寺院外，本焕长老先后还修复了一些寺院。如筹建了深圳东湖公园内的万佛禅寺（寺内安放泰国赠送的四面佛），扩建了广东三水极乐寺，续建了原由少林寺方丈释永信及唐玉、唐溶渍、姜灵维居士发心始建的成道禅寺（该寺是药师佛道场，故又称琉璃世界），重建了广州花都华严寺等等。那么我们不禁要问，本焕长老为什么要建寺院，要建好寺院呢？对此，本焕长老自己给出了答案，他说："因为寺院里有佛宝、法宝、僧宝。有无量的成佛的金刚种子，所以要建好寺院。"②后人为本焕长老修建寺庙安僧的功德以一诗概之：

丹霞别传只传心，光孝首刹领群伦。
弘法九龙普护持，报恩重建报祖恩。
莲开净寺悯天人，正觉禅寺法源存。
大雄禅寺沙水畔，百丈清规天下源。
五台闭关石为像，万佛禅寺佛为尊。
极乐世界极乐寺，成道禅寺琉璃光。
华严禅寺华藏山，华兴寺内蕴法门。
……③

---

① 樊明芳编著：《百丈禅话诗文》，奉新百丈清规文化节组委会2011年。
② 《纪念本焕长老最好的方式就是要好好修行》，http://www.xuefo.net/ur/article12/118652.html. 2012-04-13。
③ 刘永著：《百岁菩提——本焕长老传奇》，陕西师范大学出版总社有限公司2010年版，第232—233页。

万杉禅寺与庐山禅宗文化

万杉禅寺，又名庆云院，位于庐山南麓，为匡庐胜境。寺始建于南梁时期（502—557年），至今历时1500余年，可谓历史悠久。万杉禅寺自古被列入庐山南麓五大丛林之一，并成为庐山较早受帝王重视和文化遗存较多的禅院之一。可以说，万杉禅寺在庐山禅宗文化中占有重要地位。

一

万杉禅寺虽历经兴废，但禅宗高僧代出。据说，宋以前，著名的禅僧有庆云禅师、南唐若虚禅师、五代真禅师等曾驻锡于万杉禅寺，由此开启庐山禅宗文化源流。

至宋代，万杉禅寺有作为的禅僧较多。主要有大超禅师、寿坚禅师、寿隆禅师、绍慈禅师、善爽禅师、懿宣禅师、宝琳禅师、子章禅师、元禅师、浩修禅师、广智禅师、大琏禅师、秀痴翁禅师、空山禅师、仁本禅师等。这里我们着重要说的是大超禅师。大超禅师，又称广智大师，生卒年不详。《建中靖国续灯录》称其为云居山道齐禅师法嗣。事实上，"在《建中靖国续灯录》中，记载云居山道齐禅师的法嗣有三十七人之多，但有语录记载行世的仅有五人，而这五人之中，赫然载录'庐山万杉广智禅师'，让吾辈后学有幸得以瞻仰当年祖师的禅宿风范"[①]。这是由于大超禅师对庐山禅宗文化做出过一定贡献的缘故。宋真宗景德二年（1005年），大超禅师住持庆云院，增旧制、扩禅院，并在寺周植杉万株。他身体力行，用十几年时间使寺院逐渐兴盛，留下许多美传。"有为

[①] 《庆云》丛刊，2015年第二期，第29页。

之言于朝者,乃赐钱建院,仍赐土田、佛像、供器。"[1]这就是说,大超禅师植杉万株,有人为之言于朝廷,真宗为表彰大超禅师植杉兴寺之功,行善福民之德,于是赐钱建院,并赐土田、佛像、供器等。不仅如此,而且在天圣二年(1024年),为再次表彰大超禅师所为及其"有戒行",宋仁宗特赐"万杉寺"寺名,并赐御书"金佛宝殿"与"国泰清静"匾额。万杉寺尽管"古为庆云庵,为'律'居,宋景德中有大超和尚手种杉树万株,天圣中赐名万杉。后禅学盛行,遂成'禅寺'"[2]。这样就在一定程度上推进了庐山禅宗文化的发展。与此同时,朝中士大夫也以诗文相赠大超禅师,于是寺中"亭池之胜,多名人题咏"。其中就有神宗元丰三年(1080年)秋,苏辙访万杉寺,写有"万本青杉一寺栽"名句。万杉寺由于受皇恩雨露,以及士大夫赞赏,从此声名鹊起,誉满海内。孝宗乾道三年(1167年),南宋参知政事周必大游万杉寺,称大超禅师为万杉禅寺的"开山祖师"。可见,大超禅师对于万杉寺以及庐山禅宗文化来说,其地位非同一般。

元朝时,云居山真如禅寺一度被改为藏传佛教的寺院。在这种背景下,万杉禅寺还出现着名的禅师,如东源禅师、月涧禅师、小隐禅师等,为庐山禅宗文化的承续具有不可磨灭的功绩。

明代,万杉禅寺涌现出众多有名禅师,如德昭禅师、古峰禅师、达观(紫柏)禅师、憨山大师、真常禅师、福海禅师、海会禅师、海澄禅师、恒禅师、具德禅师等。在这些禅师中,较为突出的是德昭禅师。德昭禅师,生卒年不详。洪武四年(1371年),德昭禅师入住已废弃的万杉禅寺,励精图治,重整寺院,经过十几年惨淡经营,万杉禅寺终于修葺一新,终使古刹重兴。德昭禅师于是礼请高僧大德,到万杉禅寺设坛讲经,因而寺院名声大振。洪武二十六年(1393年),万杉禅寺被列为讲席丛林,高僧名释"挥麈昼谈经",文人墨客"爱此欲终夕",寺僧徒众甚多,名盛一时,因而,万杉禅寺成为明代颇具影响的庐山重点禅院。期间,万杉禅寺还进行多次剃度传戒活动,受戒僧众多达千余人,名冠江南。故而清人黎元宽在《重修万杉寺记》中称:"几乎者其盛者矣",由

---

[1] 陈舜俞:《庐山记》。

[2] 景玉川主编:《万杉寺志》,方志出版社2014年版,第151页。

此德昭禅师也被称为万杉禅寺的中兴禅师，并促使庐山禅宗文化走向繁盛。

清朝时，庐山禅宗文化已走向衰落，这时万杉禅寺仍然出现过众多德高望重的禅师，有剖玉禅师、海山禅师、木公正禅师、可绍明禅师、道应禅师、熙怡禅师、大楚禅师、磊山禅师、定嵓禅师、隐松禅师、海松禅师、超凡禅师、元科禅师、能悟禅师、妙禅禅师、妙赞禅师等。其中特别杰出的有两位，就是剖玉禅师和大楚禅师。剖玉禅师，名济璞，字剖玉，号剖柔，又剖老，古蓼（河南固始东北）人，俗姓朱。幼依庐山伏虎寺祝发，诣苏州瑞光弘彻圆具，为临济宗三十三世。顺治年间，剖玉禅师任万杉禅寺住持期间，致力于寺院的修葺，使之规模初备，成为奕奕禅林。他整饬禅林，"正殿巍然，两序翼然，方丈、客堂、庖湢之属秩秩然，钟鼓之声鼎鼎然"。他设席开讲，悉心授徒，使寺院成为庐山临济宗的重要传法基地，"一时名公卿多敬礼之"。黎元宽在《重修万杉寺记》中称其为"禅宗最上中之上者"，可跻身于宋时名僧寿坚、绍慈之列。大楚禅师是剖玉禅师的徒孙，"大楚，浔阳德安人，俗姓黄，幼好静，初祝发于铁船峰礼广生出家。年十九，诣万杉，谒可绍明禅师，求受具足大戒。依栖十年，力穷五宗，一一证明。可师将衣拂禅板源流嘱焉。遂遍游维扬、天宁、西冷、灵隐诸名山，所遇巨公当事皆重之。岁癸酉还山，继主万杉，历二十年。临众以恭，作务先劳。廊房殿宇，恢值鼎新。增置斋田，宗风丕振。"[①] 大楚禅师主持万杉禅寺二十年，其所作所为贡献巨大，故有赞曰："庆云古刹，代有高僧。唯师大楚，辉煌禅灯。"[②] 此外，大楚禅师当时还留下了肉身，"大楚已逝四秋，方今荼毗之候，肉身未朽，端坐如故"[③]，且"肉身不坏，精力坚弘"[④]。这也是庐山禅宗文化的特殊现象。

直至民国，万杉禅寺依然有禅宗法脉的传承。这时还出现有妙融禅师、妙才禅师等。这里仅谈妙融禅师。妙融禅师属临济宗四十五世，清光绪后期住持万杉禅寺，是万杉禅寺清代最后一任住持，也是民国年间万杉禅寺唯一一位住

---

① 景玉川主编：《万杉寺志》，方志出版社2014年版，第142页。
② 景玉川主编：《万杉寺志》，方志出版社2014年版，第142页。
③ 景玉川主编：《万杉寺志》，方志出版社2014年版，第142页。
④ 景玉川主编：《万杉寺志》，方志出版社2014年版，第142页。

持。他一生严持律仪，精进乐道，慈悲济世，继承临济与曹洞两宗，为庐山禅宗文化保留了一席之地。

二

新中国成立前夕，万杉禅寺每况愈下，日益走向衰败。1947年吴宗慈为修撰《庐山续志稿》重访万杉禅寺，满目凄然：散珠泉湮废，古迹大部被毁，仅存颓废旁殿寮舍十余间，一位老僧。新中国成立之初，万杉禅寺倾颓，无僧人，一片荒芜。1958年成立东牯山垦殖场（后称东牯山林场），万杉禅寺一带划归东牯山。这时，庐山禅宗文化已陷入了严重的危机之中。

山重水径疑无路，柳暗花明又一村。万杉禅寺在新时代又重获生机，这就是能行禅师的到来。能行禅师，字素成，俗姓刘，承临济宗四十五世、天台宗四十七世、沩仰宗十三世法嗣。1968年3月生于湖北武汉市新洲区。1984年6月29日在普济寺大雄宝殿举行皈依仪式。1985年往五台山善财洞谒依隆慧大和尚并剃度出家，赐名能行。1987年9月，她于五台山塔院寺依寂度大和尚圆具足戒，并于此留学修行三年。1995年4月6日，受江西星子县委、县政府聘请，主持重建万杉禅寺。在重建寺院的过程中，能行禅师还制定了禅规，并开展了弘法。

首先是重建古寺。1995年春，能行禅师来到万杉禅寺，感慨匡庐风光秀美，惜古刹不存，不禁黯然神伤。当时，"目睹古寺如此颓败，能行法师默然发愿：我今既已出家为僧，当荷担如来家业重修古寺，再振宗风。"①1995年4月6日，能行禅师受聘于星子县政府，负责重兴万杉禅寺。1995年9月，星子县人民政府批准了万杉禅寺修复规划，规划区总面积两平方公里，规划标示出其东、南、西、北的地界基点。能行禅师等率信众筚路蓝缕，择原址取荒基，开始重兴万杉禅寺大业。同年9月，他们利用拆卸和挖出来的砖、石、木料，举行了天王殿的奠基仪式，拉开了重兴万杉禅寺的序幕。能行禅师率众披荆拓荒，艰辛创业，靠肩挑背扛，自力更生，创殿宇、扩僧舍于榛莽之中。当时兴建的场景，能行

---

① 景玉川主编：《万杉寺志》，方志出版社2014年版，第16页。

禅师以诗的形式作了记录：

> ……
> 提倡修寺庙，万众一心同。
> 随缘欢乐助，个个慷慨从。
> 善男信女士，创修兴倍浓。
> 劳累无怨色，干劲乐冲冲。
> 捐钱又捐物，献料又献工。
> 合理安排事，技术各精通。
> 古刹重焕彩，复兴大功成。
> 辉煌兼壮丽，高耸入云峰。
> 碑廊古诗刻，气象万千同。
> 祖师归吉壤，万古仰清风。①

他们历尽艰辛，天王殿半年后竣工。尔后，大雄宝殿、法堂等次第修复。整个寺院的重建事项，据回忆说："转眼十九年过去了，万杉寺在能行法师带领下及众僧人的艰苦努力，昔日今朝两重天。……大雄宝殿、天王殿、玉佛殿、伽蓝殿、祖师殿、法堂、藏经楼、文殊堂、禅堂、弘法综合楼等十多座殿堂拔地而起，总建筑面积近万平方米，寺院僧人达八十余人，居士二千余人。万杉寺从一片废墟上重新站了起来。"② 建成的万杉禅寺，"已是庐山山南禅宗道场最大的古建筑群"③。其"规模超过历代万杉禅院，成为庐山乃至江西省较大的尼众道场"④。"至今，新宇巍然，殿阁雄峨，僧徒甚众，香火旺盛规模气象，雄甲庐南。"⑤ 由此，庐山禅宗文化道场得以复兴。在这里，"佛弟子凑泊，禅

---

① 释能忍：《修复万杉寺感言》。
② 《庆云》丛刊，2014年创刊号，第64页。
③ 《庆云》丛刊，2014年创刊号，第65页。
④ 景玉川主编：《万杉寺志》，方志出版社2014年版，第23页。
⑤ 《庆云》丛刊，2014年创刊号，第62页。

和子安单,鼎盛香火,映照江南,辐射海内"①。由于万杉禅寺道风严谨,庄严清静,多次荣获市"爱国爱教、争先创优活动先进场所"、县"五好宗教活动场所"、市"和谐平安宗教场所"、市"和谐寺院"等荣誉称号。

此外,能行禅师于2013年3月,率众修复了至今存历代僧人墓塔坟茔20余处中的五座,分别是大超禅师塔、剖玉禅师塔、大楚禅师塔、可绍明禅师塔、妙融禅师塔。其余禅师塔正在发掘和修复中。这对进一步挖掘庐山禅宗文化的内涵具有重要意义。

其次是制定禅规。能行禅师从万杉禅寺的将来发展考虑,如果要维护好禅宗道场,就必须制定禅规。"能行法师虑万杉禅寺未来,倡议依古德清规,参今世实际,制定绀园规约。调治三业,安立道场,大众同执,鼎新佛法,以作龟鉴。"②从中可以看到,制定禅规可以起到"龟鉴"的作用。能行禅师还特别强调制定禅规可防范不如法的行为,有助于禅门的清净。"量事区分,立法防奸,依丛林规式,宁可有格而无犯,不可有犯而无教,杜绝轻众坏法,是禅门之大幸焉。"③由此可见,制定禅规对于禅门来说是一件大好事。

所立禅规,对于坐禅勤修是不可或缺的。《万杉寺规约》要以人为本,重在未雨绸缪,纳诸条约而善调之,众无弃材,人无废事,或驰于僧务,或坐禅勤修,老祖风规,当不远于今日耳。"④禅规可调整各种不如法的行为。特别是在禅堂,必须认真履行规约。"寮口丈室禅堂,弘法祖域之光,诸僧斯谨恪尽职守,严肃清规戒律。"⑤对于"管理禅堂,故有堂主。寺风耸立,唯在僧伽。内有禅堂,外有法会,两者相彰,众人得益"⑥。这也就是说,在禅堂执行禅规,不仅有益个人禅修,而且裨益集体禅修。因此,"清规戒律禅戒子,懈怠难过

---

① 景玉川主编:《万杉寺志》,方志出版社2014年版,第64页。
② 景玉川主编:《万杉寺志》,方志出版社2014年版,第64页。
③ 景玉川主编:《万杉寺志》,方志出版社2014年版,第65页。
④ 景玉川主编:《万杉寺志》,方志出版社2014年版,第66页。
⑤ 景玉川主编:《万杉寺志》,方志出版社2014年版,第67页。
⑥ 景玉川主编:《万杉寺志》,方志出版社2014年版,第68页。

生死关。……警策禅子加助力，坐香禅板执法严。"①在禅堂里，是严格要求按禅规行为的，"坐禅坐参，三板入堂，其余行事，皆同前堂"②。必须做到"打坐禅板，宜常究竟"③。只有这样，才能获得"禅堂开示，沁人心田"④的好效果。由此，万杉禅寺的道风被赞叹："万杉寺的禅宗道风即是如此，以平常心为道，行住坐卧，处处皆可用功办道，时时护持正念，严持律仪，内具智慧，外现庄严，我将此称之为我所仰慕的'青杉道风'，也是恩师（指能行禅师）行持的真实写照。"⑤

事实上，对于万杉禅寺的如法禅修，也多有赞美之词。我们从一些文人诗句中可见一斑。如赞美禅房美景的，有林义力的《咏万杉寺》："小径弯弯通幽地，香云袅袅绕禅房。"⑥段德虞的《咏万杉禅寺二首》："禅房超旧盛，翰墨溢新香。"⑦吕明写道："庆云峰下起沧桑，断壁残垣都不见，杉樟翠茂禅楼秀。禅楼秀，文光照，先贤遗风魂不朽。"⑧赵承华的《万杉寺》："且向禅房驻，来听灌顶钟。"⑨赞颂参禅气氛的，有胡迎建的《庐山万杉寺联选》："群嶂围屏，香界庄严，广结善缘朝佛祖；万杉凝翠素心清净，还聆梵呗满禅林。"⑩以及"竹榻参禅，引泉洗钵无幻惑；顽石点头，磨砖作镜有灯传"⑪。刘文正的《赠万杉寺住持能行法师》："身坐禅房方寸内，壁观天地有无中。"⑫至于禅修的境界，能行禅师深有体会。如能行禅师的《偶作》："蒲团人坐久，问法已忘机。"⑬及《咏万杉寺》："涧

---

① 景玉川主编：《万杉寺志》，方志出版社2014年版，第69页。
② 景玉川主编：《万杉寺志》，方志出版社2014年版，第68页。
③ 景玉川主编：《万杉寺志》，方志出版社2014年版，第69页。
④ 景玉川主编：《万杉寺志》，方志出版社2014年版，第66页。
⑤ 《庆云》丛刊，2015年第二期，第89页。
⑥ 《庆云》丛刊，2015年第二期，第226页。
⑦ 《庆云》丛刊，2015年第二期，第228页。
⑧ 《庆云》丛刊，2014年创刊号，第186页。
⑨ 《庆云》丛刊，2014年创刊号，第195页。
⑩ 《庆云》丛刊，2015年第二期，第227页。
⑪ 《庆云》丛刊，2015年第二期，第227页。
⑫ 《庆云》丛刊，2014年创刊号，第193页。
⑬ 《庆云》丛刊，2015年第二期，第229页。

草自迷游客屦,岩花时落坐禅衣。若问何昔山间住？古木逢春我始归。"[1] 所有这些诗句,一方面反映了万杉禅寺禅修的特色,另一方面也丰富了庐山禅宗文化内容。

能行禅师还重视传戒。能行禅师认为传戒旨在续佛慧命,培育禅修人才。万杉禅寺作为禅宗道场,现已成为一所享有盛名的庐山寺院和全省重点佛教寺院,2009 年 5 月万杉寺被定为全国二部僧的亚部传戒寺院,实现历史性复兴。这为庐山禅宗文化面向全国、走向世界奠定了扎实的基础。

最后是开展弘法。能行禅师对万杉禅寺的定位是:"以道风建设为中心,以慈善事业和佛教文化为两翼,系弘法未来发展之宗旨"。[2] 在其弘法的宗旨中,道风建设上面已有叙述。在慈善事业方面,设立慈善专项基金,积极参与济困赈灾。不但扶助孤寡老人、抚养孤儿、赞助贫困学生,而且先后为汶川、玉树等地震灾区捐款捐物数十万元,受到社会各界的好评。在这里,我们主要谈万杉禅寺的佛教文化,亦即以"禅"为特色的文化。因为万杉禅寺历来以禅文化为自己的标志,"续灯之始有万杉者,乃以其禅耳。"[3] 对于万杉禅寺的禅文化特色,有文人诗句为证。如：张贞生的《宿万杉寺》:"剖破巉岩全选佛,习成猿鹤尽归禅。"[4] 吴敬之的《游万杉寺》:"钟楼声未歇,是处足安禅。"[5] 余福智在《题万杉寺》:"禅心是处拈花笑,寺院飞檐又几重？"[6]

为了弘扬禅文化,能行禅师在万杉禅寺开展形式多样的活动。具体来说,一是成立庐山庆云文化社。庐山庆云文化社是一个综合性的地域文化团体。该团体的成立,受到高度赞扬,胡振鹏先生在《庐山庆云文化社成立贺词》说:"家乡成立庐山庆云文化社,弘扬庐山和鄱阳湖地域博大精深的历史文化,这是一件功德无量的大事、好事。这一益举对于挖掘和光大赣文化、弘扬我们中华民

---

[1] 《庆云》丛刊,2015 年第二期,第 229 页。
[2] 景玉川主编:《万杉寺志》,方志出版社 2014 年版,第 65 页。
[3] 景玉川主编:《万杉寺志》,方志出版社 2014 年版,第 137 页。
[4] 景玉川主编:《万杉寺志》,方志出版社 2014 年版,第 173 页。
[5] 景玉川主编:《万杉寺志》,方志出版社 2014 年版,第 199 页。
[6] 《庆云》丛刊,2014 年创刊号,第 187 页。

族优秀的传统文化所产生的积极作用将不可估量；对于提高星子在外知名度，促进旅游强县所产生的作用，也将不可估量。"①庐山庆云文化社成立后，这里聚集着众多人才。当时情景有诗为证，陶海南的《访万杉寺》："高朋满禅阁，定策慕'莲松'"。刘极灿的《庆云文化社成立》："贤达名流来四方，千年古刹烨文光。寻求瑰宝弘龙脉，结社禅堂谱锦章。"②他们在这里施展着自己的才华，刘希波的《咏万杉禅寺》："高扬国魄兴文社，志在禅林第一峰。"③庐山庆云文化社不仅仅是弘扬禅文化，而是具有适应现代社会需求的多功能组织。也可以说，"文化社更是一处驿站，当您为生计或公务的繁忙而心情疲惫时，请来此小憩，感受大自然，呼吸新鲜空气，或竹林漫步，赏花闻鸟，或参禅论道，品茗赋诗，体味禅与诗，佛学与哲学，自然与人生，或许有所悟，有所得。"④对于庐山庆云文化社弘扬禅文化的成果，能行禅师深有体会地说："一年来的办社实践，使我感受到，万杉寺必须要把部分精力放在精神文化建设上。"⑤二是举办禅茶会。禅茶会的举办与庐山庆云文化社的成立具有密切的关系。因为禅茶会的举办列入《庐山庆云文化社章程》，"2013年12月28日庐山庆云文化社成立大会通过《庐山庆云文化社章程》：第二十七条定期或不定期组织开展文学和书画笔会及禅茶座谈会，联络感情，交流经验，以提高社员的文化素养和文艺创作水平。"⑥以后还确定了每年端午期间举办一次禅茶座谈会。2015年5月26日，庆云文化社在万杉禅寺举行了端午禅茶会，莅临禅茶会的嘉宾有庆云文化社名誉社长、顾问、常务理事、理事和社员代表共120余人。会上大家品茶谈禅，"禅茶会，典雅端庄。各抒己见，功德文章"⑦，起到非常好的效果。因此，举办禅茶会得到大家的赞叹："能行法师营造出这么一个清静、和

---

① 《庆云》丛刊，2014年创刊号，第5页。
② 《庆云》丛刊，2014年创刊号，第186页。
③ 《庆云》丛刊，2014年创刊号，第192页。
④ 《庆云》丛刊，2014年创刊号，第148页。
⑤ 《庆云》丛刊，2015年第二期，第8页。
⑥ 《庆云》丛刊，2014年创刊号，第214页。
⑦ 《庆云》丛刊，2015年第二期，第230页。

乐、充满禅意法喜的场面,使每个人内心深处第一感触到的是禅茶一味之真趣,不得不赞叹能行法师的智慧与超脱。"①三是创办《庆云》杂志。《庆云》丛刊于2014年10月发行创刊号,能行禅师认为"这是庆云文化社的初成之果,也是庐山文化建设值得庆贺之事!"②2015年又发行第二期。因其内容丰富多彩,可读性强,故深受好评。这也极大地激发了万杉禅寺办刊的热情,从他们发自内心的诗句可见一斑。"办好刊物,扬我禅林。发行书籍,接引有情。"③此外,能行禅师还加强对外友好交往。2005年8月,能行禅师于北京谒见中国佛教协会会长一诚长老,并随中国佛教协会第四届修行团赴韩国考察体验。其弘扬禅文化的收获也是很大的,"参学修行访高僧,迎请祖师来教行,外出弘法传佛道,神州大地皆称颂"④。

　　从上述可见,万杉禅寺在禅宗文化发展历程上,"从以前至现在都可以算是一座伟大的禅林"⑤。特别是在能行禅师的主持下,率领四众弟子,"在她们的努力下,在这么短的时间内,超历史地恢复了五大丛林之一的万杉古寺,这本身就是对庐山、星子文化建设做出了非常大的贡献。现在又积极发起组建庆云文化社,重视精神文化建设,重视以文兴寺,以文化人,这就说明她们不是一般的僧人,而是高僧大德"⑥。这也预示着庐山禅宗文化将会迎来广阔而又美好的前景。

---

① 《庆云》丛刊,2014年创刊号,第67页。
② 《庆云》丛刊,创刊序言,2014年创刊号。
③ 景玉川主编:《万杉寺志》,方志出版社2014年版,第74页。
④ 景玉川主编:《万杉寺志》,方志出版社2014年版,第70页。
⑤ 景玉川主编:《万杉寺志》,方志出版社2014年版,第154页。
⑥ 《庆云》丛刊,2014年创刊号,第12页。

江西藏传佛教传播发展述论

藏传佛教作为一个有影响有势力的佛教系统,自产生伊始就持续不断向中国内地各区域渗透,在江西也有所表现,为江西佛教文化史上的内容之一。为了更加全面地把握江西佛教生态和藏传佛教在内地传播发展的历史,我们试图从极其有限的资料出发,索隐钩沉,努力揭示江西藏传佛教传播发展的事实及其原因、影响,并进一步认识藏传佛教与江西宗教文化生态的关系。

藏传佛教在江西传播发展的情形

藏传佛教是我国佛教中的重要一系,主要是以密教的形式传播发展的。密教传入江西很早。例如,东汉后期来自安息(今伊朗)的高僧安世高,是最早进入江西的佛教僧侣,并在江西展开了类似密教的活动。据《高僧传》卷一《汉洛阳安清》载,东汉灵帝末年,安世高欲振锡江南,在与众商旅过庐山时,于䢼阳宫亭湖上以咒术杀蟒而解除了覆舟风波。在《宋高僧传·唐洪州开元寺道一传》中有数处记载马祖道一的灵异、神通。这或许表明,早在藏传佛教正式传入江西之前,江西其实也已有了藏传佛教的思想传播。

唐代中晚期,江西在南北地理交通中处于重要地位,佛、道文化兴盛发达,对外交流频繁,然而密宗的踪迹却颇为缥缈。目前所见资料唯有一条,清光绪《江西通志》卷一一二载:"尊胜寺,在安福县治西。唐僧慧建,明洪武间立为丛林,统院六,曰崇福,曰重兴,曰南台,曰延福,曰白云,曰瓦棺。李时勉有碑记。"所谓"尊胜",与密宗文献《尊胜陀罗尼经》有关。[①] 寺庙是宗教重要的物质形式,安福县有密宗寺庙,自然当有密宗的传播。只是传播的具体情形,已湮没于历

---

① 刘黎明:《中国古代民间密宗信仰研究》,巴蜀书社2010年版,第29页。

史的荒原之中了。

唐末以来，密宗作为独立的佛教教派遂不复存在，其念咒、供养仪轨部分逐渐融入佛教的其他各宗之中。①北宋建立以后，数代最高统治者极其重视"神道设教"，致力于"怪力乱神"，促使密教又有所复兴。密教在江西也有了相当的传播发展。宋绍圣年间（1094—1097年），时有西域密教僧持金佛像、贝叶经、佛牙等圣物的入住庐山天池寺。据《金石汇目分编补遗》卷六载，江西九江有《宋东林寺陀罗尼经幢》。密教咒术在江西非常流行，宋仁宗嘉祐八年（1063年）虔州（今江西赣州）任世衡及妻印造《佛顶心观音菩萨大陀罗尼经》500卷。②江西民间社会兴盛《大悲咒》的秉持念唱。此外，江西宜春慈化的印肃普庵禅师（1115—1169年）所创的普庵咒，也与密教有着深刻的关系。③

13世纪中叶，元朝建立，西藏正式隶属中国版图。元统治者为了有效管辖西藏，遂大尊藏传佛教，使得藏传佛教在全国（包括南方）呈兴盛之势。江西地处长江中游，毗邻南方藏传佛教中心浙江，自然颇受元廷推行藏传佛教政治的影响。江西僧侣与藏密僧有一定程度的交往。据自融、性磊《南宋元明禅林僧宝传》卷九记载，南昌的晦机元熙禅师（1238—1319年），先后依止物初大观、东叟仲颖等禅师，活动于浙江钱塘一带，名重一时，元初曾住持江西奉新百丈寺。精通藏传佛教的印度指空和尚受蒙元皇室召请赴大都，途经报恩寺，一见行中禅师（江西鄱阳人）便惊为"再世人天师"，遂专门为其受戒，并传摩利胝咒法。另外，也有藏密僧进入江西境内。大约在元朝成宗时期，西域僧侣黑氏儿曾游历至享誉江南的宜春慈化寺，作有《题南泉寺》一诗，盛赞宋朝印肃普庵禅师的功绩并予以深切的怀念。又，元代蒙古人、色目人在江西活动的不少，④这些人的宗教信仰大多以藏传佛教为主。至元元年（1335年），元顺

---

① 薛翘:《中国密宗东渐日本的历史见证——谈日本京都东寺收藏的唐代佛具金刚杵》，《南方文物》，2000年，第1期。
② 张中一:《郴县旧市发现宋代经卷》，《文物》，1959年，第10期。
③ 谭伟伦:《印肃普庵（1115—1169）祖师的研究之初探》，谭伟伦主编《民间佛教研究》，中华书局，2007年。
④ 吴小红:《江西通史》元代卷，江西人民出版社2008年版，第139—161页。

帝令江西奉新百丈山大智寿圣禅寺方丈释德辉禅师编纂《敕修百丈清规》,其中专列"帝师涅槃"条文,对汉地佛教寺院在八思巴涅槃日祭奠他的法会仪文作了详细、明确的规定。① 这些由元廷规定的纪念八思巴的活动,虽然不是专对江西,但对推动江西的藏传佛教无疑会有一定的作用。最值得注意的是,曹洞宗祖庭之一的永修云居山真如禅寺一度弘扬藏传佛教,至今在寺后留有两座藏式喇嘛塔及1986年寺侧地宫出土的藏式法器等标志。② 不过,因元朝后期战乱频仍,真如禅寺屡遭兵燹破坏,藏传佛教也寂灭。有研究者称,元廷推崇藏传佛教,在江西弘传较广,其势非小。③ 笔者根据以上的史实,认为这一说法可能有些夸张。事实上,当时藏传佛教在江西传播发展还是表面性浅层次的,毕竟迄今为止还难以找到当时有江西人信仰藏传佛教的史实。

元明鼎革后,明统治者为了羁縻藏区,秉承蒙元方略,"尊僧崇教",④ 由此使藏传佛教在明朝政治层面上依然保持了一定的优势。番僧在京城活动的人数如过江之鲫,游走于内地各省的番僧也有不少。在这一背景之下,藏传佛教对江西的影响也比元朝有所增大,也更加深入些。自明建立以来,江西禅僧就与藏传佛教僧侣相交往,这样就导致一方面对藏密文化有了较为深入的认识。《明太祖实录》卷九四载,洪武七年(1374年)十一月甲子,太祖授先后来朝的印度僧班智达撒哈咱失里为善世禅师。撒哈咱失里,习通五明经律论之学,复精修禅定,是一位藏密高僧。释来复曾撰《西天善世禅师班的达公塔铭有序》对撒哈咱失里的生平事迹及思想进行评述。⑤ 按:释来复,字见心,江西丰城人,明初享誉江南的临济高僧。洪武初,明太祖诏十大高僧于万机之暇应宣说法,来复大称上情,遂赐金襕袈裟并御食。释来复能撰写撒哈咱失里的塔铭,当对撒哈咱失里及藏传佛教有一定的了解。另外,江西鄱阳释克新,洪武三年(1370

---

① 任宜敏:《中国佛教史·元代》,人民出版社2005年版,第93页。
② 张国培、何明栋主编:《江西省宗教志》,方志出版社2003年版,第56页。
③ 张国培、何明栋主编:《江西省宗教志》,方志出版社2003年版,第5—12页。
④ 周齐:《明代佛教与政治文化》,人民出版社2005年版,第141页。
⑤ 释来复:《西天善世禅师班的达公塔铭有序》,《北京图书馆藏中国历代石刻拓本汇编》第51册,中州古籍出版社1990年版,第17页。

年），奉诏前往西域，并招谕吐蕃，圆满而归。克新在西域、吐蕃以宗教名义进行活动，当与藏密僧有较多的联系，对藏密的思想内容、仪轨、经典也较为熟悉。另一方面藏传佛教也渗透到禅宗的文化体系之中。近年来，江西省德安县文物普查人员在吴山乡红桥村九组发现一座修造于明中晚期的"禅师明十墓"。此墓是藏传佛教传入或影响江西的实物资料见证。此外，明代景德镇成为生产藏传佛教陶瓷工艺产品的重地。1982年，在当时发掘的景德镇市珠山明永乐时期的官窑的遗存中，发现腹部刻画有藏文经咒的白瓷饮器僧帽壶，[①]这是明朝皇帝在景德镇官窑专门为西藏僧侣烧制饮器的报废贡品。台北艺术家出版社出版的《明代陶瓷大全》中，收录有一件明成化斗彩十字三钴金刚杵纹白瓷碗，系景德镇明成化官窑贡瓷中藏式瓷品的上乘之作。[②]研究者指出："景德镇御器厂成化遗址出土了数量极多、品种繁多的梵文瓷器"，"瓷器上梵文的内容主要还是种子字和经咒"，此间还出土不少藏文瓷器，它们都与密宗内容有关，其中一部分"可能是供应中原的法王、国师们使用的"，因而也有流散在江南民间，甚至还有民窑产出的这类瓷器。[③]

清朝建立后，统治者与藏区的关系较明朝更加密切，对藏传佛教也采取了比明朝更加优越的政策，尊崇以藏密黄教格鲁派为核心的喇嘛教为国教。不过，清代的藏传佛教着重在藏、蒙、川、滇及京师等地传播发展，内地的绝大多数地区则几乎处于空白状态。清代中前期在江西很难找到藏传佛教传播发展的有关资料。笔者上下搜寻，仅见两则资料，一是清光绪《江西通志》卷一九载："（江西金溪）县丞廨，在县治东南尊胜寺左，今废。"金溪县建有尊胜寺，或说明当地尚有藏传佛教的活动。二是清光绪初年，西藏喇嘛迦藏云游江南时，曾驻锡南丰，于南丰县崇真寺旧址侧之西台山结茅庐修身。据民国《南丰县志》记载："迦藏喇嘛有道法，以杯盛水置几上，水凸出杯面，状若晶球，无点滴外溢，病者饮少许辄效。"光绪十五年（1889年）累赀鼎新重建时，邑

[①] 白焜等：《景德镇明永乐、宣德御厂遗存》，《中国陶瓷》，1982年增刊。
[②] 薛翘：《中国密宗东渐日本的历史见证——谈日本京都东寺收藏的唐代佛具金刚杵》，《南方文物》，2000年，第1期。
[③] 张东：《论明代景德镇官窑中的梵文和藏文瓷器》，《上海博物馆集刊》，第7期。

令德赓助成。"其事未几，遂蜕蚹焉。"邑人为敬重迦藏之功德，寺内"塑其像祀之，面目如生，酷肖其神"。据传，在以喇嘛为首重建寺院时，在废墟中挖得"崇真古寺"石匾，喜之不尽，敬悬镶于山门之上。后人看见这苍劲有力的大字，无不称绝。①另外，由于清廷重视以陶瓷艺术品供养藏传佛教，景德镇依然成为藏传佛教陶瓷艺术制作的中心。譬如，乾隆一朝就前后不断地诏令景德镇制作奔巴瓶（壶）、甘露瓶、五供、瓷塔、佛像、僧帽壶、高足杯等藏传佛教的陶艺供物。②

　　1912年民国肇建后，藏传佛教在内地传播发展的情势发生了巨大的变化。随着近代科技的发展和交通条件的改善，内地和藏区的往来更加方便，汉藏佛教界的交流也进一步深入和扩大。由此带来了藏传佛教在内地传播发展的一个高潮，也直接焕发了江西藏传佛教的勃勃生机。江西有一批居士赴日学习东密，江西佛学大师桂伯华(1861—1915年)于清宣统三年(1910年)亲赴日学习密宗。随后，居士黄辉邦也至日本学习密宗；江西南城人欧阳祖经（1882—1972年）在留学日本时，也修习密宗。他们在学习东密过程中，逐渐清晰地认识到当时密宗的源头在藏传佛教之中，从而关注藏传佛教。不仅如此，而且藏传佛教大师也积极引导和推动。例如，常住北京雍和宫的藏传佛教高僧白普仁喇嘛（1870—1927年），是民国汉藏佛教交流史上密法内传的"先行僧"。③1926年6、7月间，他应"赣省之迎请赴庐山修法"，开启了民国时期庐山藏传佛教之风气。在白普仁之后，诺那、贡噶两位活佛又在江西大力弘传藏传佛教。1931年，他率弟子数十人到庐山、南昌等地弘传大圆满密法，使藏密在江西迅速弘传。其后，其徒嗣包承志居士等在南昌右营街20号，组织"诺那学会江西总会"，定期相聚，习密宗修持。陈健民于1931年追随诺那来赣后，即在庐山住茅棚潜修年余。1933年，鉴于汉地信仰红教者日益增多，诺那与亲信弟子韩大载、陈圆白等人到江西庐山观察地势，选定小天池建立莲华生上师殿及关房等，作

---

① 陈卫民等主编：《江西宗教活动场所简介》"南丰县崇真古寺"，江西民族宗教事务局编，第1—2页。
② 刘伟：《清宫旧藏藏传佛教风格瓷器与帝王宗教信仰》，《中国藏学》，2004年，第1期。
③ 王海燕：《民国时期汉藏佛教界文化交流的历史进程》，《西北民族研究》，2009年，第1期。

为内地红教道场。1936年5月，诺那在四川甘孜圆寂，经中国工农红军总司令朱德批准，遵其遗愿将遗体从长征红军辖区运抵庐山。1937年得弟子为之建塔安奉于庐山小天池。诺那在江西的行迹，极大地推动了藏传佛教在江西的弘扬。受诺那的影响，在庐山修持密宗的还有民国名人顾净缘、唐生智等人。贡噶受诺那活佛的嘱托，继承红教弘法事业，在内地弘化。1937年，贡噶专程至江西庐山，为诺那的灵骨塔及莲师殿开光。1947年，江西临川金山寺大雄宝殿重建落成，开光之日，礼请贡噶来寺启坛弘传密法。贡噶弘法期间，主持将临川金山寺改为密宗道场，更名为"中华贡噶寺"，在此弘法月余，为桂汝丹、黄辉邦、曾非欤等灌顶传法。这些汉族佛教的信仰者，兼信藏密，成为江西藏传佛教的骨干。另外，释妙空（青海藏区人）也至江西宁都青莲寺等处讲经说法，以后还出任南昌南海行宫圆通寺住持。1945年，释妙空协助释定慧、居士曹德山等筹备成立江西省佛教会，当选为副会长，协助会长释定慧处理会务，主持创办《觉悟》杂志，弘扬佛法。驻锡南海行宫圆通寺期间，释妙空全力弘法，教化众生，广度有缘，颇有建树。又，藏传佛教高僧释心道于1948年冬，迁锡入赣，并于1949年，受请为颇有藏传佛教渊源的南昌圆通寺方丈，此后一直在江西进行佛教活动。特别值得一提的是，与欧阳渐、桂伯华同为"佛教江西三杰"之一的临川李证刚（1881—1952年），早年由姻亲桂伯华指引修习密宗，并持之以恒，深入密宗真言声字义门，每以密义解经，代表著作有《心经密义述》《金刚观智密要成佛法门》。李证刚对藏传佛教历史颇有认识与研究，于民国初年著有《西藏佛教史》一书，成为内地较早介绍西藏佛教的著述之一。[①]

藏传佛教在江西传播发展的特点及其原因

综观藏传佛教在江西地区的传播发展的情形，我们认为主要有以下几个特点：一是历史较为悠久，渊源于汉魏，正式形成并贯穿于元、明、清、民国，直至当代；二是连续性不强，断断续续，时兴时衰，有时甚至难以找到前后的关联；三是没有形成稳定的传播场所，直至民国后才逐渐形成以庐山、南昌为

---

① 张国培、何明栋主编：《江西省宗教志》，方志出版社2003年版，第109页。

中心的传播点；四是信众多为汉传佛教僧侣或居士，而广大民众对藏传佛教似是相当隔膜等。这些特点，是由国家宗教政治、藏传佛教的文化性格以及江西地域文化所决定的。具体而言，主要是由以下因素所决定的：

其一，江西民众对藏传佛教的需求程度不高。江西自两汉以来，儒家文化就扎下了根基，人们基本的理想出路在于此岸的"修身齐家治国平天下"，而不是彼岸的超脱。藏传佛教的思想内容和活动仪轨多与儒家的纲常伦理严重抵触，甚至于格格不入，自然难以获得江西民众的广泛认同。江西民众如果需要宗教信仰，当地不仅有传统的佛教、道教，还有各式各样的民间信仰。另外，藏传佛教的供养模式与汉传佛教注重自给自足的精神有相当大的区别。藏传佛教的信仰需要相当的物力财力的支持，甚至把自己的一切奉献给宗教，对于信仰多元、小农意识比较强烈的广大江西民众来说，竭诚信仰藏传佛教几乎是不可想象的，所需要的巨大财物供奉也不是江西普通民众所能提供和承受的，这自然极大地阻碍了藏传佛教的传播与发展。

其二，江西藏传佛教的传播发展没有得到统治者强有力的支持。"不依国主，则法事难主"是佛教在中国传统社会遭遇的基本现实。藏传佛教在江西的传播发展，同样有赖于国家政治的支持。虽然元、明、清、民国等各个时期的统治者或因政治或因个人信仰而对藏传佛教表示特别的崇重，但并不热衷甚至限制藏传佛教在内地的传播发展，这在相当程度上影响了藏传佛教在内地传播发展的态势。江西地处长江中游地区，不是历代统治者需要施行藏传佛教以图羁縻、稳定之地，所以他们并没有鼓励或强行在江西推行藏传佛教。以最积极向内地推广藏传佛教的元朝为例，元廷虽有意利用藏传佛教以改造江西的宗教文化生态，但同时又出于宗教政治宽容的传统政策和对江西佛、道的敬重，并没有在江西推行藏传佛教，或禁止江西佛、道及其他民间宗教。又如，以"驱除鞑虏，恢复中华"自居的明王朝，统治者虽然出于政治羁縻或自己生活方式的需要，笼络藏区高僧，在宫廷中大行藏密，但在汉族区域的社会层面上却基本上实行限制、禁止的政策，以致汉地的民间社会在佛教方面依然是禅宗、净土宗占主导。印顺法师指出："明太祖逐元而还我河山，严禁秘密教之流行，中国佛教及社会,赖以清净,可谓真能护国护教者。"①事实上,不仅明太祖如此,其他明皇帝也大致如是。如明成祖朱棣本人崇信藏传佛教,但这一点,官方文籍中只有《明史·西域传》有较为含混的记载,说成祖"兼崇其教",而本纪及实录中则是讳莫如深,绝口不提。清代,王公贵族奉行藏传佛教,但依然不向汉族地区推广,江西也是受限制之地。元明清统治者对藏传佛教的这种态度,自然极大地限制了藏传佛教向包括江西在内的内地省区的传播发展。而民国时期,白普仁、诺那、贡噶等能在江西掀起藏传佛教的高潮,关键一点就是来自政府的有力支持。这也从另一个角度反映出政治对藏传佛教在江西传播发展所起的作用。

其三,江西深厚的佛、道文化底蕴,极大地抵制了藏传佛教的进入。以佛教而论,自东汉中后期以来快速发展,庐山在六朝时期就已成为中国东南佛教的重心。至唐宋时代,江西演化为中国佛教禅宗重地,有"选佛场"之称。禅宗"五家七宗"中,沩仰、临济、曹洞、黄龙、杨岐创立于江西,云门、法眼二宗也渊源于江西。元、明、清、民国时期,江西佛教虽然与全国佛教形势一样不断趋于衰微,但仍维持着中国佛教先进的地位。道教方面,江西是中国道教形成的策源地之一,汉魏南北朝隋唐时期发展持续不断。至宋元时期,成为中国正一道的中心。明、清至民国,仍不失为中国道教的重地。藏传佛教在元初传到江西时,当即遇到江西佛、道文化的抵制。一方面,江西的名山胜水、都市乡野都早已被汉人的佛教、道教以及其他民间信仰所占据,留给藏传佛教的空间极其有限。包括江西在内的内地汉传佛教与藏传佛教都根源于印度,佛教的根本理论有一致性,修习方式也有某些共性。然其思想内容、修炼方式、僧侣生活习俗等等还是有较大差异,甚至存在严重隔阂,所谓"特于汉僧丛林,尤为格格不入",②从而造成排斥、抵制藏传佛教的情形。例如,元初元熙禅师力辞杨琏真伽的请求而归江西隐居,除了因其兄长随文天祥起兵抗元战死而存有家国之仇外,还因他是江南禅宗的代表人物,对藏传佛教有不小的抵触

---

① 释印顺著:《佛教史地考论》,正闻出版社2000年版,第85页。
② 隆莲:《能海法师弘法业绩述略》,《四川文史资料选辑》,第35辑,四川人民出版社。

意识。另一方面，藏传佛教思想内容、修持仪轨，要比以禅宗为代表的汉传佛教复杂烦琐得多，故难以为江西民众所接受。藏传佛教的灌顶、秘修等方式方法，神秘而且新奇。"本身具有令人畏服的神秘色彩"，通过"侈设仪式，讲究修法，演习咒术等"，[①] 广作法事，据说可以沟通神佛世界与人间，驱邪避凶。这无疑神秘而新奇，对民众颇有吸引力，但江西道教亦擅长符咒、法术，自然极大地消解了藏传佛教的"神奇"。加上江西佛教文化自汉魏以来就存有密宗色彩，自然也不会对藏传佛教产生特别的好奇而信奉。清末民国时期，江西的道教、佛教衰落不堪，藏传佛教却由此出现了一个比较繁盛的情形。这正从反面说明，藏传佛教在江西的长期不兴，是由于江西传统的佛道文化力量的强大与抵御。尽管某一时期因统治者的积极扶持或藏密僧的积极活动，藏传佛教有可能在江西某地一时得到弘传，但最终因"水土不服"而难以深深扎根。元朝时期永修真如禅寺、民国时期的临川金山寺的藏传佛教传播情形就是典型的例子，它们虽然一时可能兴盛，最终这些寺庙仍然归为汉传佛教（禅宗）的领地。当然，江西文化也具有包容性特征，能"接纳四方，进行广泛的文化交流，兼容并蓄，不断丰富着文化内涵"[②]。研究者指出，先秦时期的江西地域文化，就不断接纳与融合中原、荆楚、吴越、岭南等地文化，融合成自成特色的赣鄱文化。[③] 正是这种文化精神，使江西对于藏传佛教也曾采取了宽容、接纳的姿态，藏传佛教得以进入江西并得到传播发展。

其四，地理交通的限制。虽然人类文化交流是不受地域疆界限制的，也是山水不能阻隔的。但艰难、不便的地理交通，毕竟是文化交流的巨大障碍。一方面，江西地处长江中下游的"吴头楚尾"地区，距离藏传佛教的原始区域及其流行区域较远，所受藏传佛教文化的影响甚微。另一方面，长期以来，江西与藏区的交通极其不便，藏地僧侣要进入江西境内相当艰辛；江西民众要赴藏地学习藏密，亦颇为不易。这种情形，虽然在民国之后才有所改善，但"天路"

---

① 黄玉生等：《西藏地方与中央政府关系史》，西藏人民出版社1995年版，第44页。
② 许怀林：《江西文化》，安徽教育出版社2006年版，第16页。
③ 彭适凡、许智范：《赣鄱文化论》，江西师范大学文学院编《赣文化——从大京九走向二十一世纪》，江西教育出版社1997年版。

之困仍然使两地宗教人士往往思而生畏、望而兴叹。

其五，藏传佛教僧侣并无多大兴趣在江西推广藏传佛教。江西是中国内地省份，以农业经济为主工商业经济为辅，儒、佛、道的传统文化深厚，并没有适宜藏传佛教传播发展的土壤，自然限制了不少藏传佛教僧侣在此"开疆拓土"。除民国时期，诺那、贡噶两活佛注重在江西宣法弘教外，其他时期，均无有影响的藏传佛教高僧在江西活动。另外，即便有藏传佛教僧侣到江西传法扬教，因少通汉语，只能传授了一些密宗的事相，对于较深的教理，却难以传达。因此，大多数江西的信徒只接触了一些藏传佛教的皮毛，而没有真正了解和把握其中的深广内涵，这自然也极大地限制了藏传佛教在江西的传播发展。

藏传佛教对江西宗教文化生态的影响

江西虽然并不是藏传佛教传播发展的重要地区，但藏传佛教长期以来在江西的活动，对江西的宗教文化生态还是产生了一定的影响。

首先，在汉传佛教重地的江西，藏传佛教得以进入并形成了一定的势力。江西自东汉以来，佛教就一直兴旺发达，最终成为中国佛教文化的传统胜地。作为异质文化的藏传佛教，自元代以后就以锲而不舍的精神，在江西不断地传播发展，虽然极其艰难曲折，但历经磨难而终于站稳了脚跟，有了不小的成果。一是形成藏传佛教的弘传基地。庐山诺那塔院自20世纪30年代建成始，直至今日乃是藏密宁玛派（红教）在江南地区最著名的道场。据传始建于1200年前的进贤县长山乡莲花寺，也是现今一殊胜的藏传佛教道场。20世纪30年代，诺那活佛曾在此驻锡，声称本寺应依其殊胜上师蒋扬钦哲旺波的法系来传承，由此奠定了此寺藏传佛教的性格。后莲花寺被毁，于1994年重建。由诺那活佛的弟子、长山乡人晁瑶兰住持。二是培养了一批藏传佛教信徒。例如，新中国成立后，曾任江西师范学院哲学教师的黄辉邦居士，在完成教学任务的同时，虔心修持，恭敬礼佛，供养三宝。南昌李秀莲居士，自费至西藏、青海参学，供养色达五明佛学院。正是由于藏传佛教在江西扎根深厚，薪火相传，使今天的江西仍是内地藏传佛教比较重要的传播发展区域之一。

其次，丰富了江西佛教文化的内容，在一定程度上推动了江西佛教的发展与进步。藏传佛教是对印度佛教显密教法的完整、忠实的继承,一直传承弘扬着直接源于印度佛教的显法、律法和四续部密法,显密并重,教法体系完整。[①]"传统的汉地佛法修持,由于缺乏普遍的持久修持而获实证的经验,使佛教信仰逐渐动摇,由信转疑,由疑而生谤毁,从而使佛教传统修证,面临巨大的危机"[②],而藏传佛教却对此有所裨益。例如,民国前后,当江西和全国的汉传佛教一样处于衰微境地时,正是由于藏传佛教的推动,其活动又趋于兴盛,重新成为当时中国佛教的重要区域,使江西佛教在全国仍保持了先进的地位。

再次,加强了江西与藏区之间的文化交流。藏传佛教在江西的传播发展,得力于藏传佛教高僧,他们出于宗教本能和宗教追求,往来于藏区与内地(江西)之间,由此使江西的文化染上了藏文化的色彩。例如,藏传佛教的塑像、绘画、建筑,在江西的寺庙中时有所见;"活佛""喇嘛""莲花生""八思巴""唐卡""金刚""度母""六字真言"等藏传佛教的语言词汇,在江西民众的口中往往说得极其自然;产生于江西的普庵教中,就吸收了藏传佛教的因素;道教符咒中,也掺杂有藏传佛教的内容;江西的汉传佛教也明白自己的"见性成佛"与藏传佛教的"即身成佛"有某种共通性。特别是,江西本地的藏传佛教人士,原本多是汉传佛教的信徒,修习藏传佛教后,也就很自然地带有藏传佛教文化的色彩。一些寺院原本也是汉地寺院,由于藏传佛教的活动,在它们的身上也自然具有了汉藏文化的结合特征。正是由于元朝时藏传佛教在云居山真如禅寺传播发展的历史,2006年4月,第十一世班禅大师与中国佛教协会会长一诚禅师在江西云居山真如禅寺共同植下了一株"汉藏连心树",表达了汉藏佛教界真心相待、友好相处、平等交流的美好愿望,同时也说明了真如禅寺与藏传佛教的殊胜因缘。一般而论,在相互交往和接触的过程中,各自文化的辐射和借鉴是互动的、双向的。虽然由于史料的缺乏,我们对于江西文化对于藏区文化的影响、作用不得而知,但由于藏传佛教的纽带,想必也会产生相应的作用和影响。

最后,丰富了江西的文化艺术。这主要表现在建筑和陶艺两个方面。以

---

① 任宜敏:《中国佛教史·元代》,人民出版社2005年版,第204—205页。
② 陈永革:《佛教弘化的现代转型》,宗教文化出版社2003年版,第300页。

建筑而论，江西因藏传佛教而有特别的表现，庐山诺那塔院就是典型的代表。1935年藏传佛教密宗宁玛派僧众在此修建莲花生祖师殿一座，内供托沙莲佛。1937年，朱子桥、朱益元、柏烈武等名流组建筹备会，为在甘孜圆寂的诺那活佛建塔院。1938年，白塔落成。整座塔仿照印度如来五轮塔的式样，蒙藏风格浓郁，占地30平方米，塔高35米，气势卓异不凡。同时落成的还有诺那精舍一座。诺那塔院是为藏传佛教宁玛派在内地的唯一道场。新中国成立后，庐山诺那塔院作为密宗道场得以保存。"文化大革命"期间，诺那塔院遭破坏。1989年后，海峡两岸诺那活佛弟子多方奔走，共同襄助，开始修复诺那活佛塔院。1992年诺那塔院得以修复告竣，同年6月2日重新开放。坐落于庐山西南天池寺侧的五佛圆殿（俗称"圆佛殿"）也是内地有名的藏传佛教建筑。此殿系民国军政要人唐生智于1928年为庆祝其母八十大寿辰而发心捐建的国内第一个显密圆融的密坛，于1933年建成。此殿建筑样式及殿内结构均按佛教密宗坛场设计与布置。殿为圆穹式建筑，内径达17米，石块混凝土结构，攒尖顶，亭顶为混凝土浇成，仿瓦垅状装饰。殿分为上下两层，有木楼板。殿内有一圆廊。全殿辟有五门，殿内墙设有内窗一扇。殿内圆心处有用石筑成五面体柱一根，每面宽约0.9米。殿内依东、西、南、北、中五方位设坛位，供养五方五佛，殿外进门处有半圆弧形如意台阶15级，沿台阶而上可登上二楼。殿的外围敷有铁柱栏杆。抗日战争期间，庐山沦陷，五佛圆殿遭毁严重，外围铁栏杆缺损过半，殿内摆设法器损毁殆尽。抗战胜利后，信众发心修复，改五门为四窗一门。[1]江西的这些藏传佛教的建筑，在长江流域相当少见，成为内地藏传佛教的重要标志。以陶艺而论，江西景德镇自唐中后期以来，逐渐发展成为中国瓷器生产的中心，是朝廷贡瓷的重地。伴随着元明清藏传佛教的影响，宫廷需要一定数量的反映和体现藏传佛教的瓷器供物。因此，景德镇御器厂以藏传佛教的供器为范本，制造了一批类别广泛、品质精绝的佛前供器，如瓷塑法轮、瓷塑佛像、瓷塑八吉祥、瓷塑七珍等，其制作工艺精细，造型工整，材质丰富，用料讲究，既是佛教供器，也是罕见的工艺品。由此对陶瓷艺术产生了较大的影响，在陶艺史上具有特别的意义。

---

[1] 张国培、何明栋主编：《江西省宗教志》，方志出版社2003年版，第109页。

逸闻汇集

慧远大师在庐山

慧远大师早年追随高僧道安,并成为道安弟子中最杰出者。慧远总摄佛教的纲维,以弘扬大法为己任,道安对慧远立志要在乱世中弘法济世的理想给予很高评价:"使道流东国,其在远乎?",表达了他对慧远弘扬佛教活动的深切期待。慧远以后从事的佛教活动基本上都在庐山开展,因此,可以说慧远对佛教的巨大贡献与庐山具有密不可分的关系。

栖止庐山　创业艰辛

慧远到庐山之前跟随道安还有一段传奇经历。北方后赵灭亡时,高僧道安在慧远家乡附近的太行恒山建寺讲学,慧远听说道安在恒山讲经说法的消息,便偕同弟弟慧持满怀虔诚和希望,一路风尘仆仆赶往恒山拜见道安,一见道安,慧远便倾心不已,以为"真吾师"也。于是,慧远与弟弟慧持决定投簪落发,委命受业,拜道安为师,从此开始了六十四年的僧侣生涯。晋孝武帝太元三年(377年),前秦兵从北方南下,符丕攻陷襄阳,道安为镇守襄阳的朱序所拘,不得外出,乃"分张徒众,各随所之",也就是将门徒分别遣散到各地去宣扬佛法。临行离开前,道安对众门徒分别给以一一诲勉,唯独慧远不置一辞。见此情景,慧远于是跪问道安:"师父为什么不给我训诲,难道不把我当弟子看待吗?"道安回答:"像你这样的人才,我还有什么要担忧的?既无担忧,又何必嘱咐呢?"这种师徒之间的对话,既表现了慧远对道安的高度尊敬,也表现了道安对慧远的充分信赖。道安被符丕带往长安后,慧远等一行数十人,由襄阳经荆州,欲往罗浮山,途径浔阳(今江西九江),就栖止庐山,按照佛教来说,这是一种殊胜的因缘使然。

其一是庐山的自然人文环境对慧远具有吸引力。慧远来到庐山,"见庐山闲旷，可以息心"，非常适宜僧人居住修行。尤其是东林寺的地理位置和地势很好，宋代诗人陆游曾描写道：东林寺"正对香炉峰。峰分一枝东行，自北而西，环合四抱，有如城廓，东林在其中，相地者谓之倒挂龙格"[①]。明代旅行家徐霞客在游记中也记载："寺（指东林寺）南面庐山，北倚东林山，山不甚高，为庐之外廓，中有大溪，自南而西，驿路界其间，为九江至建昌（今永修县）孔道，寺前临溪，入门为虎溪桥。"[②] 如今我们见到的东林寺周围情景，依然与当年的风貌相似。庐山不仅自然环境优越，而且佛道文化很早就在庐山扎下了根。在慧远之前，庐山就以神仙之庐名闻天下。据慧远的《庐山记》说，商周时期的匡裕曾居庐山脚下修道，而且仙人常止于庐山，是仙人修仙成道之庐。庐山与佛教也早有因缘，在《高僧传·安清传》中，记载安息国太子安清（字世高）出家为沙门，汉灵帝末年从关、洛至江南，过庐山，超度他前世的同学。这也是佛教最早传入江西的记载之一。

其二是慧永的挽留。慧永（332—414年），姓繁氏，河内人，年十二出家，师事沙门竺昙现。慧永对于内外典籍，无不洞达，对于佛事，主要以习禅为乐。后来与慧远同依道安于恒山，成为同门师友。原来慧远的师兄慧永，曾与慧远约定，一道去罗浮山（今广东博罗、增城二县境内）修行。367年，慧永在前往罗浮山的途中，欲先逾五岭去博罗，行经庐山时，江州刺史陶范为慧永在庐山西北麓的香炉峰下舍宅建造西林寺，从此慧永就在庐山开始弘扬佛法的事业。晋孝武帝太元六年（381年），慧远顺道来会慧永，准备履行拟议中的罗浮山之行。慧永在庐山弘法已有成效，不想离开。即见慧远前来，便邀请慧远同住庐山西林寺。慧远接受邀请，就在西林寺旁边筑龙泉精舍暂住。

其三是江州刺史桓伊的极力支持。桓伊，东晋谯国（今安徽省宿县西）人，字叔夏，他是当时东晋四大士族中桓氏士族中的一代枭雄。东晋太元八年（383年）八月，爆发了著名的淝水之战，前秦君主苻坚急于消灭东晋政权，于是强征兵马九十万，号称"劲卒百万"，大举南攻，企图一举灭晋统一天下。时任

[①] 《陆游集》第五册，中华书局1976年版，第2434页。
[②] 《徐霞客游记》，世界书局版1999年版，第15页。

豫州刺史的桓伊，与征虏将军、征讨大都督谢石，冠军将军加领徐州刺史、前锋都督谢玄，将军谢琰，仅率领八万士兵迎敌，就大破秦军于淝西，创造了中国军事史上以弱胜强的成功战例，阻止了北方统治者对南方的进犯，稳定了东晋的偏安局面。桓伊以显赫的战绩，功封都督江州、荆州十郡、豫州四郡军事、江州刺史。在任江州刺史时，他能体察百姓困苦，很有政绩。桓伊在经济上支持慧远建寺，可以说是东晋上层统治者日益重视佛教，普遍兴建佛教寺院这一社会现象的直接反映。东晋时江南的著名寺院，大多为王室贵族和富商资助修建。慧远暂住的龙泉精舍，随着"学侣浸众"，已难以容纳越聚越多的朝拜信众。先期来山的西林寺住持慧永只好去叩见江州刺史桓伊，并恳求道："我同门师友慧远是道安的高足，来庐山弘扬佛法，前来的信众络绎不绝，现在场所难以满足信众过佛教生活，请大人设法解决。"桓伊得知庐山有这样一位名僧在弘法，喜之不胜，欣然应允支持和帮助。不久之后，桓伊就为慧远在西林寺以东再建房舍殿宇，晋太元十一年（386年）寺院建成，这就是历史上有名的东林寺。从此，慧远以东林寺为基地，"迹不入俗，影不出山"，聚徒讲经，修禅弘法，撰文立说，直至去世。

在庐山东林寺，逐渐流传着许多有关慧远的故事，这些故事经过后人的引申、附会，从事实上来讲已面目全非了。其中有的内容虽有其事，却被极力加以神化了，简直把慧远的能力美化为不可思议的神力，他也被塑造成为一位不同凡响的高僧。可是，这些故事经过辗转流传，依然经久不衰，一千多年来，仍为人们所津津乐道。其实，认真解读这些故事，可以看出其内容正是反映慧远来到庐山创业中所经历的艰苦奋斗的事迹。

慧远一行人初入庐山，必碰到恶劣的自然环境所带来的困难。有关辟蛇行者的传说就是一种间接的反映。在陈舜俞的《庐山记》卷一中有这样的记载："远公始居山，多蛇虫，行者不知何许人，尝侍远公，善驱蛇，蛇为之尽去，故号辟蛇行者。"这个事情在《高僧慧远的故事》一书中改编为"辟蛇行者"的故事，故事中描写了离东林寺不远处有个蛇冈岭曾有大蛇，经常出没东林寺丛林之中，有时樵夫和拾柴的小孩都被蛇所吃，可以想见，这里的蛇很多，而且异常猖狂，威胁到修行僧人的生命安全。在这样一个危险的地方生存下来可不容易啊！更为艰难的是，这里的饮用水当时存在大问题。从东林寺的前身龙泉精舍的得名，可以知道一个概况。相传慧远初至庐山结茅，选定龙泉精舍，作为日后精修的地方。但精舍距离水源甚远，慧远就以手杖敲打地面说道："如果这座山可以居住的话，就应当使这块朽壤流出清泉来。"语毕，清泉就自地面涓涓涌出，不一会儿，竟然汇成一条溪流。不久，浔阳地区大旱，慧远与寺僧在泉池侧诵读《海龙王经》，突然间有巨龙出现在池水上空，接着大雨滂沱，不仅旱情获得解除，而且当年的收成还较往年丰饶，于是人们便把这座精舍命名为龙泉精舍。故事里说慧远有"以杖掘地，清泉涌出"的神力，以及诵读《海龙王经》祈雨救旱灾的奇迹，不免看作是佛教化的夸张，但是从中可以想见，慧远当初营建东林寺条件是如此的恶劣，创业的艰辛可见一斑。慧远启建东林寺，虽然得到了江州刺史桓伊的部分资金的支持，但是对于整个寺院的建设来说，也只是杯水车薪，寺院在建设大殿、塑造佛像等方面资金缺口很大，遇到过相当大的麻烦。在建设大殿上，传说当年慧远建造大殿时，各处溪流支漫，找不到建寺的木材，突然一夜之间雷雨交加，山洪暴涨，溪流化为平地，花木随泉涌出。于是在这平坦而又有建筑木材的土地上盖起了大殿，这就是有名的"神运殿"。也有传说当年造东林寺大殿时缺木材，第二天泉眼中自动涌出许多木头来。现在东林寺中的"出木池"，据说就是当时木头涌出的地方。建造殿堂时，由于劳动力紧张，有一天夜间众鬼神竟来帮助垒墙，大大加快了工程进度，于是命名为"鬼垒墙"。在塑造佛像上，传说陶侃（江西浔阳人）镇守广州时，某夜有个渔夫在海上看见神异的光芒直上云霄，渔夫于是把这件事禀报陶侃，陶侃立即随渔夫前往查看，发现光芒竟是来自浮在海面的阿育王像，随后恭迎上岸，安置在武昌寒溪寺中。寺院后遭火灾，只有此像及供奉的殿堂得以幸免。后陶侃到江州做官时，派数十人欲迎请这尊阿育王像，谁知刚抬上船就沉入水中，无法打捞。当时有谚语流传："（阿育王像）可以诚至，难以力招。"东林寺建成后，慧远虔诚祈请，此像竟然轻飘飘地浮出水面，顺利地运抵东林寺供奉，这也说明慧远为铸造佛像，曾经过一番艰难险阻才成就。慧远在庐山缔建的伽蓝除东林寺外，尚有十多所，如龙泉寺、化城寺、龙池寺、观音寺等十六座，其中讲经台庵最有传奇色彩。据说香炉峰西南有一峰，峰顶有磐石，上可坐百人，下有风洞，云顶二石室，慧远常集徒众于石上讲《涅槃经》，故称慧远讲经台，又于台旁建庵，并在此作《涅槃经疏》。疏成，慧远掷其笔，笔立于虚空中不堕，故名掷笔峰。从这些传说中，可以看到慧远建造东林寺的艰辛，得到了信众的称赞和纪念。就连外国僧众也"咸称汉地有大乘道士（菩萨），每至烧香礼拜，辄东向稽首，献心庐岳"。甚至于闻名天下的鸠摩罗什也对慧远称赞备至："经言：末后东方当有护法菩萨。勖哉仁者，善弘其事！"为了赞叹慧远建造东林寺的功德卓著，竟把慧远比作东方护法菩萨。

东林寺的创建，标志着慧远独立弘教生涯的新开端。从此，"东林为庐山佛教阐化之基"[①]。慧远在这里做出的一系列重要的弘教业绩，极大地丰富了庐山的文化意蕴，开拓了庐山的人文境界，使庐山成为当时南方的一个佛教重镇，庐山佛教的地位因此大为改观，足以称得上是佛教中国化历史进程上的重要篇章。庐山作为南朝时期南方佛学研究和佛教活动的一个重要中心，与北方鸠摩罗什领导的长安佛学中心可以相互抗衡。这个时期，也是庐山历史上佛教的鼎盛时期，在中国佛教史上具有重要地位。潘耒赞道："东林寺于山为最古，慧远于僧为最高。"日本的木村英一也指出："庐山真正成为高度与学术的一个渊薮，是从慧远入山之时开始的。"[②]

结社念佛　首创莲宗

慧远作为一位杰出的佛教领袖，为了振兴南方佛教，不仅在佛教理论上注重经典的翻译和义理的探讨，而且在佛教实践上率众结社及创立净土念佛法门，并成为最具有中国佛教特色的一大宗派——净土宗，即莲宗。这里，我们着重论述慧远在庐山东林寺开展的佛教实践活动。

慧远在庐山东林寺开展的佛教实践活动非常的精进，可以说是"率众行道，昏晓不绝"。随着慧远在信众中的影响逐渐扩大，各地来访的佛教信众（包括高僧、贤士等）日益增多，史载"谨律息心之士，绝尘清信之宾，并不期而

[①] （民国）吴宗慈编撰，胡迎建注释：《庐山志》上册，江西人民出版社1995年版，第103页。
[②] 〔日〕木村英一编：《慧远研究·研究篇》，创立社出版1962年版，第509页。

至，望风遥集"。他们宁愿放弃世俗的荣华富贵，来亲近慧远修行办道，决心参悟世间的苦难，超出生死报应，避免轮回之苦，以求达到精神的解脱。慧远率众结社，最后发展成为中国佛教史上一个划时代的行动，标志着慧远庐山佛教教团的正式形成。这次结社发生在东晋安帝元兴元年（402年），当时慧远邀集隐居庐山的著名隐士刘遗民、周续之、毕颖之、宗炳、雷次宗、张野、张诠等学者居士，研讨如何转生西方净土世界的问题，并请刘遗民作《发愿文》，刻于石碑上，以表示他们往生净土虔诚的愿望和决心。刘遗民（？—415年），字仲思，彭城聚里（今江苏徐州）人，汉朝楚元王之苗裔，初释褐为府参军，后任宜昌、柴桑二县令。张野（350—418年），字莱民，居浔阳柴桑，与陶渊明有婚姻之契，举秀才、府功曹、州治中，后征为散骑常侍，俱不就。周续之（377—423年），字道祖，雁门广武（今山西省代县境内）人。刘毅镇姑熟，命为抚军参军，征太学博士，并不就。张诠（359—423年），字秀硕，张野族子，征为散骑常侍，不就。宗炳（375—443年），字少文，南阳涅阳（今河南省邓州）人，曾召为参军，辟为主簿、太尉椽，征通直郎、太子中舍人等，皆不就。雷次宗（386—448年），字仲伦，豫章南昌人，本州辟从事，征员外散骑侍郎。刘遗民在其所著的《发愿文》中说："……乃延命同志息心贞信之士百有二十三人，集于庐山之阴，般若云台精舍阿弥陀佛像前，率以香华敬荐而誓焉。"他们共有123人聚集在般若台的阿弥陀佛像前，建斋立誓"众等齐心净修净土法门，以期共生西方极乐世界"。并相互约定："因众人根器不同，福德有别，先得往生极乐净土者，需帮助提携后进者，以达到同生无量寿佛极乐国土之目的。"此次集会前，慧远曾率众于东林寺前凿池种植白莲，因此中国佛教史上称此集结为"结白莲社"，或简称"结莲社"。但是据汤用彤先生考证，慧远和门徒立誓往生西方时，还没有"莲社"之名。莲社之名始自于中唐之后，释贯休在《题东林寺诗》中有"今欲更从莲社去"之句。汤先生以后还详细考证了莲社的"十八高贤"也不可信。虽然如此，但是作为一种"文化佳话"的形式在佛教文化传播史上流传可以说是常见的现象。因而净土一宗后来之立宗，也因之而又称为"莲宗"。宋李元中为李伯时"莲社十八贤图"所作的一篇论文中，对十八高贤人员构成情况作过介绍。在入社的123位学者居士中，其中有彭城刘遗民，豫章雷次宗，雁门周续之，南阳宗炳、张诠、张野六位隐士；复有慧永、慧持、道丙、昙恒、僧睿、昙诜、道敬、道生、昙顺，诸法师九人；后又有梵僧佛驮跋陀罗、佛驮耶舍二尊者，共十八位，故号曰庐山"十八高贤"。

后人对慧远领导的高贤结社具有一种企慕之情，其莲社交友的形态及内涵也对后世产生了重大的影响。在唐代和宋代不断出现有因敬慕慧远而设立的结社。在唐代有苏州东社的结社、吴郡的西方结社和龙兴寺净土院，在宋代有省常的昭庆院净行社、遵式的宝云寺净业会、知礼的四明延庆院念佛净行社等，不胜枚举。这一现象，在唐宋明清诗人的作品中就有具体体现。如唐代李涉《游西林寺》曰："如今再结林中社，可差当年会里人。"温庭筠《寄清源寺僧》曰："白莲社里如相问，为说游人是姓留。"北宋陈师道《湖上晚归寄诗友四首》之一曰："却寻方外士，招作社中人。"黄庭坚《东林寺》深深感戴"胜地东林十八公，庐山千古一清风"。文通大师匡白在这里体悟到人生的真谛："到此只除重结社，自余闲事莫思量。"明代释憨山德清《东林怀古》诗曰："少耽远游志，夙慕东林师。""东林开白社，高贤毕在斯。"这种仰慕之情使清王思训《同明府毛心斋宿庐山秀峰寺》诗有句曰："莲社来何暮，徘徊漱玉泉。……远公如可许，二十足高贤。"清蒋国祥《桑乔〈庐山纪事〉序》曰："晋远公南游，雅爱兹山深秀，驻锡其间，与同时十八高贤结莲社，修净土业，而庐山之名益著。"李明睿《庐山续志序》曰："晋慧远从雁门来，云此山类灵鹫峰，托迹东林，于时有宗炳、雷次宗、刘程之（即刘遗民）等号十八贤，共真信之士，结白莲社。故晋代名山惟匡庐最著，以其有永、远、宗、雷及陶、谢诸公故也。"

慧远结社形式在海外尤其是在日本也产生了一定的影响。日僧宗圆于1233年入宋寻求善导大师的弥陀义，结果未能找到而登上庐山东林寺，从睿师学慧远结社念佛的教义，归国后自称白莲社。日僧澄圆在1324年从中国回国后，在田界地效仿白莲社的遗风，创建了旭莲社大阿弥陀经寺。及至今日，日本净土宗尚沿用莲社号，以表达敬慕庐山慧远提倡的白莲社结社念佛的遗风。以慧远为核心的高贤结社，代表了东晋后期佛学、儒学及文学诸方面的进展，有力地塑造了庐山作为隐逸德镇的形象，乃至造成"晋代名山惟匡庐最著"之势。此外，慧远于庐山东林结社，对后世出于文学雅集的以文会友的结社集会活动，也有着开启示范的作用。

慧远在庐山的结社，为其极力宣扬的弥陀净土法门提供了良好的基础。弥陀净土信仰源自印度，虽在西晋之末已传入中土，但履践者较少。可以说，弘阐弥陀净土信仰并身体力行，使之家喻户晓，则自慧远始。对此，明代的净土宗大师云栖袾宏在其所著《往生集》中说："晋以前，净土之旨，虽闻于震旦，而弘阐力行，俾家喻户晓，则自远公始。故万代而下，净业弟子推师为始祖。"慧远因受中国传统文化的灵魂不灭思想的影响，故而对弥陀净土信仰情有独钟。

弥陀是阿弥陀佛的简称，他是掌管西方极乐世界的佛之名号，意谓"无量光""无量寿"，是寿命无限久远、光明无限广阔的意思，故阿弥陀佛又称"无量光佛"或"无量寿佛"。据《无量寿经》说，从前有个国王出家为僧，号法藏，发四十八愿，后来果然修持成佛，名"无量寿"。他的国土在西方，名为"极乐"，与众生居住的秽土相对，故又称净土。西方极乐世界美妙不可言说，这在《阿弥陀佛经》中被描绘得功德庄严，尽善尽美。佛所描绘的西方极乐世界到处是黄金布地，鸟语花香，庄严美妙，是真善美的净土。它对于生活在尊卑有序、贵贱不逾、弱肉强食的苦难众生来说，该有多大的吸引力。那么，怎样才能往生西方极乐世界呢？据《阿弥陀佛经》说，只要"若善男子、善女人闻说阿弥陀佛，执持名号，若一日、若二日、若三日、若四日、若五日、若六日、若七日，一心不乱，其人临命终时，阿弥陀佛与诸圣众现在其前，其人终时，心不颠倒，即得往生阿弥陀佛极乐国土。"《无量寿经》也说："若有众生，闻其光明感其功德，日夜称说，至心不断，随意所愿，得生其国。"按照这两部经典的说法，成佛这并不难，简直容易得很。只要一心专意连续七天念阿弥陀佛的名号，诚心诚意愿生极乐世界，那么此人在临终之时，就有阿弥陀佛出现面前，接引他往生净土。

慧远当初在阿弥陀佛像前建斋立誓，就是要大家发菩提心，一心专念阿弥陀佛，共期往生西方极乐世界。慧远还命刘遗民作《发愿文》，在阿弥陀佛像前宣读，表达了同舟共济，一起到达西方净土的相互帮助的集体意识。慧远等人创立的来生转生净土，达到西方极乐世界的途径是观想念佛，要求静坐入定，凝志不分，专心观想阿弥陀佛的所谓"三十二相，八十种好"等种种美好相貌及所居佛土的美妙庄严，并通过长期修持，功德增进，便可往生弥陀净土。虽然这种念佛方法，与经论的执持名号及称名念佛等有所不同，但是慧远弘扬的净土法门，在中国佛教史上产生了极其深远的影响，特别是对净土宗的形成和发展，做出了开创性的贡献，后代的净土宗大师如东魏的昙鸾，唐代的道绰、善导，直至近代的印光等，无不受到慧远的影响，因此净土宗尊慧远为初祖或莲宗初祖。慧远开创的这种念佛三昧的成佛方法因简便易行，与其他修持方法相比易被一般信众接受，而且"功高易进"，能够适时地为精神漂泊者引入目标高远、路在脚下的归途，成了超越生死轮回之苦的无上妙法，从而大大推动了净土信仰在南方的传播。慧远的结社念佛，不仅标志着佛教净土法门诞生，也标志着佛教社会化和中国化的开始。在此之前，从西方移植过来的佛教往往照抄照搬，缺乏创造性，故只限于在士大夫范围内流行。净土宗的创立，佛教才开始普及到中国社会各阶层，佛教从此才开始产生各种不同的宗派，高僧们才开始摸索不同的成佛道路。净土宗经过历代祖师及各大善知识续焰传灯，代代相传，至今不衰，已成为当今影响最大的佛教宗派。

功业卓著　赢得赞叹

在东晋后期，南方佛教界最有影响的人物是庐山东林寺的慧远。他是一位具有政治眼光和组织才能的佛教领袖，敢于面对社会现实和富有创新精神的佛教活动家。他揉和中印思想所形成的独特佛教理论和以东林寺为基地所进行的多方面活动，在中国佛教史上所产生的影响是极其巨大和深刻的。其思想和功业主要表现在三个方面：

首先，塑造东晋庐山佛教的新形象。慧远的一生体现出一种包罗万象的大家风范。东林寺创建后，慧远招致西来高僧，从事佛教经典的翻译，使僧伽提婆的毗昙学和佛驮跋陀罗的禅法得以在江南流行；慧远还加强与北方的佛教领袖鸠摩罗什的联系，共同探讨佛教义理，并积极传播鸠摩罗什翻译的般若学和大乘空宗著作，从而促使南北佛教文化得以广泛交流。慧远作为东晋的佛学大师，在中国佛教史上，第一次从中印文化视域融合的角度，将中国传统的灵魂不死说、报应说以及儒家的伦理思想等，融进了佛教的果报论，创立了三世因果报应论，并使之成为一种新型的人生哲学，为佛教理论的丰富和发展奠定了坚实的基础。慧远不仅传播佛教不遗余力，而且还对前来"考寻文义"者讲授儒家经学，如"远讲《丧服经》，雷次宗、宗炳等并执卷承旨"①。因此从儒学史上来看，慧远亦功不可没。牟润孙指出"南朝首讲儒家经典而撰为义疏者，似非儒生，而为慧远和尚"②。这不仅体现慧远知识渊博，而且表现其包容胸襟。在佛教与传统文化之间的矛盾日益显著，引起社会上一些人士强烈攻难的情况下，慧远厉然不群，以其超脱世俗的姿态，并以其善巧智慧，撰著论理，来达到调和佛教与传统文化的冲突，维护了佛教的独特地位，为佛教在东晋以后的继续流行与兴隆具有重要的意义。由于慧远在佛学理论上的建树，庐山东林寺逐渐发展成为南方佛学理论创新的中心、南北佛教文化交流的中心、中印佛学交汇的中心、儒释道三家文化相互碰撞和融合的中心，一言以蔽之，东林寺已名副其实成为南方最为重要的佛教文化交流与传播的中心。清潘耒在《游庐山记》中赞曰："城中之山，自五岳外，匡庐最著名。……东林寺于山最古，慧远于僧最高。东晋以前无言庐山者，自莲社盛开，高贤胜疏，时时萃止。庐山之胜，始闻天下，而山亦遂为释子所有，迄于今梵宫禅宇，弥漫山谷，望东林皆鼻祖也。"寺因山名，山以寺显，东林寺堪称是匡庐胜境的佛教第一道场。自慧远后，庐山佛教迎来了新纪元，从此庐山不仅以自然景观闻名，更以佛教文化著称于世。

其次，开拓文人遥集庐山的新局面。东林寺在中国佛教史上素以文化著称，用中国著名学者方立天教授的话说，东林寺是中国历史文化底蕴最丰厚的寺院。从慧远开始，东林寺就成为文化精英汇聚之地。慧远隐遁庐山时期，四方人士，尤其是持有佛教信仰的知名人士，闻风来归的络绎不绝。谢灵运在《庐山慧远法师诔》中说："昔释安公（道安）振玄风于关右，法师嗣沫流于江左，闻风而悦，四海同归。尔乃怀仁山林，隐居求志，于是众僧云集，勤修净行，同法餐风，栖迟道门。可谓五百之季，仰绍舍卫之风，庐山之畏，俯传灵鹫之旨，洋洋乎

---

① 《高僧传·慧远传》。
② 《论儒释两家之讲经与义疏》，《注史斋丛稿》，中华书局1987年版，第281页。

未曾闻也。"① 此后，来庐山东林寺的知名人士有增无减。在道安去世，鸠摩罗什来长安以前，当时佛教界的知名人士大多不在京都，而是群集庐山。这为慧远在东林寺组织结社念佛，创建白莲社创造了有利条件。慧远在庐山三十余年，培养了一大批弟子，其中僧传有传、享有高名的重要名僧就近二十人。在家弟子十八高贤中就有六位，他们为佛法的传播，都撰有著作。张野有《庐山记》，还有文集十卷。刘遗民著有《庐山精舍》一卷，还有文卷九卷。雷次宗著有文集三十卷、《豫章志》、《十八高贤传》等著作。宗炳著有《明佛论》等，有文集十五卷。谢灵运追随慧远，有《慧远法师诔》和《佛影铭》等。慧远造就一代名士，不仅使他自然地成为继道安以来的佛教界领袖人物，而且也为尔后创立佛教新宗派净土宗奠定了坚实的人才基础。慧远以后，历代高僧文人也纷至沓来庐山东林寺，缅怀慧远，歌咏题诗。诗僧有贯休、皎然、灵彻、齐己等，文人有李白、陆游、朱熹、董其昌、王世贞等，代代不绝。他们在东林寺留下了大量的文化遗产，诸如历史掌故、诗词文章、文物古迹浩如烟海。尤其值得一提的是，白居易被贬江州时，曾与东林寺僧人来往密切，以至于后来还把文集送到寺中收藏。事实上，庐山东林寺已成为高僧名士隐居的中心。这不仅为东林寺注入文化的新内容，而且也为东林寺成为净土宗祖庭打下了扎实的基础。

　　再次，创立最具中国特色的新宗派。慧远一生几乎与东晋相始终，他所从事的佛教活动，为佛教由北而南转移立下了汗马功劳。在东林寺所形成的以慧远为核心的庐山僧团即白莲社，可以说是中国佛教的第一个社团组织，开创了净土宗之先河，从此东林寺成为中国佛教净土宗最初祖庭。净土宗是一个最具中国特色的佛教宗派，作为佛教净土宗阐化之基的东林寺因此也深得学术界的赞扬，著名学者胡适1928游览庐山后写道："慧远的东林，代表中国佛教化与佛教中国化的大趋势。"被尊为江南佛教领袖、东林寺开山祖师的慧远也引起后人的高度赞叹。慧远被后人誉为"如星伴月"，并把佛图澄、道安及祖师三人，称为宇宙中之"日""月""星"。声誉之高，可想而知。唐代李演对慧远评价为："天之高也，日星垂其耀；地之厚也，山岳镇其维。人资三才之灵，推五

---

① 《广弘明集》卷二十三。

行之秀，粤有迈德宏域，融神慧境，焯迦罗之绝照，挹甘露之元津。配五岳而永崇，晞扶桑而不息，则慧远法师其人也。"① 唐代文学家李邕在《东林寺碑》中将慧远与东林寺的关系比作孔子与尼丘、鹫岭与佛陀、衡山与慧思、天台山与智凯的关系。宋祖琇曾这样说明慧远对佛教的功绩："盖尝谓远有大功于释氏，犹孔门之孟子焉。"② 用孟子对孔门的贡献来比拟慧远对佛教的贡献，颇有意味。南宋宗晓的《乐邦文类》卷三中将慧远的传说冠以"东晋莲社始祖庐山远法师传"之题，传中记述："……然而使方之人知有念佛三昧者，应以远公法师为始祖焉。"从此慧远作为莲宗始祖的地位就明确化了。另外，宋志磬《佛祖统纪》卷二十六也推尊慧远为净土宗初祖。慧远圆寂之际获得当世名笔为之刺碑作铭，《高僧传》说："谢灵运为造碑文，铭其遗德；南阳宗炳又立碑寺门。"这是其深受道俗景仰的一个表征。慧远一生志心弘教，德感朝野，得到数朝帝王追封谥号。晋安帝义熙年间，帝室下诏赐号"庐山尊者""鸿胪大师"及"白莲社主"。嗣后，唐宣宗大中元年（847年），追谥号为"辩觉大师"，南唐昇元三年（939年），谥"正觉大师"，宋太宗太平兴国元年（976年），谥"圆悟大师"，宋孝宗乾道二年（1166年），谥"等遍正觉圆悟大师"。这些谥号表明了慧远对佛教所做的贡献及对后世的影响。慧远在僧界也受到了极高的赞叹，仅从净土宗十三祖印光大师所作《远公大师像赞》就可见一斑。赞曰："缅维远公，乘愿再来，创立莲宗，畅佛本怀。俾诸凡夫，忆念佛名，仗佛慈力，带业往生。已断惑者，即证无生，证无生者，速圆佛乘。以果地觉，为因地心，感应道交。利益甚深！未见《涅槃》，即宣常往；未见《行愿》，普导西去。其所立法，暗与经合，'护法菩萨'，表自大觉，罗什举经，深加赞叹，西僧景仰，心香辄献！千余年来，不闻圆音，幸有遗教，尚可遵循。仗愿我公，又复示生，普引群伦，同登五清（针对五浊而言）。印公遗文，模公道貌，庶几来哲，是则是效！"从此评价可知，慧远乃当之无愧之高僧也。

---

① 《全唐文》卷五百十三。
② 《隆兴佛教编年通论》卷三。

慧远大师与道安的法缘

慧远大师出生于"世为冠族"的仕宦家庭，世代书香。由于受家庭影响，慧远从小就喜欢读书。十三岁随舅父游学许昌、洛阳，从此开始求学生涯。在求学过程中，结识道安，并成为其得意弟子，从此慧远的人生轨迹也发生重要转折。

确定信仰佛教义理

慧远的求学生涯可以分为三个重要阶段：首先是学习儒家经典；其次是阅读道家著作；最后是信仰佛教义理。慧远在前两个阶段受阻的情况下，才最终确定信仰佛教义理，这也使其人生发生了根本改变。

慧远当时所处的现实环境是促使其信仰转向的重要因素。晋穆帝永和十年（354年），北方在鲜卑族慕容氏统治下，人们的生活处于水深火热之中。当年慧远二十一岁，他出于在严酷现实中济世治国理想的幻灭，转而从《老子》《庄子》思想中寻求精神寄托。此时适值江南的东晋偏安一隅，社会相对稳定，且山川秀美明媚，可以说是隐遁者的好去处，这里对生长于北方的慧远来说具有极大的吸引力。于是，慧远和著名隐士范宣相约南渡江东，归隐山林，"共契嘉遁"。据《晋书·范宣传》记载，范宣，字宣子，陈留（今河南开封县）人，家住豫章（今江西南昌）。年十岁，就能诵读《诗》《书》。从小喜欢隐遁，而且好学以至于夜以继日，手不释卷，博综群书，尤其擅长《三礼》，也很熟悉《老子》《庄子》。在思想上，反对放荡不羁，不尚玄谈。家虽贫却勤耕不仕，常以讲诵为业。范宣在豫章兴办家塾，培养有儒家学养之士，对于江州地区经学风气有开启之功。他渊博的学问和隐遁不出的作风，体现了东晋时期儒玄兼综的时风，同时也有汉代以来经师闭门授徒的遗韵。当时学子多闻风宗仰。慧远也期望南下，但因中原战乱南路阻塞，心向江南却终于无法成行，隐遁的志向也难以实现，不得不放弃南随范宣的选择，于是满怀失望和惆怅之情的慧远返回家乡雁门楼烦。这时，慧远思想上已陷入绝望的地步，正如俗话说的"山穷水尽疑无路，柳暗花明又一村"，转机却往往在绝望中产生，因绝望中的人更需要信仰的支撑。恰在此时，佛教以一种新鲜而亲切的面目引起了慧远的关注，寻求佛教高僧大德指点迷津成为他梦寐以求的巨大愿望。

慧远得遇道安是其出家的重要机缘。在后赵灭亡，襄国和邺城被兵燹吞的时候，慧远避难于山林之中。其时，出家已二十六年的高僧道安在慧远家乡附近的太行恒山建寺讲学，慧远听说道安在恒山讲经说法的消息，便偕同弟弟慧持满怀虔诚和希望，一路风尘仆仆赶往恒山拜见道安，一见道安，慧远便倾心不已，以为"真吾师"也。从此慧远跟随道安二十余年，可以说，两人的这次会面具有重大的历史性意义。慧远在洛阳、许昌游学时对道安已有所闻。道安，俗姓卫，常山扶柳（今河北衡水市冀州区西北）人，出生于儒学家庭，早年丧父母，由外兄孔氏扶养。年七岁读书，记忆惊人，乡邻称奇。十二岁出家为僧，神智聪敏，但相貌很难看，师父瞧不起他，常要他下地干粗活。道安任劳任怨，一干就是三年，但读书却从不懈怠。一天，道安向师父求读佛经，师父给他《辨意经》一卷，太约五千言，道安带着经卷到田地里，休息时就读经，等到傍晚归寺后便把经书还给师父，又要借别的经书阅读。师父就责备说，昨天的经书还没有读完，今天怎么又要经书。道安胸有成竹地说，已经读完并且能背诵了。师父听了感到很惊奇，却不信，又给他《成具光明经》一卷，道安仍旧带到田地休息时阅读，晚上回寺又还给师父说读完了。于是师父拿着经书叫道安背诵，结果竟一字不差背出，师父惊异之余大为赞叹。道安二十岁受具足戒后，便四处游学。后赵建武元年（335年），道安在邺城遇到声名远播的异国沙门佛图澄，并拜佛图澄为师，佛图澄从言谈举止中看出道安不同于一般的僧人，曾说："此人远识，非尔俦也。"后来，佛图澄讲经时，常命道安复述，而众人却不服。一次，当道安复讲时，大家纷纷提出疑问想难倒他，道安词锋犀利，挫锐解纷，毫不费力让众人叹服，于是时人称他"漆道人，惊四邻"。以后道安成为我国佛教史上最早的热心传教者之一。道安经常开展讲经活动，一天，慧远正在听道安讲《般若经》,对佛教义理豁然而解悟,深情地感叹道:"儒道九流,皆糠秕耳。"①于是,慧远与弟弟慧持决定投簪落发,委命受业,拜道安为师,从此开始了六十四年的僧侣生涯。

那么,为什么慧远听道安讲《般若经》能豁然而解悟,心领神会,以致欣然皈依佛教呢?原来,自汉末以来,佛经中要数《般若经》流行最广。般若,是梵语的译音,意译为"智慧",佛教用以指如实理解一切事物的智慧,为表示有别于一般所指的智慧,故用音译,大乘佛教称之为"诸佛之母"。《般若经》的内容主要是讲"性空"理论,与玄学所讲的"本无"思想有许多相似之处,因此,《般若经》早期就是依附玄学而广泛流行起来的。慧远对于《老子》《庄子》早就极为熟悉,并且喜欢作哲理沉思,悟性又高,因此,对道安在《般若经》里面所讲的性空之理和业感缘起解释世界一切现象容易感悟。《般若经》的性空宗旨犹似一道电光,点亮了他心中的明灯,使他看清了世间一切现象的真相,原来,诸如现世的战乱、人们的死亡、王朝的更替以及自身遭遇苦难……所有这些,都是由业感缘起而形成,它们都是虚幻的、不真实的,世界的本质是性空,只有佛教的般若智慧才是真实的存在。在他看来,儒家经典比起《老子》《庄子》不过是应变世务之空谈,夺取名利之阶梯,虽宗旨在于实用,其实却很空疏;《老子》《庄子》哲学倡导无为清静,虽有玄趣,但与佛教的深奥义理相比,亦非究竟之论,不够彻底;只有佛教所具有的断灭俗见,才是通向幽渺至理的唯一舟筏。皈依道安,是他人生道路上具有决定性意义的一次转折,标志着他终生奉佛的开始。同时也说明他的学问虽兼及儒道,但最终是以佛理为先的。慧远归心佛门后,遂勘破人生的虚荣,他说:"一世之荣,剧若电光。"赞扬佛教般若学为真正的至理,进而坚定了对佛教的信仰。慧远在追随道安的二十余年中,其弘教的责任感与精进敏悟的学行,深受道安的极高期许。

获允以格义方法讲经

以格义方法讲经是佛教般若学在传播发展过程中出现的现象。所谓格义,

---

① (梁)慧皎,《高僧传·慧远传》。

是指援引中国传统儒、道概念来解释佛学概念，着重从义理上融会中印两种不同思想，消除在佛玄交流中的隔阂和抵触。格义的方法，慧远将其灵活运用于讲经中使听者疑惑顿解，得到其师道安的允许和肯定。

慧远在佛教义理上具有自己深入独到的见解。慧远入道以后，耳濡目染道安和同门师友艰苦卓绝的精神，更坚定了以道自任的远大志向，在佛学上的造诣也日益精进，无论是学问还是风度，都算得上是道安弟子中最杰出者。他常常想要总摄佛教的纲维，以弘扬大法为己任。他怀着宣扬佛教的宏愿，钻研佛理，精思经义，讽诵不辍，夜以继日地专注于经典，从不懈怠。同时习道的一位名叫昙翼的同学，知道慧远贫困无资，生活匮乏，就时常在经济上供给慧远学习费用。道安平素深知慧远不凡，将来必成大器，当得知昙翼资助慧远的事情后，很高兴地赞扬道："昙翼真是有知人之明！"慧远天资聪明，理解力强，加上对佛经有一种异乎寻常的爱好，因此尽管经义深奥，他却能领悟透彻，胜解叠出。慧远学业上的长进可谓是一日千里，赢得了同门师友的一致推崇。道安非常喜欢这个聪明好学的弟子，对慧远立志要在乱世中弘法济世的理想给予很高评价："使道流东国，其在远乎？"道安认为慧远将来可以担当使佛法盛传东土的大任，这确实表现了他非凡的远见卓识，也表达了他对慧远弘扬佛教活动的深切期待。

慧远所处的时代正是佛教般若学流行的时期。佛教般若学说旨在论证客观世界的虚妄不实，宣扬"诸法性空"思想，认为只有通过般若智慧证得永恒真实的"诸法实相""真如法性"，才能获得觉悟和解脱。道安在佛教思想方面就属于般若学的本无派，也即性空宗，主张万物本性就是"空""无"，"空""无"本体在万物之上、之后，是有形的万物的最后根据。正如隋吉藏在《中观论疏》中所解释道安本无义："安公谓无在万化之前，空为众形之始。"认为物质世界和精神世界都是因缘和合而成的现象，虚幻不实，本性皆空，而人们通常把一切现象看作实有，这是世俗的错误认识，只有通过佛教智慧般若才能掌握这一真理。佛教所说的这种实相，是超乎世俗经验之上的东西，属于形而上的，一般人确实难于理解。比方明明看见大自然的山峰河流、绿树青草，看见现实生活的各种事物，却说成"一切有为法，应作如是观，如梦幻泡影，如露亦如电"。

这实在是教人难以想象。道安精于般若学，慧远跟随道安，也信奉般若学。

慧远获得道安允许以格义方法讲解般若学经典，在《高僧传》卷六《慧远传》有一段记载："远年二十四，便就讲说。尝有客听讲，难实相义，往复移时，弥增疑昧。远乃引《庄子》为连类，于是惑者晓然。是后安公特听慧远不废俗书。"从这段话，我们可以推测出当时的一些具体情况。由于学业优异，慧远二十四岁时，道安便开始让他升座讲授《般若经》。在讲经的过程中，当时听众对般若学所讲的"实相"即所谓超时空的本体很难理解，质难很多，而且越辩疑问越多。虽经慧远反复解答，仍然不能豁然了悟。这时，慧远根据一般听众对外来佛教哲学有隔膜，而对《老子》《庄子》则比较熟悉的情形，对于俗众的疑惑，援引《庄子》哲学中的思想与例子，采用格义的善巧方便，以一连串的类比深入浅出地解释"实相"，达到融会贯通，这才使听众恍然大悟。同时在座的听众中还有道安的高足法遇、云微等，他们都是才思敏捷、勤力向学的高才，对于慧远的解说，都佩服得五体投地。这可以看作是慧远融合佛道儒的先声，也表现了慧远摸索一条佛教中国化道路的起步。自此以后，道安唯独允许慧远可以引佛典以外的书籍来比附说明佛理。其实，慧远这种将佛道两家思想融会贯通的方式，道安本来并不赞同，以为两者之间终究是有着本质差别的，但是看到慧远对于《老子》《庄子》及佛典尤其是般若学皆有相当的造诣，而且其讲说佛经的方法对于弘扬佛教确实可以起到好效果，因此，才特别允许慧远借助俗书（佛学以外书籍）的道理，以阐述佛教中的深奥哲学原理。

维护道安的佛教学说

由于受格义思想方法的影响，般若学者们不同程度上背离了《道行》《放光》等般若经典的固有说法，把玄学的争论带入佛学，在般若学内部造成学派的分化，因而形成了所谓的"六家七宗"。慧远为了维护道安的般若学思想，因而与其相排斥的心无宗的代表人物道恒展开针锋相对的辩论。

慧远与心无宗的代表人物道恒辩论，使心无宗失去原有的"市场"。晋哀帝兴宁三年（365年），慧远跟随道安南下抵湖北襄阳，时般若学本无异宗的代表人物竺法汰在荆州养病，道安派慧远前去探视，适逢心无宗的代表人物道恒在荆州大力宣传"心无义"。这里所说的本无异宗和心无宗都是当时佛教界流行的派别。在魏晋时期出现了具有中国特色的佛教般若学，即当时的"六家七宗"。"六家七宗"在学术界被认为是玄佛合流的产物。"六家七宗"表面上看是佛教中的不同流派，实际上可以说，这些流派依然是玄学中的不同学说对佛经的不同解释而形成。也可以说，"六家七宗"乃是"东晋时代玄学家的流派在佛教思想中的反映"。"六家七宗"是指本无（本无异）、心无、即色、识含、幻化、缘会。按其基本观点可概括为三个主要派别，即心无、即色、本无。心无宗的主要代表人物是支愍度与竺法蕴等，其基本观点是："无心于万物，万物未曾无"。意谓心不执着于外物，而万物本身并非是无。认为只要从精神上排除外色的干扰，在心灵深处保持一种寂静的心状，至于作为外色的"有"的存在可以不去管，也用不着去否定。即色宗的主要代表人物是支遁，它对"空"的基本观点是："色不自色，故虽色而非色"。意谓色法须待一定的条件而为有，并不能独立自存，不能自己使自己成为"有"，因此说色实际上并不是真实的存在。本无宗。它的基本观点是："非有，有即无"，"非无，无亦无"。意谓"有"是"无"，"无"也是"无"。（按照僧肇《不真空论》的观点，道安的本无宗与印度佛教般若学的本意是偏而不即的。）道恒的"心无义"是主张排除外界万物对心的干扰，而没有否认外界万物的空无。因此"心无义"虽用"无"来解释世界，但并不认为万物的物性是空，不过是无心应物而已。这种般若新义，与魏晋玄学的"本无末有"的观点没有本质区别。形成这种观点的深刻原因在于，江东盛行玄谈，名士崇尚本无哲学，若用与玄学有区别的旧义，便不合名士好尚，这也反映了东晋初年佛教玄学的现象。因此我们不难想象，"心无义"在当时的佛教中心荆州，自然会得到不少名僧的支持。然而，竺法汰却敏锐地觉察到"心无义"与佛教的原旨有冲突，曾呼吁："此是邪说，应须破之。"于是大集名僧，命昙一首先向道恒发难。经过往复不已的驳难辨析，结果是难分难解。当时在座的慧远挺身而出，攻难道恒。慧远毫不客气地提出了几个针锋相对的问题，使道恒感到自己的"心无义"理论确实存在漏洞。慧远马上觉察到道恒的被动处境，抓住机遇，紧接着说道："不疾而速，杼柚何为？"这里的"不疾而速"，是引《易·系辞》："唯神也，故不疾而速"的话。其中的"神"，是指天地万物的变化。神无思无虑，寂然不动，不需急疾，而事能速成，不需行动，而理会自至。而"心无义"主张心体"豁如太虚，虚而能知，无而能应"。（《世说新语·假谲篇》注引）其所谓的"无"与《易》中的"神"等同。"杼柚"指织布机上的部件，杼是织布的梭子，柚即轴子，引申为反复思考的意思。慧远这时不失时机地引用《易》中的话，其用意是讽刺道恒所说的"心无义"，既然"心无"能"不疾而速"，又何必苦费思索呢？在慧远的责难下，道恒一派终于屈服了。据说，"心无义"从此在荆州绝迹。慧远和法汰在荆州对道恒"心无义"的论战，是佛教内部般若学不同派别之间的斗争，折射出印度佛教原旨与初期佛教中国化所出现的分歧现象。慧远精通儒释道三家思想，尤其是对佛教造诣精深，虽然曾用外书解释佛典原理，但始终严格护持佛教畛域，视"心无义"为邪说，维护般若学的正义，忠实地继承了道安弘扬佛教的事业。

慧远追随道安，在佛学理论上打下了深厚的基础，为其弘法利生的实践活动产生了积极作用。庐山东林寺的创建，标志着慧远独立弘教生涯的新开端。慧远在这里做出的一系列重要的弘教业绩，极大地丰富了庐山的文化意蕴，开拓了庐山的人文境界，使庐山成为当时南方的一个佛教重镇，庐山佛教的地位因此大为改观，足以称得上是佛教中国化历史进程上的重要篇章。从此，"东林为庐山佛教阐化之基"[1]。庐山作为南朝时期南方佛学研究和佛教活动的一个重要中心，与北方鸠摩罗什领导的长安佛学中心可以相互抗衡。这个时期，也是庐山历史上佛教的鼎盛时期，在中国佛教史上具有重要地位。潘耒赞道："东林寺于山为最古，慧远于僧为最高。"日本的木村英一也指出："庐山真正成为高度与学术的一个渊薮，是从慧远入山之时开始的。"[2]

---

[1] （民国）吴宗慈编撰，胡迎建注释：《庐山志》上册，江西人民出版社1995年版，第103页。
[2] 〔日〕木村英一编：《慧远研究·研究篇》，创立社1962年版，第509页。

鉴真东渡与庐山东林寺

鉴真和尚东渡对中日友好交往和文化交流发挥了积极作用。邓小平同志在《一件具有深远意义的盛事》一文中给予了高度评价："在中日人民友好往来和文化交流的历史长河中，鉴真是一位做出了重大贡献，值得永远纪念的人物。"（《人民日报》1980.04.19）日本人对鉴真和尚也非常推崇，鉴真赴日本传戒并首创日本律宗，日人因此尊他为南山系的第三祖，相部系的第五祖。因鉴真又通医学，精于本草，日本医药界奉其为始祖。鉴真东渡早已成为家喻户晓的盛事，但是他第六次东渡日本的成功与庐山东林寺的殊胜因缘也许知之甚少，在这里向大家作一介绍。

鉴真（688—763年），是我国唐代的高僧。唐垂拱四年（688年），生于扬州江阳县，俗姓淳于，十四岁从智满禅师出家为沙弥，神龙元年（705年），从光州道岸律师受菩萨戒，景龙元年（707年），游学东都洛阳，继入西京长安，次年，于长安实际寺从恒景律师受具足戒。由于他聪慧好学，通达佛理，并成为独步江淮的律学大师。天宝元年（742年），鉴真正在扬州大明寺为众讲律，日僧荣睿和普照前往参见，恳切祈请东渡传戒。当时鉴真回答，日本是"有缘之国"，便问弟子们有谁愿意应请到日本国去传法，大众默然良久，无人对答。鉴真说："为是法事也，何惜生命？诸人不去，我即去耳！"鉴真东渡虽然前后五次，均被风浪所阻，但是他并没丧失信心。天宝七年（748年）第五次东渡未果，鉴真大和尚就归岑北，旋至江州，素慕远公盛德，特访东林寺，作短暂休息，观经藏，论佛理，访远公甘露坛及卓锡泉诸胜景，从而激发他第六次东渡日本的豪情。

庐山东林寺是中国佛教净土宗最初祖庭，在中国佛教史上具有重要地位。清潘耒在《游庐山记》中赞曰："城中之山，自五岳外，匡庐最著名。……东林寺于山最古……东晋以前无言庐山者，自莲社盛开，高贤胜疏，时时萃止。庐山之胜，始闻天下，而山亦遂为释子所有，迄于今梵宫禅宇，弥漫山谷，望东林皆鼻祖也。"寺因山名，山以寺显，东林寺堪称是匡庐胜境的佛教第一道场，庐山也因东林寺而以佛教文化著称于世。进入唐代，佛教日益走向繁荣，庐山东林寺也达到了极盛时期。当时东林寺被改为"太平兴国寺"。其规模相当宏伟，据史载，开元十年（722年），东林寺有殿堂310余间，占地300余亩，僧众门徒达3000人，北海太守李邕撰《东林寺碑》盛赞东林寺是"缭垣云连，夏屋天耸"。故而时人有称东林寺"规模宏远，足称万僧之居"，名列全国第一。不仅如此，而且东林寺是江南佛教收藏经书和拥有文物最多的寺院之一。其收藏各种版本藏经及论著超万卷，其中有众多传世佳作。元和四年（809年）江西观察使韦丹捐资在寺内神运殿左，甘露坛右，特为东林寺新建"多罗藏"一所，在"土木丹漆之外饰以多宝，像好严丽，邻之鬼功，虽两都四方或未前见"，可谓是极其精致，庄严辉煌。东林寺借此而赢得了高僧名释的景仰，名人雅士的青睐和达官贵人的垂青。他们纷至沓来，或停憩观瞻，或顶礼膜拜，或题字赋诗，或撰文写意，从而使东林寺的声望进一步得以扩大，并成为全国佛教八大道场之一。

东林寺作为高僧慧远法师的道场，一直是道俗向往的圣地。天宝十二年（753年）夏，鉴真和尚参访庐山东林寺后，在东林寺僧智恩陪同下进行第六次东渡，终于成功，以惊人的毅力完成了在中国佛教史上具有重大意义的壮举。鉴真大和尚到达日本的第二年，在奈良东兴建大寺，着手弘法利生，同时把东林寺净土宗教义及净土法门传入日本，让净土宗的念佛法门在日本发扬光大，最后发展成为现代日本佛教中具有重要影响的东林教，故而日本佛教莲宗尊称东林寺为"祖庭"。这是中日佛教文化交流史上极具意义的一件大事，值得后人永远纪念和赞颂。

虚云老和尚对外友好交往活动略述

中国近现代的著名高僧虚云老和尚"遍佛国（师游踪遍天竺、藏、卫、师子国、缅甸诸地），声教西被（示寂之后，师语录事迹英文本，在伦敦出版，纸贵一时）"①。在近现代中国佛教对外友好交往活动中发挥了积极的作用。本文将围绕虚云老和尚在对外友好交往中的具体实践展开叙述。

参访·募化·弘法

主动出去是虚云老和尚对外交往的早期形式。按照虚云老和尚的意图，其主动出去有三种情况，分别为：参访、募化和弘法。

参访是虚云老和尚主动出去的第一种形式。虚云老和尚参访的范围很广，曾有这样的概括："名山遍礼，中外恒游"②；"中外遍迹，天下驰名"③等。此外，在余慧光所写的《虚云和尚赞》中总结虚云老和尚在海外的参访情形，其中有："仰光继越，槟屿探奇。马洲跋涉，参遍神祇。"④如果阅读《虚云和尚全集》，就可了解虚云老和尚在不同时期所参访的实际地方。虚云老和尚前期主要是参访国内名山古刹，以及东南邻国印度、斯里兰卡、缅甸等地。对此，有两段叙述可以为证，一是"其后（指虚云和尚出家后），四处行脚名山古刹，参访求道，足迹遍及四川、西康、西藏乃至印度、斯里兰卡、缅甸等地"⑤。二是"从其（指虚云和尚）初出家住洞苦修，到为报母恩历时三年，三步一拜朝礼五台

---

① 净慧主编：《虚云和尚全集》第7册，中州古籍出版社2009年版，第121页。
② 净慧主编：《虚云和尚全集》第7册，中州古籍出版社2009年版，第182页。
③ 净慧主编：《虚云和尚全集》第7册，中州古籍出版社2009年版，第182页。
④ 净慧主编：《虚云和尚全集》第3册，中州古籍出版社2009年版，第251页。
⑤ 净慧主编：《虚云和尚全集》第1册序二，中州古籍出版社2009年版。

山,参访终南、峨眉、西藏,只身翻越雪山赴印度、锡兰、缅甸朝礼佛迹……"①虚云老和尚后期还参访过不丹、孟加拉、锡兰、仰光等地。虚云老和尚五十岁时,他"经不丹国,越崇山峻岭,不知其名,或称葱岭,或称雪山(即喜马拉雅山)。……至杨甫城,朝佛古迹。至孟加拉大埠,渡锡兰。朝圣地后,即附航至缅甸,朝大金塔。"②以后他还朝拜过仰光大金塔、参观过台湾灵泉寺以及日本各地佛寺等。从虚云和尚所参访过的地方,可以分析得出,这些地方在历史上都是佛教盛行的区域,虚云和尚选择这些地方参访,充分表明了他探求佛法真谛的真诚。

虚云老和尚参访随身携带用品极为简单,他"内礼四大名山,外至暹罗、缅甸、南洋群岛,随身但一笠、一蒲团、一拂、一铲、一藤架,负之以行"③。但是这种装备简单的参访并未难住他,反而让他从中受益。虚云老和尚参访后不仅深感身心得益,而且受到高度好评。从自身来说,虚云老和尚道心更加坚固,他"后来又游访蒙古、缅甸、锡兰、暹逻(罗)、印度、越南等佛教国家,饱受风尘跋涉之苦,而道心愈加坚固"④。从信众来讲,虚云老和尚加强佛教徒之间的友情,他"还到国外的不丹、锡兰和缅甸等国瞻拜佛教圣地,联络佛教徒的友情"⑤。从历史来看,虚云老和尚又创造了新纪录,他"足迹遍中国无数名山,西入康藏,逾喜马拉雅山,朝礼五印度,折而至南洋群岛,其平生行迹,合晋法显、唐玄奘、明徐霞客而为一人,此亦中国地理学史上之所无"⑥。

募化是虚云老和尚主动出去的第二种形式。虚云老和尚主动出去募化,其目的主要有三个方面:一是兴建丛林。虚云老和尚在云南鸡足山和广东时都为兴建丛林而募化过。虚云老和尚在云南鸡足山,"初,公以重修鸡足诸寺,工巨费多,亲往南洋募化。"⑦在广东时,"虚云在南华和云门近二十年兴建的工程,

---

① 净慧主编:《虚云和尚全集》第1册序三,中州古籍出版社2009年版。
② 净慧主编:《虚云和尚全集》第5册,中州古籍出版社2009年版,第22页。
③ 净慧主编:《虚云和尚全集》第6册,中州古籍出版社2009年版,第7页。
④ 净慧主编:《虚云和尚全集》第6册,中州古籍出版社2009年版,第86页。
⑤ 释纯闻主编:《虚云老和尚佛学思想研究论文集》,云居山佛学研究苑2009年,第306页。
⑥ 净慧主编:《虚云和尚全集》第7册,中州古籍出版社2009年版,第170—171页。
⑦ 净慧主编:《虚云和尚全集》第6册,中州古籍出版社2009年版,第63页。

财力上除得到李汉魂大力帮助外,他还经常赴广州、香港,以及国内各处募款,并致书南洋华侨募化,故香港、广州、澳门及南洋华侨皈依虚云的官僚富商,不在少数。"①二是塑造佛像。民国十七年(1928年),为募塑圣像款,虚云老和尚只身赴香港等地募化。三是迎请藏经。虚云"和尚以滇省自吴三桂以来,二百余年,无请藏经者,乃发愿请藏,将赴南洋群岛募化"②。值得一提的是,虚云老和尚在迎请藏经的过程中,遇到缺少路费时,也从事过募化,他自述道:"英领事问予'到外国何事',告以'请藏经回滇,因路费缺乏,先到槟榔屿化缘'。问:'你有公文否?'出公文、证据及缘簿示之。领事即于簿上写三千元,亦奇缘也。请余食素餐炒饭,同船到暹罗,上岸分手。"③从此可以看到,虚云老和尚的募化具备了正当合法手续。

虚云老和尚募化获得三次巨大成功。第一次是游历诸国。虚云老和尚"从1903年开始了他的身行万里,远游印度、斯里兰卡、缅甸、泰国、柬埔寨、日本、新加坡等地,考察东南亚佛教,传播佛法,建立国际友谊,并募回大宗捐款及众多的佛教文物,曾受清朝廷赐龙袍銮驾全副。"④第二次是入定九天。当时虚云老和尚在泰国募化,他入定九天这一举动惊动泰京(曼谷),以致上自国王大臣,下至老百姓,咸来皈依,"蒙暹罗宫内及诸王大臣,护法居士,男女善信,都来送行赠资,得款甚巨"⑤。第三次是举办法会。这是偶而机缘所致,这里不妨引用虚云老和尚在香港举行药师法会的例子,"例如老和尚的弟子宽慧,闻将建大殿,在香港起一药师法会,竟得万元港币,汇交云居山"⑥。

虚云老和尚募化虽然获得巨大成功,但也不是一帆风顺的。虚云老和尚在南洋募化险些丢掉性命,他"乘船到新加坡,在船上患病,下船后,因为没有护照,英人认为是传染病,送到传染病院——换言之,在该处等死。后来,又

---

① 净慧主编:《虚云和尚全集》第7册,中州古籍出版社2009年版,第407页。
② 净慧主编:《虚云和尚全集》第6册,中州古籍出版社2009年版,第4页。
③ 净慧主编:《虚云和尚全集》第5册,中州古籍出版社2009年版,第47页。
④ 净慧主编:《虚云和尚全集》第6册,中州古籍出版社2009年版,第363页。
⑤ 净慧主编:《虚云和尚全集》第5册,中州古籍出版社2009年版,第48页。
⑥ 净慧主编:《虚云和尚全集》第7册,中州古籍出版社2009年版,第345页。

被送到极乐寺,关闭不久,病愈"①。虚云老和尚能够安全脱险与当地居士的帮助是分不开的,他曾叙述道:"予病渐好,告辞,坚留,予告以募缘之故,乃由伊送路费、粮食、买车票,发电至仰光,嘱高万邦居士接车,殷勤而别。"②从虚云老和尚募化来看,佛教的护法居士对募化的成功起了很大作用。

弘法是虚云老和尚主动出去的第三种形式。虚云老和尚弘法的主要内容有三个方面:一是讲解经论;二是主持法事;三是撰写诗偈。首先,来看虚云老和尚讲解经论。虚云老和尚在海外讲解的经论很多,而且深受信众欢迎。六十六岁,往南洋弘法,在仰光讲《法华经》,马六甲讲《药师经》,吉隆坡讲《楞严经》,皈依者万余人;六十八岁,到不丹讲《心经》,到泰国讲《地藏经》《普门品》《起信论》,皈依者甚多;六十九岁,又至槟榔屿极乐寺,讲《起信论》《行愿品》,皈依者甚众。虚云老和尚的这种弘法方式,当时的云南政要唐继尧就给予很高的评价,他在《靖国云栖禅寺同戒录序》中说:"予识上人(指虚云和尚)久矣,然闻其妙悟秦岭以来,所至东海南洋诸邦,道俗咸仰,复宣法于暹罗王宫,道感乎清帝阙下,敬礼有加,法物屡赐。"③以后虚云老和尚讲解经论形成了定制,对海外信众具有极大的吸引力。这是因为"虚云精通释典,每年定期讲经,东南亚和欧美各国的佛教徒都不远万里前来听讲(接待室壁上,悬有虚云讲经的摄影)"④。

其次,来说虚云老和尚主持法事。虚云老和尚主持法事主要是在香港和澳门两地进行。在香港,虚云老和尚主持过三次法事:第一次是1935年,虚云老和尚赴港主持设水陆道场,设坛于东莲觉苑举行;第二次是1947年,"民国三十六年八月中旬,这一代佛教伟人虚云老老和尚,应本港佛门弟子之邀请,来港主持万善缘会及和平祈禳息灾法会法事"⑤。这次法会是由香港东华医院主办的,法会期间皈依者达万余人。第三次是1949年,"一九四九年的春天,他(指

---

① 净慧主编:《虚云和尚全集》第7册,中州古籍出版社2009年版,第380页。
② 净慧主编:《虚云和尚全集》第5册,中州古籍出版社2009年版,第42页。
③ 净慧主编:《虚云和尚全集》第8册,中州古籍出版社2009年版,第15页。
④ 净慧主编:《虚云和尚全集》第7册,中州古籍出版社2009年版,第413页。
⑤ 净慧主编:《虚云和尚全集》第6册,中州古籍出版社2009年版,第122页。

虚云和尚）去香港打了一堂水陆。当时全国已经解放了一大半。这时有人考虑到老和尚的安危，就邀请他留在香港。老和尚说：'我有我的责任，我不必留在这个地方。'可见老和尚是一个愿力很大的人，他完全把个人的安危得失置之度外"①。从此，也可看到虚云老和尚的大局意识是很强烈的。在澳门，虚云老和尚主持平安法会和打七活动，归依者逾数千。虚云老和尚在香港和澳门主持的法事是很成功的。

再次，来讲虚云老和尚撰写诗偈。虚云老和尚把撰写诗偈也当作一种在海外弘法的内容。这里不妨列举几首虚云老和尚在海外时写给信众的诗偈：

在缅甸仰光赠高万邦居士
法身清净若琉璃，肉眼看来那得知？
欲识共甲玄妙处，细读幂山百育诗。②

暹罗龙莲寺养病
自入龙莲养病疴，风光恰似老维摩。
束腰尚乏三条篾，补衲还余半亩荷。
竹簟无尘清梦少，蕉窗有兴夜吟多。
明朝若得青莲约，缓步深山问鸟窠。③

居仰光时，与陈云昌极相契，来访不值
鸟道千寻不易攀，缘何得透白云关？
知君精进能忘倦，顾我疏慵未改顽。
藓石那堪题妙偈，枯藤却爱点佳山。
莫嫌小院无精供，独有清溪叠翠鬟。④

---

① 净慧主编：《虚云和尚全集》第7册，中州古籍出版社2009年版，第201页。
② 净慧主编：《虚云和尚全集》第3册，中州古籍出版社2009年版，第27页。
③ 净慧主编：《虚云和尚全集》第3册，中州古籍出版社2009年版，第46页。
④ 净慧主编：《虚云和尚全集》第3册，中州古籍出版社2009年版，第46页。

于外洋讲经竟日客情缠绕

几度南洋溯沧波，意似什公访薜萝。
为法混入尘市里，不嫌人笑赴东坡。①

南洋槟榔屿极乐寺祭妙莲老和尚塔偈

自从航海入山来，烁破虚空没点埃。
万里风涛凭定力，多生福慧总兼赅。
灯传古佛家声远，法演三乘祖域开。
卒堵波前呈一偈，光辉回照灿三台。②

在这几首诗偈中都涉及佛教的词汇，诸如"法身""清净""维摩""精进""精供""为法""虚空""定力""古佛""三乘"等，这无疑会为虚云老和尚在海外弘法起到潜移默化的作用。

从以上虚云老和尚弘法的主要内容来看，"虚云一生弘法，行踪遍及我国的东南和西南地区、港澳台地区，以及东南亚一些国家，影响广泛而久远"③。

传法·致书·得助

积极沟通是虚云老和尚对外交往的拓展途径。按虚云老和尚的实践，其积极沟通主要有这么三种方式：传法、致书和得助。

传法是虚云老和尚积极沟通的第一种方式。虚云老和尚传法的弟子很多，"据不完全统计，在虚云和尚座下剃度、得法、受戒、受归依的弟子达百万之众，大多分布在中国大陆、港澳台地区以及东南亚和北美诸国"④。而且"虚云长老由于他的人格崇高，声名远播，所有崇拜他的弟子，虽不是桃李满天下，但分

---

① 净慧主编：《虚云和尚全集》第3册，中州古籍出版社2009年版，第180页。
② 净慧主编：《虚云和尚全集》第3册，中州古籍出版社2009年版，第186页。
③ 净慧主编：《虚云和尚全集》第1册序二，中州古籍出版社2009年版。
④ 净慧主编：《虚云和尚全集》第1册序二，中州古籍出版社2009年版。

布在南中国及东南亚一带的'宽'字门徒,却不下百十万人"①。这些弟子弘法于海内外产生了一定的影响。在"虚老的弟子中,有的甚至走出国门,弘法海外,如宣化度轮、妙慈法云、宣圣悟法等分别弘法于美国、加拿大、新加坡、越南等国,宣玄圣一、宣明心明、宽心普月等则弘法于台湾、香港等地,为当今世界佛教的发展和中外佛教文化交流作出了杰出的贡献"②。其中较为突出的代表就是美国宣化和尚和詹宁士女士。

宣化和尚(1917—1995年),字度轮,吉林双城县人。22岁,至吉林三缘寺剃度。1947年,师南下广东亲近虚云老和尚。1956年4月,宣化和尚获虚云老和尚传嗣为沩仰宗第九世法脉传人,其传法偈云:

宣沩妙义振家声,化承灵岳法道隆。
度以四六传心印,轮旋无休济苦伦。③

1962年,宣化和尚离港赴美国定居弘法。不久,在加州成立法界佛教总会,出版英文月刊《金刚菩提海》。1970年,在三藩市启建金山禅寺。后建地藏寺,为尼众道场。1973年,创立国际译经院,将佛教典籍翻译成英、法、西班牙语等多种文字,流通各国。1976年,在旧金山市创建万佛城,设立法界佛教大学。1987年,邀请中国佛教僧伽法务团赴美举办水陆法会。1989年,邀请佛源和尚、一诚和尚、传印和尚等12位中国高僧前往美国,主持万佛城首届传授三坛大戒法会,为来自美、英、法、柬埔寨诸国的数百名戒子受戒。宣化和尚一生弘法利生,据不完全统计,先后在美国、加拿大、马来西亚和中国的香港、台湾等地创立佛教道场27所,翻译、印刷佛教典籍数百万册。宣讲经典三十多会,留下弘法语录、开示数十种,培养出包括美国、加拿大等国籍的青年僧才数千人,为佛法在西方国家的弘传做出了较大贡献,也成为虚云和尚

---

① 净慧主编:《虚云和尚全集》第7册,中州古籍出版社2009年版,第68页。
② 释纯闻主编:《虚云老和尚佛学思想研究论文集》,云居山佛学研究苑印行,2009年,第231页。
③ 净慧主编:《虚云和尚全集》第3册,中州古籍出版社,2009年,第222页。

赴北美洲弘法的弟子中成就最大的弟子之一。

美国阿难陀·詹宁士，她是加利福尼亚州的一个神学博士的女儿，原为天主教徒，研究神学二十年，是一个西方思想家兼一种"研究佛教精义的运动"的学徒，也是国际联盟文化协会的一个会员。詹宁士后接触佛法，研究佛学二十余年，在佛学上具有很高的造诣。正如"予深佩詹宁士精研佛学二十余年，已得甚深智慧，在美国著作甚多，为西人中研究佛学之杰出者，彼已遍参各国知识，故其见解超脱，不同凡响"①。在禅修方面，她"后往印度闭关四年，有所得，惟疑而未决，今不远万里寻师云云"②。

1948年，五十三岁的詹宁士女士，"她向国民政府的外交部提出了一个要求：希望来中国学习禅宗。当时国民政府外交部考虑来考虑去，决定请虚云老和尚出面来接待这位美国客人"③。当时的情景是，"老人（指虚云和尚）一见，悯其远来，软语慰之曰：善哉！善哉！大心佛子，当如是耶！次日，经詹氏几经启请，虚老始应约前往黄日光居士家中，随缘说法，机锋到处铁人惊，振威一吼天耳聋。詹氏出告人曰：固知禅宗不可思议。于是随侍老人左右，凡十余日。因十方缁素云集广穗，迭次恳请虚老主持禅七，以期多欲众生，克期取证。詹氏闻之，意外欣然，因而三请老人慈悲摄受"④。詹宁士女士来华依止虚云老和尚习禅，执弟子礼赐法名宽弘。虚云老和尚于南华祖庭结禅七以接引之。在禅七中每晚开示禅宗要义，由香港颜世亮居士（后出家，即忍慧法师）任翻译。禅七结束，"詹女士复随云公赴云门礼祖，住半月乃去，言回美国兴佛教云"⑤。詹宁士居士在美有随学信徒二百人，拟于当年夏初，由其亲自率领前来中国，皈依虚云和尚，佛教界获此消息，振奋异常。因此，可以说，这次"詹氏来华习禅，开中美佛教文化交流之先河，实为不容忽视的一件往事"⑥。

---

① 净慧主编：《虚云和尚全集》第8册，中州古籍出版社，2009年，第76页。
② 净慧主编：《虚云和尚全集》第5册，中州古籍出版社，2009年，第180页。
③ 净慧主编：《虚云和尚全集》第7册，中州古籍出版社，2009年，第205页。
④ 净慧主编：《虚云和尚全集》第8册，中州古籍出版社，2009年，第71—72页。
⑤ 净慧主编：《虚云和尚全集》第5册，中州古籍出版社2009年版，第181页。
⑥ 净慧主编：《虚云和尚全集》第6册，中州古籍出版社2009年版，第142页。

致书是虚云和尚积极沟通的第二种方式。致书的内容主要为诗作（包括悼联等）、信函。这是由于在当时的社会时代背景下，除少数人得以前往中国亲炙虚云和尚之外，大多是通过致书的途径才能实现积极沟通。

虚云和尚写给海外信众的诗作主要集中在东南亚佛教兴盛的国家，北美以加拿大为代表。东南亚佛教兴盛的国家不妨罗列数例如下：

星州陈一中居士请题

偶游尘幻境，迎风一披襟。
相识满天下，凡人是知心？
虚空白寥廓，日月任浮沉。
寄语忘机者，休从纸上寻。①

菲律宾周宽度居士请题

田衣杖藜，幻游浮世。
空融声色，夜月猿啼。
天无涯际，云无有羁。
应以比丘得度者，权现模样应来机。②

送日人龙池清在鼓山抄录日本未有经藏带回国去

万里梯航乞法行，写经长日坐书城。
唐镌宋椠难持去，只有香花伴送迎。③

---

① 净慧主编：《虚云和尚全集》第 3 册，中州古籍出版社 2009 年版，第 89 页。
② 净慧主编：《虚云和尚全集》第 3 册，中州古籍出版社 2009 年版，第 90 页。
③ 净慧主编：《虚云和尚全集》第 3 册，中州古籍出版社 2009 年版，第 20—21 页。

在印度新荣高万邦居士叩访二首

阅罢新篇睡亦迟，频将幽梦绕清溪。
添来无限愁肠事，付与寒鸦树上啼。①

赠善庆和尚辟南洋雪岈岳（兰峨）观音阁，山质似众星拱月、泉涌山顶

天辟狮岈岳，大士自南来。
钵擎涌泉水，惠泽南洋洲。
创斯梵音阁，甘露灌顶流。
众山环相拱，道皎月临秋。②

加拿大有：

和詹励吾居士四首

数行海外信前缘，触目风光自宛然。
碧天明月无遮障，漫道拈花最上禅。

摩娑老眼为君开，谁谓如来有去来。
佛印东坡余韵在，谈心石上一低徊。

有限同归幻化身，幻身且喜得为人。
虽然佛法无多子，一喝分明立主宾。

本来我法妙难思，微笑头陀冷地知。
不妨肝脑随人乞，始信婆婆成佛时。③

---

① 净慧主编：《虚云和尚全集》第3册，中州古籍出版社2009年版，第142页。
② 净慧主编：《虚云和尚全集》第3册，中州古籍出版社2009年版，第180页。
③ 净慧主编：《虚云和尚全集》第3册，中州古籍出版社2009年版，第198页。

还有：

和詹励吾居士题梦中诗

雪未全消路未干，梦中三笑报平安。

瓶笙初沸茶初熟，不觉人间有岁寒。①

其中挽联有两副，一副是：

法化被南州，幸喜人天留眼目。

哀音播乐土，顿悲道俗失皈依。②

另一副是：

和刘若英原韵

（蚁光炎于丙子岁来南华礼祖，后回泰被刺，夫人刘若英以相片并诗寄来，送入功德堂。）

茫茫苦海叹劳尘，善恶升沉自有因。

报尽一生还是喜，了其千劫有何嗔！

裂开神网兼情网，始觉盘新日又新。

汝是女流犹解事，楞严会上看华巾。③

其原作为：

一念驰求未息尘，娑婆草草叹劳人。

曹溪礼佛曾留影，泰国修罗忽动嗔。

宿债已酬诗债累，世情能淡道情新。

宝林山水西天样，莫恋霓裳爱锦巾。④

---

① 净慧主编：《虚云和尚全集》第3册，中州古籍出版社2009年版，第198页。
② 净慧主编：《虚云和尚全集》第3册，中州古籍出版社2009年版，第228页。
③ 净慧主编：《虚云和尚全集》第3册，中州古籍出版社2009年版，第62—63页。
④ 净慧主编：《虚云和尚全集》第3册，中州古籍出版社2009年版，第63页。

虚云老和尚通过这些诗作（包括挽联）方式表达了对海外信众的关怀和思念之情。

虚云老和尚写给海外信众的信函主要内容有：一是劝学佛法；二是指导法门；三是赞叹居士；四是强调随缘。在劝学佛法上，虚云老和尚在致柬埔寨宣圣（心明）法师函五则中指出："至祈诸仁各自努力，拚此一生，冀求出离，是为至要。"① 他希望信众要在修道中精进，"幸希痛念无常，为道精进"②，"至希诸仁及时努力，精进行道，切勿空过岁月"③。在指导法门上，虚云老和尚对禅修静坐和净业念佛都给予具体指导。对于禅修静坐，在复星洲卓义成居士中较详地细叙述道："承问关于静坐之事，万亦是门外汉，今本同舟共济精神，略伸管见如下：……"④ 对于净业念佛，虚云老和尚在致马来亚麻坡刘宽正居士函三则中强调："至希日后勿为赘念，当各痛念生死事大，无常迅速，精进净业，勿空过光阴，勿负此人身，切切至要！"⑤ 并劝慰道："居士能知人身难得，佛法难闻，是已深得个中旨趣。望以此自慰，常时念佛，勉修净业，久则亲承法益，灾消福崇，所愿遂意矣！"⑥ 不管是禅修还是念佛，虚云老和尚认为都必须受戒和守戒，他在致南洋麻坡刘宽簪居士函二则中就明确指出："居士发无上心，求受三归五戒，甚可嘉慰！然古云：'受戒容易守戒难'。愿居士自受戒后，幸勿毁犯。今奉上归戒证一纸，上有学佛须知，愿居士遵而行之，自得解脱。"⑦ 在赞叹居士上，首先赞扬居士的发心，在与詹励吾居士书十六则中说："居士发心殊胜，将予大力垂护，名刹赖得重光，不仅云之私幸也。"⑧ 其次，称颂居士的行持，他在信函中说："令堂以古稀之年，信向念佛，而居士曲尽子道，

---

① 净慧主编：《虚云和尚全集》第2册，中州古籍出版社2009年版，第45页。
② 净慧主编：《虚云和尚全集》第2册，中州古籍出版社2009年版，第46页。
③ 净慧主编：《虚云和尚全集》第2册，中州古籍出版社2009年版，第45页。
④ 净慧主编：《虚云和尚全集》第2册，中州古籍出版社2009年版，第42页。
⑤ 净慧主编：《虚云和尚全集》第2册，中州古籍出版社2009年版，第46页。
⑥ 净慧主编：《虚云和尚全集》第2册，中州古籍出版社2009年版，第44页。
⑦ 净慧主编：《虚云和尚全集》第2册，中州古籍出版社2009年版，第44页。
⑧ 净慧主编：《虚云和尚全集》第2册，中州古籍出版社2009年版，第106页。

善能喻慰，尤难得也。"① 最后，鼓励居士的弘法，他写道："居士以盖天盖地之愿行，播扬大教，使未闻者闻，未信者信，功德之胜，有为古德先贤所难能者，其非乘愿再来，曷克臻此？大制实能挖着宋儒痛处，堪作人天眼目，而毅然自荷利他大业，居士如此，将光璨四天下矣，佛门何忧淡薄？难得！难得！"②在强调随缘上，无论是对自己还是对别人都是一样。对于自己，不能做的从不勉强，他在信函中曾说过："近来外国、南洋以及鼓山等处，皆汇款来函相聘，均未如命。"③对于别人，他更是强调要随缘，在与印度尼西亚释海涵书就说过："然受戒因缘，亦有时节，仁者幸勿烦恼。今至云门，云门气候较暖，仁者如乐安居，即在彼等待后缘；如欲回云居，即返云居亦可；如以内地生活不习惯，欲返印尼，即返尼。日后如有戒期，再返祖国亦可。希仁者自行裁酌。"④

得助是虚云老和尚积极沟通的第三种方式。虚云老和尚为了修复国内佛教祖师道场，他"一方面和合官绅，便利制置，同时函令南洋四众弟子尽力匡扶（不发捐册，随缘乐助）"⑤。可以看出，虚云老和尚是通过信函与海外信众联系而获得赞助的。由于当时国内战乱，因而"数年以来，修建经费，悉赖国内外道友助成"⑥。虚云和尚所得赞助主要用于修建大殿、建舍利塔、造像以及办学等。关于修建大殿，"师（指虚云和尚）之弟子宽慧，闻将建大殿，在港发起一药师法会，竟以万金至"⑦。这次得助资金很可观。关于建舍利塔，虚云老和尚得助于北美侨商婺源詹励吾居士夫妇。1956年，"詹复函，除前捐常住万圆港币外，再捐港币五万圆，以为建海会塔之用"⑧。由此可知，詹励吾居士夫妇曾两次赞助过虚云老和尚，后面一次主要是为建舍利塔。原本这次赞助是建大殿的，"先是丙申春，北美侨商詹励吾之夫人汪慎基归依师后，发心捐助建大

---

① 净慧主编：《虚云和尚全集》第2册，中州古籍出版社2009年版，第41页。
② 净慧主编：《虚云和尚全集》第2册，中州古籍出版社2009年版，第111页。
③ 净慧主编：《虚云和尚全集》第2册，中州古籍出版社2009年版，第48—49页。
④ 净慧主编：《虚云和尚全集》第2册，中州古籍出版社2009年版，第102页。
⑤ 净慧主编：《虚云和尚全集》第6册，中州古籍出版社2009年版，第73页。
⑥ 净慧主编：《虚云和尚全集》第2册，中州古籍出版社2009年版，第314页。
⑦ 净慧主编：《虚云和尚全集》第5册，中州古籍出版社2009年版，第245—246页。
⑧ 净慧主编：《虚云和尚全集》第5册，中州古籍出版社2009年版，第258页。

殿经费，而全寺大小殿堂，均已落成。詹拟建一塔，供佛舍利，附建一留云禅院，以祝师长住世间之意。"①因大殿已落成，故而改捐助建舍利塔。虚云老和尚要求得助建留云禅院的资金用于建云居山海会舍利塔，并得到詹氏夫妇的同意。"一九五六年四五月间，侨居北美的皈依弟子詹励吾夫人汪慎基专门寄了一笔钱来，为虚云建造'留云塔院'。收到款项以后，虚云立即亲自复信，表示此举'意甚可感，而云平生未尝特建一椽一瓦，以图享用，敬却云云'。进而建议将此款项用来建筑云居山海会塔，以奉安历代祖师及往生四众骨灰。不久，虚老的此议得到詹氏夫妇的同意。"②关于造像，虚云老和尚也得助于海外的弟子，"是月，美洲汪宽慎、香港曾宽壁，以师今年为百二十寿辰，各以资来，请造地藏菩萨一尊，用祝师寿。师令刻日兴工塑造，两月而成，分供于钟楼及海会塔中。此师最后之造像也。"③关于办学，虚云老和尚是得助于海外的居士。"是月，得南洋华侨王璧莲居士资助，虚云老和尚创办'真如禅寺佛学研究苑'，择有一定文化程度青年比丘就学其中。"④

从以上虚云老和尚所得助来看，都是海外信众自愿赞助的。虚云老和尚认为这种得助手续正当，而且有助于国家建设的发展。他曾说："……因我在外国弘法，信心往来者众，见我修寺，他们在外宣传，中国真实信教自由，故一班信徒，发心捐助，并非有意向外招揽募化而来。况此款来时，都由中国在侨设之银行汇回，不下百十余万。想政府费许多款，派代表团到各国访问，为其和平；我在云山，而今外侨和平来往，汇款帮助，不是有坏，可说亦于国家有益。"⑤

爱国·护法·尊史

坚定立场是虚云老和尚对外交往的基本要求。按照虚云老和尚的风格，其

---

① 净慧主编：《虚云和尚全集》第 5 册，中州古籍出版社 2009 年版，第 258 页。
② 净慧主编：《虚云和尚全集》第 6 册，中州古籍出版社 2009 年版，第 235 页。
③ 净慧主编：《虚云和尚全集》第 5 册，中州古籍出版社 2009 年版，第 258—259 页。
④ 净慧主编：《虚云和尚全集》第 5 册，中州古籍出版社 2009 年版，第 250 页。
⑤ 净慧主编：《虚云和尚全集》第 2 册，中州古籍出版社 2009 年版，第 325 页。

坚定立场主要包括这么三个方面的内容：爱国、护法和尊史。

爱国是虚云老和尚坚定立场的首要内容。新中国成立后，虚云老和尚首先大力向海外宣传中国宗教信仰自由的现状。这里我们引用虚云老和尚进京参会时所说的一段话。他说："我这次来京，正值亚洲及太平洋区域和平会议将在北京召开。我想，我有些住在国外的华侨及外国弟子，他们这次如果有来的，我要告诉他们，新中国的宗教是完全自由的，因为他们一向受反动宣传，对新中国有着不少的误会。"[1] 不仅如此，而且虚云老和尚还用具体的事例来说明宗教信仰贯彻落实的真实情况。这样的事例很多，这里仅列举两个事例即可见一斑。一个是虚云和尚写给弟子詹励吾的信，"到1959年八月二十六日，即离虚云和尚在云居茅棚内圆寂前的半月，虚云老和尚在写给加拿大籍华裔弟子詹励吾的信中，充满信心地告诉他，'山中今年丰收在望，一众农禅生计堪称顺适'"[2]。另一个是虚云老和尚写给越南弘法弟子宣圣的信，"1958年夏至1959年春的这一段时间里，虚云老和尚数次写信给在越南弘法弟子宣圣，相继告诉他'云居山现在住众百十余人。自去秋蒙准加于国营云山农场，为僧伽生产队（由前僧伽农场脱胎而来），经济独立核算，自负盈亏。在不妨碍劳动生产时间外，宗教仪式、个人修持，随意照常，过堂素斋生活照旧'"[3]。其次，虚云老和尚积极从事国际佛教文化事业的交流与发展事业。1952年国庆节，亚太和平会议锡兰代表团团长达马拉答纳法师及团员四人，代表锡兰佛教徒，赴广济寺，向中国佛教徒赠献佛舍利、贝叶经、菩提树三宝，并于佛前献花。当时场面壮严而又隆重，参加典礼的，除西藏致敬团全体代表，及北京市各寺院八百多喇嘛、僧尼和居士外，还有和平会议澳大利亚、缅甸、加拿大、印度、日本、土耳其及中美洲各国的代表等三十五人。虚云老和尚代表中国佛教徒接受赠礼，并致辞感谢锡兰佛教兄弟们的厚意。虚云老和尚说："我代表中国佛教徒对于锡兰佛教兄弟们送给我们的佛舍利、贝叶经和菩提树苗，表示无量的欢喜与感

---

[1] 净慧主编：《虚云和尚全集》第1册，中州古籍出版社2009年版，第384页。
[2] 何明栋著：《虚云和尚传》，宗教文化出版社2000年版，第256页。
[3] 何明栋著：《虚云和尚传》，宗教文化出版社2000年版，第256页。

谢！我们两国的佛教徒要更亲密地团结起来，团结在三宝的慈悲、智慧之中，为全世界普遍的永久的和平而贡献出我们的一切。"①10月15日，虚云老和尚在北京代表中国佛教徒向出席亚太地区和平会议的锡兰、缅甸、泰国、越南等国佛教代表赠送礼品。虚云老和尚这种对外友好交往的作为，得到了国际友人的好评，日本大谷大学教授稻田圆成在敬赠虚云、太虚的一首偈句中有：

赠虚云、太虚讲经大林寺
匡庐顶上大林寺，山寺莲花正盛开。
七众同心参佛会，法雨遍施弘法音。
群贤相集垂戒事，大德普喻照虔诚。
虚云慈悲颂弥陀，太虚行愿又重光。②

护法是虚云老和尚坚定立场第二方面的内容。虚云老和尚护法的具体表现为：一是维护寺院的合法权益。当时寺院的合法权益不仅受到国内"毁寺兴学"的威胁，而且也遭到国外势力的影响。对于国内"毁寺兴学"的威胁，情况是这样的，"最初，就是民国初年，革命刚胜利，当时大家打倒了清朝，要学西洋、学东洋，要办学校。办学校，没有钱，怎么办？当时很风行的一句话，就是要'毁寺兴学'，把寺庙毁掉，把佛像拿走，把大殿改作讲堂，寮房当宿舍。'毁寺兴学'之说非常盛行，政府于是把它变成了命令。当时，就是虚老代表佛教徒，向政府申诉，反抗奔走，使得这个命令没有落实；那个时候要是落实了，佛教就没有今天了"③。可见，虚云老和尚是通过正当的程序得以解决问题，使寺院免受损失。对于国外势力的影响，情况较为复杂，因为"昆明西山华亭寺，古刹也。其地风景至佳，寺僧不能住持，日益荒废。近且欲售与西人作俱乐部，地方政府批准矣。予惜之，言于唐，请其保存名胜。唐纳予言，暗与王九龄、张拙仙

---

① 净慧主编：《虚云和尚全集》第8册，中州古籍出版社2009年版，第215—216页。
② 净慧主编：《虚云和尚全集》第5册，中州古籍出版社2009年版，第89页。
③ 净慧主编：《虚云和尚全集》第1册，中州古籍出版社2009年版，第445页。

诸公议定，设斋敬邀，袖出红帖，请住华亭寺而重兴之"①。从此可知，虚云老和尚是通过善巧的方法得以解决，使古刹保存重兴。二是坚守传统佛教规制。传统佛教规制的存在是区别僧人与俗人的重要标志，不可随便改动的。然而，"刚解放的时候，那个时候也有很多佛学院学生、佛教徒，想学日本，因为日本的和尚可以结婚。因此，在成立佛教协会的时候，有人想通过这个条例，鼓吹大家学日本，使结婚成为合法化。为了阻止通过这样的一个决议案，虚老当时就说，要通过这样的决议案，大殿不是有这么大的柱子吗，我就撞死在这儿。大家一看，不行了，因为虚老的名望太大了，这个决议案就没有通过。"②可以看到，虚云老和尚是极力反对更改传统佛教规制的。在这种情况下，虚云老和尚征得了时任国家副主席的李济深的支持，他说："我和李任潮商量，说这些坏教徒要改佛制，政府如不作主，任纵这些教徒乱为，便能使到国际间的佛徒发生怀疑。政府叫我入京，招待国际佛教友人的，岂由他们乱改佛制规律！"③最后，传统佛教规制得以圆满地保留下来。

其实，虚云老和尚不是一位顽固不化的人，而是一位具有变革思想的开明僧人。他曾说过："我认为，佛学弟子的日常生活、衣食住等，有可以权变的；惟三学思想，即戒定慧等等理论，不能改动。中国千余年来佛弟子衣食住等制度，久与印度制度大不相同，既然时间、地点、条件都变了，则佛教中的若干生活习惯，自也应因时制宜。"④从这里可知，虚云老和尚认为对于传统佛教规制一定要正确处理好变与不变的关系。只有维护佛教的根本理论和原则不变，才具有护法的效果。

尊史是虚云老和尚坚定立场第三方面的内容。虚云老和尚尊史主要表现在三个方面：一是关于佛历问题。虚云和尚尊重中国历来传统之说的，他说："云老朽，闻近年论佛历虽多，但仍秉中国历来传统之说，诚以至今数千年，流传已熟，且历代大德法师，虽知有多说，亦均未轻改变。……忆民国二年，章太

---

① 净慧主编：《虚云和尚全集》第5册，中州古籍出版社2009年版，第74页。
② 净慧主编：《虚云和尚全集》第7册，中州古籍出版社2009年版，第480页。
③ 净慧主编：《虚云和尚全集》第5册，中州古籍出版社2009年版，第234—235页。
④ 净慧主编：《虚云和尚全集》第2册，中州古籍出版社2009年版，第312页。

炎孙少侯居士等,在北京法源寺召开无遮大会,外国人多有参加其议决,亦以周昭王甲寅四月八日为定。太炎湛深学理,不轻决议者。……云老将死,尚拘拘于中国传统之说,实望将来更有确切考证也。"① 也就是说,虚云老和尚认为在尊重传统的基础上,更应注重考证。二是关于大小乘经典问题。虚云老和尚认为不仅要重视小乘经典,而且要关注大乘经典。他说:"方今佛化西渐,其机已动,欧美学者向只注目小乘,视锡兰为教典荟萃之地。近日渐知北派尚有大乘梵典,遂于尼泊尔等处,肆力搜求,而尚未知我国自唐以来所译梵荚之富,自宋以来校刊梵册之伟然大观也。"② 因为这是符合历史事实的现象,因此可以说也是尊史的一种表现。三是关于印度佛教历史人物的问题。虚云老和尚认为印度佛教历史人物是可信的。特别值得一提是这二位僧人:一位是阿若憍陈如尊者,他说:"阿若憍陈如尊者(天竺)尊者中天竺人,系出世尊母族。世尊成道后,为五人转四谛法轮,尊者居首,闻声悟道,为僧宝中第一,故世尊呼为'阿若憍陈如',亦名俱邻。赞曰:歌利挥剑,早已说破。鹿苑初唱,惟师首和。一个耳聋,一个话堕。热瞒大地,居僧上座。"③ 另一位是智药三藏尊者,他说:"梁坞石月华智药三藏尊者(天竺)师天竺人,梁天监元年航海达广州,将彼土菩提树一株,植于宋求那跋陀罗在法性寺所建戒坛之畔,志曰:'后百七十年,有肉身菩萨,于此树下演上乘,传佛心印。'……凡百七十五年,六祖至此受戒弘法,两师之言验矣!"④

赞叹·追思·纪念

深受颂扬是虚云老和尚对外交往的重大影响。按照虚云老和尚的成就,其深受颂扬主要体现在三个方面:赞叹、追思以及纪念。

赞叹是虚云老和尚深受颂扬的第一种体现。赞叹虚云老和尚主要有这么三个方面:一是培养了一批有影响力的弟子。虚云和尚培养了一大批弟子,"如

---

① 净慧主编:《虚云和尚全集》第1册,中州古籍出版社2009年版,第431页。
② 净慧主编:《虚云和尚全集》第2册,中州古籍出版社2009年版,第134页。
③ 净慧主编:《虚云和尚全集》第2册,中州古籍出版社2009年版,第139页。
④ 净慧主编:《虚云和尚全集》第2册,中州古籍出版社2009年版,第139页。

今虚云门下法嗣弟子，遍布国内各省市，而且广及东南亚各地及美洲诸国"[①]。这众多的弟子，不仅重振了宗风，而且对中国佛教广泛传播产生了深远的影响。"老人住世一百二十年，僧腊一百零一岁，手创梵刹数十，中外皈依弟子逾百万之众，重振宗风，续佛慧命，巍巍功德，孰可称量。"[②]"虚公的门徒遍天下，法流遍寰宇，他对中国佛教的影响无疑是深远的。"[③]尤其值得一提的是，"虚云和尚言传身教，带出了一批僧才，当今海内外住持名山大刹的本焕、佛源、净慧、传印、圣一、宣化、灵源、一诚等法师，皆出其门下"[④]。虚云老和尚的这些弟子都是当代中国佛教的中坚力量。二是具有高尚的道德风规。"虚云和尚的高深道行，不凡建树，在中国乃至世界佛教史上都有着重要的地位与影响。"[⑤]因此，其高尚的道德风规令海外道俗仰慕，"海外虽属蛮烟瘴雨之地，不论道俗，仰大师之盛德与风规者亦久矣"[⑥]。三是具有深厚的禅功。因为"虚公一生十分重视参禅，其禅功闻名于海内外"[⑦]。因此，可以说，"虚云和尚名满天下，望重宗门，海内外谈禅者莫不仰为泰斗"[⑧]。虽然如此，但是虚云老和尚却无门户之见。"云公为当代禅宗巨擘，这是海内外佛教同人所一致公认的，但他毫无门户之见。"[⑨]仅这一点，也是值得赞叹的。

追思是虚云老和尚深受颂扬的第二种体现。有生必有灭，"一九五九年岁次己亥，公一百二十岁，世缘已尽，是秋农历九月十三日重返兜率，海内外佛门弟子无不同心追念"[⑩]。虚云老和尚圆寂后的追思有两种形式：一种是团体追思法会，另一种是个人追思怀念。关于团体追思法会，虚云老和尚圆寂消息

---

① 净慧主编：《虚云和尚全集》第6册，中州古籍出版社2009年版，第241页。
② 净慧主编：《虚云和尚全集》第8册，中州古籍出版社2009年版，第229页。
③ 净慧主编：《虚云和尚全集》第1册编纂说明，中州古籍出版社2009年版。
④ 净慧主编：《虚云和尚全集》第1册序三，中州古籍出版社2009年版。
⑤ 何明栋著：《虚云和尚传》前言，宗教文化出版社2000年版。
⑥ 净慧主编：《虚云和尚全集》第7册，中州古籍出版社2009年版，第14页。
⑦ 净慧主编：《虚云和尚全集》第7册，中州古籍出版社2009年版，第491页。
⑧ 净慧编辑：《虚云和尚法汇续编》"虚云和尚行业记"，河北省佛教协会印行，1990年。
⑨ 净慧主编：《虚云和尚全集》第7册，中州古籍出版社2009年版，第151页。
⑩ 净慧主编：《虚云和尚全集》第6册，中州古籍出版社2009年版，第292页。

传开后，海内外四众弟子、佛教团体，纷纷举行追悼仪式。中国佛教协会于1959年10月17日在北京广济寺举行追悼会。新加坡、美国、菲律宾、泰国、马来西亚等国家和台湾、香港、澳门等地区佛教界，先后隆重举行"虚云老和尚涅槃法会"，以寄哀思。关于个人追思怀念，也有两种形式：一种是遥祝，如"我今缘悭，飘流海外，不克趋前亲近，只好远远地心香一瓣，遥祝他老人法寿无疆，永远常住于世"[1]。又如"我远居南天，遥寓海角，北望中国，翘首云居，敬悼伟大庄严的云公老人：但愿您乘愿再来；危机四伏的佛教，需要您来扶持；苦难无依的众生，渴望您来救度"[2]。另一种是梦见，如"我的形体虽不能去亲近他，但中国古书说过：'见尧于羹，见舜于墙。'以我对老人来说，的确实有其事；尤其在梦中，老人时常对我化身示现，慈悲摄度"[3]。不管是团体追思法会还是个人追思怀念，都是为了一个目的，追念虚云和尚。正如一位虚云和尚的弟子所说："师乎！师乎！吾言止于是已，是岂吾一人之言哉？盖全世界各民族无量数佛门弟子所同心默祷者也。"[4]

纪念是虚云老和尚深受颂扬的第三种体现。由于海内外佛教四众弟子对虚云和尚的尊敬与景仰之情，与日俱增，长久永存，因而在虚云老和尚圆寂后，各地佛教弟子以各种各样的形式与方法来纪念他。其中较为重要的有两种形式：一是建造实物，如纪念堂、舍利塔等。为了缅怀纪念一代高僧，1960年香港四众弟子集会商议，共同捐资献地，在荃湾芙蓉山建造"虚云和尚舍利塔"与"虚云和尚纪念堂"。其后，香港意昭法师在沙田车站附近，当年虚云老和尚赴港弘法住地旧址肇建"古岩净苑"。台湾基隆十方大觉禅寺筹建虚公之舍利塔。知定法师在美国檀香山建造"虚云寺"。1989年9月，海内外四众弟子在云居茅棚原址上捐资建造了"虚云和尚纪念堂"，近年来，内地和东南亚、日本、台湾、香港、澳门一带的僧尼、居士纷纷来云山朝觐拜祭。二是编辑书刊，如《虚云和尚年谱》《虚云和尚法汇》等。各地佛教界知名人士为了赞颂虚云老和尚一

---

[1] 净慧主编：《虚云和尚全集》第6册，中州古籍出版社2009年版，第161页。
[2] 净慧主编：《虚云和尚全集》第7册，中州古籍出版社2009年版，第56页。
[3] 净慧主编：《虚云和尚全集》第8册，中州古籍出版社2009年版，第121页。
[4] 净慧主编：《虚云和尚全集》第7册，中州古籍出版社2009年版，第70页。

生为弘扬佛法、广度众生所做的巨大贡献，1960年，香港岑学吕居士等发起广泛征集资料，增补修订编辑《虚云和尚年谱》与《虚云和尚法汇》等出版。1986年，台湾大乘精舍乐崇辉居士又主持编辑出版《虚云和尚年谱法汇》（合刊增订本）。1997年，台湾修元禅院受广东南华禅寺方丈佛源和尚委托，又将《虚云和尚年谱法汇》（合刊、增订本）进行补充修订，第三次出版面世，其篇幅达百余万字之巨。这两本书（即《虚云和尚年谱》《虚云和尚法汇》）自出版后，已在港台等地再版多次，且有英译本出版。这两本书在印刷经费上得到了海外信众的大力赞助，"当海内外的许多师友得知我们要印赠虚老的法语，都非常踊跃地随喜赞助。特别是香港石溪兰若心明法师，美国纽约佛恩寺法云法师，正觉寺佛性法师，东海禅林达威法师、明慈居士，广州刘汉民居士等，都协助募捐净资，助成此事"[①]。以后随着《虚云和尚全集》的出版流通，"海内外僧俗两界对虚云老和尚的生平及其思想、修持与弘法实践，在中国佛教史上的地位与影响开展研究与探讨，取得可喜成果"。

---

① 净慧主编：《虚云和尚全集》第8册，中州古籍出版社2009年版，第227—228页。

虚云老和尚与李济深

虚云老和尚曾任全国政协委员和中国佛协名誉会长，晚年住锡江西云居山真如禅寺，他在这里对自己的一生总结道："坐阅五帝四朝不知沧桑几度，受尽九磨十难了知世事无常。"积极帮助虚云和尚度过磨难的弟子中较突出的就是李济深。中华人民共和国成立后，李济深曾任人大常委会副委员长、政协副主席、中央人民政府副主席、民革中央主席等多项职务。他也被佛教界赞叹为"是真实佛弟子，对佛教的贡献很大"。

支持虚云老和尚办学建寺

据《桂林市宗教志》记载，李济深皈依并正式成为虚云老和尚的在家弟子的经过是这样的：

一九四二年十一月，广东韶关南华寺住持虚云和尚，应国民政府主席林森之请，赴重庆主持护国息灾大法会。于是月十五日，在赈济委员张子廉及国民党军委桂林行营办公厅主任李济深迎接代表等陪同下，从南岳到达桂林。当日，到桂林车站迎接的有国民党军委桂林行营办公厅主任李济深夫妇、高级参谋杨劲支、广西绥靖公署参谋长徐启明、广西省府顾问周炳南、市长苏新民、警察局长马启邦以及释道安和佛教男女信士百余人。随后由李济深备车从北站亲自陪同至月牙山休息。当时在月牙山下欢迎的佛教男女信士有数百人。十六日，在广西剧场（今邮电大楼所在地）举行欢迎会，请虚云和尚讲解佛法。十七日，在月牙山举行皈依礼，当日皈依的弟子有李济深、黄琨山夫妇、申甫天、张心仁夫妇以及影星胡蝶等千余人。从此，虚云和尚与李济深结下了法缘。二十一日晨，虚云和尚离桂赴渝。

行前，李济深及当地行政首长，均赴车站送行。一九四二年十一月二十六日第二百六十一期《佛化新闻》对送行的一些细节作了报道，当时的场面是：李氏（指李济深）并赠和尚旅费一千元。和尚（即虚云和尚）视金钱如粪土，当即将该款移赠伤兵，作医药费之用。其慈悲利人之精神，如兹可也云。这不仅表现了李济深对虚云和尚供养恭敬，而且也体现了虚云和尚的慈悲精神。

虚云老和尚的弟子怀西回忆，虚云老和尚去重庆走了一趟回来，思想上又有一点转变。虚云老和尚回来不多天，就要他筹备成立一所南华戒律学院，怀西照着虚云老和尚的意思，起草了一个《曹溪南华戒律学院章程》。后来李济深来南华寺小住，看过学院章程后，认为恰当，就高兴地为学院亲笔写了一个牌子，随后学院成立。

1943年，虚云和尚重建曹溪六祖道场后，偕粤僧福果往曲江乳源各地，访寻灵树道场未获。抵云门山，见荆棘丛中，残存古寺，乳源县云门寺是五代文偃禅师（佛教史称为禅宗中五家宗派的云门宗）道场，经久失修，风雨飘零，破败不堪，内有肉像一尊，文偃禅师肉身在荒烟败墟中，视之深可叹息，知云门开宗道场衰败已久。尔时见祖庭沦落至此，不禁凄然泪下。虚云老和尚返南华后，一日，适李济深、李汉魂抵寺，谈及云门事，遂请虚云老和尚再兴。虚云老和尚生平绍隆三宝，发愿重兴祖庭，固不惜捐糜顶踵者，慨诺之。1943年冬，虚云老和尚以南华工程告竣，辞了南华住持职，交法子复仁继任。虚云老和尚应李济深、李汉魂和当地士绅的迎请，去云门寺当住持。由李济深、李汉魂、邹洪诸公，恭送至云门驻锡，重荷中兴云门。当时该寺仅有明空一僧，苦守寒岩。虚云老和尚初到云门，正值抗日战争期间，各处慕名来了僧众数十人，披荆斩棘，伐木担土，购买材料，招工建筑。先后建设僧房、大厨房、大斋堂、大山门、天王殿、大雄殿、禅堂、客堂、祖师殿、观音堂、藏经楼、说戒堂、功德堂、法堂、钟楼、鼓楼、伽蓝殿、库房、仓房、普同塔等，共有一百多间。塑佛菩萨像八十多尊，请来《大藏经》一部。虚云老和尚在南华寺和云门寺近二十年兴建的工程，财力上除得到李济深、李汉魂大力帮助外，他还经常赴广州、香港，以及国内各处募款，并致书南洋华侨募化，故香港、广州、澳门及南洋华侨皈依的官僚富商弟子很多。

营救虚云老和尚出云门

天有不测风云，人有旦夕祸福。1952年初，全国开展肃反运动，其影响波及偏僻的云门寺。因工作组误信云门寺内藏有电台、枪械及黄金白银等物，开始对寺内进行搜查，并对僧人进行粗暴的审讯。佛源法师对这件事写过一篇很详细的回忆录。他在回忆录中叙述道：虚云老和尚当时就预知此事将大祸临头，于是召集大家于方丈室内开会，望能有人去北京求助，但众僧慑于威胁，无人敢去，虚云老和尚焦急万分。当时事态万分危急，虚云老和尚被囚在方丈室，由数人昼夜看守，百余僧人分禁于禅堂、法堂，不许外出。工作组有关人员遍搜寺内，上至瓦盖，下及地砖，佛祖尊像，法器经藏，无不一一细查，甚至挖地三尺。严查两日，均一无所获。遂将监院明空、智悟、佛源等拘去，同时又将册籍部录及往来书札，及虚云老和尚百年来所著法语、经疏等一并搜去。而且在数日之内，连拘去僧人二十六人，严刑逼供，致使一些僧人在肉体上受到折磨和摧残。众僧恐惧至极，造成数人逃走失踪。虽严加看管十日，工作组一无所获，更迁怒于虚云老和尚。虚云老和尚三月初一便遭软禁，并连遭审讯，勒令交出金银枪械。虚云老和尚或言无有，或默默不应。初三，工作组按捺不住，用木棒、铁棒将虚云老和尚打得头破血流，肋骨断折。虚云老和尚跏趺入定，坚忍不言。工作组愤怒，更用力殴打，乃至于昏死，后二日方醒。初五，工作组又至，见虚云老和尚端坐养息，又暴殴之，以为必死。虚云和尚被侍者抱坐禅榻，趺坐如故。初十，虚云老和尚不支，方作吉祥卧下，经一日一夜，全无动静，众以为涅槃矣。次日晨，虚云老和尚方苏醒。

虚云老和尚认为，这件事若北京不来人解决，云门寺僧人将难以幸免于难。佛源法师深知情况紧迫，于是暗中下定决心，燃指供佛，数日后禀明虚云老和尚，毅赴北京。佛源法师先到武汉见陈铭枢。陈铭枢说，这是农民运动，谁也不敢阻拦，要佛源法师立即上北京见虚云和尚弟子李济深。佛源法师到北京后，将在云门寺和虚云老和尚身上所发生的事，一一向李济深汇报。李济深听后立即去找周总理,周总理得知情况后,也随即与身在广东任上的叶剑英通了电话,要叶剑英立即采取行动,保护虚云老和尚的安危,并派人护送到北京。李济深回到家里,要佛源法师火速回云门,请虚云老和尚立即离开云门寺,因为考虑到云门寺在农村,下面政策水平差,不离开恐怕出事。佛源法师赶快乘火车南下,到了韶关不敢回云门寺,怕人知道到了北京报信,回去会受惩罚,因此托天性、提辉二师赴云门寺,将李济深的话一一转告虚云老和尚。

虚云和尚于1952年5月劳动节前夕,离别了乳源县云门寺。他道经韶关大鉴寺,参加曲江民众劳动节大巡行,群众见者皆大欢喜。次日,虚云老和尚与侍者数人驱车北上,到北京后,诸山长老及居士林等团体到站迎接,李济深、叶遐庵、陈真如等诸居士导送至广化寺住锡。虚云老和尚在京期间,适逢李济深及夫人周月卿七旬双寿,他以无量寿佛铜像一尊及诗为贺,以表达感激之情。诗云:

> 蟠根仙李郁苍苍,斡运欣开日月光。
> 已建神功万世远,更扶元化与年长。
> 清修白业偕贤助,雅咏黄花晚节香。
> 我愧草鞋钱空费,来依佛寿颂无量。

归还真如禅寺的田地

1957年初,有人数次欲占据云居山真如禅寺僧众近年所开垦的田地,甚至将虚云老和尚所住茅棚也划入所占范围。有鉴于此,虚云老和尚挺身而出,屡屡据理力争,重申当年上山之前中南区及省里有关部门的批示允诺,但收效甚微。无奈之下,虚云老和尚将此情况写成一信,派专人送交全国人大常委会副委员长李济深,李济深又将此信转呈周恩来总理,很快得到了明确批复:宗教政策要落实,不得随意侵占真如禅寺的田地。后来经协商,原云居山真如禅寺僧伽农场与原云山垦殖场挂靠,成为僧伽生产大队,保持寺内宗教活动,个人修持照常进行,经济上独立核算、自负盈亏。同年,在虚云老和尚安排下,真如禅寺常住为云山垦殖场小里分场多次提供耕牛、种子等援助，同时，应山下乡民请求，多次组织寺中僧众到村里帮助他们夏收夏种。在这一年里，真如禅寺在农林生产方面也取得了很大的丰收，继续开田垦荒，精耕细作，单水稻亩产就比前一年增产一百多斤，总产量达六万多斤。此外，还在寺内外大量种茶栽树，其中如滇松、川楠木及各类果树，就种了数千株。

李济深帮助解决归还真如禅寺田地的事，虚云老和尚至死都难以忘怀。1959年农历九月初三，李济深病逝。初六，云居山接北京电报，虚云老和尚曰："任潮（李济深的字），你怎么先走，我也要走了。"侍者在旁闻之愕然。初九，报纸送上云居山，传到老和尚手中。晚殿后，正智师去看望老和尚。一进门，只见老和尚拿着报纸对他说："你看，李济深已走了，我这里再也没有一点依靠了（此指一九五五年，当地政府的少数官员太左，为难老和尚，乃李济深通过中央解决也——作者引），我也不知哪天该走了……"初十，虚云老和尚命侍者撤退佛龛，供奉在别室中。侍者知虚云老和尚有异，急往报方丈及三寮职事，齐集向虚云老和尚问安，请为法长住。初十一下午三时许，当地有关行政管理部门（有公安人员在内）三四十人上山，在方丈室找性福大和尚开会。会议的具体内容，后据性福大和尚的侍者海南师讲，是因为当地有关部门得知李济深死后，他们迅速带人上山，打算带走老和尚身边的人，但见虚云老和尚所示病相已重，就暂作罢了。

海灯法师在云居山

海灯法师（1903—1989年），四川江油人，俗名范靖鹤、范无病。自幼爱好武术，有一指禅等绝技，以武功名世。二十一岁出家为僧，随侍虚云老和尚学佛习禅，并承传沩仰宗法脉。他还曾任江西省永修县云居山真如禅寺知客、住持等职，虽然只有短暂的两三年时间，但是他所从事的佛教活动却产生了一定的影响。

承传沩仰宗法脉

1956年6月，海灯法师自上海来到云居山亲近虚云和尚，即为虚云和尚留下常住于此。7月15日，原住持性福和尚退居，海灯法师升座就任方丈。为续佛慧命，弘扬沩仰宗风，10月，虚云老和尚在真如禅寺为海灯、性福数人传授了沩仰宗法印。

沩仰宗是禅宗五派之一。虚云老和尚为使禅宗五派传承延续不断，曾以一身而参演五宗，其所续演之各宗字派，即已先后续起。虚云和尚将沩仰宗传承世代确定为：第一世沩山灵祐禅师、第二世仰山慧寂禅师、第三世西塔光穆禅师、第四世资福如宝禅师、第五世报慈德韶禅师、第六世三角志谦禅师、第七世兴阳词铎禅师、第八世虚云德清禅师。虚云和尚遥嗣兴阳词铎禅师，自列为沩仰宗第八世，并作传派字偈五十六字：词德宣衍道大兴，戒鼎馨遍五分新。慧焰弥布周沙界，香云普荫灿古今。慈悲济世愿无尽，光昭日月朗太清。振启拈花宏沩上，圆相心灯永昌明。虚云老和尚沩仰宗传法偈表为：

德清虚云
德修万行事理同，清虚妙义广含融。

虚怀济物戒定慧，云布清凉感化龙。

（此为虚云老和尚续派之表信偈，遥嗣兴阳词铎。）（以下皆虚云老和尚法嗣，属"宣"字辈。）

宣灵

宣契如来露堂堂，灵明独耀本真常。

自性檀馨微妙义，不假入炉自然香。

宣道净慧

大法迥然绝古今，毫端独露本来真。

风行草偃寻常事，普泽人天作雨霖。

（1952年传付于云门丈室。）

宣圣法亮

宣心皓月圆，圣明洞幽玄。

法化周沙界，亮耀照无边。

（此即心明，1956年四月传付于云居法堂。）

宣化度轮

宣汛妙义振家声，化承灵岳法道隆。

度以四六传心印，轮旋无休济苦伦。

（此即安慈，1956年传付于云居法堂。）

宣扬性福

宣弘祖师西来意，扬传百丈农禅风。

性海无涯体难量，福慧双满自在融。

宣明海灯

宣演无上微妙法，明彻灵虚性相通。

海涵三千无遮障，灯照法界度有情。

（四川籍。以上二人，1956年十一月，传付于云居法堂。）

宣云满觉

宣圣还他大丈夫，云荫清凉热恼除。

满修宏誓勤谨慎，觉将甘露彻法都。

宣成达定

宣扬觉皇微妙义，成正菩提行佛事。

达知来去无挂碍，定慧圆明度群迷。

（1957年传付于云居茅棚。）

月川宣传

月印心地本无生，川影毋劳真幻征。

宣透现成个消息，传持法界普光明。

（此即传印，1957年传付于云居茅棚。）

宣玄圣一

宣宏妙义继先宗，玄玄泯迹事融融。

圣解凡情空化影，一任逍遥自在人。

（1958年三月传付于云居茅棚。）

宣慧禅道

慧命千钧挽一丝，危如累卵石压时。

子今乘誓来担持，勿负先人泪深慈。

（1958年传付于云居茅棚。）

宣德绍云

宣宏鹫岭拈花旨，德证灵虚性相融。

绍传觉皇真实义，云居妙化泽慈云。

（1958年传付于云居茅棚。）

宣法自寿

宣航晚融（以下为代传之法孙，属"衍"字辈。）

衍心一诚

衍就妙法自巍巍，心空及第无是非。

一法通时达万法，诚到极处宝所归。

（1957年冬宣扬性福传付于云居法堂。）

第九世宣明海灯禅师；传法表信偈曰：

宣演无上微妙法，明彻灵虚性相通。

海涵三千无遮障，灯照法界度有情。

虚云老和尚按此派字传为沩法嗣,为嗣法人取法名均用"宣"字。《虚云和尚传记资料》中记载,在沩仰宗里,虚云老和尚子孙中比较著名的,有宣化度轮、宣玄圣一、宣明海灯、宣成达定、宣传月川(传印)、宣圣法亮(心明)、宣道净慧、宣德绍云、衍心一诚、衍妙戒全等。海灯法师就是第九世宣明海灯。由此可知,海灯法师是虚云老和尚著名弟子之一。

建寺讲经

据《虚云和尚全集》记载,海灯法师在云居山的开始两年里(即1956年和1957年),主要从事两项佛教活动:一是修复兴建真如禅寺;二是讲授佛教经典。

修复兴建真如禅寺工程浩大。丙申(1956)春正月,兴建大殿、天王殿、韦驮殿、虚怀楼、云海楼、报恩堂、西归堂,夏末落成。丁酉(1957)春正月,兴建客堂、功德堂、钟鼓楼、韦驮殿、祖师殿、禅堂、如意寮、上客堂、伽蓝殿、库房、方丈室、祖堂、杂务寮、柴房,新塑释迦佛、药师佛、弥陀佛、迦叶阿难二尊者、文殊普贤弥勒地藏四大菩萨、海岛五十三参观音菩萨、十八罗汉、四天王、伽蓝、祖师等大小圣像百余尊,开河建桥、修筑山路、开明月湖、架飞虹桥、修理古迹,此外,还种茶,栽植滇松、核桃、棕树、川楠木等各类果树,冬十一月完成。对于当时建设的繁忙景象,海灯法师曾有一诗记《云居山讲〈楞严经〉》,云:"农事泯诸相,勤耕第一荣。饱温既有得,闲坐话无生。"(参见1989年印行的《江油市文史资料选辑——海灯专辑》,曹汝其《海灯法师佛门生涯纪实》一文)

在修复兴建真如禅寺期间,海灯法师还讲授佛教经典。1956年,海灯法师开展了多次讲经活动。1956年初,虚云老和尚与海灯法师共同主持了寺中的讲经法会。法会上,由海灯法师为僧众讲《楞严经》,前后长达四个月之久。参加听讲的除了本寺和云居山及周围小庙的僧尼外,还有专程从香港及内地其他省市赶来的四众弟子,人数最多时达三百余人。1956年7月,性福退居,新住持海灯法师接座,又开讲《楞严经》。1956年9月,虚云老和尚一百一十八岁寿辰,江西佛学社借虚云老和尚庆寿之机,邀集了江西省部分寺庙的僧众，在云居山举办了佛经研讨讲座，按照省佛协和虚云老和尚的授意，这次较大规模的讲座，主要讲释佛经的"三大部"，即《金刚经》《法华经》《楞严经》。虚云老和尚因为年纪过大，讲释困难，遂由性福和尚举荐，经虚云老和尚同意和协调，邀聘海灯法师任佛经主讲并接替性福和尚的方丈之职。据体光、清贤、灵意等法师讲，他们三位比丘都曾经自始至终听过海灯法师的讲座，并同在一个禅房里坐过香。这次佛经讲座第一期历时约六个月之久，每天下午授讲。海灯法师对这三部经书很熟，有些章节甚至可以背诵，义理讲得也很清楚，令听者入神。1957年夏，虚云老和尚继续安排海灯法师在真如禅寺为僧众讲《法华经》，到十月才结束。期间，虚云和尚与海灯法师一道在寺中创办佛学研究苑。佛学研究苑经考察选择有高小文化程度以上的青年比丘近十人就学其中。这些学僧采取不脱产学习制度，每日于早上四点早课后即听讲两小时，晚上六时听讲两小时。要求听过讲课之后进行自习，然后复小座。这一年主要由海灯法师讲课，学僧则要求背诵《楞严经》《法华经》及《四分律比丘戒本》等。同年，虚云和尚还安排了海灯法师在云居山真如禅寺传戒前的一次讲经活动。这件事，我们从1957年八月初七虚云老和尚给弟子佛源法师的信中可以清楚了解到。信中的内容大致如此：

佛源仁者慧鉴：

　　来函阅悉，仁者发心弘戒，续僧伽命脉，甚可嘉慰！惟即为阇黎，弘范三界，执己应严，为众表率。传戒期中尤宜注意，切勿男女混杂，起人讥嫌。海灯和尚已允在戒期前来讲经。惟请准备《梵网经》、《四分戒本》及《沙弥律》三种经本，以便临时采用。专候法喜！本山约有新戒十余人前来受戒。

虚云合十

从这封信中可以看到，海灯法师已经答应来参加云居山真如禅寺传戒前的讲经事宜。

海灯法师在云居山参与修复兴建真如禅寺工程，并且从事讲授佛教经典等活动，为云居山佛教文化教育事业发展做出了一定的贡献。

接待盖叫天

盖叫天（1888—1971年），中国著名京剧演员，他擅演全部《武松》（包括《打虎》《狮子楼》《十字坡》《快活林》等），有"江南活武松"之誉。在龚义江所写的《盖叫天传》里，记载海灯法师接待盖叫天，并引见虚云老和尚的事。

1957年夏，盖叫天在全国巡回演出，最后一站来到九江。演出后，他提出要去拜望一位高僧，了一桩夙愿。盖叫天这次参访云居山，接待他的正是海灯法师。海灯法师的言谈举止和他举办的一系列活动，让盖叫天一行深感惊异。

先看海灯法师的言谈举止，就让盖叫天感觉不一般。在当地政府的安排下，盖叫天一行来到云居山，负责接待的工作人员敲开山门，上前说明情况，门头小和尚把一行人让进庙里。不一会儿，庙中出来一位接待的知客僧（即管理寺庙中对外接待事宜的和尚），这位知客僧就是海灯法师。盖叫天见他身形瘦小，但是走路却很稳健，说话中气十足。盖叫天也是练家子，一看便知来人身怀绝技，不是等闲之辈。海灯法师礼数上对盖叫天一行很周全，并透着一份热情，表现出较高内在修养。在交谈中，海灯法师说早年看过盖老先生的戏，今日在此相晤，十分有幸，便带盖叫天一行人去庙中各处随喜。

其次，海灯法师介绍寺内情况，使盖叫天感到进入了禅门胜地。盖叫天一行逛了庙里，海灯法师接着领盖叫天去参观僧田。那是庙外的一片水田，是僧众开辟出来的。僧众遵照虚云和尚"农禅并重"的训教在这里自耕自食。盖叫天眼见许多僧人，尤其是女尼，虽面有菜色，但五官清俊，气度不俗，便问海灯法师："我看有很多师傅出身不凡啊。"海灯法师微微一笑："盖老先生好眼力。本寺中确有不少过去的名门闺秀，看破红尘在此出家。"当时这里的出家众可能有男众和女众，寺里对男众和女众的生活方式是有严格规定的，严格执行清规戒律。这里不管是男众还是女众，都很重视修行，同时也可以看到他们在生活上是很清苦的。

盖叫天自进庙后，便感受到了一种非常严肃的虔诚的精神境界。当天晚饭后，海灯法师安排盖叫天一行住下。就寝前，海灯法师特意提醒盖叫天一行，说云居山夜间常有老虎来，但不会伤人。如果各位晚上听到有什么动静，不要害怕。这老虎是神虎，可以起到护山、护寺、护法的作用。盖叫天听后，不但不害怕，反而处之泰然。这件事，对于在台上打了一辈子假老虎的京剧大家盖叫天来说，并不稀奇，也不在乎。晚上睡觉的时候，盖叫天就在禅床上盘腿而坐，像个僧人似的入定了。可见盖叫天已经进入了禅的世界，可以说这是用"神"而不是用"打"来对待这里的老虎。

最后，海灯法师向盖叫天引见虚云老和尚，让他一睹当代高僧的风采。第二天，简单的过堂早饭后，海灯法师过来陪同盖叫天一起谒见虚云老和尚。方丈室里，时年一百一十八岁的虚云老和尚接见了七十岁的盖叫天。令盖叫天奇怪的是，虚云老和尚并没有住在大殿后的禅房里，而是住在一间看上去像牛棚似的茅屋里，不过房里很干净，佛像、香炉齐备。虚云老和尚端坐在桌旁，须眉如雪，面目清癯，思维口齿都很清晰，看上去只比盖叫天年长几岁——像个七八十岁的老人而已。盖叫天大老远地爬山来拜望的就是这位近代中国禅宗第一高僧。他想起，这位虚云老和尚十九岁出家，闹八国联军的时候，结交了一大批的王公贵族，曾随着老佛爷一块儿西逃，后来还被光绪皇帝赐封号"佛慈洪法大师"；抗日战争的时候，他应国民政府主席林森的邀请在重庆举行了"护国息灾法会"，连蒋介石都亲自接见。两人见面，盖叫天非常恭敬地向虚云老和尚问好，虚云老和尚请盖叫天入座用茶，相谈甚欢。临别时，两人一同在室外拍了一张照片留念。

从上所述可知，海灯法师在云居山热情友好接待盖叫天一行，给他们留下了美好的印象。

佛学杂论

毛泽东与江西佛道教

众所周知，1961年9月9日，毛泽东在《七绝·为李进同志题所摄庐山仙人洞照》中，对江西庐山道观仙人洞的风光作了生动的描写："暮色苍茫看劲松，乱云飞渡仍从容。天生一个仙人洞，无限风光在险峰。"其实，毛泽东与江西寺观早在新中国成立之前就有一段殊胜的因缘。

居住过寺庵

为了中国革命斗争的需要，毛泽东曾经住过佛教寺庙。据毛泽东当时的警卫员陈昌奉回忆，1934年8、9月间，毛泽东在瑞金时，为了躲避蒋介石第五次"围剿"的飞机狂轰滥炸，就住在瑶釜附近高鼻垴的"一座小山上的大庙里"[①]。关于"高鼻垴"，毛泽东当时身边另一位工作人员回忆时称作"高围脑"[②]。"高围脑"在当代地图上标作"高围"，在瑞金城的西部。美国作家哈里森·索尔兹伯里通过亲自调查，指出毛泽东当时住的地方是云石山。他说："在云石山，从一个石崖往上走两层石阶，就到了他（即毛泽东）住的一所漂亮的小庙，离红军总部不到一英里。"[③] 据《瑞金县志·寺观》介绍："云石山，邑西沿灞，离城三卅里，赖姓施。"可见，毛泽东当时所住的寺庙就是离瑞金县城三十里的高围云石山寺。

当时与毛泽东同住云石山寺的，还有两位重要人物。陈昌奉书中回忆写道谢觉哉与毛泽东同住在云石山寺。张闻天当时也在云石山寺，索尔兹伯里说："他

---

① 陈昌奉：《跟随毛主席长征》，作家出版社1958年版，第18页。
② 钟光：《迈开长征第一步》，《回忆中央苏区》，江西人民出版社1981年版，第483页。
③ 《长征——前所未闻的故事》，解放军出版社1986年版，第9页。

（指毛泽东）的政治局的同事、到那时为止一直支持李德的洛甫（又名张闻天）也住在小庙（即云石山寺）的一厢，这使他们俩有机会进行密切的交谈，后来发现这些交谈是非常重要的。"①张闻天当时是党中央主要负责人之一，第五次反"围剿"失败后，在长征途中召开的遵义会议上，张闻天根据中国革命的实践和自己的亲身体会，断然摒弃"左"倾冒险主义，站到毛泽东所代表的正确路线一边，拥护毛泽东的正确领导。索尔兹伯里说的"后来发现这些交谈是非常重要的"，意即指此。1934年9月底，毛泽东离开云石山寺，到达于都。同年10月中旬，毛泽东便从此迈开了震惊中外的万里长征的第一步。

在寺观开展革命活动

1927月6日，毛泽东率领秋收起义部队工农革命军第一师第一团，在宁冈大仓村会见宁冈县农民自卫军总指挥袁文才，并赠送一百多支枪，袁文才答应工农革命军在茅坪设立留守处和医院。7日，工农革命军进驻茅坪安家。随后，由副师长余贲民负责，在象山庵设立了我军最早的后勤部门——工农革命军后方留守处。象山庵，位于井冈山市茅坪乡坝上村境内。象山庵，在井冈山革命斗争时期，才逐渐为外人所知。它是我军最早的后方留守处，宁冈、永新、莲花三县党组织负责人联席会议的旧址。毛泽东与贺子珍在此庵喜结良缘，并成为一对革命伴侣。

1927年11月上旬，毛泽东在象山庵主持召开了中共湘赣边界秋收起义前敌委员会和宁冈、永新、莲花三县原党组织负责人联席会议。参加会议的有：宁冈的龙超清，永新的刘真、刘作述、王怀、贺敏学、贺子珍，莲花的朱亦岳等。会议听取了各县的情况汇报，毛泽东传达了上级指示精神，要求与会者和边界各县要迅速行动起来，恢复和重建党的组织，并开展打土豪分田地，组织武装斗争，建立红色政权。

1930年，"十万工农"攻下吉安后，毛泽东、朱德、彭德怀等老一辈无产阶级革命家也在青原山净居寺有过活动。

---

① 《长征——前所未闻的故事》，解放军出版社1986年版，第9页。

1930年7月29日，毛泽东、朱德等曾率领中国工农红军第一军团来到西山万寿宫，8月1日在万寿宫召开了纪念八一起义三周年大会，二纵队四支队的宣传队在此演出了小剧宣传革命。

20世纪30年代初，毛泽东在江西中央苏区进行农村调查时，曾经调查过寺观的土地情况。在《寻乌调查》的第五章"寻乌的土地斗争"的标题下，第十四节为"非农民是否分田"，其中讲道"僧尼、道士、传教士要改变职业即不做僧尼、道士、传教士了，方许分田，否则不分。算命及地理先生无规定因为很少，大概都是分田的。南半县完全没有僧尼、道士、传教士、算命及地理先生等人了,他们一概改了职业"①。在1930年10月的《兴国调查》第三节"斗争中的各阶级"中，毛泽东调查了兴国神职人员分田状况："（4）打卦的：只第四乡一个，无家室，不耕田，专门打卦。分了田。（5）挑观音争的：第一乡一个，分了田。（6）道士：第一乡三个，均有家室，不耕田，做法事为业。第二乡二个，均无家室，不耕田。第三乡一个，有家室，耕了一些田。共计道士六个，均分了田，第二乡之曾云章，是个道士，前年即参加革命，无家室，无田地。今年二月当兴赣万游击总指挥，顶有计划，会办事，用兵不曾败过，现编入二十二军。（7）和尚：第四乡二个，各住一个庵子，收租吃饭，高兴圩人，革命后回高兴圩去了，在高兴圩分了田。"②这些具体的调查数据，为土地革命时期对神职人员是否分配土地提供重要的依据。

毛泽东对与寺观有关联的同善社也进行了调查，他对该社的历史及其势力、影响等都做了深入的研究。据历史记载，同善社在全国的领导机构叫"总号"，初设北京，后迁四川永川县龙水镇，总头目为"师尊"彭回龙。同善社是从罗祖教衍化而来的。罗祖教是明代人罗孟鸿于明宪宗成化十八年（1482年）创立的，尊菩提达摩为初祖，按照禅宗传法系统，罗自称第八祖。彭回龙则自称十六祖，为"燃灯古佛"转世。毛泽东的《寻乌调查》中说"同善社的神明叫做达摩祖师"，正是指罗祖教奉达摩为初祖。毛泽东在调查中还说明，同善

---

① 《毛泽东农村调查文集》，人民出版社1982年版，第175页。
② 《毛泽东农村调查文集》，人民出版社1982年版，第231—232页。

社当时在寻乌是颇有努力的："林虎部下营连长有七八个进了同善社，在这里扎了一个多月。""寻乌社二百多人中有三四十个是女子。他们的成份商人百分之五十，地主百分之二十，农民百分之三十。但所谓农民没有贫农，都是'有碗饭吃的'，'不求人的'。""进了同善社，得些朋友，可以做官。寻乌县长曾有三个进了同善社，他们和社员们一样到同善社磕头。"[1] 毛泽东的这些调查表明，同善社的政治色彩是十分浓厚的，它们实际上成了反动统治阶级的御用工具。因此，新中国成立之后，这类反动会道门便被取缔和禁止。

---

[1] 《毛泽东农村调查文集》，人民出版社 1982 年版，第 98 页。

庐山佛教文化的魅力

——读《庐山历代石刻》有感

2010年5月，由江西美术出版社出版的《庐山历代石刻》一书问世，向我们展示了庐山二百八十余幅碑刻和摩崖石刻，其中有关佛教的近五十幅，形象地表现世界文化遗产和中华艺术瑰宝的精彩篇章。该书的出版具有一定价值和意义。它不仅具有本书导读中所指出的三个价值，即史志价值、辑佚价值和校勘价值，而且具有特殊的佛教价值。众所周知，庐山是举世闻名的千古文化名山，其佛教历史悠久。早在东晋时，慧远大师就以东林寺弘扬净土宗佛教文化，从而庐山成为中国南方佛教中心的地位。隋唐时期，佛教发展至鼎盛，已形成"庐山到处是浮屠"的局面，庐山笼罩着浓郁的宗教文化色彩。唐僧灵一的诗吟道："无限青山行不尽，白云深处老僧多。"两宋时期，庐山有"庐阜招提三百所"，"僧屋五百住庐峰"的描述。元代诗人张率写道："庐山到处是浮屠，若问凡家半点无。"明代山阴人（今浙江绍兴）王思任感叹道："山游不见发人。"佛教如此兴盛，在中世纪时庐山的佛寺，最多时有三百余处。因此，可以说一部庐山佛教的历史，就是一部中国佛教史的缩影。庐山，要了解它的过去，寻究其文化蕴含，就必须去了解它千百年来与佛教结下的那种不解之缘。正是由于自古以来有许多朝野权贵、骚客文人、雅士僧侣等云集庐山，留下了大量的碑文和摩崖石刻，从而造就了庐山浓厚的佛教文化氛围。我们现在仅从《庐山历代石刻》所收录的佛教石刻，就可窥探出庐山佛教文化不凡的魅力。

引起朝野权贵关注

从《庐山历代石刻》中有关佛教的碑刻和摩崖石刻来看，庐山佛教在历史上曾引起了朝野权贵的极大关注。唐代李邕（人称李北海）就书有《复东林寺碑》，此碑存庐山东林寺中，为现存最早之碑刻。北宋书法家黄庭坚书有《七佛偈》，该偈内容较多，石刻上载有"广鉴英禅师请于书此七佛偈刻之，坡仙之遗。元祐六年十二月大寒，黄庭坚书"。大清皇帝康熙曾亲自撰写寺名。《秀峰寺题字》中的碑文内容为"大清康熙四十七年岁次戊子陆月吉旦 秀峰寺 巡抚江西等处地方兼理军务、都察院右副都御史加三级臣郎廷极敬立"，康熙皇帝赐"秀峰寺"翰墨后，原先的开先寺遂更名为秀峰寺，一时寺内外僧众纷至沓来观瞻，并引为荣幸。维新派重要人物康有为与庐山深有殊缘，他曾三次来访庐山，对庐山寺院关心备至。《黄龙寺题字》中有康有为于1918年撰写的"黄龙寺"匾额。1926年他又写了《东林寺柳碑重记》，碑文中载有"……光绪乙丑冬来游，于厨下觅得柳公权碑，告僧宝之。丙寅秋七月三日，携同钱、同凝二儿重游，寺僧出柳公权碑见赠，追旧游已三十八年矣，世移时移，怆感留题。天游化人康有为。"

吸引骚客文人游览

《庐山历代石刻》中收录历代骚客文人游览佛寺的碑刻和摩崖石刻较多。既有骚客文人的同游，又有他们与僧道的同游。骚客文人的同游，《万杉寺题识》就有三幅，均为北宋齐廓、韩绛和何次公的作品。北宋方道纵题的《青玉峡题识》记载他一路游览寺院的情景，"星渚使者李元应，置酒邀客，自万杉来开先，观漱玉绝景，徘徊良久"。明代理学家王阳明书有《游东林寺诗》。这一时期游庐山开先寺的作品较多，如李梦阳的《游开先寺》诗；方尚成的《龙潭题记与诗》载有"……命下回任，舟至南康，出幸开先寺，观其胜水名山，偶成。……□谒开先寺，回首□□诚。……"陈经的《秀峰港诗》有"游开先寺有序……"等。骚客文人与僧道同游的记载有北宋时期的《龙潭题识》说："皇祐元年季秋二十八日，星子令周行先、建昌簿周佑、归宗长老惠南同游"；《开先寺题识》

称："东平守与玉局翁同访开先老师，刷染庆忏。时元符元年十月日劝缘，僧楚评谨题"；《醉石题识》记："孔文仲、僧鸿式游醉石"等。南宋有留元刚的《归宗鸾题记》"……朱沐、段日严、释惟坦偕行，予留元刚，住山昙绍"。明代王凤池的《秀峰诗》中有"……懒残招我乘金轮"。这末句中的懒残者，为唐天宝初年衡山南岳寺执役者。现当代有岳峻的《玉帘泉题记》"庚午秋，承青松和尚邀赏仙境，特书此以志焉。……"

勾起雅士僧侣留恋

《庐山历代石刻》中的碑刻和摩崖石刻所留下的痕迹，既表明雅士僧侣对佛教教理的体悟智慧，也表现他们对佛教文化的留恋之情。北宋有真净文（僧人）《归宗题识》中的"归宗"二字和《石镜溪题识》中的"金轮峰"三字；槐京在《万杉寺题识》中的"龙虎岚庆"。南宋《古道石壁题识》中有"南无阿弥陀佛，雪屋正韶谨立"字样。元代有《秀峰铁线观音像题记》和《三将军洞造塔题识》等。明代收录佛教的作品较多，有姚元佐的《秀峰诗》"……鹤鸣山寺静……"徐岱的《秀峰读书台诗》"……古寺寂奇绝，僧来迓征车。……"半偈道人（即高僧紫柏）的"归宗寺"三字；黄焯《龙潭题记》"嘉靖辛卯春二月廿一日，僧人传仙、传正刻"。清代有关佛教的简短题识较多，有龚蕃锡《秀峰题识》中的"心灯佛果"；壁头陀（即释超渊）《龙潭题识》中的"老友"二字；顾贞观书《万寿寺题识》中的"万寿"二字；薛所习《万寿寺题识》中的"珍珠泉"三字；宋至《龙潭题识》中的"壁公洗钵处"等。现当代有僧青松《玉帘泉题识》中的"玉帘吐花"；以及戴传贤（注：他20世纪30年代居庐山牯岭，听太虚大师讲经）《黄岩铭语》中的"心慈悲，体清凉。垂甘露，润四方。田畴熟，万民康。干戈戢，正教昌"。

以上我们从《庐山历代石刻》本身来说了庐山佛教的人文价值，虽然佛教的石刻只占全书的六分之一分量，但是它给我们的印象可以说是第一次以一种新颖的石刻形式集中展现了庐山佛教文化的魅力。如果我们有兴趣对该书作进一步的研究，将其有关佛教的内容与宗教志书及庐山宗教定位等问题联系起来考虑，那么其佛教价值将会更加突显。涉及庐山佛教的志书主要有《江西宗教志》和《庐山宗教志》等，在《庐山宗教志》中几乎就未列出庐山佛教石刻的内容，《江西宗教志》在第一章"佛教"第二十二节"重要金石与书画作品选介"中只介绍了庐山的《庐山秀峰寺铁线观音像》和《庐山栖贤寺五百罗汉图》两幅作品，因此《庐山历代石刻》中的佛教内容可以填补庐山宗教志书目前存在的空白。"庐山，是一座宗教名山"的定位，《庐山历代石刻》中提供的大量佛教石刻可以作为有力的佐证。

漫谈宜丰禅文化

2011年5月28日上午,在江西省宜春市宜丰县城东新区隆重举行"东方禅文化园开园仪式暨五百罗汉开光典礼"。宜丰县邮政局为祝贺这一盛事,制作东方禅文化园纪念封一枚,并启用东方禅文化风景戳。纪念封的图案为花岗岩雕刻的等身五百罗汉像临时存放点的局部自然景观,风景戳的图案则以园中的茂林修竹为背景,生动地展现了寺院的宁静与罗汉的风姿。东方禅文化园暨五百罗汉雕像的建立,是江西宜丰县首倡提升禅文化的创举,将为弘扬和继承中国佛教禅文化,打造宜丰禅文化品牌,发展宜春乃至全省旅游经济起到积极的促进作用。

宜丰禅文化源远流长。早在两千多年前,释迦牟尼佛在灵山会上拈花微笑,将"不立文字,教外别传"的禅法,咐嘱于大迦叶尊者。释迦牟尼佛逝后,首先由大迦叶尊者召集大菩萨五百罗汉(罗汉,即阿罗汉的简称,是小乘佛教修行者所取得的最高果位)进行了第一次结集,经过这种以五百罗汉为主的多次结集,最后形成了佛教三藏十二部经典。佛教的形成和发展,为东方文明注入了崭新的内容。禅(即禅那的简称,意译为"静虑","思维修")是东方文明佛教文化中的精华,堪称东方古代智慧的最高成果之一。其旨趣在于通过向内调心的修炼,探究身心世界的奥秘,挖掘人类本性的潜能,开发超越性的般若智慧,解脱以生死为中心的一切系缚,净化不洁的人心,从而达到常乐我净的涅槃境界。禅学在印度薪火相传,直至菩提达摩祖师来华,才大放异彩。禅文化是印度佛教中国化的结果。自汉代始,印度佛教大小乘禅法相继传入;南北朝菩提达摩传播新型禅法,其活动为禅宗的创立作了准备工作;至隋唐时期,六祖慧能开创南宗禅,并成为中国佛教的主流,标志着印度佛教的中国化过程基本完成,和中国佛教已进入了一个崭新的历史时期。禅宗在唐末进入繁荣时期，至五代宋初便达到鼎盛，出现了菩提达摩祖师所说的"一花开五叶"的五家七宗。异彩竞放的五家禅，即沩仰宗、临济宗、曹洞宗、云门宗和法眼宗，都与江西具有深远的渊源关系。以"临天下，曹一角"著称于世的临济宗萌芽于宜丰县黄檗山黄檗禅寺，曹洞宗扬穗于宜丰县洞山普利寺、光大于宜黄曹山宝积寺。宜丰也是云门宗创立者的思想生发之地，一些云门宗匠或学法于洞山良价禅系，或住持开法于宜丰洞山，云门禅法有相当成分源于宜丰禅，因此，云门禅的兴盛和发展，一定程度上依赖于宜丰地域的发扬光大。特别是宜丰云门宗，还直接或间接地促成了临济黄龙宗的创立，从此看来，宜丰禅对中国禅宗的发展不可低估。入宋以后，盛极一时的五家禅中的沩仰宗、云门宗、法眼宗三家皆先后失传，只有临济、曹洞两家并存，流布大江南北，因此，宜丰禅事实上已成为中国禅宗的发展主流和禅宗生命力维系之所在，而且远播日本、朝鲜、越南、东南亚、欧美等国家和地区。

宜丰禅是在慧能禅宗基础上的创新发展，并深化了中国化佛教。在新的形势下，宜丰禅要充分挖掘其文化精髓，积极追求精神和谐与解脱，重视对心灵的关怀与抚慰，以立足江西、面向全国、走向世界为目标，开创东方禅文化，为构建社会主义和谐文化服务，为此，宜丰县打造了东方禅文化园这个载体。东方禅文化园由南怀瑾先生题名，由同济大学著名古建筑学家路秉杰担纲建筑设计、著名雕塑家陈修林担任设计制作五百罗汉雕像。建筑规划总面积一千亩，总体布局为"一湖、一林、两园、一中心、一寺"，具体划分为主入口区、禅历史博物馆、禅意园、禅文化研修中心、五百罗汉像等区域。在园中的禅林里，安放着一尊释迦牟尼身着袈裟，结跏趺坐在莲花宝座上的铜像，佛像高五米，重三吨，面部整肃，神态慈祥，给人庄严和镇静之感。而神态各异的五百罗汉雕像不规则地分布在禅林中浓密的绿树翠竹之中，立像高二点三米，坐像高一点七米，每尊达数吨，造型精美逼真、千姿百态，清奇古怪，实为中华之瑰宝，禅文化之重器，可以说是目前我国首创花岗岩雕塑罗汉像最多、规模最大的佛教文化景观。

东方禅文化园的建立，已成为宜丰县对外开放的一个窗口，它是以禅文化为纽带联络海内外信众的重要媒介。运用其独特的思想内涵使信教群众在信仰上得到提升，心灵上得到慰藉，发挥佛教在促进社会和谐方面的积极作用；利用其与海外佛教的联系传承产生的巨大影响力，开发海外市场和加强对外友好交往；结合有形与无形的禅文化资源水乳交融，深入开发旅游产品，促进禅文化旅游可持续发展。相信在不久的未来，东方禅文化园将成为世界级禅文化旅游观光和研修平台，成为传承中华优秀传统文化的重要载体，为我省禅文化旅游长廊上增添一颗璀璨的明珠。

东方禅文化园开园仪式暨五百罗汉开光典礼，引起了社会各界人士的广泛关注。出席仪式的有省政协主席傅克诚，台湾佛光山开山宗长星云大师，副省长熊盛文，台湾慈容法师，省人大党委会原副主任张海如，省政协原副主席黄懋衡，宜春市委书记谢亦森，省委统战部副部长、省民族宗教事务局局长谢秀琦，省台办主任阎钢军，市委副书记任桃英，市人大常委会主任杨晓宁，市政协主席周亚夫，中国佛教协会副会长、省佛教协会会长纯一法师，副市长王亚联，市政协副主席、市委统战部部长徐剑元，市长助理邬小辉，宜丰县四套班子在家领导赖国根、张美荣、刘生才等省市有关部门的领导、海内外高僧大德及其他代表共计五千余人。在仪式上，星云大师作了重要讲话，他希望通过东方禅文化园的开园，首先让世人真正更加了解禅文化，领会禅文化，通过东方禅文化园这个载体，让千年文化的光辉从宜丰照耀到全国，照耀到全世界。南怀瑾先生专门为这次开园仪式发来贺词，他在贺词中把宜丰禅文化的特点概括为"四大奇特"（即洪州禅改变考功名为参选佛禅风殊为奇特、曹洞宗风传承不堕更为奇特、建立天然等身五百罗汉的创举大为奇特、两位空军将军同参与弘扬禅文化极为奇特）仪式结束前，星云大师和副省长熊盛文共同为东方禅文化园揭幕。

《东方禅文化》卷首语

《东方禅文化》研究专辑，是在宜丰县建设东方禅文化园和建立东方禅文化研究中心的大背景下诞生的。其目的是为了弘扬禅文化，充分挖掘"宜春禅"的文化精髓，为构建社会主义和谐社会服务。它将以"立足江西，面向全国，走向世界"为目标，开创东方禅文化研究的新起点。

禅，可谓是东方文明佛教文化中的精华。它集中体现了东方文明的特质，堪称是东方古代智慧的最高成果。其旨趣在于通过向内调心的修炼，探究身心世界的奥秘，挖掘人类本性的潜能，开发超越性的般若智慧，解脱以生死为中心的一切系缚，净化污秽不洁的人心，从而达到常乐我净的涅槃境界。

禅文化，具有明显的地域性特征。禅在融摄于中国传统文化的历程中，逐渐形成了它的地域文化色彩。唐宋时期，禅文化在江西异常活跃，发展迅速。禅宗祖师达摩所说的"一花开五叶"的五家七宗，都与江西具有深远的渊源关系。尤其是当时著称于世的临济禅和曹洞禅，就直接发源于江西的黄檗山、曹山和洞山，临济禅发展到顶峰时出现了"马祖建丛林""百丈立清规"的盛况。追寻禅的历史和遗迹，不少的禅宗祖师道场相对集中分布在如今的江西宜春地区及其附近的版图上，这些遗存的实物资料，可以说是禅文化的根。因此，深入研究禅文化的地域性，将有助于突出东方禅文化的意蕴。

禅文化的发展，始终与中国社会和传统思想文化有着密切的联系。从历史上看，禅在我国经历了一个不断发展变化的过程。从东汉末年始，大小乘传入；魏晋时期，又迎来了般若学的繁兴；南北朝时，禅修的方式进一步发展为自性自悟；隋唐时期，终于创立了禅宗，并发展为中国佛教的主流。在这种演变的过程中，禅文化与中国传统文化始终保持着一定的关系，既相互融合，又相互渗透。它在吸收老庄思想的过程中，其独特的人生态度、价值观念、审美情趣和思维方式对中国传统思想文化也产生了一定影响，同时也体现了禅文化在中国思想史上的重要地位。因此，认真研究、全面把握中国禅学思想的形成、发展和演化，探求它在各个历史时期的特征，有助于我们更好地了解中国传统思想文化的特点，及其在中外文化交融中的发展和演变，有助于我们在今天更好地吸收世界上各种优秀的文化成果，以更新发展传统文化，使之适应中华民族振兴之新时代的需要，也因此而形成了学术研究领域的一大课题。

禅文化与现代科学的碰撞，已引起欧美各国有识之士的关注。佛教禅学积淀了两三千年的实践经验，凝聚了数百代研究者的心血智慧，其修学体系之严整，理论之精深，禅法之多样，典籍之浩瀚，蕴含着不少值得发掘的宝藏。它以神话般的奇迹异能向现代科学提出了挑战，它不仅牵涉东方文化的各个层面，而且涉及人体科学、心理学、医学、物理学、生理学、行为科学等多个领域。它所提出的问题，关系到全部人类文明的出发点及终极目标，关系到人类未来的危机和命运。但是，由于文化背景不同，欧美各国的有识之士对禅文化中的禅宗就产生了异解。台湾南怀瑾先生在《禅宗与道家》一书中认为，禅宗是释迦牟尼佛教的心法，与中国文化精神结合，形成中国佛教，融化古印度佛教哲学最精粹的宗派。接着他指出现在欧美各国"对于禅宗祖国的中国，却被遗忘，甚至于轻视，……"并进一步明确批评他们所讲的禅宗，"它的偏差趋势，愈来愈有距离"，"实在是莫大的误解"。为了纠偏，弘扬正法，结合现实的需要，从新的角度系统地研究禅文化，应该说，具有一定的现实意义和前瞻视野。

《东方禅文化》创刊伊始，虽然只是一棵幼苗，但是只要园丁们细心地看护和培育，我们相信，在不久的未来，它将会顺势不断地茁壮成长，开花结果。

一本了解江西佛教活动场所的工具书
——《江西佛道教活动场所分布图册》

为了进一步加强宗教事务的管理，规范宗教场所登记办法，制止佛道教的"两乱"现象，江西省民族宗教事务局于2003年3月编印了《江西佛道教活动场所分布图册》。该图册自面世以来，受到了各地宗教工作部门和佛道教界的喜爱和赞赏。

在编辑图册的过程中，全省各级宗教工作部门给予了高度重视，提供了各地佛道教场所的第一手资料。我们在汇集全省各县区提供的资料的基础上，参考各地原始的宗教活动场所申请登记表及每年的宗教活动场所年检表，反复核对各种材料，然后综合汇总成册。图册具有如下显著特征：一是全面性。我们首先把全省佛道教分开来统计，计算每个县区的佛教场所数量和道教场所数量，然后按地市计算出佛教场所数和道教场所数。最后，汇总出全省的佛教和道教场所数量。每个县区都配有一张彩图。即使是无佛道教场所的县区，也制作了彩图。这样做，有助于大家全面了解全省的佛道教场所分布情况。二是直观性。我们在每一张县区的彩图上分别用佛教的法轮符号和道教的太极图案标出佛道教场所的准确位置，并且在法轮符号或太极图案旁注上寺观的名称。寺观集中的地方，就在法轮符号或太极图案旁标上阿拉伯数字，这些数字是按一定顺序排列的，在彩图旁将对应数字和寺观名称列出。另外，在图册中还插入了一些主要寺观的图片和文字介绍。三是实用性。整个图册分为图和文两部分，我们对图和文分别标出页码，列入目录中。文字部分归入《江西佛道教活动场所一览表》中，在表中按地市、县、区的先后次序，将每个佛道教场所的名称、地址、邮编、电话、负责人详细列出，便于查找和联络。

　　这本图册的出版发行，为各宗教工作部门依法管理宗教事务打下了良好的基础。通过图册，宗教工作干部可以分析出佛道教活动场所的分布情况，判断是否做到合理的布局，从而对布局不合理的场所及不利于信教群众过宗教生活的场所进行调整。通过图册，广大信教群众可以掌握哪些佛道教场所是经过合法登记的，哪些是没有登记的，这样就有利于制止在非法佛道教场所的活动，保障合法佛道教场所的权益。

简述青莲古刹史

青莲古刹,又名青莲寺,坐落在江西省宁都县城西侧20公里的莲花山上,其地理位置从佛教建制来说,是一块风水宝地。《宁都直隶州志·山川志》载:"莲花山,州西三十里,为州之祖龙,高十余里。峰峦层迭,蜿蜒如菡萏,寺构花瓣内。巅有三峰,中有浴仙湖。佛座下有龙湫,镇以巨钟。龙常激水以涤宫;掘地二尺许,水即涌出。每祈雨取水,祷辄应。"不仅如此,而且古刹后山还有3株二人合抱的杉树和一颗红豆杉,树龄数百年,苍老古虬,顶天立地,被视为镇山的巨龙宝树。青莲古刹现已成为莲花山十四景之一。不过,随着时间推移,青莲古刹在莲花山上的具体位置也发生过变迁。古刹大殿原建于距现寺左边200余米远的大窝里,即今电视差转台停车场。宋代时被毁。明万历二十五年(1597年),因水源不便,在僧道正主持下,迁至现址。

青莲古刹与其周边的寺庙不同,"莲花山青莲寺一直为十方丛林,僧人多至数百,其他各处小庙,都是各家子孙寺庙"[1]。青莲古刹现已被列为江西省重点寺院,并且是赣南独具特色的一大佛教丛林。

青莲古刹具有悠久的历史传统和丰富的文化内涵。青莲古刹创建于西晋泰始二年(266年),已历时1752年,为江西省现存最早的寺院。"据查,莲花山青莲寺比庐山东林寺创建时间还早118年,是省内有据可查的现存最早的佛教寺院。"[2] 另据清道光《宁都直隶州志·寺观志》载:"青莲寺,仁义乡莲花山。两晋时建,明万历二十五年(1597年),僧道正重建。"从此也可以看出其大致创建时间。青莲古刹最早的创建人即开山始祖为青莲大师。青莲大师,俗姓陈,

---

[1] 江西省宁都县民宗局编:《宁都宗教文化集锦》,2012年,第66页。
[2] 赖续生、黄允胜:《宁都县发现青莲寺西晋遗址》,《光华时报》,2013年12月20日。

名道明，法名智通，为河南开封人。19岁出家，隐山修行，当苦行僧，修持好，有德行，外出游方到四川成都，得道于西蜀。其师宽怀知他已开悟，叮嘱："此去汝可逢塘则住，遇莲则开。"（即预言青莲大师应到虔化，也就是宁都青塘的后塘寺住锡，并在寺后山即莲花山修行传法。）青莲大师遂于西晋泰始二年，将佛教传入宁都，并在莲花山创建第一所佛教道场——青莲古刹，故有如此的说法："佛教传入宁都是在西晋初期，以青莲祖师入宁都传教与在宁都莲花山建成青莲寺为标志，……"[①] 从此，青莲古刹就成为宁都弘法修道、普度众生的佛教圣地。伴随着古刹度过的漫长岁月，青莲大师留下了许多动人的传说，诸如："遇莲则开""袈裟占山""潭涌神运之木""殿架无楔之梁""仙女飞升"等，所有这些都成为当地人们脍炙人口的故事。青莲大师圆寂后，其墓建在寺左一公里的登山公路边，历时一千多年，经多次修缮，保留至今。如今，每年都有许多佛门弟子前往凭吊瞻仰。青莲大师作为一代宗师，在佛门中享有崇高威望。

至唐代，青莲古刹一直都保持着青莲大师的良好道风。据说，唐代禅宗大师马祖道一禅师也曾到宁都讲经传法，称赞青莲寺是修禅的好道场。

明朝，青莲古刹进入辉煌时期。最为突出的表现在两个方面：一是深受朝廷的重视。常住青莲寺的明朝无际大师（法名觉悟）曾受明英宗器重，于正统六年（1441年）二月二十二日下旨召见，敕封"万寿禅师"，并赐半副銮驾。二是青莲古刹得以重建。近年青莲古刹在扩建中挖出明清时期碑刻20多块，其中有一块是"无际大师九世法孙道正重建青莲山佛殿记"，该碑现存放于青莲古刹博物馆内，是由明代万历年间（1598年）蔡志行所撰。根据这块碑文的内容记载，无际大师九世法孙道正是一位很有修持的高僧。碑文作者这样描述："余不谷，常习静山房日，与道正趺坐剧谭，知其法力诚坚宗风大振，不徒修礼拜空文，而直悟性天心印，即如楞严圆觉心经之类，每每得其皮并得其髓，是以登坛说法，徒众云兴，不啻数佰。矧今八衰矣。而搬柴运水，乐此弗疲，所称六根不染，彼岸先登者，道正谓乎？故谓道正修持即青莲大师再世可也。"

[①] 江西省宁都县民宗局编：《宁都宗教文化集锦》，2012年，第62页。

在这里将道正与青莲大师相比，可见道正在佛教界的地位非同一般。从碑文中还可看出，道正确实重建了青莲古刹。碑刻文字这样写道："按山志辟于宋元，天童观国间而前后刹宇左右禅堂，则青莲大师始基之，维时山灵助顺，不日告成，识者睹其结构殊致，拟为鲁班氏手泽，倘亦有足信与？历选至今，数百余禩，中间住持修理世不乏人，迨昭代嘉靖之季，有僧圆隐偕徒明灯真寿辈屡募缘而式廓之，功固伟矣。第山巅郁，风雨铄陵，佛殿日久，几不可支，德士道正清修于此，惕然虑胜境之将顿也，遂领徒众募化倒囊，蠲前殿而重新焉。经始于万历二十五年六月，落成于本年八月，计工五千有奇，费金三佰余两，栋宇昂霄，椽篸挂日，巍然垣堵，磐石比隆壮兮而不及奢，丽矣。"①这段记载清楚地说明这么几点：一是在道正之前，也就是在明嘉靖年间，已有僧圆隐偕徒明灯真寿等维修过青莲古刹，道正在此基础上将青莲古刹重建得更为壮观。二是特别指出道正对青莲古刹的主殿进行了重新改造。三是修建的时间只有两个月，这段时间的确很短，"虽云梵宇，实若洞天。夫筑舍道旁三年弗竟，谚每难之乃是创，不三月而蔚尔改观，其厚果讵出青莲大师下哉？顾道正亦奚自而臻此也？"②花费的经费为三百余两。虽然当时寺庙修建不是很奢侈，但却很美观实用。不仅如此，而且青莲古刹还具有一定的文化品位。这里不妨举出两篇当时文人的作品来说明这一点。一篇是（明）毛大年的《莲花仙庵》："一径松萝幽，烟霞趣芳流。禅房秋水净，僧榻暮云留。伭梵空中度，青莲劫外浮。徘徊随处好，不得故人游。"另一篇是（明）刘贤的《莲花山》："崛起遥撑紫翠峰，蜿蜒十里碧长松。俯看鸟向树头落，时有云从半山封。八月涛生闻梵呗，五更鲸吼听华钟。欲赁一勺龙湫水，洗净年来尘土踪。"从此可以看到，青莲古刹对文人骚客具有一定的吸引力。

清乾隆时期，青莲古刹又得到修复。清代乾隆二十五年（1760年），李缙所撰碑刻（现存于宁都青莲古刹博物馆内）记载："（莲花）山自西晋创建，迄今沧桑屡易而风幡法鼓，独传于劫灰兵燹之余，则兹山之灵，此一家不可辨识

---

① 《无际大师九世法孙道正重建青莲山佛殿记》。
② 《无际大师九世法孙道正重建青莲山佛殿记》。

可知已。第数千百年来中间修不无兴替,至我朝乾隆三年前邑令郑君从合邑绅士请,起而修复之且(为)之记。"① 这次青莲古刹的修复负责人应为无伪法师。无伪法师,法名真惠,他戒行精严,德高望重,其善行悉载《传灯支录》,并于乾隆十三年(1748年)奉知县暨全县缙绅公举为青莲古刹方丈。青莲古刹经无伪法师修复后,又焕发出新的生机。从当时名人魏禧和魏礼所写的游览莲花山的诗词可见一斑。(清)魏禧的《登莲花山》:"百折山泉出,千寻石磴通。孤篁秀阴谷,高鸟入寒松。云物长如此,樵苏竟莫逢。秋心向空外,迢递一闻钟。"(清)魏礼《游莲花山》:"破云出谷上莲峰,古殿寒潭老卧龙。本住随身凭稚子,携持滑路得村农。锄笞欲尽围庵竹,伐木将无引径松。犹喜客僧翻贝叶,空天夜半自鸣钟。"这些诗句折射出青莲古刹蕴含着深刻的文化内涵。此外,清代书法家谢远涵(谢远涵为江西兴国人,晚清进士,曾任翰林院监察御史,中华民国江西省省长。)和惟修分别为青莲古刹题写了"大雄宝殿"和"佛日增辉"楷书大匾额,这也为青莲古刹文化内涵增色不少。

民国时期,青莲古刹依然是佛教界的一个重要场所。民国二十六年(1937年)春,中国佛教协会宁都、广昌、石城、于都、瑞金、会昌、兴国分会在宁都青莲古刹成立,机构名称简称为"中国佛教协会宁广瑞会兴雩分会"。

新中国成立后,青莲古刹又得到了两位高僧护持。一位是中国佛教协会常务理事、江西省佛教协会副会长印慈。印慈法师(1908—1993年),俗名王家祥,宁都县蔡江乡小砾村人。幼时入读私塾,1923年,经人引荐至江西兴国莲塘拜师皈依佛门,1927年在青塘祇园寺拜师出家。1930年在赣州光孝寺受戒。1952年任宁都县青莲寺方丈。1956年入中国佛学院学习两年半,1959年结业后回宁都,先后任青莲古刹、海莲寺等寺住持。"印慈法师一生,戒行精严,报国图恩,修正功深,爱国爱教,无怨无悔,救度含灵无量无边,为广大僧俗大众所拥戴。"② 由于印慈法师对佛教贡献巨大,笔者根据其相关事迹也曾写过一篇"印慈法师赞",具体内容为:"受人供养,知恩报恩;广学实修,大增智

---

① 《陛宪李公重修莲山碑记》。
② 赣州市佛教协会主办:《赣南佛教》,2016年,第1期。

能；阐释教派，揭秘示参；农禅并重，蔚为高僧。"另一位是仁善法师。仁善法师（1922—1993年），名明善，俗姓陈，名端生，石城县屏山镇罗陂村人。其父是个有名望的正一派道士，幼年丧母，因家贫19岁皈依佛门，初上武华山，后到莲花山，在青莲古刹内结识了彰慈和尚，推荐他拜在宁都曹洞宗第五代传法师能良座下为徒，赐法名仁善。1945年秋抗日战争胜利后，仁善随印慈法师云游苏浙许多名山古刹，先后到过杭州密宗道场、宁波天童寺与阿育王寺、苏州灵岩寺、杭州凤凰山圣果寺、临安县东天目山昭明寺、临安县玲珑山卧龙寺等处，历时十余年，遍游东南各省名山古刹，可谓见闻广博。1993年，一代高僧仁善法师在青莲寺闭关圆寂后留下宝贵的舍利花和舍利珠，安放或供奉于诸多寺庙的灵塔内。

改革开放后，青莲古刹取得了进一步的发展。特别是在证通法师的主持下，青莲古刹发生了翻天覆地的变化。

证通法师（1959—　），法号寂妙，字智达，俗名黄家金，江西省于都县葛坳乡人。14岁初小毕业后便托迹佛门，1977年随印慈法师剃度，1984年在永修县云居山真如禅寺授三坛大戒，1997年在云居山真如禅寺接一诚大和尚临济正脉为四十六代传人。证通法师多年来从事佛教界的事务工作，并担任中国佛教协会理事，江西省佛教协会副会长，赣州市人大常委会委员，赣州市佛教协会会长、宁都县佛教协会会长等职。证通法师爱国爱教，慈悲喜舍，秉持祖训，绍隆佛种，扶贫助学，利益众生，接引后学，不畏艰辛，深得海内外四众的拥戴，2010年12月，证通法师被中央统战部、国家宗教局评为"首届全国创建和谐寺观教堂先进个人"。

建寺安僧是荷担如来事业的物质基础。为了弘法利生，证通法师担起了恢复禅宗道场的重大责任和义务。他曾发愿道："为使千年古刹建设得更加灿烂辉煌，老衲决心在现有的基础上大力启动古刹重修、改造和兴建、扩建工程，以造福、惠泽芸芸众生和佛门弟子以及广大信众。"[①] 与此同时，他还鼓励信众发心建寺做功德。他说："建得一方庙，胜吃百年斋；求得一方佛，修来长生

---

① 《证通法师寄语》。

福。"① 他还引用佛教经典说："佛经有言，发心赞建寺庙者是作大福田，可获无量胜果。"② 所有这些，为建寺安僧工作的顺利进行起到了重要作用。近年来，证通法师主要负责宁都县永宁寺、莲花山青莲古刹以及赣县宝华寺等寺院的大规模建设工作，取得了较突出的成绩。这里，特别值得一提的是，青莲古刹的改建。2007年，证通法师担任宁都县青莲古刹住持后，全面启动了该寺改建工作。青莲古刹是自古以来在海内外具有一定影响的名胜古迹，其建筑风格既要保留古代的风貌，又要表现现代的特征，为此，证通法师因地制宜，进行了有计划、有步骤的规划建设。首先，筹资近百万元兴修县城至王贯村水泥公路；其次，募集数千万元修筑莲花山观音路，并对危旧的殿堂、钟鼓楼、斋堂进行了大规模的主体工程的拆建改造。现已完工的有观音殿、大雄宝殿、藏经楼、钟鼓楼、斋堂及僧寮厨房等，保留了原来的三圣殿、观音殿、韦驮殿、祖师堂、伽蓝殿等明清建筑，形成了新旧建筑错落有致、规模宏大、气势恢宏、功能完善的寺院格局。从整体布局来看，青莲古刹坐西北朝东南，是一座略为长方形的寺院，其主体建筑与辅助建筑，共三幢十殿，左右严格对称，结构严谨，占地约6000平方米。寺外观庄严古朴，内殿佛像肃穆。尤其是大雄宝殿，殿内佛龛供有精雕细刻、金碧辉煌的三尊佛祖法相，殿内天花绘各色花卉图案，藻井绘有飞仙图，其人物造型惟妙惟肖。殿堂门楣横挂有清末书法家谢远涵书写的"大雄宝殿"四字。

2009年7月12—13日，青莲古刹举行了千手观音殿佛像开光暨重建大雄宝殿奠基仪式，并举办了梵呗音乐演唱会。江西省政协原主席、全国政协文史学习委员会副主任钟起煌，江西省人大常委会原副主任周赟平，江西省政协常委、省委统战部副部长、省民族宗教事务局局长谢秀琦，赣州市委统战部副部长、市民宗局局长袁景运等应邀出席庆典仪式。在千手观音殿佛像开光暨重建大雄宝殿奠基仪式上，可以看到庆贺青莲古刹众多楹联，如：

---

① 《证通法师寄语》。
② 《证通法师寄语》。

天开菡萏，构南无之胜概，树生甘露，穴涌灵泉，三十里红尘隔断；
谷对簧笃，自西晋以经营，钟挂金钗，炉传玉石，两千年绀宇崔嵬。
莲花山上，彩云缭绕腾天空，千佛集会；
古刹寺内，香烟芬芳薰龛殿，万圣降临。
青山隐古寺，佛法无边，磬鼓声声，慧智道灵，净心脱俗超苦海；
莲池留刹影，禅规有度，香烟袅袅，慈光普照，当迷人悟渡众生。
……

在梵呗音乐会上，表演了由谢秀琦作词、张翼作曲，陈瑜演唱的《菩提树》。其内容为：

菩提树，菩提树，神奇的菩提树
你扎根在广袤大地
你历经了多少风雨
你依然枝繁叶茂
你永远盎然生机
啊——

菩提树，菩提树，神圣的菩提树
佛陀因你成道
众生有佛觉悟
菩提树，菩提树，智慧的菩提树
智慧驱除迷障
智慧创造幸福

菩提树，菩提树，慈悲的菩提树
慈悲恩泽人间
慈悲滋润万物

菩提树，菩提树，神奇的菩提树

你扎根在广袤大地

你历经了多少风雨

你依然枝繁叶茂

你永远盎然生机

你永远盎然生机

这些文学作品的出现，无疑极大地丰富了青莲古刹的文化内涵。

为了青莲古刹的未来发展，证通法师还做出了远景规划。他认为，青莲古刹必须按照佛教丛林要求，规划建设大致分以下五个阶段进行：第一阶段，2016年冬开始，启动重修老殿工程（含大雄宝殿、真君殿、祖师殿、毗卢殿、观音殿、三圣殿、斋堂），拟投资2000万元，坚持修旧如旧原则，重现古刹明清建筑风格。第二阶段，2018年始拟投资2000万元新建方丈大院、大士殿、放生池和山门。第三阶段，2020年始拟投资5000万元以上，塑天王殿菩萨，新建厢房、僧寮和佛教文化长廊以及佛教文化广场等系列工程。第四阶段，2021—2025年间，拟投资1个亿以上，建设静修中心、上客堂、闭关房、海会塔、佛教院校和莲花山下院等工程。第五阶段，2025年以后拟投资30个亿建造66米的露天观音大佛像。这一远景规划预示着青莲古刹将会迎来一个更加美好的未来。

调研报告

江西佛教文化资源的地位、影响及保护

江西佛教文化资源的地位、影响及保护，主要包括三个方面：一是江西佛教文化资源的特点及重要地位；二是江西佛教文化资源所产生的多方面的巨大影响；三是江西佛教文化资源的保护机制和体制问题。

江西佛教文化资源的特点及重要地位

江西自古就有"物华天宝，人杰地灵"之誉。江西佛教文化也源远流长，中国佛教协会副会长净慧就指出："在佛教传入江西一千八百多年的历史长河中，她曾经多次成为中国佛教的重镇，可谓波澜壮阔，高潮迭起。"具体来说，江西佛教文化资源的特点概括起来有以下三点：

（一）历史悠久，底蕴深厚

江西佛教的出现几乎与佛教传入中国同步。东汉西域沙门安世高入赣弘传小乘禅法。两晋南北朝时期，佛教在江西得到了迅速发展。释慧远在庐山兴起了一股般若学、涅槃学、毗昙学和禅学研究之风，并迅速风靡全国，使庐山成为当时与长安（今西安）遥相呼应的南方佛教交流中心。唐宋时期，江西有"天下选佛场"之誉，留下"跑江湖"之俗语，这反映了江西佛教的盛况。元代藏传佛教在江西弘传较广，就连曹洞宗祖庭之一的云居山真如禅寺也改为藏传佛教的道场。明末，曹洞宗在江西再度崛起，分蘖出寿昌、云居、青原三大支脉，史称"曹洞中兴"。清代，江西佛教弘传其势较衰，但庐山一带香火仍盛。栖贤、秀峰诸寺得朝廷重视，叠加赏赐。清末民初，欧阳竟无、梅光羲、李证刚则以讲学、著述、修持出众而名震江西，声闻全国，有"民国佛教居士三杰"之誉。民国时期，诺那与贡噶活佛先后在赣弘法，推进密宗在江西的传播。当时虽战乱频仍，但庐山佛教一度兴盛。1924年，释太虚主持在庐山大林寺举行世界佛教联合会会议，中国、日本、英国、法国、德国等国佛教徒数十人出席，在国际上产生了巨大影响。20世纪50年代，现代禅宗泰斗、中国佛教协会名誉会长虚云老和尚入赣，使云居山则成为全国佛教徒万众瞩目的圣地。

（二）高僧辈出，宗派林立

江西高僧名僧层出不穷，祖庭道场宛若群星。当今世界盛行的大乘佛教主要是净土宗、禅宗等，这些宗派创宗祖师和祖庭道场，无不与江西有关。净土宗，是中国汉传大乘佛教中早出的一大宗派，渊源于庐山东林寺慧远法师。因慧远创开宗立派之先河，后人尊其为中国佛教净土宗初祖。近代学者胡适先生曾评说："慧远的东林，代表中国佛教化与佛教中国化的大趋势。"

江西既是佛教净土宗的发源地，又是佛教禅宗的兴盛地。达摩所说的"一花开五叶"，实乃遍开于江西全省的东南西北。赣僧行思承南宗顿悟法门，光大于青原山安隐寺（今净居寺），史称"七祖"。马祖道一率众住钟陵开元寺（今南昌佑民寺），弘扬顿悟宗风，以"平常心是道""即心即佛"的理念，孕育出洪州宗。印顺法师在《中国禅宗史》中认为："马祖道一的洪州禅出现之后，才真正标志着禅学中国化的完成。"其法嗣释怀海开法新吴百丈山（今属奉新县），制定"禅门清规"（又称"百丈清规"），对禅宗乃至中国佛教之整体发展具有里程碑式贡献。五家七宗的开山宗匠也多以江西为主要传播基地。释良价创曹洞宗于宜丰洞山普利禅寺，经曹山本寂等人相继发扬光大于宜黄曹山宝积寺，久传不衰，直至今天。云门始祖释文偃先后到洞山、疏山、鹅湖及庐山归宗等处参学，后入粤开创云门宗，因而江西可以说是云门宗的摇篮。法眼宗始祖释文益，应请入住临川崇寿院多年，崇寿院因而得誉为法眼祖师第一弘法道场。释义玄在新昌（今宜丰）黄檗山承释希运之法，至河北镇州（今镇楚）并创临济宗风。释慧寂一生奉佛，师承释灵祐之宗风，于袁州仰山（今属宜春）开创中国禅宗史上第一宗派沩仰宗。临济门下有释方会在杨岐山（在今萍乡）创立杨岐派，释慧南在黄龙山（在今修水）创立黄龙派。临济宗黄龙派与杨岐派的开创，使禅宗呈现"五家七宗"之盛况。

（三）文物遗迹，种类众多

江西佛教文化历经千年沉淀下来的文化品质，有着极其丰富、深厚的内涵和底蕴，具体表现为拥有种类众多的文物遗迹。这些文物遗迹可以分为如下几种类型：

一是帝王敕赐。朝廷敕赐宜黄县石巩寺"马祖第一道场"之额，"江西第一名山"匾；洪武帝赐书"天下第一禅林"匾给宜春慈化寺，从此"天下大慈化"之名盛传；康熙帝巡幸江南，亲书"秀峰寺"额赐开先寺，雍正书"洒松雪"赐寺，勒石刻碑，一时传为佳话，秀峰寺名声陡增。

二是名人书画。书法作品有：颜真卿的"禅关"、刘禹锡的《唐故袁州萍乡县杨岐山禅师广公碑文》、黄庭坚的"黄龙三关"和《七佛偈》、文天祥的"青原山"、王守仁的"曹溪宗派"之额、詹希原的庐山御碑亭碑、康有为的"黄龙寺"寺额和"禅堂"之匾。绘画作品有：秀峰寺所立铁线观音碑，相传系唐吴道子所画，形态雍容丰满，却为男身造像，两撇胡子翘然向上，如此造像，全国罕见。释巨然的《秋山问道图》《层岩丛树图》《山层图》《万壑松风图》等皆为稀世珍宝。许从龙绘的《五百罗汉图》100幅赠予栖贤寺，已成为"足以重山灵"之珍宝。

三是石窟寺塔。石窟有虔州（今赣州）通天岩和弋阳圭峰南岩寺石窟，特别是南岩寺石窟，中央工艺美术学院教授、博士生导师、石窟研究专家金维诺更评南岩石窟以数量多、规模大，布局合理，历史悠久，江西罕见。特别是气势宏大，技艺娴熟，刀工不俗，是中国佛教史和古代石窟艺术史上的又一胜迹。寺塔有保存至今的宋塔就有浮梁红塔、赣县宝华玉石塔等10多座。

江西佛教文化资源的以上特点，显示出其强烈的地方文化特色，也充分体现出其在中国佛教中的独特地位。

江西佛教文化资源的巨大影响

江西佛教所产生的影响是多方面的。从佛教自身来说，既有教内的，又有教外的；从全球来看，既涉及国内的，又牵涉到国外的。这些影响归纳起来主要有这么四个方面：

（一）充实佛教修持内容

江西佛教高僧结合自身特点，对佛教修持内容作了相应的增补和创新。百丈怀海制定的"《禅门清规》"是专为禅僧修持而立，是继东晋道安首制僧尼轨范以来为佛教制定的最详尽的僧规，是佛教中国化的一个重要标志"。百丈怀海在清规中强调"一日不作，一日不食"，并使之制度化，促进佛教中国化又迈进了一大步。释印肃的《普庵咒》收载于《禅门日诵》中，成为至今禅僧早晚功课必诵内容。中峰明本所撰的《净土忏》广泛流传，至今仍为净土道场僧众课诵内容之一。释普度撰的《莲宗宝鉴》10卷，直到今天仍为净土修持者的重要读本。

（二）扩大对外友好交往

江西佛教文化资源在不同的历史时期流传至海内外，扩大了对外友好交往。无论是净土宗，还是禅宗都在这方面表现得很出色。

从净土宗来说，释慧远入住庐山东林寺后，看到江东经藏不全，禅法不备，律藏多阙，就派弟子释法净、释法领等赴西域求经，取回《华严经》《方等》佛经梵本200余部，翻译流布。唐代，庐山东林寺释智恩随释鉴真于第六次东渡成功，将净土法门传至日本，日本现有净土宗信徒2000余万人。

从禅宗来讲，临济、曹洞两宗流传千年以上，不仅在我国佛教史上影响深远，而且在国际上也有很广泛的影响。临济宗于元代传入朝鲜，近世发展成为曹溪宗，整个朝鲜半岛的佛教徒，百分之八十以上的人都是曹溪宗的门徒。曹洞宗已成为日本佛教界信徒最多、实力最雄的宗派之一；特别是临济、曹洞二宗的法脉，在日本、韩国等地仍繁衍不息，甚至欧美一些国家，也悄然兴起了禅宗热，他们对江西禅宗文化的热衷与关注，甚至不亚于我们自己。

（三）推动佛教文化旅游

在人们日益关注特色文化旅游、注重旅游文化品位的今天，佛教文化旅游越来越受到广大旅游者的青睐与追捧。吸引着众多的信徒与更多的非信徒旅游者。信徒是以朝圣为目的的旅游，他们是出于对祖庭的向往、对高僧的敬仰、对佛菩萨的崇拜，经常性地对佛教圣地的参访活动，是佛教文化旅游的重要组成部分。非信徒是以观光、体验、好奇为目的的游览，他们更加追求个性化消费，要求较高文化品位和知识需求，向高端旅游发展。佛教文化旅游在这方面具有独特的魅力与明显的优势，尤其是佛教的名山丛林、祖师道场、文物胜迹能够吸引更多的高端旅游者。我省佛教文化资源具有很高的旅游利用价值，是不可多得的高品位旅游资源，可以开发出市场看好、前景远大的富有特色的旅游产品，从而扩大旅游目的地的知名度，推动当地经济建设的发展。

（四）促进社会和谐稳定

我省佛教文化跨越上千年，依旧活力四射，极大地增强了人们的凝聚力，产生了难以抗拒的精神力量。为支援抗美援朝、保家卫国，全省佛教界共捐净款购买飞机，支援志愿军，发挥了积极的作用。近年来，全省佛教四众弟子在振兴江西，发展经济，对外联谊，引进外资等都做出了应有的贡献。为适应时代潮流，佛教界发扬优良传统，实行百丈怀海禅师倡导的"一日不作，一日不食"的农禅家风，取得了令人瞩目的成绩。尤其是真如禅寺以农禅好、道风正、规矩严而被誉为全国的"样板丛林"。江西佛教值得挖掘的内容还很多，尤其是禅宗资源可发挥的可能性空间还大得很，它远不是一般人所想的只有旅游文化价值，禅对现代人思维建构的开示、创意灵感的导发、生活内涵的开掘，都显示了它的重大价值。这些资源的进一步开发，不仅可以丰富人们的精神需要，而且有助于创造物质世界，为促进社会和谐稳定奠定基础。

由此我们可以得出："说到江西佛教，它在中国佛教史上地位之重要，在当代佛教界影响之广泛，都是罕有其匹的。"

江西佛教文化资源的保护

江西佛教文化资源的保护历来就受到重视。早在 1959 年，周恩来总理在江西省省长邵式平陪同下视察庐山东林寺，就明确指示："东林寺乃佛教圣地，影响很大，应视文物保护之。"20 世纪 80 年代，我省有庐山东林寺、云居山真如禅寺、青原山净居寺、九江能仁寺等被列入全国重点寺院，得到有力的保护。江西佛教文化资源还有很多是全国乃至世界上独一无二的，它们不仅能够传承和光大民族文化，而且有助于促进社会的可持续发展。因此，完整保护好这些资源是一项十分紧迫的任务。为此，提几点建议供大家参考。

（一）在保护中提高认识

佛教文化资源是一种不可再生的珍贵资源，一定要非常珍惜，细心保护，而且要在保护中提高对佛教文化资源的认识。各级领导干部首先要树立正确的保护意识。充分认识到佛教文化资源不仅有重要的历史文物价值，而且有巨大的社会经济效应。对其适当加以保护，就可以实现源源不断的增值。其次，要加大保护工作的宣传力度，增强全社会对我省佛教文化资源的脆弱性、增值性、可持续性的认识。应注重对社会舆论和公众参与的引导，营造全社会关注和关心保护的良好氛围，引导全社会力量共同参与佛教文化珍宝的保护工作。特别是对确有文物价值和政治影响较大的寺庙，要按照相应的有关宗教政策法规和文物保护法，进行双重保护。

（二）在保护中加强管理

佛教文化资源与寺庙关系密切，因此在保护中要加强对寺庙的管理。要建立健全寺庙管理组织和各项制度，文物保护，须遵守国家有关法律法规，接受文物部门的专业指导。对重点文物保护单位的寺院，文物部门要主动地进行检查、指导和帮助。对寺内文物保管人员，应组织进行专业知识和技能的学习，提高管理水平。各地要结合实际，出台相应的地方性保护条例，更加严格、更加具体地规范和指导佛教文化资源的保护，对文物保护、历史建筑保护的办法、理论、关键技术以及标准规范等做出研究和编制工作，划定保护范围等，做到科学有效的管理。坚持依法行政，做到违法必究。同时制止地方政府追求短期政绩的冲动，引导建立长久的保护机制。

（三）在保护中认真维修

由于年代久远，造成佛教文化资源由于缺乏资金得不到及时修缮。在当前的经济背景下，建议在倡导扩大内需经济条件下，考虑加大对佛教文化资源的投入，这样不仅能促进佛教文化资源的保护，还可增加就业岗位，促进地方经济发展，更重要的是形成可持续发展的能力，并为子孙后代留下了一份丰厚的文化遗产。通过认真检查维修发现一些问题，并对这些问题开展研究、分析并合理制定应对措施。与此同时，还要根据相关政策，佛教"建筑维修、文物和林木保护，应接受文物、园林部门的指导"的规定开展工作，达到在保护中维修的目的。

（四）在保护中合理开发

佛教文化资源的开发与一般性开发改造和建设是决然不同的。对这些宝贵的、不可再生的、能持续不断增值的资源，绝不能片面地追求经济价值，追求高收益、高回报，忽视持续的文化价值，以廉价地掠夺式方式进行商业性开发，急功近利地榨取佛教文化资源的每一滴价值，必将对其造成无法挽回的损失。开发建设必须在保护中合理开发，应根据相关法规规定进行，以宗教活动场所为主要游览内容的风景名胜区的规划建设，应当与宗教活动场所的风格、环境相协调。尤其是对于寺院的新建、扩建和改建项目，要严格审查是否具备了规划、建设、文物等有关部门出具的认可文件，并对建筑施工安全情况进行全过程监督检查。需拆迁的寺庙等房屋，如属文物古迹，按国家关于文物保护的法律、法规处理。

江西宗教文化旅游提升：路在何方

随着我国现代化建设的发展，人们的旅游需求进一步增长，而且需求层次、文化品位也在逐步提升，宗教文化旅游遂越来越受到广大旅游者的青睐与追捧。据世界旅游组织统计，一半以上国际游客是为了参观历史遗迹或欣赏包括宗教文化在内的中国文化而来中国的，宗教文化旅游也越来越成为国际旅游热点。然而，当前在社会上对宗教文化旅游的利用主要是局限于对自然环境和寺院建筑的开发，只以外在的物质环境形式来吸引游客，忽视了对宗教文化内涵的挖掘。在市场经济条件下，创作出品位高、格调雅的宗教文化旅游景区，不仅可以满足人们多层次和多方面的需要，而且有助于繁荣社会主义文化事业。江西宗教文化旅游，也应根据自身的特点，不断提升其品位和格调，为全省绿色生态旅游的发展注入新的活力。

江西宗教文化资源的特点

江西宗教文化资源分布区域广泛，内容丰富。据不完全统计，全省有百分之八十五以上的风景名胜区和自然保护区内都有宗教活动场所，仅鄱阳湖区域约有宗教活动场所四千余处，占全省宗教活动场所的六成多，每年约有三千万人次信众、游客来此朝拜及旅游。这些宗教文化资源璀璨多姿，成为各地颇具特色和旅游吸引力的人文旅游资源。江西宗教文化资源的特点概括起来有以下几点：

1. 祖庭多。江西宗教文化源远流长，高僧高道层出不穷，祖庭道场宛若群星。江西既是佛教净土宗的发源地，又是佛禅宗的兴盛地。佛教净土宗祖庭雄居庐山东林寺，佛教禅宗"一花开五叶"中的三叶在宜春，临济宗萌芽于宜丰黄檗禅寺，沩仰宗结果于袁州仰山栖隐禅寺，曹洞宗扬穗于宜丰洞山普利禅寺，光大于宜黄曹山宝积寺。南昌佑民寺、靖安宝峰寺、奉新百丈寺等都是著名的"马祖建丛林、百丈立清规"之地，临川大金山寺是全国闻名的临济宗尼众道场，这些佛教祖庭在中国乃至世界佛教史上都有着极大影响和重要地位。江西也是道教正一派、净明派和灵宝派发祥地。道教发源地屹立龙虎山，吕祖钟情仙人洞，灵宝孕育于阁皂山，净明道诞于西山。可以说，江西到处都是世界上独一无二的宗教文化资源。

2. 类型全。江西不仅佛道教祖庭多，而且基督教、天主教、伊斯兰教文化也颇具特色。基督教、天主教，江西仅保存至今的教堂建筑，就有法国乡村风格、文艺复兴式、哥特式、罗马式等多种建筑风格，是19世纪至今不同时期历史的叠加。1995年，联合国教科文组织专家在庐山发出了"世界上保持了上个世纪原貌的教堂已经不多了"的感叹。此外，九江市、景德镇市清真寺各具特色，也成为厚重的城市宗教文化名片。

3. 底蕴深。佛教流行的"走江湖"或"跑江湖"，其中的江湖二字实指江西与湖南，这反映了唐宋时期江西佛教的盛况。我省道教洞天福地共十七处，位居全国第二。道教四大名山之一的龙虎山，是张天师创立正一派之地，是中国唯一对海外正一派道教徒授箓的道观，也是南方唯一的宫殿式府第建筑群。上饶三清山是历代道家炼丹修炼之地，其道教建筑群依地势按照道教五行学说和八卦方位精心构造，被专家誉为"少有的道教建筑露天博物馆"。铅山县葛仙山有着葛仙翁修道成仙的传说，每年庙会期间，香客游客川流不息，民间戏班轮番上演，形成了特有的道教民俗文化。都昌县老爷庙殿内供奉的"定江王"是人们心中的佑湖神，其门前水域为鄱阳湖"魔鬼三角区"，有着"东方百慕大"之称，湖底之谜至今无人能解。最引人注目的是"一山藏六教，走遍天下找不到"的庐山，曾是一座名副其实的宗教历史文化博物馆。现在的庐山仍然五教俱全，而且现存我国唯一对外开放的佛教密宗道场诺那塔院。

4. 流传广。江西宗教在不同的历史时期流传至海外，分别传入日本、朝鲜、越南、东南亚及港、澳、台、欧美等地，信众人数千万计。如供奉许真君的万寿宫在国内外共有1400余座。日本有净土宗信徒2000余万人，曹洞宗信徒上千万人。我省宗教文化跨越几十甚至几千年，依旧活力四射，保持着旺盛的生命力，形成了人类文明史上的一道绚丽风景线，极大地增强了人们的凝聚力，产生了难以抗拒的精神力量，其影响的强度和稳定性十分惊人。

江西宗教文化资源的四大特点，为提升江西宗教文化旅游的品位和格调奠定了扎实的基础，也预示着其美好的未来前景。

江西宗教文化旅游存在的问题

宗教文化旅游以其信仰性、神秘性和文化性迎合了人们虔诚、好奇和求知的心理，具有很强的吸引力。因此，宗教文化旅游市场被公认为是规模较大、需求稳定的优质旅游客源市场。近年来，我省宗教文化旅游有很大进步。一些地市已取得了成效，鹰潭市确立了"华夏道都"的旅游定位，以龙虎山道教文化游带动全市旅游经济发展；宜春市建设禅宗文化长廊，实施禅宗文化"五个一"工程；九江市、上饶市很重视宗教文化旅游，分别将所辖的都昌县、星子县、庐山区、武宁县、上饶县等的宗教文化旅游纳入了全县文化旅游体系。宗教界特别是佛道教积极开展宗教文化交流和对外友好交往活动。如近年来举办了龙虎山道教文化节、台湾道教江西寻根之旅、景德镇佛艺陶瓷文化节、韩国曹溪宗智藏禅师入唐求法纪念碑揭幕活动等，这些活动的开展，有力地促进了我省宗教文化旅游的发展。但是，我们应同时看到，我省宗教文化旅游的弱势，相对于五台山、九华山、峨眉山、灵山等宗教名山所在地山西、安徽、四川、江苏等省而言，名气不大；相比于江苏无锡灵山大佛每年吸引国内外旅游者在200万人次以上，河南省登封市少林寺、中岳庙每年朝香和旅游人数达260万人次，人气不旺。追根究底，宗教文化旅游主要存在以下几个问题：

1. 对宗教文化旅游存在片面认识。这种片面认识有三种情况：一是把宗教与宗教文化等同看待，视宗教文化旅游为雷区，不敢涉及，更不敢予以支持；二是认为宗教文化旅游是宗教界的事情，不愿意介入；三是片面追求经济效益，以迎合宗教文化旅游发展需要而出现新建景观和宗教圣地的城镇化的商业化行为。因不懂宗教文化资源的价值，常常出现大兴土木，各自为政的局面，对社会生态环境造成巨大的破坏。在建设中由于对宗教文化资源重视不够，还时有随意损坏宗教文物古迹的现象发生等。这些"不敢涉及、不愿介入、不懂利用"

宗教文化旅游的片面认识，是合理开发宗教文化旅游的拦路虎，是制约宗教文化旅游发展的重要原因。

2. 对宗教文化旅游缺乏统一规划。宗教文化旅游景观规划是城市主题文化发展战略规划大系统中的子系统，是全省整个产业链中的一个环节。然而，当前全省宗教文化旅游未进行总体规划，各种宗教文化旅游资源未得到有效整合，以形成独具特色的策划方案，而是各自为政现象比较普遍，致使宗教文化与旅游开发条块分割，管理职能交叉，有些景区与寺观教堂因利益分配问题常发生矛盾，为宗教文化旅游带来了极为有害的障碍。其次，宗教文化旅游景观的建设活动没有融入城市文化发展的过程中去，不能对宗教文化旅游资源进行全面普查，不能针对其分布状况、文化价值、开发现状和旅游前景制定中长期发展规划，更谈不上分阶段、分区域、分步骤实施。再次，一些宗教文化旅游建设方案忽略了环境的整体协调和美观，往往造成对环境美观和谐的破坏，导致传统宗教文化景观的肃穆、和谐、宁静、统一的美学文化效果荡然无存，一个钢筋混凝土的庞然大物显得突兀生硬，但并没有传达出宗教文化的精神。所有这些，都有损于我省宗教文化旅游的长久吸引力。

3. 对宗教文化旅游宣传力度不大。宗教文化旅游资源可以说是现代旅游最为叫座的主打品牌，以至于我们经常调侃出门旅游是"白天看庙，晚上睡觉"，这从一个侧面反映了宗教文化旅游是现代旅游的一项重要内容。然而，由于宣传形式不活，江西宗教文化旅游资源的生动文化内涵不能向世人展示，使其清雅不俗的佛教建筑、形态各异的宗教造像、字字珠玑的匾额经幢、古朴浑厚的塔林碑文，以及悠扬恬静的佛教音乐、出神入化的传说故事、醍醐灌顶的宗教智慧、神秘庄严的宗教礼仪等丰富独特的资源只能处于"养在深闺人未识"的状况。

4. 对宗教文化旅游开发水平不高。宗教文化蕴含了丰富的历史文化和艺术审美内涵，是人类社会传统文化的重要组成部分，从国内外旅游发展的历史进程看，宗教文化也是一种有特色的、有吸引力的文化旅游资源。如果众多的宗教文化旅游基本上是一个"面孔"，缺乏各自的特色，那么宗教文化旅游的魅力及其对游客的吸引力显然会大打折扣。当前我省的宗教文化旅游也存在这种现象，具体表现为：一是仅停留于建筑规模的设施上，忽视深层的宗教文化底蕴的挖掘，不能凝练出自身最为出色、最具魅力的特色和亮点。二是忽视高端旅游产品的打造。高端旅游的消费人群主要集中在商业旅游人士，如总经理、总裁、财务总监等，也有部分政府官员和销售人员等，都属于社会上收入高，而且相对稳定的人群，人均消费水平高，对住宿、娱乐、保健和知识附加值有更多的要求。这种高端旅游具有专业化、品牌化的特征。三是存在一些非文明的成分掺杂其中，像磕头烧香、卜卦算命、装神弄鬼、赶鬼驱魔等，呈现出低级品位和粗俗格调。

虽然我省宗教文化旅游资源极为丰富，市场前景看好，但是由于存在以上诸多不利因素，致使宗教文化旅游热度不够，知名度不大，旅游特色品牌难以塑造。

江西宗教文化旅游未来的前景

宗教凭借其深厚的文化底蕴和独特魅力，成为极具特色和吸引力的人文旅游资源，对宗教文化资源进行深层发掘，发展宗教文化旅游产业，已是各地经济社会可持续发展的重要工作内容。目前全国三十一个省、自治区、直辖市均形成了自己的旅游特色，旅游市场的竞争异常激烈。面对这种严峻的形势，我们应通过对宗教文化旅游的开发，形成有特色吸引力的宗教文化旅游产品，更大限度地满足宗教文化旅游者的文化审美及精神愉悦的需求，促进区域经济的发展，塑造宗教文化旅游的品牌，最终实现宗教文化旅游业的持续健康发展。从长远发展的观点来看，只有品位和格调都很高的宗教文化旅游，才能适应社会主义社会的发展要求，才能与社会主义社会长期共存，并在社会主义社会得到延续。品位和格调已成为评价宗教文化旅游的价值标准，也是了解宗教文化旅游现状的依据。为了进一步提升我省宗教文化旅游的品位和格调，提出以下几点意见供参考：

1. 加强领导，成立组织。提升宗教文化旅游品位和格调是一项系统工程，要以科学发展观为指导，立足服务鄱阳湖生态经济区建设，凸显我省"红色摇篮、绿色家园、文化乐园"的大旅游格局。为此，建议在省委、省政府领导下，成立宗教文化旅游领导协调机构，由宗教、旅游、交通、文化、土地等相关部门组成工作机构进行摸底调查，专家论证，制定全省宗教文化旅游总体规划，突出宗教文化旅游景观独特的吸引力，把寺观、教堂建设提升到一种城市主题文化发展的高度上。同时成立省级宗教文化研究中心，加强对我省宗教文化资源整理、发掘和研究，努力提升和扩大我省宗教文化旅游的品位和格调。

2. 完善队伍，培训人员。随着人们对精神生活关注程度的提高，宗教文化旅游资源及其品位和格调日益成为关注的对象，而且宗教文化旅游资源的设施保护和建设也提到了议事日程。宗教文化旅游的这一特殊性，对宗教事务管理人员、旅游管理人员、宗教界人士、导游队伍建设都提出了更高的要求。因此，要加强宗教、旅游部门管理人员培训，使其具备管理宗教文化旅游区内的宗教事务与宗教有关的旅游事务的基本素养；要加强宗教教职人员、宗教活动场所民主管理人员的培训，使其懂得基本的旅游管理知识、对外交往礼仪、宗教政策法规等；要加强宗教文化旅游导游队伍的岗位培训，使其了解宗教的特殊性，了解我国宗教政策和法规，掌握宗教基本知识等。

3. 选准项目，打造精品。宗教名胜古迹是富有特色并有着持久魅力的宗教文化旅游资源，现在风景旅游区都离不开宗教文化资源，景点或依靠宗教文化衬托点缀，或以宗教文化为核心和支撑，因此，宗教文化旅游产品的打造直接关系到当地旅游业的前景。要慎重选准有独特文化内涵的宗教文化旅游项目，打造和推出具有一定品位和格调的宗教文化旅游的精品。当前，要重点支持九江东林寺项目建设，该项目是经国家宗教事务局批准，自筹资金7亿元，集佛教文化、修学、弘法、旅游为一体的综合大型项目；要积极支持宜春禅宗祖庭建设，使宜春成为展示中国佛教文化的重要窗口；要大力支持云居山国际禅修院建设，使其成为世界佛教的禅修基地；要努力支持龙虎山建设项目，使其真正成为道教的中心、世界的道都。

4. 重视保护，打击违法。宗教文化旅游既要加强硬环境建设，同时也要重视软环境建设。要通过保护环境，强化管理，改善服务，方便游客，进一步营造宗教文化旅游的良好环境。宗教文化旅游资源具有唯一性和不可复制性，像宗教的名山古刹、祖师道场、文物胜迹等都具有一定品位和格调不可替代的旅游资源，而且具有相当高的旅游开发利用价值，必须加强对宗教文化旅游资源的保护，正确处理好宗教文化保护与开发的关系。其次，从宗教界自身来说，既要保持宗教的纯洁性，避免世俗化、商业化，又要注重良好的经济效益和社会效益，要为不同信仰的游客提供其需要的不同的旅游服务，重点展示宗教文化中有益于和谐建设、有益于身心健康的内容。再次，防止因宗教文化旅游造成乱建寺观教堂、乱塑宗教露天造像的现象，不能把宗教文化旅游变成公开传教。同时坚决依法处理借宗教文化旅游敛财、利用迷信祸害群众的违法行为。

总之，必须尽一切努力提升江西宗教文化旅游品位和格调，以适应现代旅游市场发展趋势和方向。当然，提升江西宗教文化旅游品位和格调绝不是要发展宗教，而是要发挥宗教文化在旅游经济发展中的积极作用，进一步推进我省的经济社会发展。这也是党的十七大报告中指出的："全面贯彻党的宗教工作基本方针，发挥宗教界人士和信教群众在促进经济社会发展中的积极作用"精神体现。

加强宗教事务管理　维护社会和谐稳定
——以九江灭门疑犯徐心联隐藏寺庙17年为例

宗教活动场所是依法管理宗教事务的重点所在，因此抓好宗教活动场所的规范管理是做好宗教工作的关键。1994年颁布的《宗教活动场所管理条例》实施以来，各省、自治区、直辖市政府宗教事务部门在严格遵守法规的基础上，积极探索，根据当地宗教活动场所的规模、各教场所的特点，创造性地开展依法管理，形成了对不同类型宗教活动场所的管理模式，促进了宗教活动场所管理的规范化、制度化、法制化，成效显著。但是，随着社会经济文化的发展和对外开放的不断扩大，宗教领域也出现了许多新情况和新问题。佛、道教场所，尤其是佛教寺庙外来人员流动性很大，为佛教寺庙的依法管理带来了诸多困难，容易成为不法分子隐藏的避风港。

问题提出

2011年12月22日，《南方周末》第5、6版上有一篇发自九江、杭州的报道。报道以"灭门疑犯遁入空门十七年"为题，并在报纸的显要位置刊登了一幅徐心联与有关领导在一起的彩色照片，照片下的文字这样叙述道："徐心联在宗教界取得巨大成功，成为杭州市青年联合会委员，多次出国访问，并经常代表净慈寺接待各路宾客名流"。2011年12月23日，《江南都市报》在焦点新闻栏目以"九江杀人犯变寺庙监院始末"为题，用一整版篇幅报道与《南方周末》相同的内容。这一事件是在2011年11月28日晚，江西九江警方实施"清网行动"中，意外揭示了杭州净慈寺监院惟迪法师的另一身份——江西九江一宗命案的嫌犯徐心联。徐心联，1973年出生，江西九江县人，于1994年杀死二人重伤一人后逃走，在逃逸期间，改名换姓隐藏于寺庙中。

1. 时间长。徐心联自1994年开始逃亡之旅，先在湖北黄梅五祖寺短暂停留三天，接着在安徽、福建、河南等省寺庙云游参学达六年多时间，最后于2000年10月来到有"东南佛国"之称的浙江杭州净慈寺，度过了一段长达十一年的安定生活。在这十七年中，徐心联的生活来源完全由寺庙提供，寺庙也就成为其犯罪隐藏的庇护所。

2. 藏处多。徐心联在逃亡期间，到过许多地方，可谓经历丰富。他起初到五祖寺，试图请求方丈收留但遭拒，然后来到安徽潜山县天柱山脚下的三祖寺，他拜三祖寺住持宏行法师为师，正式剃度出家，法号惟迪。离开三祖寺后，去过安徽九华山、普陀山普济寺、嵩山少林寺、福州西禅寺，还在闽南佛学院、浙江大学等名牌学校读书。另外，他还有过多次出国记录。

3. 影响大。徐心联在三祖寺出家不到半年就被提拔为知客（即负责寺庙接待宾客的僧职）。以后在净慈寺"几乎是一年升一级"，他从扫地、撞钟的挂单和尚做起，逐步升到僧值、知客，直到成为监院。2010年2月，杭州香积寺重建竣工，他被任命为住持。2011年，他还兼任净慈寺监院。平时，他都开奥迪轿车，用名牌手机，在当地佛教界享有盛名。

从徐心联身上，我们可以看到，"穿僧衣的未必都是和尚"。杀人嫌疑犯可以摇身一变而成为名寺的监院或住持，而且逍遥法外具有时间长、经历广、影响大的特征。这种现象的出现，如果要追根究底的话，那么就要从宗教事务管理上去寻找原因。

管理漏洞

宗教活动场所是信仰宗教的公民进行宗教活动的公共场所。长期以来，对宗教活动场所的安全管理和监督"缺位"现象较为严重，综合来看，主要有以下几方面的因素：

1. 认识误区。从宗教事务管理上来说，当前在认识上主要存在这么几个误区：一是认为宗教活动场所安全管理是宗教内部事务，不需要别人多此一举进行监督；二是认为宗教活动场所的安全管理，宗教界已有自己的一套传统的管理模式和做法，无须改变现存的管理形式；三是宗教活动场所的管理部门对场所及其负责人有监督权感到难以接受；四是认为加强安全监督管理工作就是向宗教活动场所要权。由于认识上存在的误区，致使宗教活动场所基本处于"自我管理"状态。此外，从宗教活动场所负责人来说，由于缺乏安全知识，导致其安全管理意识淡薄，甚至对社会综合治理法律法规一无所知。

2. 管理疏松。我们仅拿佛教来说，1993年10月21日通过的《全国汉传佛教寺院管理办法》就没有得到很好的贯彻实行。在剃度上，不能履行第三章"收徒传戒与僧团管理"第九条中规定的"寺院对要求出家的人，经查明身份来历，认定符合出家条件的，方可接受留寺"条款，如三祖寺内无惟迪的任何档案资料，惟迪究竟以何种身份在三祖寺出家，公众无从得知；在受戒上，不能实行第十二条中规定的"持有身份证、度牒和当地主管部门及所在寺院的证明信件，经传戒寺院所在省佛教协会甄别鉴定，方可允许进堂受戒"条款；在参学上，不能执行第十九条中规定的"常住僧人须定居两年以上，方可外出参学，并须经寺院同意开具有证明，注明参学地点和往来期限"条款。

3. 监督弱化。宗教事务管理部门对宗教活动场所依法管理和监督出现弱化现象，具体表现为：一是尽管各宗教都有各自的教规，一些宗教如佛教、道教等还有许多清规戒律，但是各宗教对教职人员是否遵守教规情况没有一个很好的监督机制，对违反教规的现象也没有很好地按照教规教律去惩处；二是各级宗教部门在依法管理宗教事务中，也没有针对教职人员遵守教义教规方面提供很好的、具有指导性的意见；三是一些教职人员在宗教活动场所的不固定性，导致了管理上的不便。这三个原因存在，形成了对宗教教职人员在道风、教风方面监督上的空白。

防范措施

宗教活动场所是弘扬宗教文化，服务社会，造福大众的基地。作为宗教活动场所的负责人，他们是信众的教育者，是发挥桥梁和纽带作用的组织者、执行者，在信众中或在社会上具有特殊的地位和影响，其形象如何关系到本宗教在社会上的评价，也直接关系到整个宗教界的道风教风的建设问题。加上现在宗教活动场所数量巨大，据了解，全省共有宗教活动场所8200多处，其中佛教4000多处，道教1200多处。为了防范不法分子隐藏寺观，败坏宗教界形象，同时使宗教活动场所管理有序，采取富有成效的防范措施刻不容缓。

1. 提高认识。要充分认识"宗教无小事"的重要性，要把维护宗教稳定促进社会和谐作为当前宗教工作的头等大事来抓。各级领导要真正把宗教工作列入政府的重要议事日程，把宗教工作纳入政府对各部门的年度工作综合考核和当地社会治安综合治理工作考评的内容。宗教工作人员要努力提高依法管理宗教事务的能力和水平，树立正确的宗教法律意识和法制观念，切实增强创建和谐宗教团体、和谐寺观教堂活动的责任感和紧迫感，关注到宗教问题的特殊复杂性和特别敏感性，做到具有"无事要防事"的前瞻性意识。

2. 建立组织。要强化宗教工作"三级网络、两级责任制"，把宗教工作"主体在县、延伸到乡"与"落实到村"紧密结合起来，形成乡镇基层宗教工作"有人管事，有章理事，依法办事，维护稳定"的良好格局，把好每个宗教活动场所站岗放哨关，做到及时消除宗教领域不稳定因素和处理好宗教突发事件。寺院也要根据《全国汉传佛教寺院管理办法》第九章"做好治安与加强消防"的第三十七条规定的"寺院根据国家治安条例，建立治保小组，制定具体措施，接受公安部门指导，做好安全保卫工作"。

3. 加强管理。要抓住宗教事务管理上的薄弱环节，加强宗教活动场所及宗教团体的自身建设，排查宗教领域出现的矛盾和安全隐患，落实任务要分解到岗、规范到点、定位到人，建立健全宗教活动场所的各项规章制度，如《佛教场所规范管理制度》，定期公布管理制度落实情况；建立举报、反映的记录制度；制定乡镇每季度巡查一次，县区每半年检查一次的检查制度，施行《宗教教职人员备案办法》，牢牢把握"保护合法，制止非法，抵御渗透，打击犯罪"的原则，保障宗教活动场所安全有序运行，实现"宗教和睦，人心和顺，社会和谐"的宗教领域平安创建目标。

4. 帮助督导。要增强宗教界人士和信教群众的安全防范意识，提高预防事故的自觉性和警惕性。对依法查处的"假冒宗教教职人员身份"等现象，要用事实案例教育信教群众，提高他们识假防假的能力，同时也有助于威慑违法分子。帮助寺观建立各项规章制度，如"收徒管理制度""安全保卫制度""寺院管理制度"等，要求寺院按照客堂规约，严格审查流动人员的证件，督促寺院认真执行丛林制度，把好寺院各堂口关，协助寺院制定流动人员登记表，及时掌握流动人员的具体情况。同时也要注意严格依法行政，依规办事，不允许以加强宗教活动场所的安全监督管理为名，直接或间接插手宗教活动场所内部事务的管理，不允许寻找各种借口取代宗教活动场所的自主管理。

总之，我们要始终重视加强宗教界自身建设，切实把宗教活动场所营造成宣传宗教信仰自由政策、贯彻落实宗教法律法规的重要阵地，切实把宗教活动场所打造成教职人员和信教群众满意的和谐家园，切实把宗教活动场所建设成引导信教群众为经济社会发展做贡献的重要平台，以宗教领域的稳定和谐促进全省的稳定和谐。

关于挖掘宗教文化资源 构建文明和谐南昌的建议

南昌市五大宗教（佛教、道教、天主教、基督教、伊斯兰教）齐全，且历史悠久，文化底蕴深厚。南昌早在唐代就成为佛教禅宗"一花五叶"的发祥地。唐代高僧马祖道一于开元寺（今佑民寺）聚众说法，创立"洪洲宗"，并形成了"马祖建丛林，百丈立清规"的佳话，禅宗由此大盛，远播海内外，成为朝、韩佛教的主流思想意识。南昌也是中国道教发源地之一。相传最早有黄帝时代掌管音乐的伶伦在南昌西山修道炼丹。东晋许逊在此传播"净明忠孝道"，至唐宋后形成净明派道教。许逊被尊为"江西福主"和道教四大天师之一。许逊修道成仙处西山万寿宫成为道教圣地，每年农历八月初一庙会盛况巨大，朝拜的香客络绎不绝，难以计数。祭祀许真君的万寿宫也成为赣商文化的标识。南昌也是天主教最早传入的地区之一。明代意大利传教士利玛窦在南昌传教的三年，形成了一套成功的"南昌传教模式"，使天主教在中国生根，南昌成为当时全国重要教区之一。明末伊斯兰教传入南昌，建有清真寺和清真餐馆。清末基督教发展至南昌并建有四个教堂。

在南昌各大宗教都留下不少名胜古迹。据有关资料统计，新中国成立以来，南昌市宗教名胜古迹被列为文物保护单位的有22处。但这些名胜古迹的保护开发利用很不够。特别是一些作为名胜古迹的宗教活动场所，如青云谱道观、水观音亭等，没有落实宗教政策，其价值和社会效益未能的得到充分利用。又如佑民寺、西山万寿宫等，仅仅作为宗教活动的场所来恢复，而未考虑历史文化名胜因素，未作为重要旅游景点很好的规划和建设，致使重建后，存在诸多不足，其历史文化旅游价值远未得到发挥，独有的宗教文化资源品牌没有打响，品牌的影响力还没有充分向旅游、服务、商业领域扩展。还有如南昌万寿宫、绳金塔等，搞得不伦不类，宗教界难以接受目前的现况。对宗教方面的非物质文化遗产更是没有引起重视，根本谈不上合理的开发利用。

我市宗教文化资料的挖掘利用与其他城市比较真是相形见绌。一些城市将宗教历史文化的挖掘和利用列入经济社会发展规划，努力打造地方文化特色和地方文化品牌。如四川省挖掘道教文化，举办中国（成都）道教文化节，已举办三届。苏州打造钟文化，在寒山寺每年举办迎新年听钟声活动，市委、市政府主要领导出席，已举办32届，成为苏州市一张文化和旅游名片。宜春打造禅宗圣地品牌、弘扬禅宗文化，发展文化旅游产业。鹰潭市举办龙虎山道教文化节，已连续举办11届，成为鹰潭市旅游资源、文化资源展示的重要舞台。类似的活动南昌市仍未启动过，之所以存在这种巨大的差距，结合南昌市宗教的具体情况来分析，主要有以下几方面的原因。

一是对挖掘宗教文化资源在认识上存在偏差。宗教是一种社会文化现象，宗教文化是一种文化资源，现已越来越成为人们的共识。但在南昌市宗教文化依然被误解，具体表现为：一方面是"左"的观念束缚，认为宗教思想是唯心的、有神的，只看到宗教的消极因素，甚至将挖掘宗教文化同弘扬红色革命文化对立起来，抵制挖掘利用宗教文化。对宗教文化资源的挖掘或是不屑一顾，或是顾虑重重，认为已存在的宗教活动场所是多余的。这是无视宗教教义教规和宗教道德，在规范行为、调节情绪、疏导心理、平衡心态方面能发挥重要的作用，以及宗教有利于人们积极生活、提高生活质量，从而促进社会和谐的积极作用。另一方面是追求眼前利益，热衷于"宗教搭台、经济唱戏"，对建庙热情高，以期建庙增强人气、增加财气。一些景点没有宗教活动的需要，或者不具备建寺庙的条件，也要建庙，甚至非法建庙，所建寺庙品位不高，吸引力不强，并不能发挥出预期的作用。这反映相当一部分人对宗教和宗教文化的缺乏全面了解，对党的宗教政策不了解。

二是对挖掘宗教文化资源在工作上缺乏配合。宗教文化是历史文化的基本元素，也是促进文化事业和产业发展不可或缺的资源。开发利用好宗教文化资源，有利于提升城市文化品位、丰富城市外在形象、促进旅游事业的发展、增进对外开放和友好交流。但是，长期以来文化、宗教、规划、旅游等有关部门对宗教活动场所的文化功能认识不足，在如何挖掘利用宗教文化资源为当今社会发展服务方面,还缺乏统一的思路。对有关宗教名胜建筑的用途认识,认识意见不一致,工作不协调,各唱各的调,各自为政,没有形成合力,致使目前还有几处属于名胜古迹的重要宗教房产,被有关单位使用,成为落实政策的难点。如南昌万寿宫(原址)、青云谱道观、水观音亭、绳金塔等,这些极具历史文化和现实经济价值的宗教文化资源,不能得到挖掘利用。尤其是在原址恢复南昌万寿宫不仅宗教界有要求,而且社会各界、特别学术界呼声也很高,但始终不能引起重视。

三是对挖掘宗教文化资源在建设上没有规划。全市宗教文化资源挖掘方面缺乏统筹规划。宗教活动场所建设也未列入城乡建设统一规划,对宗教活动场所建设没有高要求。南昌市开放的宗教活动场所,普遍档次低、品位不高,没有整体建筑计划和高标准的长期建设规划,没有考虑社会的需要和长远发展的需要。或是基础设施落后,旅游配套设施不完善,服务质量不高。或是文化色彩不浓,只是开展一些宗教活动,满足信徒烧香拜菩萨的需要,缺少有关宗教历史及教规教义中道德、哲学方面知识的诠释,缺少对历史名人行迹、建筑、艺术作品、法器等的解读。即使是文化底蕴深厚、影响很大的西山万寿宫,庙会规模很大,但只有宗教的色彩,在文化、经济方面的色彩不浓,潜力还未充分发挥。一些宗教活动场所管理人员文化水平低、协调管理与服务能力差、思想保守,缺乏上进心,没有开发的观念,筹措建设资金也思路不广、观念落后。在场所建设方面只从宗教角度考虑问题,重视个人的宗教生活需要,缺乏全局观念,不能从经济社会发展的全局来考虑场所的发展,不遵守统一规划,不积极主动配合旅游文化建设,不能主动融入促进当地经济社会发展的工作中去,场所的发展跟不上景区发展形势的需要。一些已具规模的宗教活动场所在对外接待服务方面也不规范,质量有待提高。

随着南昌经济社会发展,市委市政府提出把南昌建设成文化大市、文化强市,无疑对增强南昌城市软实力,推动南昌经济社会和人的全面发展具有重要意义。建设文化强市不能割断文化传统,我们在坚持红色主流文化的同时,需要重视和挖掘宗教等历史传统文化资源。

为此,建议:

一要解放思想，转变观念，重视挖掘宗教文化资源的价值。宗教文化是中华民族传统文化的重要组成部分。它在当前的社会生活中仍具有重要的现实意义。国内一些城市和以往的经验说明，宗教文化资源可以丰富旅游文化的内涵，宗教场所多种风格的建筑可以美化城市，宗教作为民间文化的联系纽带可以推动与境外、海外的友好往来，提高城市的知名度。我们不要把宗教当成"高压线"，避而远之，应坚持马克思主义宗教观，客观认识宗教现象，把握宗教社会功能，正确引导宗教界发挥积极作用。各级党委、政府及有关部门要解放思想，转变观念，树立全局观念，扫除促进风景名胜区健康快速发展的障碍。对宗教活动场所的建设，在不违反宗教政策法规的前提下，要积极拓展融资渠道，加速宗教活动场所的开发与建设。重视对宗教文化资源的挖掘，我们要从文化、经济和社会多角度思考，将宗教文化资源纳入经济社会全面发展通盘考虑和规划中，把南昌市拥有的宗教文化资源优势尽快转化为推动经济社会协调发展的现实优势。当然，对于宗教文化资源的开发与利用应当采取谨慎的态度，要慎重选择开发对象，认真考虑其开发之后的社会效果与影响，不能仅从吸引游客、赚取利润考虑而片面地宣扬宗教，或者大肆营造一些并无多少文化内涵的仿古宗教景点。

二要整合资源，加强管理，打造南昌宗教文化资源的亮点。进一步恢复"文革"期间被占用的的宗教活动场所，如南昌万寿宫（原址）、青云谱道观、水观音亭、绳金塔等，从而避免部分宗教名胜古迹因没有落实宗教房产政策归还宗教界合法管理，被利用并假借宗教的名义搞活动，借教敛财，不伦不类，在社会上造成不良影响。开发散落的宗教场所，对一些文物相对集中的城区，在城市建设和管理中，要合理规划、整合，形成整体优势。把具有地方特色的商品和复仿制文物品引进来销售，形成城市旅游文化亮点，更好地体现其历史文化名城魅力。

要加强对宗教活动场所的管理和引导。风景名胜区的宗教活动场所能否发挥作用，关键还在场所的自身建设。我们要发挥引导作用，推动宗教活动场所搞好自身建设与管理。一要选好负责人，努力形成有文化、有创新精神、能开拓局面的管理人员队伍；二要加强宗教教职人员的培养，努力造就一支政治上靠得住、学识上有造诣、品德上能服众的合格的宗教教职人员队伍。三要加强宗教活动场所工作人员的培训，使之掌握接待工作的知识与礼节，掌握宗教文化知识，以适应风景名胜区发展的需要。四要指导宗教活动场所加强制度建设，规范场所管理，保证场所活动守法有序。五要推动宗教活动场所加强环境建设，增添必要设施，改善和美化环境，努力建设成为花园式的文明场所。六要教育宗教活动场所遵守风景名胜区统一规划，积极发挥自身优势，积极融入当地经济社会的发展，为当地经济社会发展做出自己的贡献。积极引导宗教与社会主义社会相适应，使宗教场所建设和管理与打造"特色文化品牌""旅游名城"的要求相适应，为南昌市发展旅游业和文化产业增添和谐因素。

　　三要加强领导，通力合作，充分开发和利用宗教文化资源的作用。把宗教文化资源的挖掘列入政府工作议程，加大引导力度，积极予以支持。一是立足全局，做好规划。政府要有开发利用宗教文化资源的总体规划和逐步实施的工作目标。可责成宗教部门牵头，规划、文化（文物）、园林、旅游等部门参加，先对宗教文化资源进行全面、系统的调查，提出利用和开发宗教文化资源的方案，经政府研究后列入城乡建设规划、历史文物保护规划和旅游资源整合发展规划。二是加强协调，主动配合。各级政府应本着尊重历史又兼顾现实的原则，妥善解决历史遗留的宗教活动场所房地产问题。凡应该而且能够归还的房地产要交由宗教团体和寺庙管理。尽快理顺位于风景名胜区内的宗教活动场所的管理体制，逐步实现宗教界的自主管理。政府要牵头协调宗教场所与旅游、园林、文化、房产等部门的利益关系，以做好旅游品牌为大局，将南昌市宗教文化与山水文化共同策划、包装、推介。三是通力合作，打造精品。要明确宗教、文化、文物、建设部门的责任，共同参与重要宗教文化场所建设、改造。凡批准维修、复建的重点宗教场所，要以对历史负责、对社会负责的精神，多征求专家和宗教界上层人士的意见，按照宗教的特殊要求，做到慎重决策、精心设计、施工。对其规模、风格等，既坚持"修旧如旧"，又坚持实事求是，特别要注意突出其文化品位，保持宗教文化特色，把宗教建筑打造成特色文化精品。四是共同参与，深化研究。要把各方面的研究人才组织起来，共同参与对南昌市宗教历史、宗教名人、宗教名胜的挖掘和研究。要发动政府各相关部门和社会各界专家、学者参加，使研究的起点更高，活动的文化意义更突出。五是做好文物复仿制品的开发，培育文化旅游纪念品市场。选择具有较高价值和观赏的文物，开发具有特色文物复仿制品的设计、开发、生产和销售，作为礼品、工艺品推向市场，丰富旅游产业链内容。对重点宗教活动场所的建设应纳入风景名胜区的开发规划。风景名胜区的规划应充分考虑宗教活动场所的特殊需要和特别权益。

我们一定要开拓创新，与时俱进，重视挖掘宗教文化资源，使其更好地为南昌市经济社会发展做出应有的贡献。

宗教文化元素在陶瓷创意文化中大有可为

陶瓷艺术作品历来都十分注重创新和发展，没有时代性、没有新意的陶瓷艺术作品是没有生命力的，忽视创新就得不到发展，这是时代进步对陶瓷艺术发展所提出的基本要求。陶瓷创意文化是以创造力为核心，有效发挥文化元素的作用将有助于陶瓷艺术作品的创新和发展。

宗教文化元素是陶瓷创意文化的一个重要内容，如何将宗教文化元素的原创性与变化性融入具有丰富内涵的陶瓷创意文化之中，发挥其应有的功能是当前迫切需要解决的问题。认真对待这一问题，对于中国陶瓷，特别是近年来景德镇（又称中国瓷都）调整产业结构，构筑"大陶瓷"发展的格局颇具意义。

拓展新思路

宗教文化元素，尤其是佛教文化元素与陶瓷艺术的关系非常密切。佛教文化元素作为一种意识形态，借助陶瓷渗透到人们的精神生活中，陶瓷创意文化因佛教文化元素而丰富多彩。陶瓷艺人通过借鉴和运用宗教文化元素，凸显了陶瓷艺术深远的意境。从大量的古代陶瓷作品中可以看出，陶瓷艺术风格是从传统宗教文化元素中侵染而成。最富禅意美的宋瓷，在空灵、精妙的外形中透出了生活气息，也显示出佛教文化元素对生活、人生、人、动物、植物以及无生命物体的一种形而上的审美，因而使得陶瓷的美最终达到了物我两忘、两相融合的境地。现代陶瓷艺人运用佛教思想拓展陶瓷创意文化的思路前景宽广，并深受教内外人士的关注。在佛教界，2007年，江西（景德镇）佛艺陶瓷博览会提出的主题口号是"佛佑天下，瓷行九域"，中国佛教协会会长一诚法师在给这次佛艺陶瓷博览会的贺电中也说："佛艺陶瓷是以陶瓷为载体，把佛教思想用艺术的形式展示出来，将佛教艺术和陶瓷艺术有机的结合，冶于一炉，使佛艺陶瓷具有无比丰富的题材和神圣性，是为陶瓷艺术园中的一朵奇葩。"①在学术界，胡珺、鲁瑜在《浅析佛教精神对现代陶瓷艺术的影响和具体表现》一文中论述道："现代陶瓷艺术在总体上体现着我们这个时代的开放性思维和综合交叉的多向思维方式，具有强烈的个性追求，现代陶瓷艺术更注重艺术的表现力、心灵的揭示力、精神的感染力和思维的创造力。因此，与中国传统陶瓷艺术不同，现代的陶瓷艺术在融合佛教意识的时候逐渐摆脱了纯表象的符号式艺术语言，佛教中的禅宗思想相对而言影响更加深远，因此，如今的陶瓷艺术受到的佛教影响已经日趋于内在意蕴的表达。"②

佛教思想倡导既入世又出世，它超越现实生活又离不开现实生活，与现代生活中的许多观念有相通之处，从而使这种通过土与火的聚凝物来表现的陶瓷创意文化成为一种冷静观照自然世界的智慧载体。具体来说，一是佛教基本教义的启发。陶瓷艺人在研究佛教教义后，发现佛教实际上希望超越物体表象而去关注其内在精神，发现精神世界中的规律与变化，从而达到精神与想象的统一，不过现实世界中的精神与想象往往并不能完成统一，这就是不足，因为不足，所以才有增进的空间。二是佛教美学思想的启示。佛教美学强调的是不完整形态，是凭借残缺、古拙来体现美。因而当代陶瓷艺人会利用器皿的残缺形态，让欣赏者去联想、补充这不完整的空间。不完整的残缺造型，常常因留有一个无限的空间和再创造的余地而具有独特的审美特征。所以，在造型设计中的缺与不缺，就成为现代陶瓷造型对传统陶瓷造型在结合佛教文化时最明显的发展与充实。欣赏者在这个不完整的形态和装饰中能够获得的不仅仅是陶瓷艺人给予我们的表面形象，佛教文化元素深深烙印在这件外表粗糙、形象概括、装饰古朴的陶艺作品中，整件陶艺作品以其不完整的形态给我们带来了最深刻的关于佛教教义的思考——求缺成圆，即任何事物都不可能是完整无缺的，要想获得完美的形态，与其去强求圆整的造型，倒不如在有缺陷的形态中去寻求。三是佛教经典的启迪。佛经给陶瓷创意文化的形象确认和美学期待提供了诸多的

---

① 《丛林》，2007 年第 3、4 期合刊。
② 《佛山陶瓷》，2010 年第 6 期。

资源。如《法华经·普门品》提供了观音菩萨为摄化世间而有三十三种变相的义理依据,人们心目中所向往雍容华贵的美人原来也是观音法相的一种智慧性的点化;又如《无量寿佛经》里面描述出的华藏世界诸相,亦揭示佛教心灵是如此的华瞻与富有:"无量寿国,其诸天人,衣服饮食,华香璎珞,缯盖幢幡,又以众宝妙衣,遍布其地,一切天人践之而行。……以金缕真珠,百千杂宝,奇妙珍异,庄严校饰。周匝四面,垂以宝玲,光象晃曜,书极严丽。柔软光泽、馨香芬烈。又众宝华,周满世界。"从以上论述,我们可以看到,佛教文化元素在陶瓷创意文化中是能够焕发出独特的光彩,并且可能会使陶瓷创意文化最终走向世界,走向永恒。

增添新内容

宗教人物、宗教故事等经常作为陶瓷创作题材,为陶瓷创意文化增添了丰富的新内容。陶瓷艺人遵循宗教文化元素经义和经图的规制,去塑造华丽而又高贵的人物形象,常见的有释迦牟尼、观音、罗汉、达摩、八仙、老子、庄子、孔子、孟子等塑像,这些塑像涉及佛教、道教、儒教等素材。也有将佛造像与我国传统的四神、仙人、乐舞百戏和其他图案巧妙地组合在一件器物上,体现出多种宗教文化元素类型的综合运用。在陶瓷作品中,宗教文化元素题材的艺术作品经常被人作为宗教塑像供奉,虽不能划归为宗教艺术,但也不能视为宣传宗教,只能理解为陶瓷艺人以宗教文化元素题材,通过塑造栩栩如生的艺术形象,来表现自己的审美情趣、审美观念、审美感情与审美追求而已。在这里,我们着重以佛教为例来说明陶瓷创意文化应如何吸取宗教文化元素的养料来达到丰富其自身的目的。2007年,江西省民族宗教事务局局长谢秀琦在江西(景德镇)佛艺陶瓷博览会上的讲话中说:"陶瓷艺术是佛教文化与中国传统文化融合的一个重要载体。中国陶瓷中的佛教人物雕塑弘扬了佛教文化,佛教文化发展了中国陶瓷的器型和装饰,佛教文化中的佛像、佛塔、护法兽、莲瓣等,成为了中国陶瓷雕塑的模型或装饰图案。"[1]这说明佛教文化元素对陶瓷创意文化

---

[1] 《丛林》,2007年第3、4期合刊。

中的中国陶瓷的器型和装饰等具有重要的影响。具体来说，主要表现在以下几个方面：

一是以莲花为题材的作品。莲花在佛教中拥有很高的地位，尊为"佛门圣花"。莲花运用在陶瓷艺术创作中渊源流长。早在魏晋时期，莲花已成为各种器物上常见的装饰图案，其中尤以陶瓷最为普遍。南北朝时期，青瓷中普遍以莲花为装饰，在碗、盏、钵的外壁和盘面常常画饰重线仰莲，形似一朵盛开的莲花。如武昌何家大湾齐永明三年刘凯墓和南京林山梁大墓出土的莲花尊，是瓷器中同类装饰的典型之作。林山梁大墓所出的莲花尊，其装饰较武汉地区出土的莲花尊更为复杂。以莲花为题材创作陶瓷艺术作品可以说具有经久不衰的表现内容。近年来，景德镇陶瓷艺术创作过程中，莲花得到了广泛的运用，显示出其较高的艺术地位。

二是以佛教徒日常用品为题材的作品。主要是指喇嘛教作为日用、陈设器皿，如葫芦瓶，亦称军持、瓷净瓶，因"葫芦"与"福禄"谐音，故有吉祥之意；八吉祥宝瓶，在《雍和宫法物说明册》有云："宝瓶，佛说智慧圆满具完无漏之谓。"① 这种瓶常被塑在观音像旁供杨枝，是观音盛圣水甘露普救众生的标志；贲巴壶，元代出现的新器型，因形似僧侣的法冠而得名，用于向佛敬酒时斟酒的供器；高足杯，是喇嘛教中具有极高地位的供器，使用时将此杯插入金属器座中，一般置于寺庙的主佛前，平时则收藏在特制的杯套中，达赖和班禅常在最重要的场合上使用，其他人严禁使用；八宝，是供在佛、菩萨"神桌"上的吉祥器，也称"八吉祥"。元明以来八宝一直是青花瓷器的主要图案，但到了乾隆时，却制作成了精细的粉彩瓷器。随着陶瓷艺术创作的发展，这些佛教徒日常用品不仅在形制，而且在装饰上也日臻完美。

三是以佛教人物和故事为题材的作品。一件陶瓷艺术品不仅仅是一个没有生命力的冰冷制造物，它还包涵着制作者融会其中的深刻内涵，并通过佛教人物和故事为媒介展示出来。如1955年在北京西城区出土的瓷雕《影青观音》，高66厘米，观音头戴宝冠、身披袈裟和璎珞飘带、体态匀称端庄、脸容腴润、

---

① 引自朱风然、于水红：《宗教对于中国陶瓷文化的影响》，中国雕塑网，2008年12月11日。

神情温雅慈祥，确有一种大慈大悲、降福救难的独特气质。在《陶瓷艺术中表现民俗和宗教的内涵》一文中介绍了这么三个事例：第一个是蔡敬标当年轰动一时的三十三寸雕塑《南海站鳌滴水观音》，构思奇巧、造型优美，传达出精神解放的信息；第二个是徐波的《三个和尚梦》，不仅再现了"一个和尚担水吃，两个和尚抬水吃，三个和尚没水吃"的令人忍俊不禁且有点心寒的情景，而且反映了这个艺术形象所包含的警策人世的哲理；第三个是以达摩为题材的作品，着重的不是他的佛教形象，而是他那种面壁十年的坚忍不拔的意志美和傲视尘世的精神美。[1]

四是以佛教理念为题材的作品。主要体现在对传统陶瓷艺术的创新上，胡珺、鲁瑜在《浅析佛教精神对现代陶瓷艺术的影响和具体表现》一文中认为"今天我们普遍以人为的制作缺陷来表现佛教中的缺，这些缺陷技法主要表现在材质、工艺和釉色方面，比如在瓷泥配制中使用掺沙法、加石法、混入塑料泡沫法和掺纸、木屑法；在工艺技法上有撕裂法、干折法、划痕法、表面干裂法和压沙法；在釉色表现上使用干擦法、湿擦法、刮划法、涂蜡法"[2]。这些方法可以说都是陶瓷创意文化的内容。他们还进一步指出："佛教教义一开始就教导信众要以一颗平常心对待世间万物，要包容所有不能容忍的事件，因此收到佛教影响的现代陶瓷艺术也开始尝试使用任何一种看似与佛教格格不入的材质来表现内涵，比如用粗糙的沙石、坑洼不平的釉面或者残缺不全的造型，实际上，佛教教义的宽容使得几乎所有的造型、装饰方法都可以被运用于陶瓷艺术的创作中来。"[3] 从而使艺术陶瓷从装饰形式、装饰手法和工艺技法上得到全面创新。

扩大新市场

宗教与我国陶瓷艺术作品传播到世界各地有着密切的联系。欧洲传教士就促进了陶瓷艺术作品的对外传播，法国传教士昂特雷科莱于1712年来到景德镇，并在此生活了七年之久，他将景德镇制胎施釉烧成的技艺传给欧洲，启迪

---

[1] 来源：中国民族宗教网 2013-03-31。
[2] 《佛山陶瓷》，2010年，第6期。
[3] 《佛山陶瓷》，2010年，第6期。

了那时正茫茫中探索着的欧洲人，并使他们豁然开朗。此外，简·迪维斯在他的《欧洲陶瓷史》"试图揭开瓷器制作之秘"一章中坦诚道："从中国本身的情报，其中包括在中国的耶稣传教士雷·佛朗哥·泽维尔·昂特雷科莱于1712年寄到巴黎的来信，鼓舞了从事这项试验的人，这位牧师在信中描述了景德镇工厂瓷器的制作。"① 可见，宗教为陶瓷艺术作品走向世界奠定了重要的基础。

中国陶瓷艺术作品在海外倍受珍视，这从国外把瓷制品安放到珍贵金属制品上面的风尚中可以明显看出来。如牛津大学珍藏的一件大概属于大主教瓦哈姆的中国瓷碗，安置此碗的托盘大约花了1532克银子。这就充分说明我国陶瓷在外国宗教人士眼中是极为珍贵的。加之陶瓷艺术作品具有耐腐蚀、易打理的特点，陶瓷艺术被各大宗教广泛运用于制作圣像、圣品。近年来，中国陶瓷艺术创作题材呈现多元化趋势，许多陶瓷艺人将陶瓷创作与宗教文化元素题材相融合，开阔艺术创作的思路。在景德镇，不少陶瓷艺人将宗教文化元素作为创作和设计题材，其作品成为名山名寺和大型宗教活动的亮点。景德镇陶瓷评论家廖传铭撰文称，相比数量众多的宗教场所，宗教瓷尚未形成规模，仍有很大发展空间。希望更多陶瓷艺术家、收藏家，把目光聚集到宗教用瓷上，在这个领域开创出一片新天地。

宗教，特别是佛教陶瓷艺术作品具有广宽的市场发展空间。从举办的有关宗教的陶瓷博览会中，我们很容易看到它的潜力和希望。在中国江西（景德镇）佛艺陶瓷博览会上，该会名誉主任释妙乐法师指出："陶瓷，历来与佛有缘。佛艺陶瓷在海内外各大寺院中都有供奉和珍藏，向来为佛教界人士所喜爱，……"② 这次佛艺陶瓷博览会展出第一天，参展作品多达1056件，参观人数达6000余人次，《佛艺八宝瓷板框》《妙音壶》《妙音佛钵》等礼品瓷备受青睐。会上一位泰国文化商人参观后深有感触，面对大型瓷塔等一批佛艺陶瓷精品提出订货，并发出热情邀请，希望近期能赴泰国巡展。2007年这次佛艺陶瓷博览会还得到了陶瓷艺人和有关企业的大力支持和响应。景德镇陶瓷艺人如

---

① 引自朱风然、于水红：《宗教对于中国陶瓷文化的影响》，中国雕塑网，2008年12月11日。
② 《丛林》，2007年第3、4期合刊。

魏启山、范敏祺、朱丹忱、汪勇、张国强、曹建新、金子馨、杨菊英、徐国琴、侯正、吴君燕、徐岚、王淑媛、王琳、熊婕等都献出一批优秀作品，赠送给佛艺陶瓷博览会。安徽华教集团花费近5万元人民币助印《2007·江西（景德镇）佛艺陶瓷博览会》精品集。在景德镇国际陶瓷博览会（瓷博会）期间，新闻通讯稿《宗教元素为景德镇陶瓷发展提供更大机遇》中报道了有关宗教陶瓷艺术作品的发展前景。在瓷博会国内陶瓷展区，仿古陶瓷企业佳洋陶瓷创作的有关佛教、道教、伊斯兰教等多种宗教的陶瓷器皿，不仅吸引了大量海内外参观者驻足观看，而且极大扩大了其销售量。其宗教陶瓷的需求以每年20%的比例增长，蒙古国以及中东一些国家寺庙委托景德镇民宗局到其公司定制伊斯兰教的瓷器。展区内的其他作坊或工作室也接到有关订购宗教陶瓷艺术作品的订单。当地一家知名陶艺作坊接到一份特殊订单：中国著名寺庙少林寺要定制一批佛教题材的瓷板画，将悬挂到少林寺的海外分支机构。另一家名为"佛印堂"的工作室推出的藏传佛教人物瓷板还接到来自海外的订单。

从以上分析可知，利用宗教文化元素，将有助于陶瓷艺人拓展创作思路，提升陶瓷艺术作品的文化价值，促进陶瓷创意文化的发展。同时也会使著名的瓷都景德镇从一座陶瓷之城、艺术之城衍生为活力四射的在全球有影响的"创意之都"，最终打响陶都的创意品牌。

学术会议

云居山禅宗文化研讨会纪要

为弘扬禅宗文化,促进佛教与社会主义社会相适应,2008年11月10日—12日中国佛教协会、江西省佛教协会联合主办云居山真如禅寺建寺1200周年、禅修院奠基仪式及云居山禅宗文化研讨会。研讨会在庐山西海举行,会议由中国社会科学院世界宗教研究所研究员黄夏年主持,会上纯闻大和尚首先致欢迎辞,他在致辞中充分肯定云居山在中国禅宗史上的重要地位及其现实意义。他说:云居山是中国禅宗历代祖师的道场,自唐宪宗元和三年(809年),道容禅师开山以来,禅宗的五家法脉,都曾在这里传承过。早期洞山良阶曾将禅法传给云居道膺和曹山本寂。曹山一脉早已失传,只有云居道膺这一脉后来从云居山开始传遍了全国乃至东南亚一带。历代在云居山住锡的著名禅师有道膺禅师、佛印了元禅师、圆悟克勤禅师、大慧宗杲禅师等等,在云居山住过的祖师,仅传灯录中记载的就有四十多位,例如赵州禅师、云门文偃禅师等。云居山历经沧桑,几经毁损,至1953年虚云老和尚重修云居山,这才得到恢复,在虚云老和尚的操持下,各种禅修规矩得以重新建立起来,特别是真修实证、冬参夏讲的宗风得到完好的继承,成为天下衲子所仰慕的禅修中心。他接着说:在十一届三中全会之后,随着党和政府的宗教政策的落实,在一诚上人及两序大众的竭力维护下,云居山道场很快得到恢复。尤其值得我们欣慰的是,祖师所创立的宗风和规矩得到继承弘扬,这一点尤为珍贵。云居山道场被前中国佛教协会会长赵朴初推举为样板丛林,也就是因为这里依然保持着这些规矩与宗风。

随后中国社会科学院荣誉学部委员、世界宗教研究所研究员、中国佛教文化研究所所长杨曾文教授作了主题发言。他在发言中指出云居山真如禅寺是唐宋以来中国著名的禅寺。这里从道膺禅师开始就奠定了在中国佛教界的地位。

他着重介绍了云居山的五位著名禅师（分别是道膺禅师、佛印了元禅师、圆悟克勤禅师、大慧宗杲禅师和虚云老和尚），阐述了云居山所具有的厚重禅宗文化传统。在当代社会如何继承这些传统，使之重新发挥作用，便是现在云居山常住的责任。他认为应该做好以下三件事情：首先，对云居山的历史文化做一个全面的调查研究，在原有《云居山志》的基础上编撰出内容更为翔实、丰富、准确的《云居山佛教文化史》。其次，不断提高云居山全体僧众的文化素养与宗教素质。云居山将来建设，硬件固然不可少，但软件建设似乎更为重要，这就需要云居山结合时代需要培养各种人才，而且要把这件事情当作头等大事来抓。最后，继续发扬人间佛教精神，积极与时代发展相适应，为促进社会和谐、经济、文化建设做出贡献。云居山农禅结合的传统就很好，值得进一步发扬。与会的专家学者及海内外僧俗代表60余人围绕会议主题展开了热烈的讨论，现将讨论的主要观点和建议归纳如下。

云居山真如禅寺的传承与道风

云居山历史悠久，高僧辈出，与会代表对云居山的禅宗文化传承和道风表示一致肯定。中国社会科学院世界宗教研究所助理研究员纪华传认为，云居山的法脉主要特点有以下几个方面：（1）从道膺禅师开山以来，云居山就是曹洞宗的实际发祥地。（2）从虚云老和尚复兴云居山以来，把曹洞宗改为洞云宗。虚云老和尚的法系在当代中国是主流。所以对于虚云老和尚的地位以及云居山在当代中国佛教史上的地位，都应该引起重视。（3）云居山为全国三大模范丛林之一，这是由其家风所决定的。这一点值得我们肯定和重视，以及深入的研究和宣传。中央财经大学社会学系主任包胜勇从社会学的角度提出自己的看法，他认为保持传统道风是云居山奠定其未来在佛教界地位的基本底线。云居山只有继承好传统的宗风，进而把神圣性与社会的适应性协调好，才能维护云居山"禅宗第一丛林"的声誉。江西省社会科学院赖功欧研究员认为，云居山之所以会成为佛教圣地，关键是在道风纯正，而不仅仅在于山水的秀丽。那么如何来保持云居山的禅宗文化传承和道风？与会代表也发表了他们的高见。上海市社会科学院宗教研究所刘元春研究员指出，一是要守本，本就是禅宗的宗风；

二是要避俗，就是要力避禅宗宗风的世俗化和庸俗化；三是要协调，就是禅宗的道场要与周边的环境及风气相协调；最后，他希望云居山能留一片净土给中国佛教，能成为引领信众的精神高地。南昌大学哲学系杨雪骋教授指出，云居山是一座不倒的精神堡垒。这也正是云居山及其未来倡导禅修的社会价值之所在。信众在这里通过参禅，可以达到心灵的净化，进而约束贪欲，造福世界。因此保持云居山宗风、特色是非常重要的。这也就要求僧众具有高尚的道德修养，以及切实修持的功夫。台湾中台山见达法师认为，佛教虽然要与时俱进，但是禅宗的原味（指纯正的道风）传统依然要传承下去。不仅要保护好外在的云居山，更要注重内心的道德修养。广西佛教协会副会长济乐法师认为，在外在的环境变化很快，而我们还没有古代高僧大德的智慧的时候，首先要把道风保持下去，守住自己的本分，不要盲目仿效他人。

云居山禅文化的弘扬与光大

云居山的未来发展，弘扬与光大禅宗文化是其重要内容。与会代表对此表示极大关注。陕西省社会科学院宗教所所长王亚荣提出三点看法：(1) 百年来，西方文化仍旧是以其强势向中国输入，如何保持中国文化的地位，以禅宗为主体的中国佛学不能不承担起这份责任。云居山禅宗文化久负盛名，当下这个担子不担也不行。(2) 要加强禅宗文化的研究和梳理，与国际潮流接轨，申报非物质文化遗产保护项目，占据自己应有的位置；(3) 禅宗是大乘佛教，秉承的又是人间佛教思想，必须摄受社会大众。我们的道场应该有更多有道的禅师，道场就是商场，我们所卖的是道，僧团就是财团，我们储存的是法宝。在今天基督教、天主教发展非常迅速的时代，佛教需要普及，需要与之展开对话，佛教的优势在于智慧，要把这点发挥好。这就需要我们佛教包括云居山在内的僧人，要有盛唐那种担当精神。厦门大学历史系王荣国教授认为，云居山不仅是禅宗名山，而且是文化名山。云居山的禅宗文化传统要继续保持下去。关于云居山的禅宗文化弘扬，僧界与学界基本达成共识，中国佛教协会常务理事心印老法师说，云居山的禅宗文化，很高深，具有重要的历史价值，希望继续发扬光大。世界佛教委员会的灵海法师强调，佛法的精髓就是禅的精神，祖师传承的禅的精神要不断发扬下去。云居山在未来如何弘扬与光大禅宗文化？对于此问题与会代表也发表许多精彩的观点。中央民族大学哲学系刘成有教授认为，禅宗宗风的发扬，是具有一定的摄授对象的，就像专卖店只出售专门的产品。因此，发扬禅宗的宗风关键不在硬件设施，而是在于僧人素质的提高。成都文殊院的宗性法师认为，佛教的发展要与社会相适应、相同步，但是佛法的本质要保持不变，道场不能成为商场，僧团不能成为财团。佛法的神圣与世俗之间的度必须把握好，禅宗在未来的传承与适应中，要保持禅宗的完整性、禅法的多样性和禅修的操作性。他同时提出秉承宗风、引领禅修和开阔视野等问题。江西科技师范学院李冬妮副院长提出，要广泛地联系虚云老和尚在世界各地的四众弟子，来达到弘扬禅宗文化的目的，并认为这是一项抢救性的挖掘工作。江西省社会科学院余悦研究员分析了云居山弘扬禅宗文化今后应采取的传播方式、途径及接受态势。江西省社会科学院宗教研究所欧阳镇博士提出三点建议：（1）云居山的发展要发挥法师的作用；（2）要把居士在社会上的活动能力调动起来，像虚云老和尚当年就能把从中央到地方的居士潜力发挥出来；（3）调动科研的力量，做一些资料搜集、整理及文化建设方面的工作。南昌大学哲学系习细平副教授认为，整个禅宗的发展源远流长，法脉完整，这是一个优势，也有一些弊端，因为容易引发思想上内部的斗争，特别是在今天文化多元化发展的形势下，更有一些不利的影响。所以佛教包括云居山的发展，要注意内部力量的整合，这样才能做到对外部力量的利用。与上述观点背道而行的也还是存在的。北京师范大学哲学系徐文明教授就认为，禅宗倡导无门为门，无修为修，那么其发展就要以不发展为发展。云居山不仅要保持原貌，而且要坚持其原来的道风。云居山的建设规模越大，对自然、人文环境的破坏就越严重；建设规模越小越好，甚至不要修路和停车场，只有这样，才能保持禅宗自身的神圣性，才能体现出天上云居的圣境。无独有偶，中央财经大学精算研究院院长李晓林教授表示，他对云居山积极参与社会，制定远大的发展规划前景深有顾虑，应更倾向于保守。

云居山禅修院的建设与发展

云居山禅修院的建设也是与会代表关注的热点问题。与会代表一致认同，禅修院的建设具有重要的现实意义。中山大学哲学系冯焕珍教授认为，云居山能传承千年而不衰，原因就在于有觉证心性、见到实相的大德不断涌现，从道膺禅师到虚云老和尚，都是这样。他根据当前的情况，指出当务之急是培养人才，云居山禅修院的建设，就是抓住了佛法的根本，即内观与觉照，这是佛法的大本所在。广西佛教协会的李盛锦非常激动地表达其当时的心情，就是希望将来云居山禅修院建好后，能培养导师出来，派到各地去指导禅修，以便让真如之光普照四方。南昌大学哲学系苏树华教授希望云居山禅修院的建设，不仅仅要有很漂亮的建筑，更要有真修实证的人才，佛教才会有美好的明天。在禅修院建设规划和目标上，与会代表也提出一些好的设想。浙江省社会科学院宗教所陈永革研究员提出,禅修院的建设要具备三脉的想法,即法脉、地脉和文脉。所谓"法脉"，就是云居山历代祖师大德所传下来的宝贵精神财富，今天我们所面临的便是如何去挖掘，如何将遗产发扬光大的问题；所谓"地脉"，是说云居山禅宗文化传承历史悠久，但云居山周围，包括江西，乃至浙江、福建等地，也都有禅宗文化的传承，如何处理这些地脉上的关系。所谓"文脉"，就是说如何把云居山的禅宗文化贯彻到当代中国文化建设之中去，特别是建设有中国特色的社会主义的事业之中去。他认为这是一篇大文章。此外，他还指出，云居山禅修院要向世人提供"中国禅"，就要提倡创新、开拓精神。在继承传统的同时，要发挥自己的创新意识，只有这样才能成为名副其实的具有国际性的禅修院。江西师范大学的蒋九愚副教授认为，云居山的未来在于人才，佛法的兴衰在于人才。对于禅修院的人才建设，要有不同层次的规划，可分为四类方式培养人才，即实证型、研究型、管理型和弘化型人才。但无论哪种人才，首先要有信仰品质，其次道德要高尚，通达佛学，而且要懂得世俗文化及生存的基本技能。

最后，云居山农禅并重家风的形成、发展演变及重要意义，也受到与会代表的重视。北京大学哲学系李海峰博士等对农禅并重家风作了创新性的阐述。会议在一片紧张而又热烈的研讨中结束。

首届虚云大师佛学思想国际研讨会观点综述

为纪念虚云大师圆寂五十周年，千年禅宗祖庭云居山真如禅寺于2009年10月26日至10月28日在庐山西海温泉宾馆举办首届虚云大师佛学思想国际研讨会。会上收到来自海内外专家学者的论文共计近60篇。会议由中国社会科学院世界宗教研究所副编审、《世界宗教文化》主编黄夏年先生主持。北京大学哲学系教授楼宇烈作主题发言，他的发言题目是"虚云与云居山佛教"，他在发言中充分阐述了虚云大师对云居山佛教的丰功伟绩和卓越贡献，肯定了虚云大师在中国佛教史上的重要地位。会议分为两个报告会场，分别围绕虚云大师对中国近现代佛教的贡献、虚云的禅学思想、虚云的禅悟智慧等相关问题展开热烈的讨论。现将研讨会的主要观点分述如下。

虚云大师对中国近现代佛教的贡献

虚云大师对中国近现代佛教的贡献得到学术界高度称赞。中国社会科学院亚太文化研究所研究员黄心川在《虚云老和尚的佛教领袖作用》一文提出"佛教在中国二千年，出现了无数的领导人物，道安、慧远、罗什、玄奘、法显、义净、慧能、道一等等，都是其中的佼佼者，影响后世者极大，迄至当代，虚云老和尚则是这些领导人物中最杰出的一位。"他还进一步指出"虚云老和尚对近现代中国佛教的影响之深，除了太虚大师可与之比肩外，尚无其他人可比。虚云对中国佛教的贡献是全面的，也是显著的，但是我认为他对中国佛教的最大贡献还在于培养了后人，使佛法能够得到继承，佛教的慧轮才运转到今天！"中国佛教文化研究所所长杨曾文在他写的《近现代佛教史上的杰僧虚云和尚》标题中特别强调虚云老和尚为"杰僧"，并且概括虚云老和尚的功绩为四点：一是保持中国佛教的民族特色，继承禅宗活泼的传法传统；二是嗣法临济、曹洞，远承断嗣的沩仰、云门和法眼三宗；三是提倡禅、净融合，八宗兼传并弘；四是力挽佛教颓势，恢复和振兴佛教名山祖庭。北京大学哲学系教授姚卫群在《虚云和尚的修行思想与当代佛教的僧团建设》一文中认为"虚云和尚是近代中国影响很大的得道高僧。……（他）在动荡的年代，坚持佛教思想的基本理念，爱国爱教，利益众生，为佛教文化的繁荣发展，为广大民众的心灵安宁，作出了重要贡献。他在这方面最主要的建树就是强调并践行了符合当时社会情况的佛教修理论。"特别值得一提的是，虚云老和尚在人间佛教方面也是有一定贡献的。山东大学哲学系教授陈坚在《无畏布施："人间佛教"的虚云模式》中明确地提出"应把虚云和尚的'无畏布施'称为'人间佛教'的虚云模式。认为太虚模式的'人间佛教'，其内容主要是面向人间的'法布施'和'财布施'，至于面向人间的'无畏布施'则始终没有列入'人间佛教'的范畴。只有将虚云模式的'人间佛教'和太虚模式的'人间佛教'合起来才是人间佛教的全部。"虚云大师对中国近现代佛教的贡献不仅在学术界受到极高评价，而且在僧界也得到一致赞叹。台湾中台禅寺的惠空法师在其《虚云和尚在当代佛教中之定位》文章中认为"虚云老和尚以其修持道德望重于世，对当代教运法灯之延续有其牛耳地位"。他还依据虚云老和尚年谱，将虚云老和尚在当代佛教之风范与作为概括为：僧伽风范、道场建设、教运折冲、禅风高幢、教禅会通、传法续灯。云南鸡足山虚云寺方丈惟升在《虚云老和尚及其门下十比丘》一文中指出"虚云留给后世不仅是数十道场那么简单，而是给后世四众弟子树立了作为一名佛子如何安身立命的典范，示范了在现今社会如何才能真正振兴佛教的妙方"。中国佛学院讲师戒毓在《虚云和尚之宗教观》中认为"虚云老和尚是近现代以后在中国成就最高的禅师，为中国佛教的复兴起到中流砥柱之作用"。中国佛学院研究生行空在他的《虚云老和尚的制度建设思想》中认为"虚云老和尚堪称我国近代佛教制度的奠基人"。从以上所述，我们可以清楚地看到虚云老和尚对佛教的贡献是多方面的，既有历史的，又有现实的；既有佛教理论的，又有佛教实践的。

虚云大师的禅学思想

虚云大师一生注重禅修，在他五十六岁时于扬州高旻寺打禅七中，因护七冲茶时开水溅于手上，茶杯坠地，一声破碎，疑根顿断，庆快平生，如从梦醒，因述曰：杯子扑落地，响声明沥沥；虚空粉碎也，狂心当下息！又偈曰：烫着手，打碎杯，家破人亡语难开；春到花香处处秀，山河大地是如来。这可以说是虚云老和尚禅修开悟的象征。虚云老和尚在禅学思想上具有独特的特征，对此研讨会进行广泛的讨论。大家一致认为虚云老和尚的禅学思想特征主要表现为：一是既具继承性又有创新性。在继承性方面，华侨大学人文与公共管理学院的张云江先生在《论虚云禅师对唐宋禅风的继承》一文中从以戒为基、勤苦为道、真参实修、重视因果、农禅并重五个方面论述虚云禅师对唐宋禅风的继承。杭州师范大学教授黄公元先生在《虚云老和尚对永明延寿思想的继承与发扬》中将虚云老和尚对永明延寿思想的继承与发扬叙述为三个方面：一是一身兼挑五宗法脉；二是圆融处理禅净关系；三是圆融处理禅净与教、律的关系。中国佛教文化研究所的伍先林先生在《虚云禅学思想研究》一文中认为"虚云在禅法上主要是继承了南宋大慧宗杲以来的看话禅，同时他的稳实、绵密的禅法又具有以看话禅融通默照禅从而融通看话禅与默照禅的特点，同时也还主张以禅融净而禅净融通，以禅融教而禅教融通"。在创新性方面，中国社会科学院亚洲太平洋研究所研究员朱明忠在《虚云大师禅修观的特点及其意义》一文中首先阐述了虚云禅修观的六个特点，如主张以"戒"为本、强调明心见性、提倡参禅生活化、倡导农禅并重等，接着他指出"这种禅修观的现实意义在于，它体现出佛教与时俱进、适应形势、紧跟时代发展的特征，也体现出传统出世佛教向现代入世佛教的转化，真正弘扬了现代人间佛教的济世精神"。武汉大学哲学学院07级博士生魏建中在《如何从"看"中回归生命的源头——虚云和尚"看话头"禅法体系及其现代意义管窥》一文中认为："虚云是在继承南宋大慧宗杲以来的看话禅思想的基础上，结合现代人的根机，形成了一种适合现代人修禅的禅法体系，对现代人学会如何从'看'中回眼生命的源头从而达成生命的自由具有重要的指导意义。"江苏苏州西圆寺戒幢研究所的昌莲法师在《初探虚云和尚的"新禅法"思想与理路》中认为："虚云综理五家禅法要旨，力倡看话禅，兼弘默照禅，外以弘教扬禅，内以持戒修心，依禅定功夫与境界论其心性的修养，以提升人格与道范，以至净六根，清三业，直下觉悟而后已。"他还进一步指出："虚老的这种继承传统而有所创新的新禅法，在今天仍然具时代气息与社会需求化。"中国科学院心理研究所研究生林剑秋在他的《略述虚云和尚的禅修思想——解行方圆》中提出："虚云和尚修学并举，解行并重的禅修方式，充分展示了一代大师对信解行证四次第的理解和实践。"二是禅净双修、禅净不二。中国佛学院副教授理净在《虚云老和尚的禅学思想——参禅与念佛》中说："虚云老和尚的禅净双修思想，是主张参禅与念佛不二的。"李海峰先生在《虚云法师的禅净修行思想》中从信解行证四个方面阐述虚云法师的禅净双修思想，总结出"虚云法师的禅净双修不同于普通人的理解，他提出念佛为缘起，参禅为究竟，念佛念到一心不乱之后再进行参禅就较易得证，动中念佛，静中参禅是两全其美的方法，同时他也指出念佛法门中一心不乱之修证境界与参禅无二"。那么如何才能做到禅净双修、禅净不二呢？新加坡佛学院教授顾伟康在《重温虚云和尚对禅净关系的教导》中指出："实际上，早在1955年，虚云和尚就点明了以《四料简》为代表的偏激见解的根源，乃是误解《圆通偈》，同时也就清楚明白的告诉我们，融会权实法门，贯通禅净之法的关键，是'虚心研究圆通偈'。"四川大学哲学系的李万进先生在《试析虚云和尚禅净合一的修行观》中提出："虚云和尚的修行观之要旨在于主张一门深入，精通一种法门即可在佛法真谛的体悟上获得收益与受用，故而参禅与念佛不过是如何契入佛法真谛的法门而已。众人修法切忌贪多而不精，这样的结果只能是一事无成。虚云和尚在这里，已经明确了其禅净互融互摄、互为资用的修行模式，以此模式去自修与开示学人。"北京师范大学哲学与社会学学院教授徐文明在《虚云和尚对禅净关系的开示》中郑重地指出："虚云一方面主张禅净不二，劝人念佛，同时也反对轻视禅宗的错误看法。"尤其值得注意的是，江西省社会科学院哲学研究所研究员赖功欧在《虚云大师的"保任"修行观》中提出虚云和尚的"保任"修行观，这种"'保任'作为一种禅宗的修持功夫，其根本特点即在悟后不能舍弃，保持一种禅家那种定明澄彻的禅悟境界，而且悟后既要绵密谨持，任运起来又要能轻松自由。精勤保之而能自然'任'之，才是禅宗保任修行观的核心所在"。

虚云的禅悟智慧

虚云老和尚在佛教界被赞誉为禅宗泰斗,可想而知其禅悟境界是相当高深的。根据佛教由定生慧的原理,从禅定中生发出来的自性智慧也是难以言说的。智慧虽然如人饮水、冷暖自知,但是它总是可以通过一定方式表达出来的。如果把智慧分为物化形态的智慧和观念形态的智慧,那么虚云老和尚的禅悟智慧又是如何表现的呢?我们还是回到研讨会上,看大家是怎么来表述的。关于物化形态的智慧,分为两个方面:一是戒规思想。中国人民大学博士生韩敏等在其《"虚云式"戒规思想研究之一:灵活弘戒,戒规并用》一文中通过虚云老和尚与弘一戒律思想的对比,认为"灵活弘戒,戒规并用"作为"虚云式"戒规思想特色之一,可以看作虚云老和尚在应对佛教内外困境时做出的积极回应,是其在佛教组织形式和戒律制度方面做出的不懈努力,其昭示我们佛教在于随缘开化,非刻板固守;其告诫我们佛教在于自力更生,救济众生;其劝告我们务必坚持以戒为本,重视佛教的僧格培养和道风建设。江西师范大学历史研究中心教授陈金风等在《虚云戒制思想及其实践析论》中认为:"虚云大倡以戒为师,固然是对南禅百丈清规的恢复与肯定,但同时也顺应了历史潮流,不仅为保持佛教自身衍传而已,也是中国近代社会用宗教理论补充法治不足的需要,这是他积极回应近代佛教的复兴思潮的主要方式。"中国政法大学哲学系研究生向慧在《因时因势,契理契机——从规约看虚云法师重振僧纲的努力》文中以虚云老和尚所制定的规约为中心,对虚云老和尚因时因势,契理契机地制定规约、整顿僧团的缘起、理念,虚云老和尚规约的内容、特点等展开探讨,得出结论是虚云老和尚制定的规约在实践中取得了巨大成功。牛延峰先生在《虚云和尚的规约思想对现代僧团建设的指导意义》中充分肯定老虚云和尚所制定的规约作用。他指出:"在当前,我们重新学习(虚云)老和尚所制定的规约,仍然具有重要的指导意义,可以为解决当前僧团建设方面的寺院管理、佛法修行、道风建设、僧才培养等问题提供借鉴。"二是护教思想。河北禅学研究所印行,的明尧居士在《虚云和尚的道场建设思想》中论述道:"在道场建设方面,虚云和尚借助祖师道场的历史文化优势,全面培护佛教这棵大树赖以生存和发展的四条大根——修证之根、戒律之根、经教之根、现实之根,这就是为什么虚云和尚和他当代的法嗣们能够支撑起中国汉传佛教大半边天下的根本原因所在。"江西省社会科学院宗教研究所欧阳镇博士在《论虚云善巧用佛法于世法的智慧》中通过大量生动形象的具体事例说明虚云和尚善巧用佛法于世法的智慧，并将其意义概括为三个方面：一是化解矛盾，维持家庭的和谐；二是化解冲突，保护寺院的利益；三是化解干戈，维护社会的稳定。中国社会科学院佛教研究中心副秘书长郑筱筠等在《虚云法师与云南昆明西山华亭寺》一文中从虚云老和尚重振昆明西山华亭寺的角度，认为虚云老和尚的护教思想主要表现在：勘查风水，顺山势调整寺院建筑及其结构；修整佛寺，庄严佛像；严格戒律，整肃僧仪；稳固经济，收回寺产；施设方便，成就净土行人等五个方面。关于观念形态的智慧，主要表现在虚云老和尚的法语、诗偈、诗歌等方面。在法语上，中国社会科学院世界宗教研究所副编审黄夏年在《虚云大师与七塔寺》中认为"虚云所开示的法语，生动活泼，寓意深长，出典有据，哲理性强，将禅宗的理论发挥淋漓尽致，为后人作出了一个榜样"。在诗偈上，四川大学道教与宗教文化研究所的段玉明先生《意在诗外——虚云峨眉山诗臆释》中说道："虚云阐教、弘教之诗偈，含有很深的佛理禅意，因此在释读虚云诗偈时不能仅就文学层面着眼，而更应在宗教意蕴上多做功夫。"江西师范大学政法学院的冯天春、蒋九愚在《虚云茶诗的修行智慧直解》中认为"虚云的茶诗中凝聚着虚云禅法的修行智慧"。在诗歌上，杭州师范大学的罗福明先生在《虚云和尚的诗歌特色》文中认为"虚云和尚的诗歌特色，既有言约意丰、精当传神的一面，也有口语化、生活化的倾向，选词造句带有明显的个人风格"。北京理工大学的陈洁在《托兴·原道·意境——论虚云诗歌的艺术特征》中认为虚云诗歌的艺术特征为：一是重托兴、缘情而非言志、正得失，避免了禅诗容易犯的主题先行的毛病；二是诗作虽然重性情，却又以佛理禅意为主旨，在客观上起到了原道、弘法的社会功效；三是艺术手段高明，诗歌的整体意境超然脱俗，尤其体现在炼字之精妙和能避五俗。此外，会上还探讨了虚云和尚僧教育、神通等方面的思想。

　　总之，这次会议学术气氛浓厚，发言踊跃，互动性强，效果很好。黄夏年教授在最后的学术总结中充分肯定这次首届虚云大师佛学思想国际研讨会取得圆满成功。

赣县宝华禅寺举行首届马祖禅文化节暨马祖禅文化高端论坛

2012年11月18日，由赣州市民族宗教事务局和赣州市佛教协会主办的首届马祖禅文化节暨高端论坛在赣县龚公山宝华禅寺举行。出席此次论坛的省、市、县有关领导有省民族宗教事务局巡视员、省宗教文化交流协会副会长兼秘书长肖争鸣，省委统战部民族宗教处副处长廖敏，赣州市人民政府副秘书长邝先元，赣州市市委统战部副部长、市民族宗教事务局局长袁景运，赣县政协副主席、县委统战部部长吴丽娟，赣县县委统战部副部长、县民族宗教事务局局长何仲等。

论坛开始时，省佛教协会秘书长、新余市崇庆寺住持通能大和尚宣读了中国佛教协会名誉会长一诚长老的贺信，中国佛教协会副会长、江西省佛教协会会长、南昌佑民寺方丈纯一大和尚作了重要讲话，为论坛的深入开展奠定了基调。

论坛中，专家学者以弘扬中国佛禅文化，展示名寺名院风采，促进和谐发展为主题，在禅文化、生活禅、禅与艺术、禅与旅游等方面进行了广泛的研讨。中国社会科学院研究员、世界宗教研究所佛教研究室主任、博士生导师杨曾文作了《马祖道一禅师在江西》的专题发言；中国人民大学哲学院教授、博士生导师温金玉从"世界禅宗看中国，中国禅宗看江西"说起，对禅文化的传承与发展进行了论述；常州大学教授傅荣兴、湖北省《绿色大世界》杂志社原主编周启志、江西省社科院宗教研究所研究员欧阳镇等，先后围绕马祖道一倡导的丛林建设及其现代意义和"平常心是道"的思想等内容，阐述了各自独到的见解。

马祖禅文化影响深远、意义重大。位于江西省赣县田村镇的宝华禅寺，系唐代著名高僧马祖道一禅师驻锡地，当年马祖道一禅师在此传授禅法达二十八个春秋，并在佛教禅宗史上产生过重大影响。据《赣州府志》载，马祖道一禅师在此弘法期间，法嗣众多，学者云集。百丈怀海、南泉普愿、西堂智藏、五台邓隐峰、襄州庞居士、灵照女等139人皆为入室弟子。8世纪中叶，马祖禅文化开始传入朝鲜、日本等国，从此宗风大振、蜚声远扬。宝华寺虽屡经沧桑，2003年12月28日，中国佛教协会会长一诚长老法驾赣州视察指导时，曾推荐中国佛教协会理事、江西省佛教协会副会长、赣州市佛教协会会长证通大和尚驻此法席，肩负重建宝华禅寺重任。证通大和尚自2004年驻锡宝华禅寺以来，倾注全部心血，集思广益，精心策划，重新规划宝华禅寺的宏伟蓝图。在各级有关部门的领导大力支持下，昔日被集体、单位所占用的房屋、土地、山林等一一归还宝华禅寺，同时寺院建设也得到有序发展。2005年7月11日举行了大雄宝殿奠基法会；2006年10月举办大雄宝殿上梁暨安座弥勒佛像；2007年12月开展大雄宝殿落成暨天王殿奠基法会；2008年9月举办天王殿上梁法会；2009年举行纪念马祖道一禅师诞辰1300周年暨重建马祖道一禅师塔奠基；2011年1月开展马祖道一禅师塔竣工暨新斋堂落成等系列庆祝活动。经过多年的艰苦努力，大雄宝殿、天王殿、厢房、斋堂、厨房、马祖道一禅师塔、马祖道一纪念堂、西堂智藏纪念堂、放生池、山门及停车场等建筑相继建成，寺院初具规模，面貌已焕然一新，大大改善了寺院的弘法环境，为寺院的进一步发展奠定了坚实的基础。

此次论坛充分肯定了马祖禅文化的历史地位和现实意义，为继承、弘扬和发展马祖禅文化将会起到积极的促进作用。

后记

本论文集出版发行，让我激动不已，思绪万千。我深深地感到，所取得的学术成绩与大家的关爱是分不开的。想起当初，面对学业的迷茫无知，面对科研的烦琐枯燥，面对生活的坎坷艰难，如果没有大家的关爱，那么我是很难战胜自己，超越自己，也就不可能获得这些成果。饮水思源，我要真诚地向关爱过我的长辈、老师、朋友和亲人道谢。

在学业上，感谢江西省民族宗教事务局原局长董剑波、江西省民族宗教事务局副局长王希贤等给予我鼓励和勇气。

在科研上，感恩南京大学赖永海教授、洪修平教授、徐小跃教授等给予我指导和教育；感恩江西省社会科学院胡迎建研究员、郭树森研究员、杨俊颖研究员、赖功欧研究员等给予我指点和帮助。

在生活上，感激我的妻子肖爱娇给予我照顾和关心。

最后，本论文集顺利出版，还要特别向庐山龙泉寺住持常敏法师题写书名，江西人民出版社李月华女士编辑校对，以及胡迎建研究员、邢东风教授撰写序言致谢。

欧阳镇

2016年9月于南昌